莊子集釋

〈下〉

清・郭慶藩 編
王孝魚 整理

莊子集釋　目錄

雜　篇

莊子集釋　卷六上

外篇　刻意第十五❶

❶【釋文】以義名篇。

刻意尚行，離世異俗，高論怨誹，為亢而已矣；此山谷之士，非世之人，枯槁赴淵者之所好也。❶語仁義忠信，恭儉推讓，為修而已矣；此平世之士，教誨之人，遊居學者之所好也。❷語大功，立大名，禮君臣，正上下，為治而已矣；此朝廷之士，尊主強國之人，致功并兼者之所好也。❸就藪澤，處閒曠，釣魚閒處，无為而已矣；此江海之士，避世之人，閒暇者之所好也。❹吹呴呼吸，吐故納新，熊經鳥申，為壽而已矣；此道①引之士，養形之人，彭祖壽考者之所好也。❺

❶【疏】刻，削也。意，志也。亢，窮也。言偏滯之人，未能會理，刻勵身心，高尚其行，離世異俗，卓爾不羣，清談五帝之風，高論三皇之教，怨有才而不遇，誹無道而荒淫，亢志林籟之中，削迹岩崖之下。斯乃隱處山谷之士，非毀時世之人。枯槁則鮑焦介推之流，赴淵則申狄卞隨之類，

蓋是一曲之士，何足以語至道哉！已，止也。其術止於此矣。

【釋文】「刻意」司馬云：刻，削也，峻其意也。案謂削意令峻也。《廣雅》云：意，志也。「尚行」下孟反。「離世」力智反。「高論」力困反。「怨誹」非謂反，徐音非。李云：非世無道，怨己不遇也。「為亢」苦浪反。李云：窮高曰亢。「枯槁」苦老反。「赴淵」司馬云：枯槁，若鮑焦介推；赴淵，若申徒狄。

❷【疏】發辭吐氣，則語及仁義，用茲等法爲修身之本。此乃平時治世之士，施教誨物之人，斯乃子夏之在西河，宣尼之居洙泗，或遊行而議論，或安居而講說，蓋是學人之所好，良非道士之所先。

【釋文】「所好」呼報反。下及注皆同。

❸【疏】建海內之功績，立今古之鴻名，致君臣之盛禮，主上下之大義，寧安社稷，緝熙常道，既而尊君主而服遐荒，強本邦而兼并敵國，豈非朝廷之士，廊廟之臣乎！即皋陶伊尹呂望之徒是也。

【釋文】「為治」直吏反。下同。「此朝」直遙反。

❹【疏】栖隱山藪，放曠皋澤，閒居而事綸釣，避世而處無爲，天子不得臣，諸侯不得友。斯乃從容閒暇之人，即巢父許由公閱休之類。

【釋文】「藪」素口反。「處閒」音閑。下同。「魡魚」本亦作釣，同。彫叫反。◎盧文弨曰：今本魡作釣。

❺【注】此數子者，所好不同，恣其所好，各之其方，亦所以爲逍遙也。然此僅各自得，焉能靡所不樹哉！若夫使萬物各得其分而不自失者，故當付之無所執爲也。

【疏】吹冷呼而吐故，呴暖吸而納新，如熊攀樹而自經，類鳥飛空而伸腳。斯皆導引神氣，以養形魂，延年之道，駐形之術。故彭祖八百歲，白石三千年，壽考之人，即此之類。以前數子，志尚不同，各滯一方，未爲通美。自不刻意而下，方會玄玄之妙致也。

【釋文】「吹呴」況于反，字亦作煦。「呼吸」許及反。「吐故納新」李云：吐故氣，納新氣也。「熊經」如字，李古定反。司馬云：若熊之攀樹而引氣也。「鳥申」如字，郭音信。司馬云：若鳥之嚬呻也。「道引」音導。下同。李云：導氣令和，引體令柔。「此數」所主反。「僅」其靳反。「焉能」如虔反。

【校】①趙諫議本道作導，下同。

若夫不刻意而高，无仁義而修，无功名而治，无江海而閒，不道引而壽❶，无不忘也，无不有也❷，澹然无極而眾美從之❸。此天地之道，聖人之德也❹。

❶【注】所謂自然。

❷【注】忘，故能有，若有之，則不能救其忘矣。故有者，非有之而有也，忘而有之也。

【疏】夫玄通合變之士，冥真契理之人，不刻意而其道彌高，無仁義而恆自修習，忘功名而天下大治，去江海而淡爾清閒，不導引而壽命無極者，故能唯物與我，無不盡忘，而萬物歸之，故無不有也。斯乃忘而有之，非有之而有也。◎家世父曰：仁義者，人與人相接而見焉者也。愛焉之謂仁，因乎人而愛之，是固有人之見存也；宜焉之謂義，因乎人而宜之，是仍有己之見存也。無人己之見存，則仁義之名可以不立，而所修者乃真修也。◎慶藩案忘乃亡之借字。亡，猶已也。《管子・乘馬篇》今日爲明日忘貨，《史記・孟嘗君傳》所期勿忘其中，並與亡同。《漢書・武五子傳》臣聞子胥於忠而忘其號，師古注：忘，亡也。《淮南・修務篇》南榮疇恥聖道之獨亡於己，《賈子・勸學篇》亡作忘，皆其例。

❸【注】若厲己以爲之，則不能無極而眾惡生。

【疏】心不滯於一方，迹冥符於五行，是以澹然虛曠而其道無窮，萬德之美皆從於己也。

【釋文】「澹」大暫反，徐音談。「然」一本作澹而。

❹【注】不爲萬物而萬物自生者，天地也；不爲百行而百行自成者，聖人也。

【疏】天地無心於亭毒而萬物生，聖人無心於化育而百行成，是以天地以無生生而爲道，聖人以無爲爲而成德。故《老經》云，天地不仁，聖人不仁。

【釋文】「百行」下孟反。下及篇末百行同。

故曰，夫恬惔寂漠虛无无為，此天地之平而道德之質也❶。故曰，聖人休休焉①則平易矣❷，平易則恬惔矣❸。平易恬惔，則憂患不能入，邪氣不能襲②❹，故其德全而神不虧③❺。

❶【注】非夫寂漠無爲也，則危其平而喪其質也。

【疏】恬惔寂漠，是凝湛之心；虛無無爲，是寂用之智；天地以此法爲平均之源，道德以此法爲質實之本也。

【釋文】「恬惔」大暫反，徐音談。下皆同。「質也」質，正也。「而喪」息浪反。下同。

❷【注】休乎恬惔寂漠，息乎虛無無爲，則雖歷乎阻險④之變，常平夷而無難。

【疏】休心於恬惔之鄉，息智於虛無之境，則履艱難而簡易，涉危險而平夷也。

【釋文】「人休」虛求反，息也。下及注同。「平易」以豉反。下及注皆同。◎俞樾曰：休焉二字，傳寫誤倒。此本作故曰聖人休焉，休則平易矣。《天道篇》故帝王聖人休焉，休則虛，與此文法相似，可據訂正。「无難」乃旦反。下同。

❸【注】患難生於有爲，有爲亦生於患難，故平易恬惔交相成也。

【疏】豈唯休心恬惔故平易，抑乃平易而恬（淡）〔惔〕矣，是知平易恬惔交相成也。

❹【注】泯然與正理俱往。

【疏】心既恬惔，迹又平易，唯心與迹，一種無爲，故慇憂患累不能入其靈臺，邪氣妖氛不能襲其藏府。襲，猶入也，互其文也。

【釋文】「邪氣」似嗟反。下同。

❺【注】夫不平不惔者，豈唯傷其形哉？神德並喪於內也。

【疏】夫恬惔無爲者，豈唯外形無毁，亦乃內德圓全。形德既安，則精神無損虧矣。

【校】①《闕誤》引張君房本休休焉作休焉休。②唐寫本入下襲下均有也字。③唐寫本虧下有矣字。④世德堂本作險阻。

故曰，聖人之生也天行❶，其死也物化❷；靜而與陰同德，動而與陽同波❸；不為福先，不為禍始；感而後應❹，迫而後動❺，不得已而後起❻。去知與故，循天之理❼。故无天災❽，无物累❾，无人非❿，无鬼責⓫。其生若浮，其死若休⓬。不思慮⓭，不豫謀⓮。光矣而不燿⓯，信矣而不期⓰。其寢不夢，其覺无憂⓱。其神純粹⓲，其魂不罷⓳。虛无恬惔，乃合天德⓴。

❶【注】任自然而運動。

❷【注】蛻然無所係。

【疏】聖人體勞息之不二，達去來之爲一，故其生也如天道之運行，其死也類萬物之變化，任鑪冶之陶鑄，無纖介於胸中也。

【釋文】「蛻然」音帨，又始銳反。

❸【注】動靜無心而付之陰陽也。

【疏】凝神靜慮，與大陰同其盛德；應感而動，與陽氣同其波瀾；動靜順時，無心者也。

❹【注】無所唱也。

【疏】夫善爲福先，惡爲禍始，既善惡雙遣，亦禍福兩忘。感而後應，豈爲先始者也！

❺【注】會至乃動。

【疏】迫，至也，逼也。動，應也。和而不唱，赴機而應。

❻【注】任理而起，吾不得已也。

【疏】已，止也。機感（通）〔逼〕①至，事不得止而後起應，非預謀。

❼【注】天理自然，知故無爲乎其間。

【疏】循，順也。內去心知，外忘事故，如混沌之無爲，順自然之妙理也。

【釋文】「去知」起呂反。◎慶藩案故，詐也。《晉語》多為之故以變其志，韋注曰：謂多作計術以變易其志。《呂覽·論人篇》去巧故，高注：巧故，偽詐也。《淮南·主術篇》上多故則下多詐，高注：故，巧也。皆其例。《管子·心術篇》去智與故，尹知章注：故，事也，失之。

❽【注】災生於違天。

【疏】合天，故無災也。

❾【注】累生於逆物。

【疏】順物，故無累也。

❿【注】與人同者，衆必是焉。

【疏】同人，故無非也。

⓫【注】同於自得，故無責。

⓬【注】汎然無所惜也。

【疏】夫聖人動靜無心，死生一貫，故其生也如浮漚之蹔起，變化俄然；其死也若疲勞休息，曾無繫戀也。

⑬【注】付之天理。

【疏】心若死灰，絕於緣念。

⑭【注】理至而應。

【疏】譬懸鏡高堂，物來斯照，終不預前謀度而待機務者也。

⑮【注】用天下之自光，非吾燿也。

【疏】智照之光，明逾日月，而韜光晦迹，故不炫燿於物也。

⑯【注】用天下之自信，非吾期也。

【疏】逗機赴感，如影隨形，信若四時，必無差忒，機來方應，不預期也。

⑰【疏】契真，故凝寂而不夢；累盡，故常適而無憂也。

【釋文】「其覺」古孝反。

⑱【注】一無所欲。

【疏】純粹者，不雜也。既無夢無憂，契真合道，故其心神純粹而無閒雜也。

【釋文】「粹」雖遂反。

⑲【注】有欲乃疲。

【疏】恬惔無爲，心神閒逸，故其精魂應用，終不疲勞。

【釋文】「不罷」音皮。

⑳【注】乃與天地合其②恬惔之德也。

【疏】歎此虛無，與天地合其德。

【校】①逼字依上句疏文改。上正文迫而後動，疏謂迫，至也，逼也。逼與通形近而誤。②世德堂本無其字。

故曰，悲樂者，德之邪❶；喜怒者，道之過❷；好惡者，德之失①❸。故心不憂樂，德之至也❹；一而不變，靜之至也❺；无所於忤，虛之至也❻；不與物交，惔之至也❼；无所於逆，粹之至也❽。故曰，形勞而不休則弊，精用而不已則勞，勞則竭❾。

❶【疏】違心則悲，順意則樂，不達違從，是德之邪妄。

【釋文】「悲樂」音洛。下同。

❷【疏】稱心則喜，乖情則怒，喜怒不忘，是道之罪過。

❸【疏】無好爲好，無惡爲惡，此之〔忘〕〔妄〕心，是德之愆咎也。

【釋文】「好惡」烏路反。

❹【注】至德常適，故情無所槩。

【疏】不喜不怒，無憂無樂，恬惔虛夷，至德之人也。

❺【注】靜而一者，不可變也。

【疏】抱真一之玄道，混囂塵而不變，自非至靜，孰能如斯！

❻【注】其心豁然確盡，乃無纖介之違。

【疏】忤，逆也。大順羣生，無所乖逆，自非虛豁之極，其孰能然也！

【釋文】「於忤」五故反。「確」苦角反。「纖介」音界。

❼【注】物自來耳，至惔者無交物之情。

【疏】守分情高，不交於物，無所須待，恬惔之至也。

❽【注】若雜乎濁欲，則有所不順。

【疏】智照精明，至純無雜，故能混同萬物，大順蒼生。（至）〔此〕論忤之與逆，厥理不殊，顯虛粹兩義，故再言耳。

❾【注】物皆有當，不可失也。

【疏】夫形體精神，稟之有限，而役用無涯，必之死地。故分外勞形，不知休息，則困弊斯生。精神逐物而不知止，必當勞損，損則精氣枯竭矣。

【校】①唐寫本邪字過字失字下均有也字。

水之性，不雜則清，莫動則平；鬱閉而不流，亦不能清；天德之象也。❶故曰，純粹而不雜❷，靜一而不變❸，惔而无為❹，動而以天行❺，此養神之道也❻。

夫有干越之劍者，柙而藏之，不敢①用也，寶之至也❼。精神四達並流，无所不極，上際於天，下蟠於地❽，化育萬物，不可為象❾，其名為同②帝❿。

❶【注】象天德者，無心而偕會也。

【疏】象者，法效也。言水性清平，善鑑於物。若混而雜之，擁鬱而閉塞之，則乖於常性，既不能漣漪流注，亦不能鑒照於物也。唯當不動不閉，則清而且平，洞照無私，爲物準的者，天德之象也。以況聖人心靈皎絜，鑑照無私，法象自然，與玄天合德，故《老經》云上善若水也。

❷【注】無非至當之事也。

【疏】雖復和光同塵，而精神凝湛。此覆釋前其神純粹也。

❸【注】常在當上住。

【疏】縱使千變萬化，而心恆靜一。此重釋一而不變。

❹【注】與會俱而已矣。

【疏】假令混俗揚波，而無妨虛惔，與物交接，亦不廢無爲。此釋前恬惔之至也。

❺【注】若夫逐欲而動，人行也。

【疏】感物而動，應而無心，同於天道之運行，無心而生萬物。

❻【疏】總結以前天行等法，是治身之術，養神之道也。

❼【注】況敢輕用其神乎！

【疏】干，溪名也。越，山名也。干溪越山，俱出良劍也。又云：(于)〔干〕，吳也。言吳越二國，並出名劍，因以爲名也。夫有此干越之寶劍，柙中而藏之，自非敵國大事，不敢輕用。寶而重之，遂至於此，而況寶愛精神者乎！

【釋文】「干越之劍」司馬云：干，吳也。吳越出善劍也。李云：干溪越山出名劍。案吳有溪名干溪，越有山名若耶，並出善鐵，鑄為名劍也。◎慶藩案王念孫曰：干越，猶言吳越。《漢書・貨殖傳》辟猶戎翟之與于越，不相入矣。于亦干之誤。干，越，皆國名，故言戎翟之與干越。顏師古以為春秋之於越，又因于而誤於。當從司馬說為是。（《淮南・原道篇》干越生葛絺，高注曰：干，吳也。劉本改干為于，云：于越一作於越，非。）「柙而」戶甲反。

⑧【注】夫體天地之極應萬物之數以爲精神者，故若是矣。若是而有落天地之功者，任天行耳，非輕用也。

【疏】流，通也。夫愛養精神者，故能通達四方，並流無滯。既而下蟠薄於厚地，上際逮於玄天，四維上下，無所不極，動而常寂，非輕用之者也。

【釋文】「下蟠」音盤，郭音煩。

⑨【注】所育無方。

【疏】化導蒼生，含育萬物，隨機俯應，不守一方，故不可以形象而域之也。

⑩【注】同天帝之不爲。

【疏】帝，審也。總結以前，名爲審實之道也。亦言：同天帝之不爲也已。

【校】①郭注及成玄瑛本敢下均有輕字。②唐寫本無同字。

純素之道，唯神是守；守而勿失，與神為一❶；一之精通，合於天倫❷。野語有之曰：「眾人重利，廉士重名，賢人尚志，聖人貴精❸。」故素也者，謂其无所與雜也；純也者，謂其不虧其神也❹。能體純素，謂之真人❺。

❶【注】常以純素守乎至寂而不蕩於外，則冥也。

【疏】純精素質之道，唯在守神。守神而不喪，則精神凝靜，既而形同枯木，心若死灰，物我兩忘，身神爲一也。

❷【注】精者，物之真也。

【疏】倫，理也。既與神爲一，則精智無礙，故冥乎自然之理。

❸【注】與神爲一，非守神也；不遠其精，非貴精也；然其迹則貴守之①也。

【疏】莊生欲格量人物，志尚不同，故汎舉大綱，略爲四品，仍寄野逸之人，以明言無的當。且世俗眾多之人，咸重財利，則盜跖之徒是也；貞廉純素之士，皆重聲名，則伯夷介推是也；賢人君子，高尚志節，不屈於世，則許由子州支伯是也。唯體道聖人，無所偏滯，故能寶貴精神，不蕩於物，雖復應變隨時，而不喪其純素也。

❹【注】苟以不虧爲純，則雖百行同舉，萬變參備，乃至純也；苟以不雜爲素，則雖龍章鳳姿，倩乎有非常之觀，乃至素也。若不能保其自然之質而雜乎外飾，則雖犬羊之鞹，庸得謂之純素哉！

【疏】夫混迹世物之中而與物無雜者，至素者也；參變囂塵之內而其神不虧者，至純者也；豈復獨立於高山之頂，拱手於林籟之閒而稱純素哉？蓋不然乎！此結釋前純素之道義也。

【釋文】「倩乎」七練反。「之觀」古喚反。「鞹」苦郭反。

❺【疏】體，悟解也。妙契純素之理，則所在皆真道也，故可謂之得真道之人也。

【校】①趙諫議本之作迹。

外篇　繕性第十六❶

❶【釋文】以義名篇。

繕性於俗，俗①學以求復其初❶；滑欲於俗②，思以求致其明❷；謂之蔽蒙之民❸。

❶【注】已治性於俗矣，而欲以俗學復性命之本，所以求者愈非其道也。

【疏】繕，治也。性，生也。俗，習也。初，本也。言人稟性自然，各守生分，率而行之，自合於理。今乃習於僞法，治於真性，矜而矯之，已困弊矣。方更行仁義禮智儒俗之學，以求歸復本初之性，故俗彌得而性彌失，學愈近而道愈遠也。

【釋文】「繕」善戰反。崔云：治也。或云：善也。「性」性，本也。

❷【注】已亂其心於欲，而方復役思以求明，思之愈精，失之愈遠。

【疏】滑，亂也。致，得也。欲，謂名利聲色等可貪之物也。言人所以心靈暗亂者，爲貪欲於塵俗故也。今還役用分別之心，思量求學，望得獲其明照之道者，必不可也。唯當以無學學，可以歸其本矣；以無思思，可以得其明矣。本亦有作滑欲於欲者也。

【釋文】「滑」音骨，亂也。崔云：治也。◎俞樾曰：《釋文》，滑音骨，亂也；崔云，治也。此當從崔說為長。上文繕性於俗學以求復其初，崔注繕亦訓治。蓋二句一義，繕也，滑也，皆治也，故曰求復其初，求致其明。若訓滑為亂，則與求字之義不貫矣。滑得訓治者，滑，猶汩也。《說文·水部》：汩，治水也。是其義也。《玉篇·手部》曰：扫，亦搰字。然則滑之與汩，猶搰之與扫矣。「思以」李息吏反。注役思同。「方復」扶又反。下無復、雖復同。

❸【注】若夫發蒙者，必離俗去欲而後幾焉。

【疏】蔽，塞也。蒙，暗也。此則結前。以俗學歸本，以思慮求明，如斯之類，可謂蔽塞蒙暗之人。

【釋文】「必離」力智反。下文同。「去欲」起呂反。

【校】①《闕誤》引張君房本下俗字作□。②《闕誤》引張君房本俗作欲。

古之治道者，以恬養知❶；知①生而无以知為也，謂之以知養恬❷。知與恬交相養，而和理出其性❸。夫德，和也；道，理也❹。德无不容，仁也❺；道无不理，義也❻；義明而物親，忠②也❼；中純實而反乎情，樂也❽；信行容體而順乎文，禮也❾。禮樂徧③行，則天下亂矣❿。彼正而蒙己德，德則不冒，冒則物必失其性也⓫。

❶【注】恬靜而後知不蕩，知不蕩而性不失也。

【疏】恬，靜也。古者聖人以道治身治國者，必以恬靜之法養真實之知，使不蕩於外也。

【釋文】「治道」如字，又直吏反。「養知」音智。下以意求之。

❷【注】夫無以知爲而任其自知，則雖知周萬物而恬然自得也。

【疏】率性而照，知生者也；無心而知，無以知爲也。任知而往，無用造爲，斯則無知而知，知而無知，非知之而知者也。故終日知而未嘗知，亦未嘗不知，終日爲而未嘗爲，亦未嘗不爲，仍以此真知養於恬靜。若不如是，何以恬乎！

❸【注】知而非爲，則無害於恬；恬而自爲，則無傷於知；斯可謂交相養矣。二者交相養，則和理之分，豈出佗哉！

【疏】夫不能恬靜，則何以生彼真知？不有真知，何能致茲恬靜？是故恬由於知，所以能靜；知資於靜，所以獲真知。故知之與恬，交相養也。斯則中和之道，存乎寸心，自然之理，出乎天性，在我而已，豈關他哉！

❹【注】和，故無不得；道，故無不理。

【疏】德被於人，故以中和爲義；理通於物，故以大道爲名也。

❺【注】無不容者，非爲仁也，而仁迹行焉。

【疏】玄德深遠，無不包容，慈愛弘博，仁迹斯見。

⑥【注】無不理者，非爲義也，而義功著焉。

【疏】夫道能通物，物各當理，理既宜矣，義功著焉。

⑦【注】若夫義明而不由忠，則物愈疏。

【疏】義理明顯，情率於中，既不矜矯，故物來親附也。

⑧【注】仁義發中，而還任本懷，則志得矣，志得矣，其迹則樂也。

【疏】既仁義由中，故志恆純實，雖復涉於物境而恆歸於真情，所造和適，故謂之樂。

【釋文】「樂也」音洛。注同。

⑨【注】信行容體而順乎自然之節文者，其迹則禮也。

【疏】夫信行顯著，容儀軌物而不乖於節文者，其迹則禮也。

【釋文】「信行」下孟反。注同。下以行、小行，注行者、行立皆放此。

⑩【注】以一體之所履，一志之所樂，行之天下，則一方得而萬方失也。

【疏】夫不能虛心以應物而執儌以馭世者，則必滯於華藻之禮而溺於荒淫之樂也，是以芻狗再陳而天下亂矣。

【釋文】「偏」音遍。◎俞樾曰：郭注曰，以一體之所履，一志之所樂，行之天下，則一方得而萬方失也。是偏為一偏之偏，故郭以一體一志說之。《釋文》作偏而音遍，非是。

⑪【注】各正性命而自蒙己德，則不以此冒彼也。若以此冒彼，安得不失其性哉！

【疏】蒙，暗也。冒，亂也。彼，謂履正道之聖人也。言人必己冒亂，則物我失其性矣。◎家世父曰：德足以正物矣，而抑聽物之自然而蒙吾德焉，未嘗以德強天下而冒之也。強天下而冒之，則正者我也，非物之自正也，而物之失其性多矣。

【釋文】「不冒」莫報反。崔云：覆也。

【校】①《闕誤》無知字，引張君房本云，知下重知字，通章知俱作智。②《闕誤》引張君房本忠作中。③《闕誤》作偏，引江南《古藏》本云偏作徧。

古之人，在混芒之中，與一世而得澹漠焉❶。當是時也，陰陽和靜，鬼神不擾，四時得①節，萬物不傷，群生不夭，人雖有知，无所用之❷，此之謂至一。當是時也，莫之為而常自然❸。

❶【疏】謂三皇之前，玄古無名號之君也。其時淳風未散，故處在混沌芒昧之中而與時世爲一，冥然無迹，君臣上下不相往來，俱得恬澹寂漠無爲之道也。

【釋文】「在混」胡本反。「芒」莫剛反。崔云：混混芒芒，未分時也。「澹」徒暫反。

❷【注】任其自然而已。

【疏】當是混沌之時，淳樸之世，舉世恬惔，體合無爲。遂使陰昇陽降，二氣和而靜泰；鬼幽人顯，各守分而不擾。炎涼順序，四時得節，既無災害，萬物不傷，羣生各盡天年，終無夭折。人雖有心知之術，無爲，故無用之也。

【釋文】「不擾」而小反。

❸【注】物皆自然，故至一也。

【疏】均彼此於無爲，混是非於恬惔，物我不二，故謂之至一也。莫，無也。莫之爲而自爲，無爲也；不知所以然而然，自然也。故當是時也，人懷無爲之德，物含自然之道焉。◎慶藩案自然，謂自成也。《廣雅》：然，成也。《大戴禮・武王踐阼篇》毋白胡殘，其禍將然，謂禍將成也。《楚辭・遠遊》無滑而魂兮，彼將自然，言彼將自成也。郭云物皆自然，語未晰。

【校】①《闕誤》引張君房本得作應。

逮德下衰❶，及燧人伏羲始為天下，是故順而不一❷。德又下衰，及神農黃帝始為天下，是故安而不順❸。德又下衰，及唐虞始為天下，興治化之流，澆①淳散朴❹，離道以善❺，險德以行❻，然後去性而從於心❼。心與心識❽知而不足以定天下❾，然後附之以文，益之以博。文滅質，博溺心，❿然後民始惑亂，无以反其性情而復其初⓫。

❶【注】夫德之所以下衰者，由聖人不繼世，則在上者不能無爲而羨無爲之迹，故致斯弊也。

❷【注】世已失一，惑不可解，故釋而不推，順之而已。

【疏】逮，及也。古者茹毛飲血，與麋鹿同羣。及至燧人始變生爲熟，伏羲則服牛乘馬，創立庖廚，畫八卦以制文字，放蜘蛛而造密網。既而智詐萌矣，嗜欲漸焉，澆淳樸之心，散無爲之道。

德衰而始爲天下，此之謂乎！是順黎庶之心，而不能混同至一也。

【釋文】「燧人」音遂。

❸【注】安之於其所安而已。

【疏】夫德化更衰，爲弊增甚。故神農有共工之伐，黃帝致蚩尤之戰，祅氣不息，兵革屢興。是以誅暴去殘，弔民問罪，苟且欲安於天下，未能大順於羣生者也。

❹【注】聖人無心，任世之自成。成之淳薄，皆非聖也。聖能任世之自得耳，豈能使世得聖哉！故皇王之迹，與世俱遷，而聖人之道未始不全也。

【疏】夫唐堯虞舜，居五帝之末，而興治行化，冠三王之始。是以設五典而綱紀五行，置百官而平章百姓，百姓因此而澆訛，五行自斯而荒殆。枝流分派，迄至於茲，豈非毀淳素以作澆訛，散樸質以爲華僞！

【釋文】「興治」直吏反。「澆」古堯反。本亦作澆。「醇」本亦作淳，音純。

❺【注】善者，過於適之稱，故有善而道不全。

【疏】夫虛通之道，善惡兩忘。今乃捨己効人，矜名企善，善既乖於理，所以稱離也。

【釋文】「之稱」尺證反。

❻【注】行者，違性而行之，故行立而德不夷。

【疏】險，危阻也。不能率性任真，晦其蹤迹，乃矯情立行以取聲名，實由外行聲名浮僞，故令內德危險，何清夷之有哉！◎慶藩案離道以善，險德以行，郭注訓爲有善而道不全，行立而德不夷，望文生義，於理未順。善字疑是爲字之誤，言所爲非大道，所行非大德也。《淮南・俶真篇》雜道以僞，（雜當爲離字之誤。僞，古爲字，爲亦行也。）儉德以行，（儉險，古字通。《曾子・本孝篇》不興儉行以徼幸，《漢慎令劉脩碑》動乎儉中，儉並當作險。《荀子・富國篇》俗儉而百姓不一，楊倞注：儉當爲險。）即本於此。

❼【注】以心自役，則性去也。

【疏】離虛通之道，捨淳和之德，然後去自然之性，從分別之心。

❽【注】彼我之心，競爲先識，無復任性也。

【疏】彼我之心，更相謀慮，是非臧否，競爲前識者也。

【釋文】「心與心識」如字。眾本悉同。向本作職，云：彼我之心，競為先職矣。郭注既與向同，則亦當作職也。

❾【注】忘知任性，斯乃定也。

【疏】夫心攀緣於有境，知分別於無崖，六合爲之煙塵，八荒爲之騰沸，四時所以愆序，三光所以彗（悖）（孛）。斯乃禍亂之源，何足以定天下也！◎家世父曰：郭象云，彼我之心，競爲先識，無復任性也。諸本皆以心與心識爲句。向秀本作職，云，彼我之心，競爲先職矣。疑心與心，非彼我之有異心也，心自異也。本然者一心，然引之而動者又一心。引之而動，一念之覺而有識焉，冬則識寒，夏則識暖是也；因覺生意而有知焉，食則知求甘，衣則知求溫是也。佛家以意識分兩境。知者，意之發也，故曰不識不知，順帝之則。識者，內心之炯；知者，外心之通也。知識並生而亂始繁矣，烏足以定天下哉！◎俞樾曰：識知二字連文。《詩》曰，不識不知，是識知同義，故連言之曰識知也。心與心識知而不足以定天下，明必不識不知而後可言定也。諸家皆斷識字爲句，非是；向本作職，尤非。

⑩【注】文博者，心質之飾也。

【疏】前（後）〔既〕使心運知，不足以定天下，故後依附文書以匡時，代增博學而濟世。不知質是文之本，文華則隱滅於素質；博是心之末，博學則沒溺於心靈。唯當絕學而去文，方會無爲之美也。

【釋文】「博溺」乃歷反，郭奴學反。

⑪【注】初，謂性命之本。

【疏】文華既〔隱〕②滅於素質，博學又沒溺於心靈，於是蠢民成亂始矣，欲反其恬惔之情性，從其自然之初本，其可得乎！噫，心知文博之過！

【校】①世德堂本濁作溺。②隱字依上句疏文補。

由是觀之，世喪道矣，道喪世矣。世與道交相喪也，❶道之人何由興乎世，世亦何由興乎道哉❷！道无以興乎世，世无以興乎道，雖聖人不在山林之中，其德隱矣❸。

❶【注】夫道以不貴，故能存世。然世存則貴之，貴之，道斯喪矣。道不能使世不貴，而世亦不

能不貴於道，故交相喪也。

【疏】喪，廢也。由是事迹而觀察之，故知時世澆淳，廢棄無爲之道，亦由無爲之道，廢變淳和之世。是知世之與道交相喪之也。

【釋文】「世喪」息浪反。下及注皆同。◎慶藩案《文選》江文通《雜體詩注》引司馬云：世皆異端喪道，道不好世，故曰喪耳。《釋文》闕。

❷【注】若不貴，乃交相興也。

【疏】故懷道聖人，高蹈塵俗，未肯興弘以馭世，而澆僞之世，亦何能興感於聖道也！

❸【注】今所以不隱，由其有情以興也。何由而興？由無貴也。

【疏】澆季之時，不能用道，無爲之道，不復行世。假使體道聖人，降迹塵俗，混同羣生，無人知者，韜藏聖德，莫能見用，雖居朝市，何異山林矣！

隱，故不自隱❶。古之所謂隱士者，非伏其身而弗見也，非閉其言而不出也，非藏其知而不發也，時命大謬也❷。當時命而大行乎天下❸，則反一无迹❹；不當時命而大窮乎天下❺，則深根寧極而待❻；此存身之道也❼。

❶【注】若夫自隱而用物，則道世交相興矣，何隱之有哉！

【疏】時逢昏亂，故聖道不行，豈是韜光自隱其德邪！

❷【注】莫知反一以息迹而逐迹以求一，愈得迹，愈失一，斯大謬矣。雖復起身以明之，開言以

出之，顯知以發之，何由而交興哉！祇所以交喪也。

【疏】謬，僞妄也。非伏匿其身而不見，雖見而不亂羣；非閉其言而不出，雖出而不忤物；非藏其知而不發，雖發而不眩曜；但時逢謬妄，命遇迍邅，故隨世污隆，全身遠害也。

【釋文】「弗見」賢遍反。「祇所」音支。

❸【注】此澹漠之時也。

❹【注】反任物性而物性自一，故無迹。

【疏】時逢有道，命屬清夷，則播德弘化，大行天下。既而人人反一，物物歸根，彼我冥府，故無朕迹。

❺【注】此不能澹漠之時也。

❻【注】雖有事之世，而聖人未始不澹漠也，故深根寧極而待其自爲耳，斯道之所以不喪也。

【疏】時遭無道，命値荒淫，德化不行，則大窮天下。既而深固自然之本，保寧至極之性，安排而隨變化，處常而待終年，豈有窮通休戚於其間哉！

❼【注】未有身存而世不興者也。

【疏】在窮塞而常樂，處危險而安寧，任時世之行藏，可謂存身之道也。

古之行①身者，不以辯飾知❶，不以知窮天下❷，不以知窮德❸，危然處其所而反其性已，又何為②哉❹！道固不小行❺，德固不小識❻。小識傷德，小行傷道❼。

故曰，正己而已矣。樂全之謂得志。❽

❶【注】任其真知而已。

【疏】古人輕辯重訥，賤言貴行，是以古人之行任其身者，必不用浮華之言辯，飾分別之小智也。

❷【注】此淡泊之情也。

【疏】窮者，困累之謂也，不縱知毒害以困苦蒼生也。

【釋文】「淡」大暫反。「泊」音薄。

❸【注】守其自德而已。

【疏】知止其分，不以無涯而累其自得也。

❹【注】危然，獨正之貌。

【疏】危，猶獨也。言獨居亂世之中，處危而所在安樂，動不傷寂，恆反自然之性，率性而動，復何爲之哉？言其無爲也。

【釋文】「危然」如字。郭云：獨正貌。司馬本作恑，云：獨立貌。崔本作垝，音如累垝之垝。垝然，自持安固貌。

❺【注】遊於坦途。

【疏】大道廣蕩，無不範圍，小成隱道，固不小行矣。

【釋文】「於坦」敕但反。

❻【注】塊然大通。

【疏】上德之人，智周萬物，豈留意是非而爲識鑒也！

【釋文】「塊然」苦對反。

❼【疏】小識小知，虧損深玄之盛德；小學小行，傷毀虛通之大道也。

❽【注】自得其志，獨夷其心，而無哀樂之情，斯樂之全者也。

【疏】夫己身履於正道，則所作皆虛通也。既而無順無逆，忘哀忘樂，所造皆適，斯樂（全）之〔全〕③者也。至樂全矣，然後志性得焉。

【釋文】「樂全」音洛。注、下皆同。

【校】①世德堂本行作存。②《闕誤》引張君房本爲下有乎字。③樂之全者，依注文改。

古之所謂得志者，非軒冕之謂也，謂其无以益其樂而已矣❶。今之所謂得志者，軒冕之謂也❷。軒冕在身，非性命①也，物之儻來，寄者也❸。寄之，其來不可圉，其去不可止❹。故不為軒冕肆志❺，不為窮約趨俗❻，其樂彼與此同❼，故无憂而已矣❽。今寄去則不樂，由（之）〔是〕②觀之，雖樂，未嘗不荒也❾。故曰，喪己於物，失性於俗者，謂之倒置之民❿。

❶【注】全其內而足。

【疏】益，加也。軒，車也。冕，冠也。古人淳樸，體道無爲，得志在乎恬夷，取樂非關軒冕。樂已足矣，豈待加之也！

❷【疏】今世之人，澆浮者眾，貪美榮位，待此適心，是以戴冕乘軒，用爲得志也。

❸【疏】儻者，意外忽來者耳。軒冕榮華，身外之物，物之儻來，非我性命，暫寄而已，豈可久長也！

【釋文】「儻來」吐黨反。崔本作黨，云：眾也。◎慶藩案崔本儻作黨，黨，古儻字。黨者，或然之詞也。《史記・淮陰侯傳》恐其黨不（敵）〔就〕③，《漢書・伍被傳》黨可以徼幸，並與儻同。（淮南臣道）〔《荀子・天論》〕④《篇》怪星之黨見，楊注訓黨為頻，王念孫謂於古無據。惠定宇《九經古義》曰：黨見猶所見也。又訓黨為所，則據《公羊》注義也，亦似未協。崔云，黨，眾也，尤非。

❹【注】在外物耳，得失之非我也。

【疏】時屬儻來，泛然而取軒冕；命遭寄去，澹爾而捨榮華。既無心於扞禦，豈有情於留恡也！

【釋文】「可圉」魚呂反。本又作禦。

❺【注】澹然自若，不覺寄之在身。

【釋文】「不為」于偽反。下同。

❻【注】曠然自得，不覺窮之在身。

【疏】肆，申也。趨，競也。古人體窮通之有命，達榮枯之非己，假使軒冕當塗，亦未足申其志氣，或儉約以窮窘，豈趨競於囂俗！

❼【注】彼此，謂軒冕與窮約。

【疏】彼，軒冕也。此，窮約也。夫軒冕窮約，俱是儻來，既樂彼軒冕，亦須喜茲窮約，二俱是寄，所以相同也。

❽【注】亦無欣歡之喜也。

【疏】軒冕不樂，窮約不苦，安排去化，所以無憂者也。

❾【注】夫寄去則不樂者，寄來則荒矣，斯以外易內也。

【疏】今世之人，識見浮淺，是以物之寄也，欣然而喜，及去也，悒然不樂。豈知彼此事出儻來，而寄去寄來，常憂常喜，故知雖樂而心未始不荒亂也。

❿【注】營外虧內，〔甚〕〔其置〕倒（置）⑤也。

【疏】夫寄去寄來，且憂且喜，以己徇物，非喪如何！軒冕窮約，事歸塵俗，若習俗之常，失於本性，違真背道，實此之由，其所安置，足爲顛倒也。

【釋文】「倒置之民」崔云：逆其性命而不順也。向云：以外易內，可謂倒置。

【校】①《闕誤》引張君房本命下有之有二字。②是字依世德堂本改。③就字依《史記》原文改。④《荀子・天論》四字依劉文典《補正》本改。⑤其置倒三字依世德堂本改。

莊子集釋 卷六下

外篇 秋水第十七❶

❶【釋文】借物名篇。

秋水時至，百川灌河，涇流之大，兩涘渚崖之間，不辯牛馬❶。於是焉河伯欣然自喜，以天下之美為盡在己❷。順流而東行，至於北海，東面而視，不見水端，於是焉河伯始旋其面目，望洋向若而歎曰：「野語有之曰，『聞道百以為莫己若者』，我之謂也❸。且夫我嘗聞少仲尼之聞而輕伯夷之義者，始吾弗信；今我睹子之難窮也，吾非至於子之門則殆矣，吾長見笑於大方之家❹。」

❶【注】言其廣也。

【疏】河，孟津也。涇，通也。涘，岸也。涯，際也。渚，洲也，水中之可居曰洲也。大水生於春而旺於秋，素秋陰氣猛盛，多致霖雨，故秋時而水至也。既而凡百川谷，皆灌注黃河，通流盈滿，其水甚大，涯岸曠闊，洲渚迢遙，遂使隔水遠看，不辨牛之與馬也。

【釋文】「秋水」李云：水生於春，壯於秋。《白虎通》云：水，準也。「灌河」古亂反。「涇流」音經。司馬云：涇，通也。崔本作徑，云：直度曰徑。又云：字或作涇。「兩涘」音俟，涯也。「渚」司馬云：水中可居曰渚。《釋名》云：渚，遮也，體高，能遮水使從旁回也。「崖」字又作涯，亦作厓，並同。「不辯牛馬」辯，別也。言廣大，故望不分別也。

❷【疏】河伯，河神也，姓馮，名夷，華陰潼堤鄉人，得水仙之道。河既曠大，故欣然懽喜，謂天下榮華盛美，盡在己身。

【釋文】「河伯」姓馮，名夷，一名冰夷，一名馮遲，已見《大宗師篇》。一云：姓呂，名公子，馮夷是公子之妻。◎慶藩案：〔《文選》〕枚乘《七發注》引許慎曰：馮遲，河伯也。《釋文》云：河伯，姓馮名夷，一名馮遲。遲夷二字，古通用也。《淮南·齊俗訓》馮夷得道以潛大川，許注：馮夷，河伯也，華陰潼鄉隄首里人，服八石，得水仙。《詩·小雅四牡篇》周道倭遲，《韓詩》作委夷。顏籀《匡〔俗〕〔《謬》〕《正》〔謬〕〔《俗》〕云：古遲夷通，此其證。高注《淮南·原道篇》：馮夷，或曰馮遲，古之得道能御陰陽者也。「為盡」津忍反。

❸【疏】北海，今萊州是。望洋，不分明也，水日相映，故望洋也。若，海神也。河伯沿流東行，至於大海，聊復顧眄，不見水之端涯，方始迴旋面目，高視海若，仍慨然發歎，託之野語。而百是萬之一，誠未足以自多，遂〔爲〕〔謂〕無如己者，即河伯之謂也。此乃鄙俚之談，未爲通論耳。

【釋文】「北海」李云：東海之北是也。「面目盳」莫剛反，又音旁，又音望。本一作望。◎盧文弨曰：今本盳作望。「洋」音羊。司馬崔云：盳洋，猶望羊，仰視貌。「向若」向徐音嚮，許亮反。司馬云：若，海神。◎慶藩案《釋文》引司馬崔本作盳洋，云盳洋猶望羊，仰視貌。今案洋羊皆叚借字，其正字當作陽。《論衡・骨相篇》武王望陽，言望視太陽也。太陽在天，宜仰而觀，故訓為仰視。「聞道百」李云：萬分之一也。◎家世父曰：李軌云：聞道百，萬分之一也。今案聞字對下（聽）〔睹〕字為言。聞道雖多而不知其無窮也，以意度其然而自信其有進焉者，及（昧）〔睹〕①其無窮，乃始爽然自失也。百者，多詞也，李注非是。◎慶藩案百，古讀若溥，與若韻。《漢書・鄒陽傳》鷙鳥絫百，與鶚韻。蔡邕《獨斷蠟祝辭》歲取千百，與宅壑作韻。

❹【注】知其小而不能自大，則理分有素，跂尚之情無為乎其間。

【疏】方，猶道也。世人皆以仲尼刪定《六經》為多聞博識，伯夷讓國清廉，其義可重。復有通人達士，議論高談，以伯夷之義為輕，仲尼之聞為寡，即河伯嘗聞，竊未之信。今見大海之弘博，浩汗難窮，方覺昔之所聞，諒不虛矣。河伯向不至海若之門，於事大成危殆。既而所見狹劣，則長被（嗤）〔嗤〕笑於大道之家。

【釋文】「今我睹」舊音覩。案《說文》，睹今字，覩古字，睹，見也。崔本作今睹我，云：睹，示也。「大方之家」司馬云：大道也。「理分」扶問反，後同。

【校】①兩睹字依下正文改。

北海若曰：「井鼃不可以語於海者，拘於虛①也；夏蟲不可以語於冰者，篤於時也；曲士不可以語於道者，束於教也❶。今爾出於崖②涘，觀於大海，乃知爾醜，爾將可與語大理矣❷。天下之水，莫大於海，萬川歸之，不知何時止而不盈；尾閭泄之，不知何時已而不虛；春秋不變，水旱不知。此其過江河之流，不可為量數。❸而吾未嘗以此自多者，自以比形於③天地而受氣於陰陽，吾在〔於〕④天地之間，猶小石小木之在大山也，方存乎見少，又奚以自多❹！計四海之在天地之間也，不似礨空之在大澤乎？計中國之在海內，不似稊米之在大倉乎？❺號物之數謂之萬，人處一焉；人卒九州，穀食之所生，舟車之所通，人處一焉；此其比萬物也，不似豪末之在於馬體乎？❻五帝之所連⑤，三王之所爭，仁人之所憂，任士之所勞，盡此矣❼。伯夷辭之以為名，仲尼語之以為博，此其自多也，不似爾向之自多於水乎❽？」

❶【注】夫物之所生而安者，趣各有極。

【疏】海若知河伯之狹劣，舉三物以譬之。夫坎井之鼃，聞大海無風而洪波百尺，必不肯信者，爲拘於虛域也。夏生之蟲，至秋便死，聞玄冬之時，水結爲冰，雨凝成霰，必不肯信者，心厚於夏時也。曲見之士，偏執之人，聞說虛通至道，絕聖棄智，大豪末而小泰山，壽殤子而夭彭祖，而必不信者，爲束縛於名教故也。而河伯不至洪川，未逢海若，自矜爲大，其義亦然。

【釋文】「以語」如字，下同。◎王引之曰：鼃，本作魚，後人改之也。《太平御覽・時序部》七、《鱗介部》七、《蟲豸部》一引此，並云井魚不可以語於海，則舊本作魚可知。且《釋文》於此句不出鼃字，直至下文埳井之鼃，始云鼃本又作蛙，戶蝸反，引司馬注云，鼃，水蟲，形似蝦蟇，則此句作魚不作鼃明矣。若作鼃，則戶蝸之音，水蟲之注，當先見於此，不應至下文始見也。再以二證明之：《鴻烈原道篇》，夫井魚不可與語大，拘於隘也，梁張綰文，井魚之不識巨海，夏蟲之不見冬冰，（《水經》贛水注云：聊記奇聞，以廣井魚之聽。）皆用《莊子》之文，則《莊子》之作井魚益明矣。《井》九三，井谷射鮒，鄭注曰：所生魚無大魚，但多鮒魚耳。（見劉逵《吳都賦》注。）《困學紀聞》（卷十）引《御覽》所載《莊子》曰，用意如井魚者，吾為鈎繳以投之，《呂氏春秋・諭大篇》曰，井中之無大魚也，此皆井魚之證。後人以此篇有埳井鼃之語，而《荀子》亦云坎井之鼃不可與語東海之樂，（見《正論篇》。）遂改井魚為井鼃，不知井自有魚，無煩改作鼃也。自有此改，世遂動稱井鼃夏蟲，不復知有井魚之喻矣。「於虛」音墟。本亦作墟。《風俗通》云：墟，虛也。崔云：拘於井中之空也。◎王念孫曰：崔注拘於虛曰，拘於井中之空也。案崔訓虛為空，非也。虛與墟同，故《釋文》云，虛本亦作墟。《廣雅》曰：墟，凥也。（凥古居字。）《文選・西征賦》注引《聲類》曰：墟，故所居也。凡經傳言丘墟者，皆謂故所居之地。言井魚拘於所居，故不知海之大也。魚居於井，猶河伯居於涯涘之間，故下文曰，今爾出於涯涘，觀於大海，乃知爾醜也。「夏蟲」戶嫁反。◎慶藩案《文選》孫興公《天台山賦注》引司馬云：厚信其所見之時也。《釋文》闕。◎又案司馬訓篤為厚，成疏心厚於夏時，即用司馬義。其說迂曲難通。《爾雅・釋詁》：篤，固也。《論語・泰伯篇》篤信好學，謂信之固也。《禮・儒行》篤行而不倦，謂行之固也。後漢延篤字叔堅，堅亦固也。凡鄙陋不達謂之固，夏蟲為時所蔽而不可語冰，故曰篤於時。篤字正與上下文拘束同義。「曲士」司馬云：鄉曲之士也。

❷【注】以其知分，故可與言理也。

【疏】河泊駕水乘流，超於崖涘之表，適逢海若，仍於瀚海之中，詳觀大壑之無窮，方鄙小河之陋劣。既悟所居之有限，故可語大理之虛通也。

❸【疏】尾閭者，泄海水之所也；在碧海之東，其處有石，闊四萬里，厚四萬里，居百川之下尾而為閭族，故曰尾閭。海水沃著即焦，亦名沃焦也。《山海經》云，羿射九日，落為沃焦。此言迂誕，今不詳載。春雨少而秋雨多，堯遭水而湯遭旱。故海之為物也，萬川歸之而不盈，沃焦瀉之而不虛，春秋不變其多少，水旱不知其增減。論其大也，遠過江（海）〔河〕⑥之流，優劣懸殊，豈可語其量數也！

【釋文】「尾閭」崔云：海東川名。司馬云：泄海水出外者也。「泄之」息列反，又與世反。◎慶藩案《文選》嵇叔夜《養生論》注引司馬云：尾閭，水之從海外出者也，一名沃焦，在東大海之中。尾者，在百川之下，故稱尾。閭者，聚也，水聚族之處，故稱閭也。在扶桑之東，有一石，方圓四萬里，厚四萬里，海水注者無不燋盡，故曰沃燋。較《釋文》所引加詳。「量數」音亮。注及下同。

❹【注】窮百川之量而縣於河，河縣於海，海縣於天地，則各有量也。此發辭氣者，有似乎觀大可以明小，尋其意則不然。夫世之所患者，不夷也，故體大者（快）〔快〕⑦然謂小者為無餘，質小者塊然謂大者為至足，是以上下夸跂，俯仰自失，此乃生民之所惑也。惑者求正，正之者莫若先極其差而因其所謂。所謂大者至足也，故秋毫無以累乎天地矣；所謂小者無餘也，故天地無以過乎秋毫矣；然後惑者有由而反，各知其極，物安其分，逍遙者用其本步而遊乎自得之場矣。此莊子之

所以發德音也。若如惑者之說，轉以小大相傾，則相傾者無窮矣。若夫覩大而不安其小，視少而自以爲多，將奔馳於勝負之竟而助天民之矜夸，豈達乎莊生之旨哉！

【疏】存，在也。奚，何也。夫覆載萬物，莫大於天地；布氣生化，莫大於陰陽也。是以海若比形於天地，則無等級以寄，言受氣於陰陽，則是陰陽象之一物也。故託諸物以爲譬，猶小木小石之在太山乎，而海若於天理在乎寡少，物各有量，亦何足以自多！

【釋文】「而縣」音玄。下同。「怏然」於亮反，又於良反。「之竟」音境。

❺【疏】礨空，蟻穴也。稊，草似稗而米甚細少也。中國，九州也。夫四海在天地之間，九州居四海之內，豈不似蟻孔之居大澤，稊米之在大倉乎，言其大小優劣有如此之懸也。

【釋文】「礨」力罪反，向同，崔音壘，李力對反。「空」音孔。壘孔，小穴也。李云：小封也。一云：蟻冢也。◎家世父曰：《釋文》引崔云，礨空小穴也。李軌云，小封也。一云蟻塚。今案礨空自具兩義，言高下之勢也。礨者，突然而高；空者，窪然而下。大澤之中，或墳起，或洿深，高下起伏，自然之勢常相因也，故謂之礨空。司馬相如《上林賦》丘墟掘礨，亦同此義。言丘墟之勢，或掘而成穴，或壘而成垤也。「稊米」徒兮反。司馬云：稊米，小米也。李云：稊草也。案郭注《爾雅》，稊似稗，稗音蒲賣反。「大倉」音泰。

❻【注】小大之辨，各有階級，不可相跂。

【疏】號，名號也。卒，衆也。夫物之數不止於萬，而世間語便，多稱萬物，人是萬數之一物也。中國九州，人衆聚集，百穀所生，舟車來往，在其萬數，亦處一焉。然以人比之萬物，九州方之宇宙，亦無異乎一豪之在馬體，曾何足以介懷也！

【釋文】「人卒」尊忽反。司馬云：眾也。崔子恤反，云：盡也。◎家世父曰：《釋文》引司馬云，卒，眾也，崔云，盡也。案人卒九州，言極九州之人數。卒者，盡詞也。九州之大，人數之繁，其在天之中，要亦萬物之一而已。崔說是。◎俞樾曰：人卒二字，未詳何義。司馬訓卒為眾，崔訓卒為盡，皆不可通。且下云人處一焉，則此不當以人言。人卒疑大率二字之誤。《人間世篇》，率然拊之，《釋文》曰，率或作卒。是率卒形似易誤之證。率誤為卒，因改大為人以合之。據《至樂篇》人卒聞之，《盜跖篇》人卒未有不興名就利者，是人卒之文，本書所有，然施之於此，不可通矣。大率者，總計之辭。上云計四海之在天地之間也，又云計中國之在海內，計與大率，其義正同。

⑦【注】不出乎一域。

【疏】五帝連接而揖讓，三王興師而爭奪，仁人殷憂於社稷，任士劬勞於職務，四者雖事業不同，俱理盡於毫末也。

【釋文】「五常之所連」司馬云：謂連續仁義也。崔云。連，續也。本亦作五帝。◎盧文弨曰：今本作五帝。◎家世父曰：江南《古》（莊）〔《藏》〕本連作運，似從運為妥。「所爭」側耕反。「任士之所勞」李云：任，能也。勞，服也。

⑧【注】物有定域，雖至知不能出焉。故起大小之差，將以申明至理之無辯也。

【疏】伯夷讓五等以成名，仲尼論《六經》以爲博，用斯輕物，持此自多，亦何異乎向之河伯自多於水！此通合前喻，並釋前事少仲尼〔之〕⑧聞輕伯夷之義也。

【校】①趙諫議本作墟。②趙本作涯。③趙本無於字。④於字依世德堂本補。⑤《闕誤》引江南《古藏》本連作運。⑥河字依正文改。⑦快字依《釋文》及世德堂本改。⑧之字依正文補。

河伯曰：「然則吾大天地而小（毫）〔豪〕末，可乎❶？」

❶【疏】夫形之大者，無過天地，質之小者，莫先毫末；故舉大舉小，以明稟分有差。河伯呈己所知，詢於海若。又解：若以自足爲大，吾可大於兩儀；若以無餘爲小，吾可小於毫末。河伯既其領悟，故物我均齊，所以述己解心，詢其可不也。

北海若曰：「否。夫物，量无窮❶，時无止❷，分无常❸，終始无故❹。是故大知觀於遠近，故小而不寡❺，大而不多❻，知量无窮❼；證曏今故❽，故遙而不悶❾，掇而不跂❿，知時无止⓫；察乎盈虛，故得而不喜，失而不憂⓬，知分之无常也⓭；明乎坦塗⓮，故生而不說，死而不禍⓯，知終始之不可故也⓰。計人之所知，不若其所不知⓱；其生之時，不若未生之時⓲；以其至小求窮其至大之域，是故迷亂而不能自得也⓳。由此觀之，又何以知（毫）〔豪〕①末之足以定至細之倪！又何以知天地之足以窮至大之域⓴！」

❶【注】物物各有量。

【疏】既領所疑，答曰不可。夫物之器量，稟分不同，隨其所受，各得稱適，而千差萬別，品類無窮，稱適之處，無大無小，豈得率其所知，抑以爲定！

❷【注】死與生皆時行。

【疏】新新不住。

❸【注】得與失皆分。

【疏】所稟分命，隨時變易。

❹【注】日新也。

【疏】雖復終而復始，而未嘗不新。

❺【注】各自足也。

【疏】此下釋量無窮也。以大聖之知，視於遠理，察於近事，故毫末雖小，當體自足，無所寡少也。

❻【注】亦無餘也。

【疏】天地雖大，當（離）〔體〕②無餘，故未足以自多也。不多則無夸，不寡則息企也。

❼【注】攬而觀之，知遠近大小之物各有量。

【疏】以大人之知，知於物之器量，大小雖異，各稱其情，升降不同，故無窮也。此結前物量無窮也。

❽【注】曏，明也。今故，猶古今。

【疏】此下釋時無止義也。曏，明也。既知小大非小大，則證明古今無古今也。

【釋文】「證曏」許亮反。崔云：往也。向郭云：明也。又虛丈反。

❾【注】遙，長也。

❿【注】掇，猶短也。

【疏】遙，長也。掇，短也。既知古今無古今，則知壽夭無壽夭。是故年命延長，終不厭生而悒悶；稟齡夭促，亦不欣企於遐壽；隨變任化，未始非吾。

【釋文】「掇」專劣反。郭云：短也。「而不跂」如字。一本作企。下注亦然。◎家世父曰：郭象注，遙，長也；掇，猶短也。《說文》：掇，拾取也。《易》疏：患至掇也，若手拾掇物然，言近而可掇取也。悶，如《老子》其政悶悶，不詳明。跂者，所以行也。《淮南子·原道訓》跂行喙息，《馬蹄篇》蹩躠為仁，踶跂為義，謂煩勞也。知時無止，順謂行之而已。故者非遙，無漠視也；今者非近，無強致也。郭象注未愜。

⓫【注】證明古今，知變化之不止於死生也，故不以長而悒悶，短故爲跂也。

【疏】此結前時無止義也。

⓬【疏】此下釋分無常義也。夫天道既有盈虛，人事寧無得喪！是以視乎盈虛之變，達乎得喪之理，故儻然而得，時也，不足爲欣；偶爾而失，命也，不足爲戚也。

⓭【注】察其一盈一虛，則知分之不常於得也，故能忘其憂喜。

【疏】此結前分無常義也。

⓮【注】死生者，日新之正道也。

【疏】此下釋終始無故義也。坦，平也。塗，道也。不以死爲死，不以生爲生，死生無隔故。

明乎坦然平等之大道者如此。

【釋文】「坦」吐但反。

⑮【疏】夫明乎坦然之道者，〔其〕③生也不足以爲欣悅，其死也不足以爲禍敗。達死生之不二，何憂樂之可論乎！

【釋文】「不說」音悅。

⑯【注】明終始之日新也，則知故之不可執而留矣，是以涉新而不愕，舍故而不驚，死生之化若一。

【疏】此結前終始無故義。

【釋文】「不愕」五各反。「舍故」音捨。

⑰【注】所知各有限也。

【疏】強知者乖真，不知者會道。以此計之，當故不如也。

⑱【注】生時各有年也。

【疏】未生之時，無喜所以無憂；既生之後，有愛所以有憎。

⑲【注】莫若安於所受之分而已。

【疏】至小，智也；至大，境也。夫以有限之小智，求無窮之大境，而無窮之境未周，有限之智已喪，是故終身迷亂，返本無由，喪己企物而不自得也。

⑳【注】以小求大，理終不得，各安其分，則大小俱足矣。若毫末不求天地之功，則周身之餘，

皆爲棄物；天地不見大於秋毫，則顧其形象，裁自足耳；將何以知細之定細，大之定大也！

【疏】夫物之稟分，各自不同，大小雖殊而咸得稱適。若以小企大，則迷亂失性，各安其分，則逍遙一也。故毫末雖小，性足可以稱大；二儀雖大，無餘可以稱小。由此視之，至小之倪，何必定在於毫末！至大之域，豈獨理窮於天地！

【釋文】「之倪」五厓反，徐音詣。郭五米反。下同。

【校】①豪字依世德堂本改。②體字依上疏文改。③其字依下句補。

河伯曰：「世之議者皆曰：『至精无形，至大不可圍。』是信情乎❶？」

❶【疏】信，實也。世俗議論，未辯是非，僉言至精細者無復形質，至廣大者不可圍繞。未知此理情智虛實。河伯未達，故有此疑也。

北海若曰：「夫自細視大者不盡，自大視細者不明❶。夫精，小之微也；垺，大之殷也；故異便①❷。此勢之有也❸。夫精粗者，期於有形者也❹；无形者，數之所不能分也；不可圍者，數之所不能窮也❺。可以言論者，物之粗也；可以意致者，物之精也；言之所不能論，意之所不能察致者，不期精粗焉❻。

❶【注】目之所見有常極，不能無窮也，故於大則有所不盡，於細則有所不明，直是目之所不逮耳。精與大皆非無也，庸詎知無形而不可圍者哉！

【疏】夫以細小之形視於曠大之物者，必不盡其弘遠，故謂之不可圍。又以曠大之物觀於細小之形者，必不曉了分明，故謂之無形質。此並未出於有境，豈是至無之義哉！

❷【注】大小異，故所便不得同。

【疏】精，微小也。垺，殷大也。欲明小中之小，大中之大，稟氣雖異，並不離有（中）〔形〕②，天機自張，各有便宜也。

【釋文】「垺」李普回反。徐音孚，謂盛也。郭芳尤反，崔音裒。「之殷」殷，眾也。◎慶藩案殷，大也，故疏云大中之大，不當訓眾。「異便」婢面反。徐扶面反。注皆同。

❸【注】若無形而不可圍，則無此異便之勢也。

【疏】大小既異，宜便亦殊，故知此勢未超於有之也。

❹【注】有精粗矣，故不得無形。

【疏】夫言及精粗者，必期限於形名之域，而未能超於言象之表也。

【釋文】「精粗」七胡反。下同。

❺【疏】無形不可圍者，道也。至道深玄，絕於心色，故不可以名數分別，亦不可以數量窮盡。

【釋文】「能分」如字。

❻【注】唯無而已，何精粗之有哉！夫言意者有也，而所言所意者無也，故求之於言意之表，而入乎無言無意之域，而後至焉。

【疏】夫可以言辨論說者，有物之粗法也；可以心意致得者，有物之精細也；而神口所不能言，聖心〔所〕③不能察者，妙理也。必求之於言意之表，豈期必於精粗之間哉！

【釋文】「不能論」本或作諭。

【校】①《闕誤》引張君房本便下有耳字。②形字依下正文期於有形句改。③所字依上句補。

是故大人之行，不出乎害人①❶，不多仁恩❷；動不為利❸，不賤門隸❹；貨財弗爭❺，不多辭讓❻；事焉不借人❼，不多食乎力❽，不賤貪污❾；行殊乎俗❿，不多辟異⓫；為在從眾⓬，不賤佞諂⓭；世之爵祿不足以為勸，戮恥不足以為辱⓮；知是非之不可為分，細大之不可為倪⓯。聞曰：『道人不聞⓰，至德不得⓱，大人无己⓲。』約分之至也⓳。」

❶【注】大人者，無意而任天行也。舉止而投諸吉地，豈出害人之塗哉！

【疏】夫大人應物，譬彼天行，運而無心，故投諸吉地，出言利物，終不害人也。

❷【注】無害而不自多其恩。

【疏】慈澤類乎春陽，而不多偏行恩惠也。

❸【注】應理而動，而理自無害。

【疏】應機而動，不域心以利物。

【釋文】「為利」于偽反。

❹【注】任其所能而位當於斯耳，非由賤之故措之斯職。

【疏】混榮辱，一窮通，故守門僕隸，不以爲賤也。

【釋文】「故措」七故反。

❺【注】各使分定。

【疏】寡欲知足，守分不貪，故於彼貨財，曾無爭競也。

❻【注】適中而已。

【疏】率性謙和，用捨隨物，終不矯情，飾辭多讓。

❼【注】各使自任。

【疏】愚智率性，工拙襲情，終不假借於人，分外求務。

❽【注】足而已。

【疏】食於分內，充足而已，不多貪求，疲勞心力。

❾【注】理自無欲。

【疏】體達玄道，故無情欲，非關苟貴清廉，賤於貪污。

❿【注】己獨無可無不可，所以與俗殊。

【疏】和光同塵，無可不可，而在染不染，故行殊乎俗也。

【釋文】「行殊」下孟反。下堯桀之行同。

⓫【注】任理而自殊也②。

【疏】居正體道，故不多邪辟，而大順羣生，故曾無乖異也。

【釋文】「辟異」匹亦反。

⑫【注】從眾之所爲也。

【疏】至人無心，未曾專己，故凡厥施爲，務在從眾也。

⑬【注】自然正直。

【疏】素性忠貞，不履左道，非鄙賤佞諂而後正直也。◎家世父曰：大人之行凡五事：本不害人，非爲仁也；無貴賤貨利之在其心，何有辭讓也；不導人以爲利，何有貪污也；行自殊俗，非爲異也；順從乎眾，非爲諂也。事焉不借人，如許行之云並耕而治，饔飧而食；不多食乎力，如老子之云我無事而民自富，我無（顧）〔爲〕③而民自樸；彼貪污者自止，而無事乎賤之矣。郭象注未能分明。

⑭【注】外事不接④於心。

【疏】夫高官重祿，世以爲榮；刑戮黜落，世以爲恥。既而體榮枯之非我，達通塞之有時，寄來不足以勸勵，寄去不足以羞辱也。◎家世父曰：世之爵祿不足以爲勸，戮恥不足以爲辱，承上，言無爲而民自化。仁讓無所施，貪諂無所庸，又何以爵祿戮恥爲也！郭象云外事不棲於心，誤。

⑮【注】故玄同也。

【疏】各執是非，故是非不可爲定分；互爲大小，故細大何得有倪限；即天地毫末之謂乎！

⑯【注】任物而物性自通，則功名歸物矣，故不聞。

【疏】夫體道聖人，和光韜晦，推功於物，無功名之可聞。寓諸他人，故稱聞曰。

⑰【注】得者，生於失也；物各無失，則得名去也。

【疏】得者，不喪之名也。而造極之人，均於得喪，既無所喪，亦無所得。故《老經》云，上德不德。

⑱【注】任物而已。

【疏】大聖之人，有感斯應，方圓任物，故無己也。

【釋文】「无己」音紀。

⑲【注】約之以至其分，故冥也，夫唯極乎無形而不可圍者爲然。

【疏】約，依也。分，限也。夫大人利物，抑乃多塗，要切而言，莫先依分。若視目所見，聽耳所聞，知止所知，而限於分內者，斯德之至者也。

【校】①《闕誤》引張君房本人下有之塗也三字。②趙諫議本無而字也字。③爲字依《老子》原文改。④世德堂本作棲，趙本無此句。

河伯曰：「若物之外，若物之內，惡至而倪貴賤？惡至而倪小大❶？」

❶【疏】若物之外，若物之內，謂物性分之內外也。惡，何也。言貴賤之分，小大之倪，爲在物性之中，爲在性分之外，至何處所而有此耶？河伯未達其源，故致斯請也。

【釋文】「惡至」音烏。下同。

北海若曰：「以道觀之，物无貴賤❶；以物觀之，自貴而相賤❷；以俗觀之，貴賤不在己❸。以差觀之，因其所大而大之，則萬物莫不大；因其所小而小之，則萬物莫不小；知天地之為稊米也，知（毫）〔豪〕末之為丘山也，則差數覩矣❹。以功觀之，因其所有而有之，則萬物莫不有；因其所无而无之，則萬物莫不无；知東西之相反而不可以相无，則功分定矣❺。以趣觀之，因其所然而然之，則萬物莫不然；因其所非而非之，則萬物莫不非；知堯桀之自然而相非，則趣操覩矣❻。

❶【注】各自足也。

【疏】道者，虛通之妙理；物者，質礙之麤事。而以麤視妙，故有大小，以妙觀麤，故無貴賤。

❷【注】此區區者，乃道之所錯綜而齊之①也。

【疏】夫物情倒置，迷惑是非，皆欲貴己而賤他，他亦自貴而賤彼，彼此懷惑，故言相也。

❸【注】斯所謂倒置也。

【疏】夫榮華戮恥，事出儻來，而流俗之徒，妄生欣戚。是以寄來爲貴，得之所以爲寵；寄去爲賤，失之所以爲辱；斯乃寵辱由乎外物，豈貴賤在乎己哉！

❹【注】所大者，足也；所小者，無餘也。故因其性足以名大，則毫末丘山不得異其名；因其無餘以稱小，則天地稊米無所殊其稱。若夫觀差而不由斯道，則差數相加，幾微相傾，不可勝察也。

【疏】差，別也。夫以自足爲大，則毫末之與丘山，均其大矣；以無餘爲小，則天地之與稊米，均其小矣。是以因毫末（以）②爲大，則萬物莫不大矣；因天地以爲小，則萬物莫不小矣。故雖千差萬際，數量不同，而以此觀之，則理可見。◎家世父曰：道者，通乎人我者也；物者，心有所據以衡人者也；俗者，徇俗爲貴賤者也；差者，萬物之等差也；功者，人我兩須之事功也；趣者，一心之旨趣也。繁然殽亂，而持之皆有道，故言之皆有本。貴賤大小，辨爭反復，而天下紛然多故也。

【釋文】「其稱」尺證反。「可勝」音升。

⑤【注】天下莫不相與爲彼我，而彼我皆欲自爲，斯東西之相反也。然彼我相與爲脣齒，脣齒者未嘗相爲，而脣亡則齒寒。故彼之自爲，濟我之功弘矣，斯相反而不可以相無者也。故因其自爲而無其功，則天下之功莫不皆無矣；因其不可相無而有其功，則天下之功莫不皆有矣。若乃忘其自爲之功而思夫相爲之惠，惠之愈勤而僞薄滋甚，天下失業而情性瀾漫矣，故其功分無時可定也。

【疏】夫東西異方，其義相反也，而非東無以立西，斯不可以相無者也。若近取諸身者，眼見耳聽，手捉腳行，五臟六腑，四肢百體，各有功能，咸稟定分，豈眼爲耳視而腳爲手行哉？相爲之功，於斯滅矣。此是因其所無而無之，則萬物莫不無也。然足不行則四肢爲之委頓，目不視則百體爲之否塞，而所司各用，無心相爲，濟彼之功，自然成矣，斯因其所有而有之，則萬物莫不有也。以此觀之，則功用有矣，分各定矣。若乃忘其自爲之功而思夫相爲之惠，則彼我失性而是非殽亂也，豈莊生之意哉！

【釋文】「自為」于僞反。注內自為相為皆同。餘如字。

⑥【注】物皆自然，故無不然；物皆相非，故無不非。無不非，則無然矣；無不然，則無非矣。無然無非者，堯也；有然有非者，桀也。然此二君，各受天素，不能相爲，故因堯桀以觀天下之趣

操，其不能相爲也可見矣。

【疏】然，猶是也。夫物皆自是，故無不是；物皆相非，故無不非。無不非，則天下無是矣；無不是，則天下無非矣。故以物情趣而觀之，因其自是，則萬物莫不是；因其相非，則萬物莫不非矣。夫天下之極相反者，堯桀也，故舉堯桀之二君以明是非之兩義。故堯以無爲爲是，有欲爲非；桀以無爲爲非，有欲爲是；故曰知堯桀之自然相非。因此而言，則天下萬物情趣志操，可以見之矣。

【校】①世德堂本之下有者字。②以字依下句補。

昔者堯舜讓而帝，之噲讓而絕❶；湯武爭而王，白公爭而滅❷。由此觀之，爭讓之禮，堯桀之行，貴賤有時，未可以為常也❸。梁麗可以衝城，而不可以窒穴，言殊器也❹；騏驥驊騮，一日而馳千里，捕鼠不如狸狌，言殊技也❺；鴟鵂夜撮蚤，察毫末，晝出瞋目而不見丘山，言殊性也❻。故曰，蓋師是而无非，師治而无亂乎？是未明天地之理，萬物之情者也❼。是猶師天而无地，師陰而无陽，其不可行明矣❽。然且語而不舍，非愚則誣也❾。帝王殊禪，三代殊繼。差其時，逆其俗者，謂之篡①夫❿；當其時，順其俗者，謂之義〔之〕②徒⓫。默默乎河伯！女惡知貴賤之門，小大之家⓬！」

❶【疏】夫帝王異代，爭讓異時。既而堯知天命有歸，故禪於舜；舜知曆祚將改，又讓於禹。唐

虞是五帝之數，故曰讓而帝也。（子）之，燕相子之也。噲，燕王名也。子之，即蘇秦之女壻也。秦弟蘇代，從齊使燕，以堯讓許由故事說燕王噲，令讓位與子之，子之遂受。國人恨其受讓，皆不服子之，三年國亂。齊宣王用蘇代計，興兵伐燕，於是殺燕王噲於郊，斬子之於朝，以絕燕國。豈非效堯舜之陳跡而禍至於此乎！

【釋文】「之噲」音快，又古邁反，又古會反。之者，燕相子之也。噲，燕王名也。司馬云：燕王噲拙於謀，用蘇代之說，效堯舜讓位與子之，三年而國亂。

❷**【注】**夫順天應人而受天下者，其跡則爭讓之跡也。尋其跡者，失其所以跡矣，故絕滅也。

【疏】殷湯伐桀，周武克紂，此之二君，皆受天命，故致六合清泰，萬國來朝，是以時繼三王，故云爭而王也。而時須干戈，應以湯武，時須揖讓，應以堯舜。故千變萬化，接物隨時，讓爭之跡，不可執留也。白公名勝，楚平王之孫，太子建之子也。平王用費無忌之言，納秦女而疏太子，太子奔鄭，娶鄭女而生勝。太傅伍奢被殺，子胥奔吳，勝從奔吳，與胥耕於野。楚令尹子西迎勝歸國，封於白邑，僭號稱公。勝以鄭人殺父，請兵報讎，頻請不允，遂起兵反，楚遣葉公子高伐而滅之，故曰白公爭而滅。

【釋文】「而王」往況反。「白公」名勝，楚平王之孫，白縣尹，僭稱公，作亂而死。事見《左傳》哀公十六年。

❸**【疏】**爭讓，文武也。堯桀，是非也。若經緯天地，則賤武而貴文；若克定禍亂，則賤文而貴武。是以文武之道，貴賤有時，而是非之行，亦用舍何定！故爭讓之禮，於堯舜湯武之時則貴，於

之噲白公之時則賤，不可常也。

❹【疏】梁，屋梁也。麗，屋棟也。衝，擊也。窒，塞也。言梁棟大，可用作攻擊城隍，不可用塞於鼠穴，言其器用大小不同也。

【釋文】「梁麗」司馬李音禮，一音如字。司馬云：梁麗，小船也。崔云：屋棟也。◎慶藩案《初學記》二十五引司馬云：麗，小船也。與《釋文》小異。◎俞樾曰：司馬云，梁麗小船也，崔云屋棟也。然小船與屋棟，皆非所以衝城。《詩・皇矣篇》與爾臨衝，《毛傳》曰：臨，臨車也，衝，衝車也。《正義》曰：兵書有作臨車衝車之法，《墨子》有《備衝》之篇，知臨衝俱是車也。然則此云可以衝城，其為是車明矣。《徐无鬼篇》君亦必無陳鶴列於麗譙之間，郭注曰：麗譙，高樓也。司馬曰：麗譙，樓觀名也。此所云梁麗，疑是車之有樓者，若《左傳》所稱樓車矣。《文選・辨亡論》衝棚息於朔野，李善注曰：字略作轒，樓也，可為衝車有樓之證。◎慶藩案司馬訓梁麗為小船，非也。俞氏以為樓車，亦近附會。攷《列子・湯問篇》雍門鬻歌，餘音繞梁欐，三日不絕。梁欐，即此所云梁麗也。《力命篇》居則連欐，《文選》司馬長卿《上林賦》連捲欐佹，〔司馬彪〕注：欐佹，支〔柱〕〔重累〕③也。欐者附著，佹者交午。欐與麗同。《廣韻》：麗，著也。《玉篇》：麗，偶也。柱偶曰麗，梁棟相附著亦曰麗，正謂椽柱之屬。當從崔說為勝。為梁麗必材之大者，故可用以衝城，不當泥視。「窒」珍悉反。《爾雅》云：塞也。崔李同。《說文》都節反。

❺【疏】騏驥驊騮，並古之良馬也。捕，捉也。狸狌，野貓也。夫良馬駿足，日馳千里，而捕捉小鼠，不及狸狌。是技藝不同，不可一槩而取者也。

【釋文】「騏」音其。「驥」音冀。「驊」戶花反。「騮」音留。李云：騏驥驊騮，皆駿馬也。「捕」音步。本又作搏。徐音付。「狸」力之反。「狌」音姓，向同。又音生。崔本作鼪，由又反。「殊技」其綺反。

❻【注】就其殊而任之，則萬物莫不當也。

【疏】鴟，鵂鶹也，亦名隻狐，是土梟之類也。晝則眼暗，夜則目明，故夜能撮捉蚤蝨，密視秋毫之末，晝出瞋張其目，不見丘山之形。是知物性不同，豈直鴟鵂而已！故隨其性而安之，則物無不當也。

【釋文】「鴟」尺夷反。崔云：鴟，鵂鶹，與委梟同。「夜撮」七括反。崔本作最，音同。「蚤」音早。《說文》：跳蟲齧人者也。《淮南子》，鴟夜聚蚤，察分毫末。許慎云：鴟夜聚食蚤蝨不失也。司馬本作蚉，音文，云：鴟，鵂鶹，夜取蚉食。今郭本亦有作蚉者。崔本作爪，云：鵂鶹夜聚人爪於巢中也。◎王引之曰：鵂字，涉《釋文》內鴟鵂鶹而衍。（《埤雅》引此已誤。）案《釋文》曰，鴟，尺夷反，崔云，鴟鵂鶹，而不為鵂字作音，則正文內本無鵂字明矣。《淮南・主術篇》亦云鴟夜撮蚤。◎慶藩案爪蚤通用，故崔本作爪。蚤蚉字形相近，故司馬本作蚉。《淮南・主術篇》高注：鴟，鴟鵂也，謂之老菟，夜鳴人屋上也。夜則目明，合聚人爪以著其巢中，故曰察分秋毫；晝則無所見，故曰形性詭也。許注曰：鴟夜聚食蚤蝨不失也。撮蚤之說，許高異義。王引之云，撮之事理，當以許注為雅馴。「瞋」尺夷反，向處辰反。司馬云：張也。崔音眩，又師慎反。本或作瞑。◎慶藩案《釋文》，瞋或作瞑。疑作瞑者是也。《說文》：瞋，怒目也。瞑，合目也。瞑目則無所見矣。隸書眞或作真，冥或作㝠，形相似而誤。《管子・小問篇》桓公瞋目而視，祝鳧已（疵）〔疪〕④，《韓子・守道篇》瞋目切齒傾耳，《淮南・道應篇》瞋目𢿔然，攘臂拔劍，今本瞋並誤瞑，皆其例。

❼【注】夫天地之理，萬物之情，以得我爲是，失我爲非，適性爲治，失和爲亂。然物無定極，我無常適，殊性異便，是非無主。若以我之所是，則彼不得非，此知我而不見彼者耳。故以道觀者，於是非無當也，付之天均，恣之兩行，則殊方異類，同焉皆得也。

【疏】蓋，不盡之辭也。師，猶師心也。夫物各師其（域）〔成〕心，妄爲偏執，將己爲是，不知他以爲非，將我爲治，不知物以爲亂；故師心爲是，不見己上有非；師心爲治，謂言我身無亂。豈知治亂同源，是非無主！故治亂同源者，天地之理也；是非無主者，萬物之情也。暗於斯趣，故言未明也。

【釋文】「師是」或云：師，順也。「師治」直吏反。注皆同。

❽【疏】夫天地陰陽，相對而有。若使有天無地，則萬物不成；有陰無陽，則蒼生不立。是知師是而無非，師治而無亂者，必不可行明矣。

❾【注】天地陰陽，對生也；是非治亂，互有也；將奚去哉？

【疏】若夫師是而無非，師天而無地，語及於此而不捨於口者，若非至愚之人，則是故爲誣罔。

【釋文】「不舍」音捨。下同。

❿【疏】帝，五帝也。王，三王。三代，夏殷周。禪，授也。繼，續也。或宗族相承，或讓與他

姓，故言殊禪也。或父子相繼，或興兵篡弑，故言殊繼也。或遲速差互，不合天時；或氓俗未歸，逆於人事。是以之噲慕堯舜以絕嗣，白公效湯武以滅身，如此之流，謂之篡奪也。

【釋文】「篡夫」初患反，取也。下如字。

⑪【疏】夫干戈揖讓，事跡不同，用捨有時，不可常執。至如湯武興兵，唐虞揖讓，上符天道，下合人心，如此之徒，謂之爲義也。

⑫【注】俗之所貴，有時而賤；物之所大，世或小之。故順物之跡，不得不殊，斯五帝三王之所以不同也。

【疏】河伯未能會理，故海若訶使妄言，默默莫聲，幸勿辭費也。夫小大無主，貴賤無門，物情顛倒，妄爲臧否。故女於何推逐而知貴賤大小之家門乎？言其不知也。

【釋文】「女惡」音汝。後放此。下音烏。

【校】①《闕誤》引張君房本篡下有之字。②之字依世德堂本補。③重累二字依《文選注》改。④疵字依《管子》改。

河泊曰：「然則我何為乎，何不為乎？吾辭受趣舍，吾終奈何❶？」

❶【疏】奈何，猶如何也。河伯雖領高義，而未達旨歸，故更請決疑，遲聞解釋。我欲處涉人世，攝衛修道，於何事而可爲乎？於何事而不可爲乎？及辭讓受納，進趣退舍，衆諸物務，其事云何？願垂告誨，終身奉遵。

北海若曰：「以道觀之，何貴何賤，是謂反衍❶；无拘而志，與道大蹇❷。何少何多，是謂謝施❸；无一而行，與道參差❹。嚴乎若國之有君，其无私德❺；繇繇乎若祭之有社，其无私福❻；泛泛①乎其若四方之无窮，其无所畛域❼。兼懷萬物，其孰承翼❽？是謂无方❾。萬物一齊，孰短孰長❿？道无終始，物有死生⓫，不恃其成⓬；一虛一滿，不位乎其形⓭。年不可舉⓮，時不可止⓯；消息盈虛，終則有始⓰。是所以語大義之方，論萬物之理也⓱。物之生也，若驟若馳⓲，无動而不變，无時而不移⓳。何為乎，何不為乎？夫固將自化⓴。」

❶【注】貴賤之道，反覆相尋。

【疏】反衍，猶反覆也。夫貴賤者，生乎妄執也。今以虛通之理照之，則貴者反賤而賤者復貴，故謂之反衍也。

【釋文】「反衍」如字，又以戰反。崔云：無所貴賤，乃反為美也。本亦作畔衍，李云：猶漫衍合為一家。◎慶藩案《文選》左太沖《蜀都賦注》引司馬作叛衍，云：叛衍，猶漫衍也。《釋文》闕。「反覆」芳服反。

❷【注】自拘執則不夷於道。

【疏】而，汝也。夫修道之人，應須放任，而汝乃拘執心志，矜而持之，故與虛通之理蹇而不夷也。

【釋文】「與道大蹇」向紀輦反，徐紀偃反。本或作與天道蹇。崔本蹇作浣，云：猶洽也。

❸【注】隨其分，故所施無常。

【疏】謝，代也。施，用也。夫物或聚少以成多，或散多以爲少，故施用代謝，無常定也。

【釋文】「謝施」如字。司馬云：謝，代也。施，用也。崔云：不代其德，是謂謝施。

❹【注】不能隨變，則不齊於道。

【疏】夫代謝施用，多少適時，隨機變化，故能齊物。若執一爲行，則與理不冥者也。

【釋文】「參」初林反。「差」初宜反。

❺【注】公當而已。

【疏】體道之士，望之儼然，端拱萬乘，楷模於物，羣彼萬國，宗仰一君，亭毒黎元，必無私德也。

【釋文】「嚴乎」魚檢反，又如字。

❻【注】天下之所同求。

【疏】繇繇，賒長之貌也。若眾人之祭社稷，而社稷無私福於人也。

【釋文】「繇繇」音由。

❼【注】泛泛然無所在。

【疏】泛泛，普徧之貌也。夫至人立志，周普無偏，接濟羣生，泛愛平等。譬東西南北，曠遠無窮，量若虛空，豈有畛界限域也！

【釋文】「泛泛」孚劍反。字又作汎。「畛」之忍反。「域」于逼反，舊于目反。

❽【注】掩御羣生，反之分內而平往者也，豈扶疏而承翼哉！

【疏】懷，藏也。孰，誰也。言大聖慈悲，兼懷庶品，平往而已，終無偏愛，誰復有心拯赦而接承扶翼者也！

❾【注】無方，故能以萬物爲方。

【疏】譬彼明鏡，方茲幽谷，逗機百變，無定一方也。

❿【注】莫不皆足。

【疏】萬物參差，亭毒唯一，鳧鶴長短，分足性齊。

⓫【注】死生者，無窮之②變耳，非終始也。

【疏】虛通之道，無終無始，執滯之物，妄計死生。故《老經》云，迎不見其首，隨不見其後。

⓬【注】成無常處。

【疏】應物無方，超然獨化，豈假待對而後生成也！

⓭【注】不以形爲位，而守之不變。

【疏】譬彼陰陽，春生秋殺，盈虛變化，榮落順時，豈執守形骸而拘持名位邪！

⓮【注】欲舉之令去而不能。

【釋文】「令去」力呈反。

⓯【注】欲止之使停又不可。

【疏】夫年之夭壽，時之賒促，出乎天理，蓋不由人。故其來也不可舉而令去，其去也不可止而令住，俱當任之，未始非我也。

⑯【注】變化日新，未嘗守故。

【疏】夫陰消陽息，夏盈冬虛，氣序循環，終而復始；混成之道，變化日新，循理直前，無勞措意也。

⑰【疏】前來所辨海若之談，正是語大道之義方，論萬物之玄理者也。

⑱【注】但當就用耳。

【疏】夫生滅流謝，運運不停，其爲迅速，如馳如驟。是〔尤〕〔猶〕百年倏忽，何足介懷也！

⑲【注】故不可執而守。

【疏】夫流動變化，時代遷移，迅若交臂，驟如過隙，故未有語動而不變化，言時而不遷移也。

⑳【注】若有爲不爲於其間，則敗其自化矣。

【疏】萬物紛亂，同稟天然，安而任之，必自變化，何勞措意爲與不爲！

【校】①趙諫議本作汎。②趙本之下有一字。

河伯曰：「然則何貴於道邪❶？」

❶【注】以其自化。

【疏】若使爲與不爲混一，則凡聖之理均齊。既任變化之自然，又何貴於至道？河伯更起斯問，遲以所疑。

北海若曰：「知道者必達於理，達於理者必明於權，明於權者不以物害己❶。至德者，火弗能熱，水弗能溺，寒暑弗能害，禽獸弗能賊❷。非謂其薄之也❸，言察乎安危❹，寧於禍福❺，謹於去就❻，莫之能害也❼。故曰，天在內，人在外❽，德在乎天❾。知天①人之行，本乎天，位乎得❿；蹢躅而屈伸⓫，反要而語極⓬。」

❶【注】知道者，知其無能也；無能也，則何能生我？我自然而生耳，而四支百體，五藏精神，已不爲而自成矣，又何有意乎生成之後哉！達乎斯理者，必能遣過分之知，遺益生之情，而乘變應權，故不以外傷內，不以物害己而常全也。

【疏】夫能知虛通之道者，必達深玄之實理；達深玄之實理者，必明於應物之權智。既明權實之無方，故能安排而去化。死生無變於己，何外物之能害哉！（以）〔此〕答河伯之所疑，次明至道之可貴。

【釋文】「五藏」才浪反。

❷【注】夫心之所安，則危不能危；意無不適，故苦不能苦也。

【疏】至德者，謂得至道之人也。雖復和光混世，處俗同塵，而不爲四序所侵，不爲三災所害，既得之於內，故外不能賊。此明解道之可貴也。

❸【注】雖心所安，亦不使犯之。

【疏】薄，輕也。所以水火不侵，禽獸不害者，惟心所安，則傷不能傷也，既不違避，亦不輕犯之也。

❹【注】知其不可逃也。

【釋文】「其薄」如字。崔云：謂以體著之。

【疏】所以傷不能傷者，正言審察乎安危，順之而不可逃，處之而常適也。

❺【注】安乎命之所遇。

【疏】寧，安也。禍，窮塞也。福，通達也。至德之人，唯變所適，體窮通之有命，達禍福之無門，故所樂非窮通，而所遇常安也。

❻【注】審去就之非己。

【疏】謹去就之無定，審取舍之有時，雖復順物遷移，而恆居至當者。

❼【注】不以害爲害，故莫之能害。

【疏】一於安危，冥於禍福，與化俱往，故物莫能傷。此總結以前無害之義。

❽【注】天然在內，而天然之所順者在外，故《大宗師》云，知天人之所爲者至矣，明內外之分皆非爲也。

【疏】天然之性，韞之內心；人事所順，涉乎外跡；皆非爲也。任之自然，故物莫之害矣。

❾【注】恣人任知，則流蕩失素也。

【疏】至德之美，在乎天然，惹恣人任知，則流蕩天性。

⑩【注】此天然之知，自行而不出乎分者也，故雖行於外，而常本乎天而位乎得矣。

【疏】此真知也。位，居處也。運真知而行於世，雖涉於物千變萬化，而恆以自然爲本，居於虛極而不喪其性，動而寂者也。

【釋文】「之行」如字。

⑪【注】與機會相應者，有斯變也。

【疏】蹢躅，進退不定之貌也。至人應世，隨物污隆，或屈或伸，曾無定執，趣（人）〔舍〕冥會，以逗機宜。

【釋文】「蹢」丈益反，又持革反。「躅」丈綠反，又音濁。「屈伸」音申。

⑫【注】知雖落天地，事雖接萬物，而常不失其要極，故天人之道全也。

【疏】雖復混跡人閒而心恆凝靜，常居樞要而反本還源。所有語言，皆發乎虛極，動不乖寂，語不乖默也。

【釋文】「反要」於妙反。

【校】①《闕誤》引江南《古藏》本天作乎。

曰：「何謂天？何謂人❶？」

❶【疏】河伯未達玄妙，更起此疑，問天人之道，庶希後答。

北海若曰：「牛馬四足，是謂天；落馬首，穿牛鼻，是謂人❶。故曰，无以人滅天❷，无以故滅命❸，无以得殉名❹。謹守而勿失，是謂反其真❺。」

❶【注】人之生也，可不服牛乘馬乎？服牛乘馬，可不穿落之乎？牛馬不辭穿落者，天命之固當也。苟當乎天命，則雖寄之人事，而本在乎天也。

【疏】夫牛馬稟於天，自然有四腳，非關人事，故謂之天。羈勒馬頭，貫穿牛鼻，出自人意，故謂之人。然牛鼻可穿，馬首可絡，不知其爾，莫辨所由，事雖寄乎人情，理終歸乎造物。欲顯天人之一道，故託牛馬之二獸也。

❷【注】穿落之可也，若乃走作過分，驅步失節，則天理滅矣。

【疏】夫因自然而加人事，則羈絡之可也。若乃穿馬絡牛，乖於造化，可謂逐人情之矯僞，滅天理之自然。

❸【注】不因其自爲而故爲之者，命其安在乎！

【疏】夫率性乃動，動不過分，則千里可致而天命全矣。若乃以駑勵驥而驅馳失節，斯則以人情事故毀滅天理，危亡旦夕，命其安在乎！豈唯馬牛，萬物皆爾。

❹【注】所得有常分，殉名則過也。

【疏】夫名之可殉者無涯，性之所得者有限，若以有限之得殉無涯之名，則天理滅而性命喪矣。

❺【注】真在性分之內。

【疏】夫愚智夭壽，窮通榮辱，稟之自然，各有其分。唯當謹固守持，不逐於物，得於分內而不喪於道者，謂反本還源，復於真性者也。此一句總結前玄妙之理也。

夔憐蚿，蚿憐蛇，蛇憐風，風憐目，目憐心❶。

❶【疏】憐是愛尚之名。夔是一足之獸，其形如（詖）〔鼓〕，足似人腳，而迴踵向前也。《山海經》云，東海之內，有流波之山，其山有獸，狀如牛，蒼色，無角，一足而行，聲音如雷，名之曰夔。昔黃帝伐蚩尤，以夔皮冒鼓，聲聞五百里也。蚿，百足蟲也，夔則以少企多，故憐蚿；蚿則以有羨無，故憐蛇；蛇則以小企大，故憐風；風則以暗慕明，故憐目；目則以外慕內，故憐心。欲明天地萬物，皆稟自然，明暗有無，無勞企羨，放而任之，自合玄道。倒置之徒，妄心希慕，故舉夔等之麤事，以明天機之妙理。又解：憐，哀愍也。夔以一足而跳躑，憐蚿眾足之煩勞；蚿以有足而安行，哀蛇無足而辛苦；蛇有形而適樂，愍風無質而冥昧；風以飄飆而自在，憐目域形而滯著；目以在外而明顯，憐心處內而暗塞。欲明物情顛倒，妄起哀憐，故託夔蚿以救其病者也。

【釋文】「夔」求龜反，一足獸也。李云：黃帝在位，諸侯於東海流山得奇獸，其狀如牛，蒼色，無角，一足，能走，出入水即風雨，目光如日月，其音如雷，名曰夔。黃帝殺之，取皮以冒鼓，聲聞五百里。「憐」音蓮。「蚿」音賢，又音玄。司馬云：馬蚿蟲也。《廣雅》云：蛆渠馬蚿。「蚿憐蛇蛇憐風風憐目目憐心」司馬云：夔，一足；蚿，多足；蛇，無足；風，無形；目，形綴於此，明流於彼；心則質幽，為神遊外。

夔謂蚿曰：「吾以一足趻踔而行，予无如矣。今子之使萬足，獨奈何？❶」

❶【疏】趻踔，跳躑也。我以一足跳躑，快樂而行，天下簡易，無如我者。今子驅馳萬足，豈不劬勞？如何受生獨異於物？發此疑問，庶顯天機也。

【釋文】「趻」敕甚反，郭菟減反，一音初稟反。「卓」本亦作踔，同。敕角反。李云：趻卓，行貌。◎盧文弨曰：今本卓作踔。◎慶藩案卓，獨立也，與踔稽聲義同。《漢書・河間獻王傳》卓爾不羣，《說苑・君道篇》踔然獨立。（踔，敕角切。）《說文》：稽，（竹角切。）特止也。徐鍇《繫傳》：特止，卓立也。通作趠逴。《廣雅》：趠，絕也。李善《西都賦》注，逴（敕角切。）踔，猶超絕也。義並同。

蚿曰：「不然。子不見夫唾者乎？噴則大者如珠，小者如霧，雜而下者不可勝數也①。今予動吾天機，而不知其所以然。」❶

❶【疏】夫唾而噴者，實無心於大小，而大小之質自分，故大者如珠璣，小者如濛霧，散雜而下，其數難舉。今蚿之眾足，乃是天然機關，運動而行，未知所以，無心自張，有同噴唾。夔以人情起問，蚿以天機直答，必然之理，於此自明也。

【釋文】「唾」吐臥反。「噴」普悶反，又芳奔反，又孚問反。「如霧」音務，郭武貢反。「可勝」音升。◎慶藩案《文選》陸士衡《文賦》注引司馬云：天機，自然也。《釋文》闕。

【校】①趙諫議本無也字。

蚿謂蛇曰：「吾以衆足行，而不及子之無足，何也❶？」

❶【疏】蚿以衆足而遲，蛇以無足而速，然遲速有無，稟之造化。欲明斯理，故發此疑問。

蛇曰：「夫天機之所動，何可易邪？吾安用足哉❶！」

❶【注】物之生也，非知生而生也①，則生之行也，豈知行而行哉！故②足不知所以行，目不知所以見，心不知所以知，俛然而自得矣。遲速之節，聰明之鑒，或能或否，皆非我也。而惑者因欲有其身而矜其能，所以逆其天機而傷其神器也③。至人知天機之不可易也，故捐聰明，棄知慮，魄然忘其所爲而任其自動，故萬物無動而不逍遙也。

【疏】天然機關，有此動用，遲速有無，不可改易。無心任運，何用足哉！

【釋文】「俛然」亡本反。

【校】①趙諫議本無也字。②趙本無哉故二字。③趙本無也字。

蛇謂風曰：「予動吾脊脅而行，則有似也。今子蓬蓬然起於北海，蓬蓬然入於南海，而似无有，何也？」❶

❶【疏】脅，肋也。蓬蓬，風聲也，亦塵動貌也。蛇既無足，故行必動於脊脅也。似，像也。蛇雖無足，而有形像，風無形像，而鼓動無方，自北徂南，擊揚溟海，無形有力。竊有所疑，故陳此問，庶聞後答也。

【釋文】「蓬蓬」步東反，徐扶公反。李云：風貌。◎家世父曰：《玉篇》，似，肖也。所以行者，足也；動吾脊脅而行，無足而猶肖夫足也。有形則有肖，無形則亦無所肖也。

風曰：「然。予蓬蓬然起於北海而入於南海也，然而指我則勝我，鰌我亦勝我。雖然，夫折大木，蜚大屋者，唯我能也，故以眾小不勝為大勝也。為大勝者，唯聖人能之。」❶

❶【注】恣其天機，無所與爭，斯小不勝者也①。然乘萬物御羣材之所爲，使羣材各自得，萬物各自爲，則天下莫不②逍遙矣，此乃③聖人所以爲大勝也。

【疏】風雖自北徂南，擊揚溟海，然人以手指撝於風，風即不能折指，以腳䠓踏於風，風亦不能折腳，此小不勝也。然而飄風卒起，羊角乍騰，則大廈爲之飛揚，櫟社以之摧折，此大勝也。譬達觀之士，穢迹揚波，混愚智於羣小之間，泯是非於囂塵之內，此眾小不勝也。而亭毒蒼生，造化區宇，同二儀之覆載，等三光之照燭，此大勝也。非下凡之所解，唯聖人獨能之。䠓亦有作鰌字者，鰌，藉（蓋）也④。今不用此解也。

【釋文】「鰌」音秋。李云：藉也。藉則削也。本又作䠓，子六反，又七六反，迫也。◎家世父曰：李軌云，鰌藉也，藉則削也，本（文）〔又〕作䠓。指者，手嚮之；鰌者，足蹴之。《荀子・強國篇》巨楚縣吾前，大燕鰌吾後，勁魏鉤吾右，楊倞注：鰌，蹴也，言蹴踏於後也。「折大」之舌反。「蜚大」音飛，又扶貴反。

【校】①趙諫議本無者也二字。②趙本無莫不二字。③趙本無乃字。④蓋字依《釋文》刪。

孔子遊於匡，宋人圍之數帀，而絃歌不惙①❶。子路入見，曰：「何夫子之娛也❷？」

❶【疏】輟，止也。宋當爲衛，字之誤也。匡，衛邑也。孔子自魯適衛，路經匡邑，而陽虎曾侵暴匡人，孔子貌似陽虎。又孔子弟子顏剋，與陽虎同暴匡邑，剋時復與孔子爲御。匡人既見孔子貌似陽虎，復見顏剋爲御，謂孔子是陽虎重來，所以興兵圍繞。孔子達窮通之命，故絃歌不止也。

【釋文】「孔子遊於匡宋人圍之數」色主反。「帀」子合反。司馬云：宋當作衛。匡，衛邑也。衛人誤圍孔子，以為陽虎。虎嘗暴於匡人，又孔子弟子顏剋，時與虎俱，後剋為孔子御，至匡，匡人共識剋，又孔子容貌與虎相似，故匡人共圍之。「不惙」本又作輟，同。丁劣反。

❷【疏】娛，樂也。匡人既圍，理須憂懼，而絃歌不止，何故如斯？不達聖情，故起此問。本亦有作虞字者，虞，憂也。怪夫子憂虞而絃歌不止。

【釋文】「入見」賢遍反。

【校】①趙諫議本作輟。

孔子曰：「來！吾語女。我諱窮久矣，而不免，命也；求通久矣，而不得①，時也。❶當堯舜②而天下无窮人，非知得也；當桀紂而天下无通人，非知失也；時勢適然。❷夫水行不避蛟龍者，漁父之勇也；陸行不避兕虎者，獵夫之勇也；白刃交於前，視死若生者，烈士之勇也；❸知窮之有命，知通之有時，臨大難而不懼者，聖人之勇也❹。由處矣，吾命有所制矣❺。」

❶【注】將明時命之固當，故寄之求諱。

【疏】諱，忌也，拒也。窮，否塞也。通，泰達也。夫子命仲由來，語其至理云：「我忌於窮困，而不獲免者，豈非天命也！求通亦久，而不能得者，不遇明時也。夫時命者，其來不可拒，其去不可留，故安而任之，無往不適也。」夫子欲顯明斯理，故寄之窮諱，而實無窮諱也。

【釋文】「吾語」魚據反。

❷【注】無爲勞心於窮通之間。

【疏】夫生當堯舜之時，而天下太平，使人如器，恣其分內，故無窮塞。當桀紂之時，而天下暴亂，物皆失性，故無通人。但時屬夷險，勢使之然，非關運知，有斯得失也。

❸【注】情各有所安。

【疏】情有所安而忘其怖懼。此起譬也。

【釋文】「蛟」音交。「漁父」音甫。「兕」徐履反。

❹【注】聖人則無所不安。

【疏】聖人知時命，達窮通，故勇敢於危險之中，而未始不安也。此合喻也。

【釋文】「大難」乃旦反。

❺【注】命非己制，故無所用其心也。夫安於命者，無往而非逍遙矣，故雖匡陳羑里，無異於紫極閒堂也。

【疏】處，安息也。制，分限也。告敕子路，令其安心。「我稟天命，自有涯分，豈由人事所能制哉！」

【釋文】「閒堂」音閑。

【校】①《闕誤》引江南《古藏》本作遇。②《闕誤》引張君房本堯舜下有之時二字，下句桀紂下同。

无幾何，將甲者進，辭曰：「以為陽虎也，故圍之。今非也，請辭而退❶。」

❶【疏】无幾何，俄頃之時也。既知是宣尼，非關陽虎，故將帥甲士，前進拜辭，遜謝錯誤，解圍而退也。

【釋文】「无幾」居起反。「將甲」如字。本亦作持甲。

公孫龍問於魏牟曰：「龍少學先王之道，長而明仁義之行；合同異，離堅白；然不然，可不可；困百家之知，窮眾口之辯；吾自以為至達已。❶今吾聞莊子之言，汒焉異之。不知論之不及與，知之弗若與？今吾无所開吾喙，敢問其方。❷」

❶【疏】姓公孫，名龍，趙人也。魏牟，魏之公子，懷道抱德，厭穢風塵。先王，堯舜禹湯之迹也。仁義，五德之行也，孫龍稟性聰明，率才弘辯，著守白之論，以博辯知名，故能合異爲同，離同爲異；可爲不可，然爲不然；難百氏之書皆困，窮眾口之辯咸屈。生於衰周，一時獨步，弟子孔穿之徒，祖而師之，擅名當世，莫與爭者，故曰，矜此學問，達於至妙，忽逢莊子，猶若井蛙也。

【釋文】「公孫龍問於魏牟」司馬云：龍，趙人。牟，魏之公子。「少學」詩照反。「長而」張丈反。「之行」下孟反。「之知」音智。

❷【疏】喙，口也。方，道也。孫龍雖善於言辯，而未體虛玄，是故聞莊子之言，汒焉怪其奇異，方覺己之學淺，始悟莊子語深。豈直議論不如，抑亦智力不逮。所以自緘其口，更請益於魏牟。

【釋文】「汒焉」莫剛反，郭音莽。「論之」力困反。「及與」音余。下助句放此。「所開」如字。本亦作闢，兩通。本或作閿。「吾喙」許穢反，又昌銳反。

公子牟隱机大息，仰天而笑曰：「子獨不聞夫埳井之鼃①乎？謂東海之鱉曰：『吾樂與！出跳梁②乎井幹之上，入休乎缺甃之崖；赴水則接腋持頤，蹶泥則沒足滅跗；還虷蟹與科斗，莫吾能若也。❶且夫擅一壑之水，而跨跱埳井之樂，此亦至矣，夫子奚不時來入觀乎❷！』東海之鱉左足未入，而右膝已縶矣❸。於是逡巡而卻，告之海曰：『夫千里之遠，不足以舉其大；千仞之高，不足以極其深❹。禹之時十年九潦，而水弗為加益；湯之時八年七旱，而崖不為加損。夫不為頃久推移，不以多少進退者，此亦東海之大樂也。❺』於是埳井之鼃聞之，適適然驚，規規然自失也❻。

❶【疏】公子體道清高，超然物外，識孫龍之淺辯，鑒莊子之深言，故仰天歎息而嗤笑，舉蛙鼈

之兩臂，明二子之勝負。埳井，猶淺井也。蛙，蝦蟆也。幹，井欄也。甃，井中累塼也。跗，腳趺也。還，顧視也。虷，井中赤蟲也，亦言是到結蟲也。蟹，小螃蟹也。科斗，蝦蟆子也。腋，臂下也。頤，口下也。東海之鼈，其形弘巨，隨波游戲，暫居平陸。而蝦蟆小蟲，處於淺井，形容既劣，居處不寬，謂自得於井中，見巨鼈而不懼。云：「我出則跳躑〔乎〕井欄之上，入則休息乎破磚之涯；游泳則接腋持頤，蹶泥則滅趺沒足；顧瞻蝦蟹之類，俯視科斗之徒，逍遙快樂，無如我者也。」

【釋文】「隱機」於靳反。「大息」音泰。「埳井」音坎，郭音陷。「之鼃」本又作蛙，戶蝸反。司馬云：埳井，壞井也。鼃，水蟲，形似蝦蟆。◎慶藩案《荀子・正論篇》注引司馬云：鼃，蝦蟆類也。與《釋文》小異。「之鱉」必滅反。字亦作鼈。「吾樂」音洛。下之樂大樂同。「跳」音條。「井幹」古旦反。司馬云：井欄也。褚詮之音《西京賦》作韓音。◎慶藩案《文選》班孟堅《西都賦》注引司馬云：井幹，井欄也，積木有若欄也。謝元暉《同謝諮議銅雀臺詩注》引司馬云：幹，井欄；然井幹，臺之通稱也。互有異同，並視《釋文》所引為詳。◎又案幹當從木作榦。《說文》正篆作韓，井垣也。《漢書・枚乘傳單》極之紞斷榦，晉灼曰：榦，井上四交之榦。「甃」側救反。李云：如闌，以塼為之，著井底闌也。《字林》壯繆反，云：井壁也。「赴水」如字。司馬本作踣，云：赴也。◎盧文弨曰：赴疑是仆字。「蹶」其月反，又音厥。「泥則沒足滅跗」方于反，郭音附。司馬云：滅，沒也。跗，足跗也。李云：言踊躍於塗中。「還」音旋。司馬云：顧視也。「虷」音寒，井中赤蟲也。一名蜎。《爾雅》云，蜎，蠉。郭注云：井中小蛣蟩赤蟲也。蜎，音求兗反，蠉，音況兗反。結蟩，音吉厥。「蟹」戶買反。

「科斗」苦禾反。科斗，蝦蟆子也。

❷【注】此猶小鳥之自足於蓬蒿。

【疏】擅，專也。跱，安也。蛙呼鼈爲夫子，言：「我獨專一壑之水，而安埳井之樂，天下至足，莫甚於斯。處所雖陋，可以游涉，夫子何不暫時降步，入觀下邑乎？」以此自多，矜夸於鼈也。

【釋文】「夫擅」市戰反，專也。「一壑」火各反。

❸【注】明大之不游於小，非樂然。

【疏】縶，拘也。埳井狹小，海鼈巨大，以小懷大，理不可容，故右膝纔下而已遭拘束也。

【釋文】「已縶」豬立反。司馬云：拘也。《三蒼》云：絆也。「非樂」音岳，又五教反。

❹【疏】逡巡，從容也。七尺曰仞。鼈既左足未入，右膝（以）〔已〕拘，於是逡巡卻退，告蛙大海之狀。夫世人以千里爲遠者，此未足以語海之寬大；以千仞爲高者，亦不足極海之至深。言海之深大，非人所測度，以埳井爲至，無乃劣乎！

【釋文】「逡」七旬反。

❺【疏】頃，少時也。久，多時也。推移，變改也。堯遭洪水，命禹治之有功，故稱禹時也。而堯十年之中，九年遭潦；殷湯八歲之間，七歲遭旱。（而）旱〔而〕崖不加損，潦亦水不加益，是明滄波浩汗，溟渺深弘，不爲頃久推移，豈由多少進退！東海之樂，其在茲乎！

【釋文】「九潦」音老。「弗為」于偽反。下同。「頃久」司馬云：猶早晚也。

❻【注】以小羨大，故自失。

【疏】適適，驚怖之容。規規，自失之貌。蛙擅埳井之美，自言天下無過，忽聞海鼈之談，茫然喪其所謂，是以適適規規，驚而自失也。而公孫龍學先王之道，篤仁義之行，困百家之知，窮眾口之辯，忽聞莊子之言，亦猶井蛙之逢海鼈也。

【釋文】「適適」始赤反，又丈革反，郭菟狄反。「規規」如字。又虛役反，李徐紀睡反。適適，規規，皆驚視自失貌。

【校】①趙諫議本鼃作蛙。②世德堂本跳上無出字，《闕誤》同，引江南古藏本作出跳，無梁字。

且夫知不知是非之竟，而猶欲觀於莊子之言，是猶使蚊負山，商蚷馳河也，必不勝任矣❶。且夫知不知論極妙之言而自適一時之利者，是非埳井之鼃與❷？且彼方跐黃泉而登大皇，无南无北，奭然四解，淪於不測；无東无西，始於玄冥，反於大通❸。子乃規規然而求之以察，索之以辯❹，是直用管闚天，用錐指地也，不亦小乎！子往矣❺！且子獨不聞夫壽陵餘子之學行於邯鄲與？未得國能，又失其故行矣，直匍匐而歸耳❻。今子不去，將忘子之故，失子之業❼。」

❶【注】物各有分，不可強相希效①。

【疏】商蚷，馬蚿也，亦名商距，亦名且渠。孫龍雖復聰明性識，但是俗知，非真知也。故知未能窮於是非之境，而欲觀察莊子至理之言者，亦何異乎使蚊子負於丘山，商蚷馳於河海，而力微負重，智小謀大，故必不勝任也。

【釋文】「之竟」音境，後同。「蚊」音文。「商蚷」音渠，郭音巨。司馬云：商蚷，蟲名，北燕謂之馬蚿。一本作蝂，徐市軫反。「不勝」音升。「可強」其丈反。

❷【疏】孫龍所學，心知狹淺，何能議論莊子窮微極妙之言耶？祇可辯析是非，適一時之名利耳。以斯爲道，豈非（坎）〔埳〕井之鼃乎！此結譬也。

❸【注】言其無不至也。

【疏】跐，蹈也，亦極也。大皇，天也。玄冥，妙本也。大通，應跡也。夫莊子之言，窮理性妙，能仰登旻蒼之上，俯極黃泉之下，四方八極，奭然無礙。此智隱沒，不可測量，始於玄極而其道杳冥，反於域中而大通於物也。

【釋文】「方跐」音此。郭時紫反，又側買反。《廣雅》云：蹋也，蹈也，履也。司馬云：測也。「大皇」音泰。「奭然」音釋。「四解」戶買反。◎慶藩案無東無西，失其韻矣，今本乃後人妄改之也。王念孫曰：無東無西，當作無西無東，與通為韻。（案《大雅・皇矣篇》同爾弟兄，與王方為韻，而今作同爾兄弟。《逸周書・周祝篇》惡姑柔剛，與明陽長為韻，而今作剛柔。《管子・內業篇》能無卜筮而知凶吉乎，與一為韻，而今作吉凶。《文選・鵩鳥賦》或趨西東，與同為韻，而今作東西。《答客難》外有廩倉，與享為韻，而今作倉廩。皆後人不達古音，任意而妄改之者也。）

❹【注】夫遊無窮者，非察辯所得。

【釋文】「索之」所白反。

⑤【注】非其任者，去之可也。

【疏】規規，經營之貌也。夫以觀察求道，言辯率真，雖復規規用心，而去之遠矣。譬猶以管闚天，詎知天之闊狹！用錐指地，寧測地之淺深。莊子道合二儀，孫龍德同錐管，智力優劣如此之懸，既其不如，宜其速去矣。

⑥【注】以此效彼，兩失之。

【疏】壽陵，燕之邑。邯鄲，趙之都。弱齡未壯，謂之餘子。趙都之地，其俗能行，故燕國少年，遠來學步。既乖本性，未得趙國之能；捨己效人，更失壽陵之故。是以用手據地，匍匐而還也。

【釋文】「壽陵餘子」司馬云：壽陵，邑名。未應丁夫為餘子。「邯」音寒。「鄲」音丹。邯鄲，趙國都也。◎慶藩案餘子，民之子弟。《周禮》小司徒，凡國之大事致民，大故致餘子，鄭司農云：餘子，謂羨也，以其羨卒也。蓋國之大事則致正卒，大故則并羨卒而致之也。《逸周書・糴匡篇》成年，餘子務藝；年儉，餘子務穡；年（儉）〔饑〕，餘〔子〕倅（務）運②。《漢書・食貨志》餘子亦在於序室，蘇林曰：未任役為餘子，即司馬未應丁夫是也。「匍」音蒲，又音符。「匐」蒲北反，又音服。

⑦【疏】莊子道冠重玄，獨超方外；孫龍雖言辯弘博，而不離域中；故以孫學莊談，終無得理。若使心生企尚，躊躇不歸，必當失子之學業，忘子之故步。此合喻也。

【校】①趙諫議本有也字。②年饑餘子倅運句依《逸周書》原文改。

公孫龍口呿而不合，舌舉而不下，乃逸而走❶。

❶【疏】呿，開也。逸，奔也。前聞莊子之談，（以）〔已〕過視聽之表；復見魏牟之說，更超言象之外。內殊外隔，非孫龍所知，故口開而不能合，舌舉而不能下，是以心神恍惚，形體奔馳也。

【釋文】「口呿」起據反。司馬云：開也。李音祛，又巨劫反。

莊子釣於濮水，楚王使大夫二人往先焉，曰：「願以境內累矣❶！」

❶【疏】濮，水名也，屬東郡，今濮州濮陽縣是也。楚王，楚威王也。莊生心處無爲，而寄跡綸釣，楚王知莊生賢達，屈爲卿輔，是以齎持玉帛，爰發使命，詣於濮水，先述其意，願以國境之內委託賢人，王事殷繁，不無憂累之也。

【釋文】「濮水」音卜，陳地水也。「楚王」司馬云：威王也。「先焉」先，謂宣其言也。

莊子持竿不顧，曰：「吾聞楚有神龜，死已三千歲矣，王巾笥而藏之廟堂之上。此龜者，寧其死為留骨而貴乎？寧其生而曳尾於塗中乎？」❶

❶【疏】龜有神異，故刳之而卜，可以決吉凶也。盛之以笥，覆之以巾，藏之廟堂，用占國事，珍貴之也。問：「此龜者，寧全生遠害，曳尾於泥塗之中？豈欲刳骨留名，取貴廟堂之上邪？」是以莊生深達斯情，故敖然而不顧之矣。

【釋文】「巾笥」息嗣反，或音司。「而藏之」李云：藏之以笥，覆之以巾。

二大夫曰：「寧生而曳尾塗中❶。」

❶【疏】大夫率性以答莊生，適可生而曳尾，不能死而留骨也。

莊子曰：「往矣！吾將曳尾於塗中❶。」

❶【注】性各有所安也。

❶【疏】莊子保高尙之遐志，貴山海之逸心，類澤雉之養性，同泥龜之曳尾，是以令使命之速往，庶全我之無爲也。

惠子相梁，莊子往見之❶。或謂惠子曰：「莊子來，欲代子相❷。」於是惠子恐，搜於國中三日三夜❸。

❶【疏】姓惠，名施，宋人，爲梁惠王之相。惠施博識贍聞，辯名析理，既是莊生之友，故往訪之。

【釋文】「惠子相」息亮反。下同。「梁」相梁惠王。

❷【疏】梁國之人，或有來者，知莊子才高德大，王必禮之。國相之位，恐有爭奪，故謂惠子，欲代之（言）〔相〕①也。

❸【注】揚兵整旅。

❸【疏】惠施聞國人之言，將爲實錄，心靈恐怖，慮有阽危，故揚兵整旅，三日三夜，搜索國中，尋訪莊子。

【釋文】「子恐」丘勇反。「摷」字又作搜，或作廋，所求反，李悉溝反，云：索也。《說文》云：求也。◎盧文弨曰：今本作搜。

【校】①相字依正文改。

莊子往見之，曰：「南方有鳥，其名為鵷鶵，子知之乎？夫鵷鶵，發於南海而飛於北海，非梧桐不止，非練實不食，非醴泉不飲。於是鴟得腐鼠，鵷鶵過之，仰而視之曰『嚇！』❶今子欲以子之梁國而嚇我邪❷？」

❶【疏】鵷鶵，鸞鳳之屬，亦言鳳子也。練實，竹食也。醴泉，泉甘味如醴也。嚇，怒而拒物聲也。惠施恐莊子奪己，故整旅揚兵，莊子因往見之，爲其設譬。夫鳳是南方之鳥，來儀應瑞之物，非梧桐不止，非溟海不停，非竹實不食，非醴泉不飲。而凡猥之鳶，偶得臭鼠，自美其味，仰嚇鳳凰。譬惠施滯溺榮華，心貪國相，豈知莊子清高，無情爭奪。

【釋文】「鵷」於袁反。「鶵」仕俱反。李云：鵷鶵乃鸞鳳之屬也。「醴泉」音禮。李云：泉甘如醴。「嚇」本亦作呼，同。許嫁反，又許伯反。司馬云：嚇怒其聲，恐其奪己也。《詩箋》云：以口拒人曰嚇。

❷【注】言物嗜好不同，願各有極。

【疏】鴟以腐鼠爲美，仰嚇鵷鶵；惠以國相爲榮，猜疑莊子。總合前譬也。

【釋文】「嗜」時志反。「好」呼報反。

莊子與惠子遊於濠梁之上❶。莊子曰：「儵魚出遊從容，是魚之樂也❷。」

❶【疏】濠是水名，在淮南鍾離郡，今見有莊子之墓，亦有莊惠遨遊之所。石絕水爲梁，亦言是濠水之橋梁，莊惠清談在其上也。

【釋文】「豪梁」本亦作濠，音同。司馬云：濠，水名也。石絕水曰梁。◎盧文弨曰：今本豪作濠。

❷【疏】儵魚，白儵也。從容，放逸之貌也。夫魚遊於水，鳥棲於陸，各率其性，物皆逍遙。而莊子善達物情所以，故知魚樂也。

【釋文】「儵魚」徐音條。《說文》直留反。李音由，白魚也。《爾雅》云，鮂，黑鰦。郭注：即白儵也。一音篠，謂白儵魚也。◎盧文弨曰：儵，當作鯈，注同。此書內多混用。又鮂，黑鰦也。舊鮂為鮋，今據《爾雅》改正。「從容」七容反。「魚樂」音洛。注、下皆同。

惠子曰：「子非魚，安知魚之樂❶？」

❶【疏】惠施不體物性，妄起質疑，莊子非魚，焉知魚樂？

莊子曰：「子非我，安知我不知魚之樂❶？」

❶【注】欲以起明相非而不可以相知之義耳。子非我，尚可以知我之非魚，則我非魚，亦可以知魚之樂也。

【疏】若以我非魚，不得知魚，子既非我，何得知我？若子非我，尚得知我，我雖非魚，何妨知魚？反而質之，令其無難也。

惠子曰：「我非子，固不知子矣；子固非魚也，子之不知魚之樂，全矣❶。」

❶【注】舍其本言而給辯以難也。

【疏】惠非莊子，故不知莊子。莊必非魚，何得知魚之樂？不樂不知之義，於此無虧，捨其本宗，給辯以難。

【釋文】「以難」乃旦反。

莊子曰：「請循其本❶。子①曰『汝安知魚樂』云者，既已知吾知之而問我，我知之濠上也❷。」

❶【疏】循，猶尋也。惠施給辯，有言無理，棄初逐末，失其論宗。請尋其源，自當無難。循本之義，列在下文。

❷【注】尋惠子之本言云：「非魚則無緣相知耳。今予非我也，而云汝安知魚樂者，是知我之非魚也。苟知我之非魚，則凡相知者，果可以此知彼，不待是魚然後知魚也。故循子安知之云，已知吾之所知矣。而方復問我，我正知之於濠上耳，豈待入水哉！」夫物之所生而安者，天地不能易其處，陰陽不能回其業；故以陸生之所安，知水生之所樂，未足稱妙耳。

【疏】子曰者，莊子卻稱惠之辭也。惠子云子非魚安知魚樂者，足明惠子非莊子，而知莊子之不知魚也。且子既非我而知我，知我而問我，亦何妨我非魚而知魚，知魚而歎魚？夫物性不同，水陸殊致，而達其理者體其情，〔足〕〔是〕以濠上彷徨，知魚之適樂；鑒照羣品，豈入水哉！故寄莊惠之二賢，以標議論之大體也。

【釋文】「方復」扶又反。「其處」昌慮反。

【校】①《闕誤》引張君房本子上有且字。

外篇 至樂第十八❶

❶【釋文】以義名篇。「樂」音洛。

天下有至樂无有哉？有可以活身者无有哉❶？今奚為奚據？奚避奚處？奚就奚去？奚樂奚惡❷？

❶【注】忘歡而後樂足，樂足而後身存。將以為有樂耶？而至樂無歡；將以為無樂耶？而身以存而無憂。

【疏】此假問之辭也。至，極也。樂，歡也。言寰宇之中，頗有至極歡樂，可以養活身命者無有哉？

【釋文】「至樂」音洛。篇內不出者皆同。至，極也。樂，歡也。

❷【注】擇此八者，莫足以活身，唯無擇而任其所遇①乃全耳。

【疏】奚，何也。今欲行至樂之道以活身者，當何所爲造，何所依據，何所避諱，何所安處，何所從就，何所捨去，何所歡樂，何所嫌惡，而合至樂之道乎？此假設疑問，下自曠顯。

【釋文】「奚惡」烏路反。

【校】①世德堂本遇下有者字，趙諫議本無。

夫天下之所尊者，富貴壽善也；所樂者，身安厚味美服好色音聲也❶；所下者，貧賤夭惡也❷；所苦者，身不得安逸，口不得厚味，形不得美服，目不得好色，耳不得音聲；若不得者，則大憂以懼。其為形也亦愚哉！❸

❶【疏】天下所尊重者，無過富足財寶，貴盛榮華，壽命遐長，善名令譽；所歡樂者，滋味爽口，麗服榮身，玄黃悅目，宮商娛耳。若得之者，則爲據處就樂。

❷【疏】貧窮卑賤，夭折惡名，世間以爲下也。

❸【注】凡此，失之無傷於形而得之有損於性，今反以不得爲憂，故愚。

【疏】凡此上事，無益於人，而流俗以不得爲苦，既不適情，遂憂愁懼慮。如此修爲形體，豈不甚愚癡！

夫富者，苦身疾作，多積財而不得盡用，其為形也亦外矣❶。夫貴者，夜以繼日，思慮善否，其為形也亦疏矣❷。人之生也，與憂俱生，壽者惛惛，久憂不死，何苦也！其為形也亦遠矣❸。烈士為天下見善矣，未足以活身。吾未知善之誠善邪，誠不善邪？若以為善矣，不足活身；以為不善矣，足以活人。❹故曰，「忠諫不聽，蹲循勿爭❺。」故夫子胥爭之以殘其形，不爭，名亦不成。誠有善无有哉❻？

❶【注】內其形者，知足而已①。

【疏】夫富豪之家，勞神苦思，馳騁身力，多聚錢財，積而不散，用何能盡！內其形者，豈其如斯也！

❷【注】故親其形者，自得於身中而已。

【疏】夫位高慮遠，祿重憂深，是以晝夜思量，獻可替否，勞形怵心，無時暫息，其爲形也，不亦疏乎！

❸【注】夫遺生然後能忘憂，忘憂而後生可樂，生可樂而後形是我有，富是我物，貴是我榮也。

【疏】夫稟氣頑癡，生而憂慼，雖更壽考，而精神惽闇，久憂不死，翻成苦哉。如此爲形，豈非疏遠，其於至樂，不亦謬乎！

【釋文】「惽惽」音昏，又音門。

❹【注】善則適當，故不周濟。

【疏】誠，實也。夫忠烈之士，忘身徇節，名傳今古，見善世閒，然未知此善是（有）（否）虛實。善若實也，不足以活身命；善必虛也，不應養活蒼生。賴諫諍而太平，此足以活人也；爲忠烈而被戮，此不足以活身也。

❺【注】唯中庸之德爲然。

【疏】蹲循，猶順從也。夫爲臣之法，君若無道，宜以忠誠之心匡諫；君若不聽，即須蹲循休止，若逆鱗強諍，必遭刑戮也。

【釋文】「蹲」七旬反。郭音存，又趣允反。「循」音旬，又音脣。「勿爭」爭鬭之爭。下同。◎家世父曰：《外物篇》踆於窾水，《釋文》引《字林》云，踆，古蹲字。《史記·貨殖傳》下有（踆）〔蹲〕鴟，徐廣云：蹲，古作踆。《玉篇·足部》：踆，退也。《辵部》：逡，退也。踆逡字同。《漢書》巡行郡國作循行。蹲循，猶逡巡也。◎慶藩案蹲循即逡巡。《廣雅》：逡巡，卻退也。《管子·戒篇》作逡遁，（漢《鄭固碑》同。）《小問篇》作遵循，（《荀子》同。）《晏子·問篇》作逡遁，又作逡循，《漢書·平》（常）〔當〕傳贊》作逡遁，（萬）〔《萬》〕②《章傳》作逡循，《三禮注》作逡遁，字異而義實同。

❻【注】故當緣督以爲經也。

【疏】吳王夫差，荒淫無道，子胥忠諫，以遭殘戮。若不諫諍，忠名不成。故諫與不諫，善與不善，誠未可定矣。

【校】①趙諫議本此句作厚形知足。②當字萬字均依《漢書》改。

今俗之所為與其所樂，吾又未知樂之果樂邪，果不樂邪❶？吾觀夫俗之所樂，舉羣趣者，誙誙然如將不得已❷，而皆曰樂者，吾未之樂也，亦未之①不樂也❸。

果有樂无有哉？吾以无為誠樂②矣❹，又俗之所大苦也。故曰，「至樂无樂，至譽无譽。❺」

❶【疏】果，未定也。流俗以貪染爲心，以色聲爲樂。未知此樂決定樂耶？而倒置之心，未可謂信也。

❷【注】舉羣趣其所樂，乃不避死也。

【疏】誙誙，趣死貌也。已，止也。舉世之人，羣聚趣競，所歡樂者，無過五塵，貪求至死，未能止息之也。

【釋文】「誙誙」戶耕反，徐苦耕反，又胡挺反。李云：趣死貌。崔云：以是為非，以非為是。誙，本又作脛脛。

❸【注】無懷而恣物耳。

【疏】而世俗之人，皆用色聲爲上樂，而莊生體道忘淡，故不見其樂，亦不見其不樂也。

❹【注】夫無爲之樂，無憂而已。

【疏】以色聲爲樂者，未知決定有此樂不？若以莊生言之，用虛淡無爲爲至實之樂。

❺【注】俗以鏗鎗爲樂，美善爲譽。

【疏】俗以富貴榮華鏗金鎗玉爲上樂，用美言佞善爲令譽，以無爲恬淡寂寞虛夷爲憂苦。故知至樂以无樂爲樂，至譽以无譽爲譽也。

【釋文】「鏗」苦耕反。「鎗」七羊反。

【校】①《闕誤》引江南《古藏》本未之俱作未知之，趙諫議本作未知。②《闕誤》引江南《古藏》本誠樂作而誠者爲樂。

天下是非果未可定也。雖然，无為可以定是非。❶至樂活身，唯无為幾存❷。請嘗試言之。天无為以之清，地无為以之寧❸，故兩无為相合，萬物皆化❹。芒乎芴乎，而无從出乎❺！芴乎芒乎，而无有象乎❻！萬物職職，皆從无為殖❼。故曰天地无為也而无不為也❽，人也孰能得无為哉❾！

❶**【注】**我無爲而任天下之是非，是非者①各自任則定矣。

【疏】夫有爲執滯，執是競非，而是非無主，故不可定矣。無爲虛淡，忘是忘非，既無是非而是非定者也。

❷**【注】**百姓足②則吾身近乎存也。

【疏】幾，近也。存，在也。夫至樂無樂，常適無憂，可以養活身心，終其天命，唯彼無爲，近在其中者矣。

【釋文】「近乎」附近之近。

❸**【注】**皆自清寧耳，非爲之所得。

❹**【注】**不爲而自合，故皆化，若有意乎爲之，則有時而滯也。

【疏】天無心爲清而自然清虛，地無心爲寧而自然寧靜。故天地無爲，兩儀相合，升降災福而萬物化生，若有心爲之，即不能已。

❺【注】皆自出耳，未有爲而出之也。

【釋文】「芒乎」李音荒，又呼晃反。下同。「芴乎」音忽。下同。

❻【注】無有爲之象。

【疏】夫二儀造化，生物無心，恍惚芒昧，參差難測；尋其從出，莫知所由；視其形容，竟無象貌。覆論芒芴，互其文耳。◎慶藩案芴芒，即忽荒也。（《爾雅》太歲在巳曰大荒落，《史》〔書〕〔《記》〕《曆書》荒作芒。《三代世表》帝芒，《索隱》：芒，一作荒。）《淮南·原道篇》游淵霧，鶩忽恍，高注：忽恍，無形之象。《文選·七發》李注引《淮南》正作忽荒。《人間篇》曰，翺翔乎忽荒之上，賈誼《鵩賦》寥廓忽荒兮，與道翺翔。是其證。

❼【注】皆自殖耳。

【疏】職職，繁多貌也。夫春生夏長，庶物繁多，孰使其然？皆自生耳。尋其源流，從無爲種植。既無爲種植，豈有爲耶！

【釋文】「高（萬）〔物〕職職」司馬云：職職，猶祝祝也。李云：繁（植）〔殖〕貌。案《爾雅》，職，主也。謂各有主而區別。◎盧文弨曰：舊殖譌湞，③今改正。

❽【注】若有爲則有不濟④也。

❾【注】得無爲則無樂而樂至矣。

【疏】孰，誰也。夫天地清寧，無爲虛廓而升降，生化而無不爲也。凡俗之人，心靈暗昧，耽滯有欲，誰能得此無爲哉！言能之者，乃至務也。若得之者，便是德合二儀，冥符至樂也。

【校】①趙諫議本無者字。②趙本足作定。③世德堂本作殖。④世德堂本濟作齊。

莊子妻死，惠子弔之❶，莊子則方箕踞鼓盆而歌❷。

❶【疏】莊惠二子爲淡水素交，既有死亡，理須往弔。

❷【疏】箕踞者，垂兩腳如簸箕形也。盆，瓦缶也。莊子知生死之不二，達哀樂之爲一，是以妻亡不哭，鼓盆而歌，垂腳箕踞，敖然自樂。

【釋文】「箕踞」音據。「盆」謂瓦缶也。

惠子曰：「與人居，長子老身，死不哭亦足矣，又鼓盆而歌，不亦甚乎❶！」

❶【疏】共妻居處，長養子孫，妻老死亡，竟不哀哭，乖於人理，足是無情，加之鼓歌，一何太甚也！

【釋文】「長子」丁丈反。

莊子曰：「不然。是其始死也，我獨何能无概然！❶察其始而本无生，非徒无生也而本无形，非徒无形也而本无氣❷。雜乎芒芴之間，變而有氣，氣變而有形，形變而有生，今又變而之死①，是相與為春秋冬夏四時行也❸。人且偃然寢於巨室，而我噭噭然隨而哭之，自以為不通乎命，故止也❹。」

❶【疏】然，猶如是也。世人皆欣生惡死，哀死樂生，故我初聞死之時，何能獨無概然驚歎也！

【釋文】「无概」古代反。司馬云：感也。又音骨，哀亂貌。

❷【疏】莊子聖人，妙達根本，故覩察初始本自無生，未生之前亦無形質，無形質之前亦復無氣。從無生有，假合而成，是知此身不足惜也。

❸【疏】大道在恍惚之內，造化芒昧之中，和雜清濁，變成陰陽二氣；二氣凝結，變而有形；形既成就，變而生育。且從無出有，變而爲生，自有還無，變而爲死。而生來死往，變化循環，亦猶春秋冬夏，四時代序。是以達人觀察，何哀樂之有哉！

❹【注】未明而概，已達而止，斯所以誨有情者，將令推至理以遣累也。

【疏】偃然，安息貌也。巨室，謂天地之間也。且夫息我以死，臥於天地之間，譬彼炎涼，何得隨而哀慟！自覺不通天命，故止哭而鼓盆也。

【釋文】「巨室」巨，大也。司馬云：以天地為室也。「嗷嗷」古弔反，又古堯反。「將令」力呈反。

【校】①《闕誤》作萬物皆化，今又變而之死，云：化下有生字，又作有。

支離叔與滑介叔觀於冥伯之丘，崑崙之虛，黃帝之所休❶。俄而柳生其左肘，其意蹶蹶然惡之❷。

❶【疏】支離，謂支體離析，以明忘形也。滑介，猶骨稽也，謂骨稽挺特，以遺忘智也。欲顯叔世澆訛，故號爲叔也。冥，闇也。伯，長也。崑崙，人身也。言神智杳冥，堪爲物長；崑崙玄遠，

近在人身；丘墟不平，俯同世俗；而黃帝聖君，光臨區宇，休心息智，寄在凡庸。是知至道幽玄，其則非遠，故託二叔以彰其義也。

【釋文】「支離叔與滑」音骨。崔本作濇。「介」音界。「叔」李云：支離忘形，滑介忘智，言二子乃識化也。「冥伯之丘」李云，丘名，喻杳冥也。「崑崙」力門反。「之虛」音墟。「所休」休，息也。

❷【疏】蹶蹶，驚動貌。柳（生）者，易生之木；木者，棺槨之象；此是將死之徵也。二叔遊於崑崙，觀於變化，俄頃之間，左臂生柳，蹶然驚動，似欲惡之也。

【釋文】「左肘」竹九反。司馬本作胕，音趺，云：胕，足上也。◎家世父曰：《說文》：瘤，腫也。《玉篇》：瘤，瘜肉。《廣韻》：瘤，肉起疾。《說文》亦以瘜為寄肉。瘤之生於身，假借者也；人之有生，亦假借也；皆塵垢之附物者也。柳瘤字，一聲之轉。「蹶蹶」紀衛反，動也。「惡之」烏路反。後皆同。

支離叔曰：「子惡之乎❶？」

❶【疏】相與觀化，貴在虛忘。蹶然驚動，似有嫌惡也。

滑介叔曰：「亡，予何惡❶！生者，假借也；假之而生生者，塵垢也❷。死生為晝夜❸。且吾與子觀化而化及我，我又何惡焉❹！」

❶【疏】亡，無也。觀化之理，理在忘懷，我本無身，何惡之有也！

❷【疏】夫以二氣五行，四支百體假合結聚，借而成身。是知生者塵垢穢累，非真物者也。

【釋文】「垢也」音苟。

❸【疏】以生爲晝，以死爲夜，故天不能無晝夜，人焉能無死生！

❹【注】斯皆先示有情，然後尋至理以遣之。若云我本無情，故能無憂，則夫有情者，遂自絕於遠曠之域，而迷困於憂樂之竟矣。

【疏】我與子同遊，觀於變化，化而及我，斯乃〔是〕〔理〕當待終，有何嫌惡？既冥死生之變，故合至樂也。

【釋文】「之竟」音境。

莊子之楚，見空髑髏，髐然有形，撽以馬捶，因而問之❶，曰：「夫子貪生失理，而為此乎❷？將子有亡國之事，斧鉞之誅，而為此乎❸？將子有不善之行，愧遺父母妻子之醜，而為此乎❹？將子有凍餒之患，而為此乎❺？將子之春秋故及此乎❻？」

❶【疏】之，適也。髐然，無潤澤也。撽，打擊也。馬捶，猶馬杖也。莊子適楚，遇見髑髏，空骨無肉，朽骸無潤，遂以馬杖打擊，因而問之。欲明死生之理均齊，故寄髑髏寓言答問也。

【釋文】「髑」音獨。「髏」音樓。「髐」苦堯反，徐又許堯反，李呼交反。司馬李云：白骨貌有枯形也。「撽」苦弔反，又古的反。《說文》作擊，云：旁擊也。「馬捶」拙蘂反，又之睡反，馬杖也。

❷【疏】夫子貪欲資生，失於道理，致使夭折性命，而骸骨爲此乎？

❸【疏】爲當有亡國征戰之事，行陳斧鉞之誅，而爲此乎

❹【疏】或行姦盜不善之行，世閒共惡，人倫所恥，遺愧父母，羞見妻孥，慚醜而死於此乎？

【釋文】「愧遺」唯季反。

❺【疏】餒，餓也。或遊學他鄉，衣糧乏盡，患於飢凍，死於此乎？

【釋文】「凍」丁貢反。「餒」奴罪反。

❻【疏】春秋，猶年紀也。將子有黃髮之年，耆艾之壽，終於天命，卒於此乎？

於是語卒，援髑髏，枕而臥❶。夜半，髑髏見夢曰：「子①之談者似辯士。視子所言，皆生人之累也，死則无此矣。子欲聞死之說乎？❷」

❶【疏】卒，終也。援，引也。初逢枯骨，援馬杖而擊之，問語既終，引髑髏而高枕也。

【釋文】「援」音袁。「枕而」針鴆反。

❷【疏】覩於此，子所言皆是生人之累患，欲論死道，則無此憂虞。子是生人，頗欲聞死人之說乎？莊子睡中感於此夢也。

【釋文】「見夢」賢遍反。

【校】①《闕誤》引張君房本子上有向字。

莊子曰：「然❶。」

❶【疏】然，許髑髏，欲〔聞〕①其死說。

【校】①聞字依上正文補。

髑髏曰：「死，无君於上，无臣於下；亦无四時之事，從①然以天地為春秋，雖南面王樂，不能過也❶。」

❶【疏】夫死者，魂氣升於天，骨肉歸乎土。既無四時炎涼之事，寧有君臣上下之累乎！從容不復死生，故與二儀同其年壽；雖南面稱孤，王侯之樂亦不能過也。

【釋文】「從然」七容反，從容也。李徐子用反，縱逸也。

【校】①《闕誤》引張君房本從作泛。

莊子不信，曰：「吾使司命復生子形，為子骨肉肌膚，反子父母妻子閭里知識，子欲之乎❶？」

❶【疏】莊子不信髑髏之言，更說生人之事。欲使司命之鬼，復骨肉，反妻子，歸閭里，頗欲之乎！

【釋文】「復生」音服，又扶又反。

髑髏深矉蹙頞曰：「吾安能棄南面王樂而復為人閒①之勞乎❶！」

❶【注】舊說云莊子樂死惡生，斯說謬矣！若然，何謂齊乎？所謂齊者，生時安生，死時安死，生死之情既齊，則無爲當生而憂死耳。此莊子之旨也。

【疏】深矉蹙頞，憂愁之貌也。既聞司命復形，反於鄉里，於是（矉）〔憂〕愁矉蹙，不用此言。誰能復爲生人之勞而棄南面王之樂耶！

【釋文】「深矉」音頻。「蹙」本又作顣，又作蹴，同。子六反。「頞」於葛反。李云：矉顣者，愁貌。「而復」扶又反。

【校】①《闕誤》引張君房本人閒作生人。

顏淵東之齊，孔子有憂色。子貢下席而問曰：「小子敢問，回東之齊，夫子有憂色，何邪？」❶

❶【疏】顏回自西之東，從魯往於齊國，欲將三皇五帝之道以教齊侯，尼父恐不逗機，故有憂色。於是子貢避席，自稱小子，敢問夫子憂色所由。

孔子曰：「善哉汝問！昔者管子有言，丘甚善之，曰：『褚小者不可以懷大，綆短者不可以汲深❶。』夫若是者，以為命有所成而形有所適也，夫不可損益❷。吾恐回與齊侯言堯舜黃帝之道，而重以燧人神農之言。彼將內求於己而不得，不得則惑，人惑則死。❸

❶【疏】褚，容受也。懷，包藏也。綆，汲索也。夫容小之器，不可以藏大物；短促之繩，不可以引深井。此言出管子之書，孔丘善之，故引以爲譬也。

【釋文】「褚小」豬許反。◎慶藩案《玉篇》，褚，裝衣也。字或作衸。《一切經音義》引《通俗文》曰：裝衣曰䘢。《說文・繫傳》：褚，衣之橐也。《集韻》：囊也。字或作䍂。《說文》，䍂，幡也，所以〔載〕①盛米。又曰：幡，載米䍂也。《繫傳》曰：䍂〔亦〕②囊也。左成三年《傳》，鄭賈人有將寘於褚中以出，蓋褚可以囊物，亦可以囊人者也。「綆」格猛反，汲索也。「汲」居及反。

❷【注】故當任之而已。

【疏】夫人稟於天命，愚智各有所成；受形造化，情好咸著所適；方之鳧鶴不可益損，故當任之而無不當也。

【釋文】「所適」適，或作通。

❸【注】內求不得，將求於外。舍內求外，非惑如何！

【疏】黃帝堯舜，五帝也。燧人神農，三皇也。恐顏回將三皇五帝之道以說齊侯。既而步驟殊時，澆淳異世，執持聖迹，不逗機緣，齊侯聞此大言，未能領悟，求於己身，不能得解。脫不得解，則心生疑惑，於是忿其勝己，必殺顏回。

【釋文】「皇帝」謂三皇五帝也。司馬本作黃帝。◎盧文弨曰：今本作黃帝。案皇黃古通用，陸氏謂三皇五帝，非。「而重」直用反。「舍內」音捨。

【校】①載字依《說文》補。②亦字依《繫傳》補。又䍂字原刻均訛作䘢，今正之。

且女獨不聞邪？昔者海鳥止於魯郊，魯侯御而觴之于廟，奏九韶以為樂，具太牢以為膳❶。鳥乃眩視憂悲，不敢食一臠，不敢飲一杯，三日而死❷。此以己養養鳥也，非以鳥養養鳥也❸。夫以鳥養養鳥者，宜栖之深林，遊之壇陸，浮之江湖，食之鰌鰷，隨行列而止，委虵而處❹。彼唯人言之惡聞，奚以夫譊譊為乎！咸池九韶之樂，張之洞庭之野，鳥聞之而飛，獸聞之而走，魚聞之而下入，人卒聞之，相與還而觀之❺。魚處水而生，人處水而死，彼必相與異，其好惡故異也①❻。故先聖不一其能，不同其事❼。名止於實，義設於適，是之謂條達而福持❽。」

❶**【疏】**郭外曰郊。御，迎也。九韶，舜樂名也。太牢，牛羊豕也。昔有海鳥，名曰爰居，形容極大，頭高八尺，避風而至，止魯東郊。實是凡鳥而妄以爲瑞，臧文仲祀之，故有不智之名也。於是奏韶樂，設太牢，迎於太廟之中而觴宴之也。此臧文仲用爲神鳥，非關魯侯，但飲鳥於魯廟之中，故言魯侯觴之也。

【釋文】「且女」音汝。後同。「海鳥」司馬云：《國語》曰爰居也。止魯東門之外三日，臧文仲使國人祭之；不云魯侯也。爰居，一名雜縣，舉頭高八尺。樊光注《爾雅》云：形似鳳凰。◎慶藩案《文選》江文通《雜禮詩注》引司馬云：海鳥，爰居也。（《太平御覽》九百二十五引鳥下有即字，爰居作鶢鶋。）不若《釋文》之詳。「御而」音訝。「觴」音傷。「于廟」司馬云：飲之於廟中也。「九韶」常遙反。舜樂名。

❷**【疏】**夫韶樂太牢，乃美乃善，而施之爰居，非所餐聽，故目眩心悲，數日而死。亦猶三皇五帝，其道高遠，施之齊侯，非所聞之也。

【釋文】「眩」玄偏反。司馬本作玄，音眩。「視」如字。徐市至反。「臠」里轉反。

❸【疏】韶樂牢觴，是養人之具，非養鳥之物也。亦猶顏回以己之學術以教於齊侯，非所樂也。

❹【疏】壇陸，湖渚也。鰌，泥鰌也。鯈，白魚子也。逶迤，寬舒自得也。夫養鳥之法，宜栖茂林，放洲渚，食魚子，浮江湖，逐羣飛，自閒放，此以鳥養之法養鳥者也。亦猶齊侯率己所行，逍遙自得，無所企羨也。

【釋文】「壇」大丹反。司馬本作澶，音但，云：水沙澶也。「食之」音嗣。「鯈」音條，又音攸②，李徒由反，一音由。◎盧文弨曰：今本作又音篠。「隨行」戶剛反。「委」於危反。「虵」以支反，又如字。

❺【疏】奚，何也。譊，喧聒也。咸池，堯樂也。洞庭之野，謂天地之閒也。還，繞也。咸池九韶，惟人愛好，魚鳥諸物惡聞其聲，愛好則繞而觀之，惡聞則高飛深入。既有欣有惡，八音何用爲乎！

【釋文】「譊譊」乃交反。「咸池」堯樂名。「之樂」如字。「人卒」寸忽反。司馬音子忽反，云：眾也。「還而」音患，又旋面反。

❻【疏】魚好水而惡陸，人好陸而惡水。彼之人魚，稟性各別，好惡不同，故死生斯異。豈唯二種，萬物皆然也。

【釋文】「其好」呼報反。

❼【注】各隨其情。

【疏】先古聖人，因循物性，使人如器，不一其能，各稱其情，不同其事也。是知將三皇之道以說齊侯者，深不可也。

❽【注】實而適，故條達；性常得，故福持。

【疏】夫因實立名，而名以召實，故名止於實，不用實外求名。而義者宜也，隨宜施設，適性而已，不用捨己效人。如是之道，可謂條理通達，而福德扶持者矣。

【校】①《闕誤》引江南《古藏》本故異也三字作好惡異。②世德堂本作筱，此從《釋文》原本。

列子行食於道從，見百歲髑髏，攓蓬而指之曰：「唯予與汝知而未嘗死，未嘗生也❶。若①果養乎？予果歡乎❷？」

❶【注】各以所遇爲樂。

【疏】攓，拔也。從，傍也。禦寇困於行李，食於道傍，仍見枯朽髑髏，形色似久。言百歲者，舉其大數。髑髏隱在蓬草之下，遂拔卻蓬草，因而指麾與言。然髑髏以生爲死，以死爲生，列子則以生爲生，以死爲死。生死各執一方，未足爲定，故未嘗死，未嘗生也。

【釋文】「道從」如字。司馬云：從，道旁也。本或作徒。◎盧文弨曰：殷敬順《列子·天瑞篇釋文》云：《莊子》從作徒。司馬云：徒，道旁也，本或作從。與此本異。◎慶藩案道從當為道徒之誤。從徒形相似，故徒誤為從。《列子·天瑞篇》正作食於道徒。「攓」居輦反，徐紀偃反，又起虔反。司馬云：拔也。或音厥。「蓬」步東反，徐扶公反。◎慶藩案攓，正字作𢶍。《說文》：𢶍，拔取也。攓為𢶍之借字，故司馬訓為拔也。亦通作搴。《離騷》朝搴阰之木蘭。（《說文》引此正作擇。）《爾雅》：芼，搴也。樊光曰：搴，猶拔也。《釋文》：搴，九輦反。《漢書·季布傳》搴旗者數矣，李奇注亦曰：搴，猶拔也。

❷【注】歡養之實，未有定在。

【疏】「汝欣冥冥，冥冥果有怡養乎？我悅人倫，人倫決可歡乎？」適情所遇，未可定之者也。

【釋文】「若果」一本作汝果，元嘉本作汝過。「養」司馬本作暮，云：死也。「予果」元嘉本作子過。「歡乎」司馬本作嚾，云：呼聲，謂生也。◎俞樾曰：養，讀為恙。《爾雅·釋詁》：恙，憂也。若果恙乎？予果歡乎？恙與歡對，猶憂與樂對也。言若之死非憂，予之生非樂也。恙與養，古字通。《詩二子乘舟篇》中心養養，《傳》訓養為憂，即本《雅》詁矣。司馬本養作暮，乃字之誤。

【校】①趙諫議本若作汝。

種有幾①❶？得水則為㡭❷，得水土之際則為鼃蠙之衣❸，生於陵屯則為陵舄❹，陵舄得鬱棲❺則為烏足❻，烏足之根為蠐螬，其葉為胡蝶。胡蝶胥也❼化而為蟲，生於竈下，其狀若脫，其名為鴝掇❽。鴝掇千日為鳥，其名為乾餘骨。乾餘骨之沫為斯彌❾，斯彌為食醯❿。頤輅生乎食醯，黃軦生乎九猷⓫，瞀芮生乎腐蠸⓬。羊奚比乎不箰，久竹⓭生青寧②⓮；青寧生程⓯，程生馬，馬生人⓰，人又反入於機。萬物皆出於機，皆入於機⓱。

❶【注】變化種數，不可勝計。

【疏】陰陽造物，轉變無窮，論其種類，不可深計之也。

【釋文】「種」章勇反。注同。「有幾」居豈反。「可勝」音升。

❷【疏】潤氣生物，從無生有，故更相繼續也。

【釋文】《得水則為𢇍》此古絕字。徐音絕，今讀音繼。司馬本作繼，云：萬物雖有兆朕，得水土氣乃相繼而生也。本或作斷，又作續斷。◎盧文弨曰：古絕字當作𢇍，此𢇍乃繼字。◎家世父曰：《釋文》引司馬本作繼，言萬物雖有兆朕，得水土乃相繼而生也。本或作斷，又作續斷。疑作續斷者是也。《說文》：藚，水舄也。《爾雅》，藚，牛脣，郭注引《毛詩傳》：水蕮也，如藚斷，寸寸有節。藚，續字，即本草之云續斷也。

❸【疏】鼃蠙之衣，青苔也，在水中若張綿，俗謂之蝦蟆衣也。

【釋文】「得水土之際則為鼃」戶蝸反。「蠙」步田反，徐扶賢反，郭父因反，又音賓，李婢軫反。「之衣」司馬云：言物根在水土際，布在水中，就水上視不見，按之可得，如張綿在水中，楚人謂之鼃蠙之衣。

❹【疏】屯，阜也。陵舄，車前草也。既生於陵阜高陸，即變爲車前也。

【釋文】「生於陵屯」司馬音徒門反，云：阜也。郭音純。「則為陵舄」音昔。司馬云：言物因水成而陸產，生於陵屯，化作車前，改名陵舄也。一名澤舄，隨燥溼變也。然不知其祖，言物化無常形也。人之死也，亦或化為草木，草木之精或化為人也。

❺【疏】鬱棲，糞壤也。陵舄既老，變爲糞土也。

❻【疏】糞壤復化生烏足之草根也。

【釋文】「陵舄得鬱棲則為烏足」司馬云：鬱棲，蟲名；烏足，草名；生水邊也。言鬱棲在陵舄之中則化為烏足也。李云：鬱棲，糞壤也。言陵舄在糞化為烏足也。◎家世父曰：《爾雅》，芣苢，馬舄，郭注：今車前草，江東呼為蝦蟆衣。《爾雅》蕍舄，郭注：今澤蕮，一曰水舄，一曰馬舄，一曰澤舄，三者同類，而所生不同。陸機《詩疏》：藚，澤舄，葉如車前。《圖經》亦云澤舄生淺水中。則陵舄生於陵屯，當別一物。《釋文》引司馬云，物因水成而陸產，生於陵屯，化作車前，改名陵舄。車前生道邊，亦（云）不生陵屯也。

❼【疏】蠐螬，（蠍）〔蝎〕③蟲也。胥，胡蝶名也。變化無恆，故根爲蠐螬而葉爲胡蝶也。

【釋文】「烏足之根為蠐」音齊。「螬」音曹。司馬本作蠐螬，云：蝎也。◎慶藩案《太平御覽》九百四十八引司馬云：烏足，草名，生水邊。蠐螬，蟲也。與《釋文》異。「其葉為胡蝶」音牒。司馬云：胡蝶，蛺蝶也。草化為蟲，蟲化為草，未始有極。「胡蝶胥也」一名胥。◎俞樾曰：《釋文》曰，胡蝶胥也，一名胥。此失其義，當屬下句讀之。本云，胡蝶胥也化而為蟲，與下文鴝掇千日為鳥，兩文相對。千日為鳥，言其久也；胥也化而為蟲，言其速也。《列子．天瑞篇釋文》曰：胥，少也，謂少時也。得其義矣。◎家世父曰：《釋文》引司馬云，胡蝶一名胥也。疑胥也不當為胡蝶之名。《爾雅》：蚅，鳥蠋，郭注：大蟲如指，似蠶。《毛詩傳》：蠋，桑蟲。《說文》：蠋，蜀葵中蠶也。《廣志》：藿蠋有五色者，槐蠋有采有角。《爾雅》所云桑繭樗繭棘繭欒繭蕭繭，皆蠋類也。老而成蛹，則為胡蝶。胡蝶生卵，就火取溫，又成蠋。生於 下者，就溫也。《埤雅》云：繭生蛾，蛾生卵。郭注《爾雅》：蛓羅，即蠶蛾，疏謂蠶蛹所變，是也。胡蝶與蠶蠋之屬互相化。胥也云者，謂互相化也。《博雅》：原蠶，其蛹蛙蚼。此云鴝，蓋蚼之叚借字。

❽【疏】鴝掇，蟲名也。胥得熱氣，故作此蟲，狀如新脫皮毛，形容雅淨也。

【釋文】「化而為蟲生於 下」司馬云：得熱氣而生也。「其狀若脫」它括反。司馬音悅，云：新出皮悅好也。◎慶藩案《集韻》十七薛引司馬云：蟲新出皮悅好貌。與《釋文》小異。「其名為鴝」其俱反。「掇」丁活反。

❾【疏】乾餘骨，鳥口中之沫，化爲斯彌之蟲。

【釋文】「鴝掇千日為鳥其名為乾餘骨」乾，音干。「乾餘骨之沫」音末。李云：口中汁也。「為斯彌」李云：蟲也。

❿【疏】酢甕中蠛蠓，亦爲醯雞也。

【釋文】「斯彌為食」如字。司馬本作蝕。「醯」許兮反，李音海。司馬云：蝕醯，若酒上蠛蠓也。蠛，音眠結反，蠓，音無孔反。◎家世父曰：《列子・天瑞篇》斯彌為食醯，頤輅生乎食醯，黃軦生乎九猷，九猷生乎瞀芮，瞀芮生乎腐蠸。是頤輅黃軦數者，皆食醯之類也。《方言》：蟦螬，自關以東謂之蝤蟦，梁益之閒謂之蛒。輅當為蛒；猷當為蝤。《漢書・王褒傳》蜉蝣出乎陰。皆羣飛小蟲也。郭注《爾雅》蠛蠓云：小蟲似蚋，喜亂飛。瞀芮當為蜹。《荀子》醯酸而蜹聚焉，亦食醯之類。此叚言小蟲自相化。

⑪【疏】䖃亦蟲名。

【釋文】「頤」以之反。「輅生乎食醯」輅，音路，一音洛。「黃䖃」音況，徐李休往反。司馬云：頤輅黃䖃，皆蟲名。「生乎九猷」音由。李云：九宜為久。久，老也。猷，蟲名也。◎盧文弨曰：案《列子》作斯彌為食醯頤輅，食醯頤輅生乎食醯黃䖃，食醯黃䖃生乎九猷，九猷生乎瞀芮。

⑫【疏】瞀芮，蟲名。腐蠸，螢火蟲也，亦言是粉鼠蟲。

【釋文】「瞀」莫豆反，又莫住反，又亡角反。「芮」如蜕反，徐如悦反。「生乎腐」音輔。「蠸」音權，郭音歡。司馬云：亦蟲名也。《爾雅》云：一名守爪，一云蚡鼠也。

⑬【疏】並草名也。

【釋文】「羊奚比」毗志反。「乎不箰」息尹反。司馬云：羊奚，草名，根似蕪菁，與久竹比合而為物，皆生於非類也。

⑭【疏】羊奚比合於久竹而生青寧之蟲也。

【釋文】「久竹生青寧」司馬云：蟲名。◎盧文弨曰：殷敬順云，《莊子》從羊奚至青寧連為一句。司馬之說固如是，郭本乃分之。《列子》箰作筍。

⑮【疏】亦蟲名也。

【釋文】「青寧生程」李云：未聞。

⑯【疏】未詳所據。

【釋文】「程生馬馬生人」俗本多誤，故具錄之。

⑰【注】此言一氣而萬形，有變化而無死生也。

【疏】機者發動，所謂造化也。造化者，無物也。人既從無生有，又反入歸無也。豈唯在人，萬物皆爾。或無識變成有識，〔或〕有識變爲無識，或無識變爲無識，或有識變爲有識，千萬變化，未始有極也。而出入機變，謂之死生。既知變化無窮，寧復欣生惡死！體斯趣旨，謂之至樂也。◎俞樾曰：又當作久，字之誤也。久者，老也。上文黃軦生乎九猷，《釋文》引李注曰：九宜爲久；久，老也。是其義也。人久反入於機者，言人老復入於機也。《列子·天瑞篇》正作人久入於機。

【校】①《闕誤》引劉得一本幾字有若鼃爲鶉四字。②《闕誤》引張君房本上六句作斯彌爲食醯，食醯生乎頤輅，頤輅生乎黃軦，黃軦生乎九猷，九猷生乎瞀芮，瞀芮生乎腐蠸，腐蠸生乎羊奚，羊奚比乎不箰，久竹生青寧。③蝸字依《釋文》原本改。

莊子集釋　卷七上

外篇　達生第十九❶

❶【釋文】以義名篇。

達生之情者，不務生之所无以為❶；達命之情者，不務知①之所无奈何❷。養形必先之以②物，物有餘而形不養者有之矣❸；有生必先无離形，形不離而生亡者有之矣❹。生之來不能卻，其去不能止❺。悲夫！世之人以為養形足以存生❻；而養形果不足以存生❼，則世奚足為哉❽！雖不足為而不可不為者，其為不免矣❾。

❶【注】生之所無以爲者，分外物也。

【釋文】「達生」達，暢也，通也。《廣雅》云：生，出也。

❷【注】知之所無奈何者，命表事也。

【疏】夫人之生也，各有素分，形之妍醜，命之脩短，及貧富貴賤，愚智窮通，一豪已上，無非命也。故達（生）於性命之士，性靈明照，終不貪於分外，爲己事務也，一生命之所鍾者，皆智慮之所無奈之何也。

❸【注】知止其分，物稱其生，生斯足矣，有餘則傷。

【疏】物者，謂資貨衣食，旦夕所須。夫頤養身形，先須用物；而物有分限，不可無涯。故凡鄙之徒，積聚有餘而養衛不足者，世有之矣。

【釋文】「物稱」尺證反。

❹【注】守形（太）〔大〕③甚，故生亡也。

【疏】既有此浮生，而不能離形遺智，愛形大甚，亡失全生之道也。如此之類，世有之矣。

【釋文】「无離」力智反，下同。「大甚」音泰。

❺【注】非我所制，則無爲有懷於其閒。

【疏】生死去來，委之造物，妙達斯原，故無所惡。

❻【注】故彌養之而彌失之。

【疏】夫壽夭去來，非己所制。而世俗之人，不悟斯理，貪多資貨，厚養其身，妄謂足以存生，深可悲歎。

❼【注】養之彌厚，則死地彌至。

【疏】厚養其形，彌速其死，故決定不足以存生。

❽【注】莫若放而任之。

【疏】夫馳逐物境，本爲資生。生既非養所存，故知世閒物務，何足爲也！

❾【注】性分各自爲者，皆在至理中來，故不可免也，是以善養生者，從而任之。

【疏】分外之事，不足爲也；分內之事，不可不爲也。夫目見耳聽足行心知者，稟之性理，雖爲無爲，故不務免也。

【校】①《弘明集正誣論》引知作命。②世德堂本無以字。③大字依《釋文》及世德堂本改。

夫欲免為形者，莫如棄世。棄世則无累，无累則正平，正平則與彼更生，更生則幾矣。❶事奚足棄而生奚足遺？棄事則形不勞，遺生則精不虧❷。夫形全精復，與天為一❸。天地者，萬物之父母也❹，合則成體，散則成始❺。形精不虧，是謂能移❻；精而又精，反以相天❼。

❶【注】更生者，日新之謂也。付之日新，則性命盡矣。

【疏】幾，盡也。更生，日新也。夫欲有爲養形者，無過棄卻世間分外之事。棄世則無憂累，無憂累則合於正真平等之道，平正則冥於日新之變，故能盡道之玄妙。

【釋文】「則幾」徐其依反。

❷【注】所以遺棄之。

【疏】人世虛無，何足捐棄？生涯空幻，何足遺忘？故棄世事則形逸而不勞，遺生涯則神凝而不損也。

❸【注】俱不爲也。

【疏】夫形全不擾，故能保完天命；精固不虧，所以復本還原；形神全固，故與玄天之德爲一。

❹【注】無所偏爲，故能子萬物。

【疏】夫二儀無心而生化萬物，故與天地合德者，羣生之父母。

❺【注】所在皆成，無常處。

【疏】夫陰陽混合，則成體質，氣息離散，則反於未生之始。◎家世父曰：合者，息之機也，消之漸也；散則復反而歸其本，而機又於是息焉，故曰成始。終則有始，天行也，所以能移，不主故常以成其大常也。

【釋文】「常處」昌慮反。

❻【注】與化俱也。

【疏】移者，遷轉之謂也。夫不勞於形，不虧其精者，故能隨變任化而與物俱遷也。

❼【注】還輔其自然也。

【疏】相，助也。夫遣之又遣，乃曰精之又精，是以反本還元，輔於自然之道也。

【釋文】「相天」息亮反。

子列子問關尹曰：「至人潛行不窒❶，蹈火不熱，行乎萬物之上而不慄❷。請問何以至於此❸？」

❶【注】其心虛，故能御羣實。

【疏】古人稱師曰子，亦是有德之嘉名。具斯二義，故曰子列子，即列禦寇也。〔關尹〕，姓尹，名喜，字公度，爲函谷關令，故曰關令尹真人；是老子弟子，懷道抱德，故禦寇詢之也。窒，塞也。夫至極聖人，和光匿燿，潛伏行世，混迹同塵，不爲物境障礙，故等虛室，空而無塞。本亦作空字。

【釋文】「關尹」李云：關令尹喜也。「不窒」珍悉反。

❷【注】至適，故無不可耳，非物往可之。

【疏】冥於寒暑，故火不能災；一於高卑，故心不恐懼。

【釋文】「蹈火」徒報反。

❸【疏】總結前問意也。

關尹曰：「是純氣之守也，非知巧果敢之列❶。居，予語女❷！凡有貌象聲色者，皆物也，物與物何以相遠❸？夫奚足以至乎先？是色①而已❹。則物之造乎不形而止乎无所化❺，夫得是而窮之者，物焉得而止②焉❻！彼將處乎不淫之度❼，而藏乎无端之紀❽，遊乎萬物之所終始❾，壹其性❿，養其氣⓫，合其德⓬，以通乎物之所造⓭。夫若是者，其天守全，其神无郤，物奚自入焉⓮！

❶【疏】夫不爲外物侵傷者，乃是保守純和之氣，養於恬淡之心而致之也，非關運役心智，分別

巧詐，勇決果敢而得之。

【釋文】「非知」音智。「之列」音例。本或作例。

❷【疏】命禦寇令復坐，我告女至言也。

【釋文】「予語」魚據反。「女」音汝。後同。

❸【注】唯無心者獨遠耳。

【釋文】「相遠」于萬反。

❹【注】同是形色之物耳，未足以相先也。

【疏】夫形貌聲色，可見聞者，皆為物也。(二)〔而〕彼俱物，何足以遠，亦何足以先至乎？俱是聲色故也。唯當非色非聲，絕視絕聽者，故能超貌象之外，在萬物之先也。

❺【注】常遊於極。

【疏】夫不色不形，故能造形色者也；無變無化，故能變化於萬物者也。是以羣有從造化而受形，任變化之妙本。

❻【注】夫至極者，非物所制。

【疏】夫得造化之深根，自然之妙本，而窮理盡性者，世間萬物，何得止而控馭焉！故當獨往獨來，出沒自在，乘正御辯，於何待焉！

【釋文】「焉得」於虔反。

❼【注】止於所受之分。

【疏】彼之得道聖人，方將處心虛淡，其度量弘博，終不滯於世間。

❽【注】冥然與變化日新。

【疏】大道無端無緒，不始不終，即用此混沌而爲紀綱，故聖人藏心晦迹於恍惚之鄉也。

❾【注】終始者，物之極。

【疏】夫物所始終，謂造化也。言生死始終，皆是造化，物固以終始爲造化也。而聖人放任乎自然之境，遨遊乎造化之場。

❿【注】飾則二矣。

【疏】率性而動，故不二也。

⓫【注】不以心使之。

【疏】吐納虛夷，故愛養元氣。

⓬【注】不以物離性。

【疏】抱一不離，故常與玄德冥合也。

⓭【注】萬物皆造於自爾。

【疏】物之所造，自然也。既一性合德，與物相應，故能達至道之原，通自然之本。

⓮【疏】是者，指斥以前聖人也。自，從也。若是者，其保守自然之道，全而不虧，其心神凝照，曾無閒郤，故世俗事物，何從而入於靈府哉！

【釋文】「无郤」去逆反。

【校】①《闕誤》引江南《古藏》本色上有形字。②《闕誤》引張君房本止作正。

夫醉者之墜車，雖疾不死。骨節與人同而犯害與人異，其神全也，乘亦不知也，墜亦不知也，死生驚懼不入乎其胷中，是故遻物而不慴。❶彼得全於酒而猶若是❷，而況得全於天乎❸？聖人藏於天，故莫之能傷也❹。復讎者不折鏌干❺，雖有忮心者不怨飄瓦❻，是以天下平均❼。故无攻戰之亂，无殺戮之刑者，由此道也❽。

❶【疏】自此已下，凡有三譬，以況聖人任獨無心。一者醉人，二者利劍，三者飄瓦，此則是初。夫醉人乘車，忽然顛墜，雖復困疾，必當不死。其謂心無緣慮，神照凝全，既而乘墜不知，死生不（人）〔入〕，是故遻於外物而情無慴懼。

【釋文】「之墜」字或作隊，同。直類反。後皆同。◎家世父曰：始守乎氣而終養乎神，道家所謂鍊氣歸神也。「乘亦」音繩，又繩證反。「遻」音悟，郭音愕。《爾雅》云：遻，忤也。郭注云：謂干觸。◎盧文弨曰：今本作遌。「不慴」之涉反，懼也。李郭音習。

❷【注】醉故失其所知耳，非自然無心者也。

❸【疏】彼之醉人，因於困酒，猶得暫時凝淡，不爲物傷，而況德全聖人，冥於自然之道者乎！物莫之傷，故其宜矣。

❹【注】不闚性分之外，故曰藏。

【疏】夫聖人照等三光，智周萬物，藏光塞智於自然之境，故物莫之傷矣。

❺【注】夫干將鏌鋣，雖與讎爲用，然報讎者不事折之，以其無心。

【疏】此第二〔論〕〔喻〕①也。干將鏌鋣，並古之良劍。雖用劍殺害，因以結讎，而報讎之人，終不瞋怒此劍而折之也，其爲無心，故物莫之害也。

【釋文】「鏌」音莫。本亦作莫。「干」李云：鏌耶干將，皆古之利劍名。《吳越春秋》云：吳王闔閭使干將造劍，劍有二狀，一曰干將，二曰鏌耶。鏌耶，干將妻名也。

❻【注】飄落之瓦，雖復中人，人莫之怨者，由其無情。

【疏】飄落之瓦，偶爾傷人，雖忮逆褊心之夫，終不怨恨，爲瓦是無心之物。此第三〔論〕〔喻〕也。

【釋文】「忮心」之豉反，郭、李音支。害也。《字書》云：佷也。「飄瓦」匹遙反，郭李云：落也。「雖復」扶又反。下章同。「中人」丁仲反。

❼【注】凡不平者，由有情。

❽【注】無情之道大矣。

【疏】夫海內清平，遐荒靜息，野無攻戰之亂，朝無殺戮之刑者，蓋由此無爲之道，無心聖人，故致之也。是知無心之義大矣。

【校】①喻諭古字通，但比喻字疏文前皆作喻。

不開人之天①，而開天之天❶，開天者德生❷，開人者賊生❸。不厭其天，不忽於人❹，民幾乎以其真❺！」

❶【注】不慮而知，開天也；知而後感，開人也。然則開天者，性之動也；開人者，知之用也。

【疏】郭注云：不慮而知，開天者也；知而後感，開人者也。然則開天者，性之動；開人者，知之用。郭得之矣，無勞更釋。

❷【注】性動者，遇物而當足則忘餘，斯德生也。

❸【注】知用者，從感而求，勌②而不已，斯賊生也。

【疏】夫率性而動，動而常寂，故德生也。運智御世，爲害極深，故賊生也。《老經》云，以智治國國之賊，不以智治國國之德也。

❹【注】任其天性而動，則人理亦自全矣。

【疏】常用自然之性，不厭天者也；任智自照於物，斯不忽人者也。

【釋文】「不厭」李於豔反，徐於贍反。

❺【注】民之所患，僞之所生，常在於知用，不在於性動也。

【疏】幾，盡也。因天任人，性動智用，既而人天無別，知用不殊，是以率土盡真，蒼生無僞者也。

【釋文】「幾乎」音機，或音祈。

【校】①《闕誤》引劉得一本天作人。②世德堂本勌作勸。

仲尼適楚，出於林中，見痀僂者承蜩，猶掇之也❶。

❶【疏】痀僂，老人曲腰之貌。承蜩，取蟬也。掇，拾也。孔子聘楚，行出林籟之中，遇老公以竿承蟬，如俛拾地芥，一無遺也。

【釋文】「痀」郭於禹反，李徐居具反，又其禹反。「僂」郭音縷，李徐良付反。「承」一本作美。◎慶藩案承讀為拯，（《說文》作抍。）拯，謂引取之也。《艮》六二不拯其隨，虞翻曰：拯，取也。《釋文》拯作承，（通志堂〔本〕改承為拯。）云音拯救之拯。（復）〔《渙》〕①初六用拯馬壯吉，《釋文》：子夏（拯）作抍；抍，取也。《列子・黃帝篇》使弟子並流而承之，《釋文》承音拯，引《方言》出溺為承。（今《方言》作拯。）宣十二年《左傳》曰，目於眢井而拯之，《釋文》拯作承，云音拯。皆引取之義也。「蜩」音條，蟬也。「猶掇」丁活反，拾也。

【校】①渙字依《易釋文》改。

仲尼曰：「子巧乎！有道邪？」曰：「我有道也❶。五六月累丸二而不墜，則失者錙銖❷；累三而不墜，則失者十一❸；累五而不墜，猶掇之也❹。吾處身也，若厥①株拘；吾執臂也，若槁木之枝❺；雖天地之大，萬物之多，而唯蜩翼之知❻。吾不反不側，不以萬物易蜩之翼，何為而不得❼！」

❶【疏】怪其巧妙一至於斯，故問其方。答云有道也。

❷【注】累二丸於竿頭，是用手之停審也。故②其承蜩，所失者不過錙銖之閒也。

【疏】錙銖，稱兩之微數也。初學承蜩，時經半歲，運手停審，故所失不多。

【釋文】「五六月」司馬云：黏蟬時也。「累丸」劣彼反。下同。司馬云：謂累之於竿頭也。◎慶藩案《列子釋文》引司馬云：纍垸，謂累丸於竿頭也。與《釋文》小異。「者錙」側其反。「銖」音殊。

❸【注】所失愈（多）〔少〕③。

【疏】時節（猶）〔尤〕久，累丸（徵）〔增〕多，所承之蜩十失其一也。

❹【注】停審之至，故乃無所復失。

【疏】累五丸於竿頭，一無墜落，停審之意，遂到於斯，是以承蜩蟬猶如俛拾。

❺【注】不動之至。

【疏】拘，謂斫殘枯樹枝也。執，用也。我安處身心，猶如枯樹，用臂執竿，若槁木之枝，凝寂停審，不動之至。斯言有道，此之謂也。

【釋文】「若厥」本或作橛，同。其月反。「株」音誅。「拘」其俱反，郭音俱。李云：厥，豎也，豎若株拘也。◎盧文弨曰：也字未刻，依宋本補。◎家世父曰：《列子・黃帝篇》作若橛株駒，注云：株駒，斷木也。《山海經・海內經》，（達）〔建〕④木有九欘，下有九枸。郭璞注：欘，枝回曲也，枸，根盤錯也。《說文》：株，木根也。徐鉉曰：在土曰根，在土上曰株。株枸者，近根盤錯處；厥者，斷木為杙也。身若斷株，臂若槁木之枝，皆堅實不動之意。「若槁」苦老反。

❻【疏】二儀極大，萬物甚多，而運智用心，唯在蜩翼，蜩翼之外，無他緣慮也。

❼【注】遺彼故得此。

【疏】反側，猶變動也。外息攀緣，內心凝靜，萬物雖眾，不奪蜩翼之知，是以事同拾芥，何爲不得也！

【校】①趙諫議本作橛。②世德堂本無故字。③少字依世德堂本改。④建字依《山海經》原文改。

孔子顧謂弟子曰：「用志不分，乃凝於神，其痀僂丈人之謂乎❶！」

❶【疏】夫運心用志，凝靜不離，故累丸乘蜩，妙凝神鬼。而尼父勉勖門人，故云痀僂丈人之謂也。

【釋文】「不分」如字。◎俞樾曰：凝當作疑。下文梓慶削木為鐻，鐻成，見者驚猶鬼神，即此所謂乃疑於神也。《列子・黃帝篇》正作疑，張湛注曰：意專則與神相似者也。可據以訂正。

顏淵問仲尼曰：「吾嘗濟乎觴深之淵，津人操舟若神❶。吾問焉，曰：『操舟可學邪？』曰：『可。善游者數能❷。若乃夫沒人，則未嘗見舟而便操之也❸。』吾問焉而不吾告，敢問何謂也？」

❶【疏】觴深，淵名也。其狀似桮，因以爲名，在宋國也。津人，謂津濟之人也。操，捉也。顏回嘗經行李，濟渡斯淵，而津人操舟，甚有方便，其便辟機巧，妙若神鬼，顏回怪之，故問夫子。

【釋文】「操舟」七曹反。下章同。

❷【注】言物雖有性，亦須數習而後能耳。

【疏】顏回問：「可學否？」答曰：「好游涉者，數習則能。」夫物雖稟之自然，亦有習以成性者。

❸【注】沒人，謂能鶩沒於水底。

【疏】注云，謂鶩沒水底。鶩，鴨子也。謂津人便水，沒入水下，猶如鴨鳥沒水，因而捉舟。

【釋文】「鶩」音木，鴨也。

【釋文】「數能」音朔。注、下同。

仲尼曰：「善游者數能，忘水也❶。若乃夫沒人之未嘗見舟而便操之也，彼視淵若陵，視舟之覆猶其車卻也❷。覆卻萬方陳乎前而不得入其舍❸，惡往而不暇❹！以瓦注①者巧，以鉤注者憚，以黃金注者殙❺。其巧一也，而有所矜，則重外也。凡外重者內拙❻。」

❶【注】習以成性，遂若自然。

【疏】好游於水，數習故能，心無忌憚，忘水者也。

❷【注】視淵若陵，故視舟之覆於淵，猶車之卻退於坂也。

【疏】好水數游，習以成性，遂使顧視淵潭，猶如陵陸，假令舟之顛覆，亦如車之卻退於坂。

【釋文】「之覆」芳服反。注、下同。「猶其車卻也」元嘉本無車字。

❸【注】覆卻雖多而猶不以經懷，以其性便故也。

【疏】舍，猶心中也。隨舟進退，方便萬端，陳在目前，不關懷抱。既（不）〔能〕忘水，豈復勞心！◎俞樾曰：萬下脫物字。此本以覆卻萬物爲句，方陳乎前而不得入其舍爲句。方者，竝也。方之本義爲兩舟相竝，故方有竝義。《荀子・致仕篇》莫不明通方起以尙盡矣，楊倞曰：方起，竝起。《漢書・揚雄傳》雖方征僑與偓佺兮，師古注曰：方，謂竝行也。皆其證也。方陳乎前，謂萬物竝陳乎前也。今上句脫物字，而以方字屬上讀，則所謂陳前者，果何指歟？郭注曰：覆卻雖多，而猶不以（輕）〔經〕懷，是其所據本有物字。蓋正文是萬物，故以多言，若如今本作萬方，當以廣大言，不當以多言也。《列子・黃帝篇》正作覆卻萬物方陳乎前而不得入其舍，可據以訂正。

❹【注】所遇皆閒暇也。

【疏】率性操舟，任真游水，心無矜係，何往不閒！豈唯操舟，學道亦爾，但能忘遺，即是達生。

【釋文】「惡往」音烏。「閒暇」音閑。

❺【注】所要愈重，則其心愈矜也。

【疏】注，射也。用瓦器賤物而戲賭射者，既心無矜惜，故巧而中也。以鉤帶賭者，以其物稍貴，恐不中垛，故心生怖懼而不著也。用黃金賭者，既是極貴之物，矜而惜之，故心智昏亂而不中也。是以津人以忘遺故若神，射者以矜物故昏亂。是以矜之則拙，忘之則巧，勗諸學者，幸志之焉。

【釋文】「瓦注」之樹反。李云：擊也。「憚」徒丹反，又音丹，又丈旦反。忌惡也。一曰難也。「殙」武典反，又音昏，又音門。本亦作殙。《說文》云：殙，瞀也。元嘉本作昬。◎盧文弨曰：今本殙作殙，舊瞀也作矜也，訛。今據本書改正。◎慶藩案殙，速也。又《呂覽·去尤篇》以黃金投者殆。殆，疑也，（見襄四年《公羊傳》注。）亦迷惑之意。黃金投者之投不別見。《呂覽》高注亦云無考。《列子·黃帝篇》以瓦摳者殙，《淮南·說林訓》以金投者跂，並襲《莊子》而不作投字。「所要」一遙反。

❻【注】夫欲養生全內者，其唯無所矜重也。

【疏】夫射者之心，巧拙無二，爲重於外物，故心有所矜，只爲貴重黃金，故內心昏拙，豈唯在射，萬事亦然。

【校】①《闕誤》云：《呂覽》注作投，餘同。

田開之見周威公。威公曰：「吾聞祝腎學生❶，吾子與祝腎游，亦何聞焉❷？」

❶【注】學生者務中適。

【釋文】「田開之」李云：開之，其名也。「周威公」崔本作周威公竈。◎俞樾曰：《史記·周本紀》（孝）〔考〕①王封其弟於河南，是為桓公。桓公卒，子威公代立。此周威公殆即其人乎？《索隱》：按《系本》，西周桓公名揭，威公之子；東周惠公名班，而威公之名不傳。崔本可補《史》闕。「祝腎」上之六反，下市軫反。字又作緊，音同。本或作賢。「學生」司馬云：學養生之道也。「務中」丁仲反。下章注而中適同。

❷【疏】姓田，名開之，學道之人。姓祝，名腎，懷道者也。周公之胤，莫顯其名，食采於周，謚曰威也。素聞祝腎學養生之道，開之既從游學，未知何所聞乎？有此咨疑，庶稟其術。

【釋文】「吾子與祝腎游」司馬本以吾子屬上句，更云子與祝腎游。

【校】①考字依《俞樓雜纂》改。

田開之曰：「開之操拔篲以侍門庭，亦何聞於夫子❶！」

❶【疏】開之謂祝腎爲夫子。拔篲，掃帚也。言我操提掃帚，參侍門戶，灑掃庭前而已，亦何敢輒問先生之道乎！古人事師，皆擁篲以充役也。

【釋文】「操」七曹反。「拔」蒲末反，徐甫末反。李云：把也。「篲」似歲反，徐以醉反，郭（矛）〔予〕①稅反，李尋恚反，信醉反，或蘇忽反。帚也。◎盧文弨曰：信醉上脫又字。「亦何聞於夫子」絕句。

【校】①予字依《釋文》及世德堂本改。

威公曰：「田子无讓，寡人願聞之❶。」

❶【疏】讓，猶謙也。養生之道，寡人願聞，幸請指陳，不勞謙遜。

開之曰：「聞之夫子曰：『善養生者，若牧羊然，視其後者而鞭之❶。』」

❶【疏】我承祝腎之說，養生譬之牧羊，鞭其後者，令其折中。

【釋文】「而鞭」如字。崔本作趣，云：匿也；視其羸瘦在後者，匿著牢中養之也。◎家世父曰：崔說非也。鞭其後，則前者于于然行矣。注視其後而前者不勞也，謹持其終者也。郭象注鞭其後者去其不及也，亦誤。

威公曰：「何謂也❶？」

❶【疏】未悟田開之言，故更發疑問。

田開之曰：「魯有單豹者，巖居而水飲，不與民共利，行年七十而猶有嬰兒之色；不幸遇餓虎，餓虎殺而食之❶。有張毅者，高①門縣薄，无不走也，行年四十而有內熱之病以死❷。豹養其內而虎食其外，毅養其外而病攻其內，此二子者，皆不鞭其後者也❸。」

❶【疏】姓單名豹，魯之隱者也。巖居飲水，不爭名利，雖復年齒長老而形色不衰，久處山林，忽遭餓虎所食。

【釋文】「單豹」音善。李云：單豹，隱人姓名也。「而水飲」元嘉本作飲水。

❷【疏】姓張名毅，亦魯人也。高門，富貴之家也。縣薄，垂簾也。言張毅是流俗之人，追奔世利，高門甲第，朱戶垂簾，莫不馳驟參謁，趨走慶弔，形勞神弱，困而不休，於是內熱發背而死。

【釋文】「縣」音玄。「薄」司馬云：簾也。「无不走也」司馬云：走，至也；言無不至門奉富貴也。李云：走，往也。◎俞樾曰：無不走也，語意未明。司馬云，走，至也，言無不至門奉富貴也，亦殊迂曲。走乃趣之壞字。《文選・幽通賦》李注引此文曰：有張毅者，高門縣薄無不趣義也。字正作趣，但衍義字耳。《呂覽・必已篇》曰，張毅好恭，門閭帷薄聚居眾無不趨，高注曰：過之必趨。《淮南・人閒篇》曰，張毅好恭，過宮室廊廟必趨，見門閭聚眾必下，廝徒馬圉，皆與伉禮，然不終其壽，內熱而死。其義更明。《莊子》文不備，故學者莫得其解。

❸【注】夫守一方之事至於過理者，不及於會通之適也。鞭其後者，去其不及也。

【疏】單豹寡欲清虛，養其內德而虎食其外。張毅交游世貴，養其形骸而病攻其內以死。此二子各滯一邊，未爲折中，故並不鞭其後也。

【釋文】「去其」起呂反。

【校】①《闕誤》引劉得一本高上有見字。

仲尼曰：「无入而藏❶，无出而陽❷，柴立其中央❸。三者若得，其名必極❹。夫畏塗者，十殺一人，則父子兄弟相戒也，必盛卒徒而後敢出焉，不亦知乎❺！人之所取①畏者，衽席之上，飲食之間；而不知為之戒者，過也❻。」

❶【注】藏既內矣，而又入之，此過於入也。

【疏】注云，入既入矣，而又藏之。偏滯於處，此單豹也。

❷【注】陽既外矣，而又出之，是過於出也。

【疏】陽，顯也。出既出矣，而又顯之。偏滯於出，此張毅也。

❸【注】若槁木之無心而中適，是立也。

【疏】柴，木也。不滯於出，不滯於處，出處雙遣，如槁木之無情，妙捨二邊，而獨立於一中之道。

❹【注】名極而實當也。

【疏】夫因名詮理，從理生名。若得已前三句語意者，則理窮而名極者也。亦言：得此三者名爲證至極之人也。

❺【疏】塗，道路也。夫路有劫賊，險難可畏，十人同行，一人被殺，則親情相戒，不敢輕行，彊盛卒伍，多結徒伴，斟量平安，然後敢去。豈不知全身遠害乎！

【釋文】「畏塗」司馬云：阻險道可畏懼者也。「卒徒」子忽反。「亦知」音智。

❻【注】十殺一耳，便大畏之；至於色欲之害，動皆之死地而莫不冒之，斯過之甚也。

【疏】衽，衣服也。夫塗路患難，十殺其一，猶相戒慎，不敢輕行。況飲食之間，不能將節，衽席之上，恣其淫蕩，動之死地，萬無一全。舉世皆然，深爲罪過。

【釋文】「衽」而甚反，徐而鴆反。李云：臥衣也。鄭注《禮記》云：臥席也。「動皆之死地」一本無地字。「不冒」音墨。

【校】①《闕誤》引江南《古藏》本取作最。

祝宗人元端以臨牢筴，說彘❶曰：「汝奚惡死？吾將三月㹽①汝，十日戒，三日齊，藉白茅，加汝肩尻乎彫俎之上，則汝為之乎❷？」為彘謀，曰不如食以糠糟而錯之牢筴之中，自為謀，則苟生有軒冕之尊，死得於腞楯之上、聚僂之中則為之。為彘謀則去之，自為謀則取之，所②異彘者何也？❸

❶【疏】祝，祝史也，如今太宰六祝官也。元端，衣冠。筴，圈也。彘，豬也。夫饗祭宗廟，必有祝史，具於元端冠服，執版而祭鬼神。未祭之間，臨圈說彘。說彘之文，在於下也。

【釋文】「牢筴」初革反。李云：牢，豕室也。筴，木欄也。「說」如字，又始銳反。「彘」直例反。本亦作豕。

❷【疏】㹽，養也。俎，盛肉器也，謂彫飾之俎也。說彘曰：「汝何須好生而惡死乎？我將養汝以好食，齊戒以潔清，藉神坐以白茅，置汝身於俎上，如此相待，豈不欲為之乎？」

【釋文】「奚惡」烏路反。「㹽」音患。司馬云：養也。本亦作犧。「日齊」側皆反。「藉」在夜反，又在亦反。「尻」苦羔反。「彫俎」莊呂反。畫飾之俎也。

❸【注】欲贍則身亡，理常俱耳，不閒③人獸也。

【疏】措，置也。腞，畫飾也；楯，筴車也；謂畫輀車也。聚僂，棺槨也。爲彘謀者，不如置之圈內，食之糟糠，不用白茅，無勞彫俎；自爲謀，則苟且生時有乘軒戴冕之尊，死則置於棺中，載於楯車之上，則欲得爲之。爲彘謀則去白茅彫俎，自爲謀則取於軒冕楯車，而異彘者何也？此蓋顛倒愚癡，非達生之性也。

【釋文】「為堯」于偽反。下自為、為堯同。「食以」音嗣。「穅」音康。「糟」音遭。「錯之」七故反，置也。又如字。本又作措。「腞」音直轉反，又敕轉反。「楯」食準反，徐敕荀反，李敕準反。司馬云：腞，猶篆也。楯，猶案也。「聚僂」力主反。司馬云：聚僂，器名也，今冢壙中注為之。一云：聚僂，棺槨也。一云：聚當作菆，才官反；僂當作蔞，力久反；謂殯於菆塗蔞翣之中。◎王念孫曰：《釋文》引司馬云，腞猶篆也，楯猶案也，（娶）〔聚〕僂，器名也，今冢壙中注為之。一云，（娶）〔聚〕僂，棺槨也。一云：（娶）〔聚〕當作菆，僂當作蔞，謂殯於菆塗蔞翣之中。案腞讀為輇，謂載柩車也。《雜記》載以輲車，鄭注曰：輲讀為輇。（《釋文》：輇，市專反，又市轉反。）《士喪禮記》〔《下篇》〕④注曰：載柩車。《周禮》謂之蜃車，《雜記》謂之團，或作輇，或作槫，聲讀皆相附耳。其車之轝狀如床，中央有轅，前後出，設前後輅。轝上有四周，下則前後有軸，以輇為輪。許叔重說，有輻曰輪，無輻曰輇。輇，輲，槫，團，並字異而義同，此作腞，義亦同也。楯讀為輴，亦謂載柩車也。《檀弓》曰：天子之殯也，菆塗龍輴以椁。又曰：天子龍輴而椁幬，諸侯輴而設幬。《喪大記》曰：君殯用輴，鄭注曰：天子之殯，居棺以龍輴，諸侯輴不畫龍，大夫廢輴。《士喪禮下篇》注曰：輁，狀如長床，穿桯，前後著金而關軸焉，大夫諸侯以上有四周，謂之輴。（此謂朝廟時所用。）輴與楯，古字通。《雜記》注曰，載柩以楯，是其證也。聚僂，謂柩車飾也。眾飾所聚，故曰（娶）〔聚〕僂；亦以其形中高而四下，故言僂也。《雜記》注曰：將葬，載柩之車飾曰柳。《周官》縫人，衣翣柳之材，注曰：柳之言聚，（謂）〔諸〕⑤飾之所聚。劉熙《釋名》曰：輿棺之車，其蓋曰柳。柳，聚也，眾飾所聚，亦其形僂也。《檀弓》曰：設蔞翣。《荀子・禮論篇》曰：無帾絲歶縷，翣其須以象菲帷幬尉也。柳，蔞，縷，僂，並字異而義同。《呂氏春秋・節喪篇》僂翣以督之。其字亦作僂。《釋文》所引或說，以僂為蔞翣字，是也。餘說皆失之。◎家世父曰：《釋文》引司馬云，腞，猶篆也，楯，猶案也，聚僂，器名也，今冢壙中注為之。疑楯與輴同，腞楯，即畫輴也，《喪大記》所謂葬用輴者是也。聚僂，曲簿也，《荀子》謂之簿器，《喪大記》所謂熬，(居)〔君〕⑥八筐，大夫六筐，士四筐是也。輴者，所以載柩，故曰腞楯之上；筐筥納之椁內棺外，故曰聚僂之中；皆大夫以上飾葬之具也。

【校】①《闕誤》引張君房本豫作豢。②《闕誤》引張潛夫本所上有其字。③趙諫議本閒作問。④下篇二字依下文補，《士喪禮下篇》即《既夕禮》。⑤諸字依《讀書雜志》改。⑥君字依《喪大記》改。

桓公田於澤，管仲御，見鬼焉。公撫管仲之手曰：「仲父何見？」對曰：「臣无所見。」❶

❶【疏】公，即桓公小白也。畋獵於野澤之下，而使管夷吾御車。公因見鬼，心有所怖懼，執管之手問之。答曰：「臣無所見。」此章明凡百病患，多因妄係而成。

公反，誒詒為病，數日不出❶。齊士有皇子告敖者曰：「公則自傷，鬼惡能傷公❷！夫忿滀之氣，散而不反，則為不足❸；上而不下，則使人善怒；下而不上，則使人善忘；不上不下，中身當心，則為病❹。」

❶【疏】誒詒，是懈怠之容，亦是(數)〔煩〕悶之貌。既見鬼，憂惶而歸，遂成病患，所以不

出。

【釋文】「去反」一本作公反。◎盧文弨曰：今本作公反。「誒」於代反，郭音熙。《說文》云：可惡之辭也。李呼該反，一音哀。「詒」吐代反，郭音怡，李音臺。司馬云：懈倦貌。李云：誒詒，失魂魄也。「數日」所主反。司馬本作數月。

❷【疏】姓皇子，字告敖，齊之賢人也。既聞公有病，來問之，云：「公妄係在心，自遭傷病。鬼有何力，而能傷公！」欲以正理遣其邪病也。

【釋文】「皇子告敖」如字。司馬云：皇，姓；告敖，字；齊之賢士也。◎俞樾曰：《廣韻六止》子字注：複姓十一〔氏〕①，《莊子》有皇子告敖。則以皇子為複姓。《列子・湯問篇》末載錕鋙劍火浣布事，云皇子以為無此物，殆即其人也。「鬼惡」音烏。

❸【疏】夫人忿怒則滀聚邪氣，於是精魂離散，不歸於身，則心虛弊犯神，道不足也。

【釋文】「忿」拂粉反，李房粉反。「滀」敕六反。「之氣散而不反則為不足」李云：忿，滿也。滀，結聚也。精神有逆，則陰陽結於內，魂魄散於外，故曰不足。

❹【疏】夫邪氣上而不下，則上攻於頭，令人心中怖懼，鬱而好怒；下而不上，陽伏陰散，精神恍惚，故好忘也。夫心者，五藏之主，神靈之宅，故氣當身心則爲病。

【釋文】「上」時掌反。下同。「而不下則使人善怒下而不上則使人善忘」亡尚反。李云：陽散陰凝，故怒；陰發陽伏，故忘也。「不上不下中」丁仲反。「身當心則為病」李云：上下不和，則陰陽爭而攻心。心，精神主，故病也。

【校】①氏字依《諸子平議》補。

桓公曰：「然則有鬼乎？」

曰「有❶。沈有履，竈有髻❷。戶內之煩壤，雷霆處之❸；東北方之下者，倍阿鮭蠪躍之❹；西北方之下者，則泆陽處之❺。水有（冏）〔罔〕①象❻，丘有峷❼，山有夔❽，野有彷徨，澤有委蛇❾。」

❶【疏】公問所由，答言有鬼。

❷【疏】沈者，水下〔汙〕②泥之中，有鬼曰履。竈神，其狀如美女，著赤衣，名髻也。

【釋文】「沈有履」司馬本作沈有漏，云：沈水汙泥也。漏，神名。◎俞樾曰：司馬云：沈，水汙泥也。則當與水有罔象等句相次，不當與竈有髻相次也。沈當為煁。煁從甚聲，沈從冘聲，兩音相近。《詩蕩篇》其命匪諶，《說文・心部》引作天命匪忱；《常棣篇》和樂且湛，《禮記・中庸篇》引作和樂且耽；並其證也。煁之通作沈，猶諶之通作忱，湛之通作耽矣。《白華篇》卬烘於煁，《毛傳》曰：煁，竈也。是煁竈同類，故以煁有履竈有髻並言之耳。鄭裨諶字竈，諶即煁之叚字；《漢書・古今人表》作裨湛，湛亦煁之叚字。李善注《文選》鄒陽《上吳王書》曰：湛，今沈字；又注《答賓戲》曰：湛，古沈字。然則以沈為煁，即以湛為煁也。「竈有髻」音結，徐胡節反，郭音詰，李音吉。司馬云：髻，竈神，著赤衣，狀如美女。◎慶藩案《史記・孝武本紀索隱》引司馬，髻作浩，云：浩，竈神也，如美女，衣赤。

❸【疏】門戶內糞壤之中，其間有鬼，名曰雷霆。

【釋文】「霆」音庭，又音挺，又徒佞反。

❹【疏】人宅中東北牆下有鬼，名倍阿鮭蠪，躍狀如小兒，長一尺四寸，黑衣赤幘，帶劍持戟。

【釋文】「倍」音裴，徐扶來反。「阿鮭」本亦作蛙，戶媧反，徐胡佳反。「蠪」音龍，又音聾。「躍之」司馬云：倍阿，神名也。鮭蠪，狀如小兒，長一尺四寸，黑衣赤幘大冠，帶劍持戟。

❺【疏】豹頭馬尾，名曰泆陽。

【釋文】「泆陽」音逸。司馬云：泆陽，豹頭馬尾，一作狗頭。一云：神名也。

❻【疏】注云③，狀如小兒，黑色，赤衣，大耳，長臂，名曰（罔）〔罔〕象。

【釋文】「罔象」如字。司馬本作無傷，云：狀如小兒，赤黑色，赤爪，大耳，長臂。一云：水神名。

❼【疏】其狀如狗，有角，身有文彩。

【釋文】「峷」本又作莘。所巾反，又音臻。司馬云：狀如狗，有角，文身五采。

❽【疏】大如牛，狀如鼓，一足行也。

【釋文】「夔」求龜反。司馬云：狀如鼓而一足。

❾【疏】其狀如蛇，兩頭，五采。

【釋文】「方」音傍。本亦作彷，同。「皇」本亦作徨，同。司馬云：方皇，狀如蛇，兩頭，五采文。◎盧文弨曰：今本作彷徨。

【校】①罔字依世德堂本改。②汙字依《釋文》補。③今本無此注，注疑司馬之誤。

公曰：「請問，委蛇之狀何如❶？」

❶【疏】桓公見鬼，本在澤中，既聞委蛇，故問其狀。

【釋文】「委」於危反，又如字。

皇子曰：「委蛇，其大如轂，其長如轅，紫衣而朱冠。其為物也，惡聞雷車之聲，則捧其首而立。見之者殆乎霸。」桓公辴然而笑曰：「此寡人之所見者也❶。」於是正衣冠與之坐，不終日而不知病之去也❷。

❶【疏】辴，喜笑貌也。殆，近也。若見委蛇，近爲霸主。桓公聞說，大笑歡（之）〔云〕：「我所見正是此也。」

【釋文】「朱冠」司馬本作俞冠，云：俞國之冠也，其制似螺。「惡聞雷」烏路反。「捧」芳勇反。「其首」司馬本同。一本作手。「辴」敕引反，徐敕一反，又敕私反。司馬云：笑貌。李云：大笑貌。

❷【注】此章言憂來而累生者，不明也；患去而性得者，達理也。

【疏】聞說委蛇，情中暢適，於是整衣冠，共語論，不終日而情抱豁然，不知疾病從何而去也。

紀渻子為王養鬬雞❶。

❶【疏】姓紀，名渻子，亦作消字，隨字讀之。爲齊王養雞，擬鬬也。此章明不必稟生知自然之理，亦有積習以成性者。

【釋文】「紀渻」所景反，徐所幸反。人姓名也。一本作消。「為」于偽反。「王」司馬云：齊王也。◎俞樾曰：《列子．黃帝篇》亦載此事，云紀渻子為周宣王養鬬雞，則非齊王也。

十日而問：「雞已乎？」曰：「未也，方虛憍而恃氣❶。」

❶【疏】養經十日，「堪鬬乎？」答曰：「始性驕矜，自恃意氣，故未堪也。」

【釋文】「虛憍」居喬反，又巨消反。李云：高也。司馬云：高仰頭也。

十日又問，曰：「未也。猶應嚮景❶。」

❶【疏】見聞他雞，猶相應和若形聲影響也。

【釋文】「猶應」應對之應。下同。「嚮」許丈反。本亦作響。「景」於領反，又如字。李云：應響鳴，顧景行。

十日又問，曰：「未也。猶疾視而盛氣❶。」

❶【疏】顧視速疾，意氣強盛，心神尚動，故未堪也。

十日又問，曰：「幾矣。雞雖有鳴者，已无變矣❶，望之似木雞矣，其德全矣，異雞无敢應者①，反走矣❷。」

❶【疏】幾，盡也。都不驕矜，心神安定，雞雖有鳴，已無變懾。養雞之妙，理盡於斯。

❷【注】此章言養之以至於全者，猶無敵於外，況自全乎！

【疏】神識安閒，形容審定，遙望之者，其猶木雞，不動不驚，其德全具，他人之雞，見之反走，天下無敵，誰敢應乎！

【校】①《闕誤》引文如海、劉得一本者上有見字。

孔子觀於呂梁，縣水三十仞，流沫四十里，黿鼉魚鼈之所不能游也❶。見一丈夫游之，以為有苦而欲死也，使弟子並流而拯之❷。數百步而出，被髮行歌而游於塘下❸。

❶【疏】呂梁，水名。解者不同，或言是西河離石有黃河縣絕之處，名呂梁也；或言蒲州二百里有龍門，河水所經，瀑布而下，亦名呂梁；或言宋國彭城縣之呂梁。八尺曰仞，計高二十四丈而縣下也。今者此水，縣注名高，蓋是寓言，談過其實耳。黿者，似鼈而形大；鼉者，類魚而有腳。此水瀑布既高，流波峻駛，遂使激湍騰沫四十里，至於水族，尚不能游，況在陸生，如何可涉！

【釋文】「呂梁」司馬云：河水有石絕處也。今西河離石西有此縣絕，世謂之黃梁。《淮南子》曰：古者龍門未鑿，河出孟門之上也。◎慶藩案《太平御覽》一百八十三引《郡國志》轉引司馬云：呂梁即龍門也。不若《釋文》之詳。「縣水」音玄。「三十仞」音刃，七尺曰仞。「流沫」音末。「黿」音元。

「鼉」徒多反，或音檀。「鼉」字又作鱓，必滅反。

❷【疏】激湍沸涌，非人所能游，忽見丈夫，謂之遭溺而困苦，故命弟子隨流而拯接之。

【釋文】「有苦」如字。司馬云：病也。「拯之」拯救之拯。

❸【疏】塘，岸也。既安於水，故散髮而行歌，自得逍遙，遨遊岸下。

【釋文】「數百」所主反。「被髮」皮寄反。「行歌」司馬本作行道。道，常行之道也。

孔子從而問焉，曰：「吾以子為鬼，察子則人也。請問，蹈水有道乎❶？」

❶【疏】丈夫既不憚流波，行歌自若，尼父怪其如此，從而問之：「我謂汝爲鬼神，審觀察乃人也。汝能履深水，頗有道術不乎？」

曰：「亡，吾无道❶。吾始乎故，長乎性，成乎命❷。與齊俱入，與汨偕出❸，從水之道而不為私焉❹。此吾所以蹈之也❺。」

❶【疏】答云：「我更無道術，直是久游則巧，習以性成耳。」

❷【疏】「我初始生於陵陸，遂與陵爲故舊也。長大游於水中，習而成性也。既習水成性，心無懼憚，恣情放任，遂同自然天命也。」

【釋文】「長乎」丁丈反。下同。

❸【注】磨翁而旋入者，齊也；回伏而涌出者，汨也。

【疏】湍沸旋入，如磑心之轉者，齊也；回復騰漫而反出者，汨也。既與水相宜，事符天命，故出入齊汩，曾不介懷。郭注云磨翁而入者，關東人喚磑爲磨，磨翁而入，是磑釭轉也。

【釋文】「與齊」司馬云：齊，(向)〔回〕①水如磨齊也。郭云：磨翁而旋入者，齊也。◎慶藩案齊，物之中央也。《呂刑》天齊於民，馬注：齊，中也。《管子・正世篇》治莫貴於得齊，謂得中也。(王念孫曰：人臍居腹之中，故謂之臍。臍者齊也。)《漢書・郊祀志》齊所以為齊，以天齊也，蘇林注：當天中央齊也。與司馬訓為回水如磨之義正同。「與汩」胡忽反。司馬云：涌波也。郭云：回伏而涌出者，汩也。

❹【注】任水而不任己。

【疏】隨順於水，委質從流，不使私情輒懷違拒。從水尚爾，何況唯道是從乎！

❺【疏】更無道術，理盡於斯。

【校】①回字依《釋文》原本改。

孔子曰：「何謂始乎故，長乎性，成乎命❶？」

❶【疏】未開斯旨，請重釋之。

曰：「吾生於陵而安於陵，故也；長於水而安於水，性也；不知吾所以然而然，命也❶。」

❶【注】此章言人有偏能，得其所能而任之，則天下無難矣。用夫無難以涉乎生生之道，何往而不通也！

【疏】此之三義，並釋於前，無勞重解也。

梓慶削木為鐻，鐻成，見者驚猶鬼神❶。魯侯見而問焉，曰：「子何術以為焉❷？」

❶【注】不似人所作也。

【疏】姓梓，名慶，魯大匠也。亦云：梓者，官號；鐻者，樂器似夾鍾。亦言：鐻似虎形，刻木爲之。彫削巧妙，不類人工，見著驚疑，謂鬼神所作也。

【釋文】「梓」音子。「慶」李云：魯大匠也。梓，官名；慶，其名也。◎俞樾曰：《春秋》襄四年《左傳》匠慶謂季文子，杜注：匠慶，魯大匠。即此梓慶。「鐻」音據。司馬云：樂器也，似夾鍾。

❷【疏】魯侯見其神妙，怪而問之：「汝何道術爲此鐻焉？」

對曰：「臣工人，何術之有！雖然，有一焉。臣將為鐻，未嘗敢以耗氣也，必齊以靜心。❶齊三日，而不敢懷慶賞爵祿❷；齊五日，不敢懷非譽巧拙❸；齊七日，輒然忘吾有四枝形體也。當是時也，无公朝❹，其巧專而外骨①消❺；然後入山林，觀天性；形軀至矣，然後成見鐻，然後加手焉；不然則已❻。則以天合天❼，器之所以疑神者，其②是與❽！」

❶【疏】梓答云：「臣是工巧材人，有何藝術！雖復如是，亦有一法焉。臣欲爲鐻之時，未嘗輒有攀緣，損耗神氣，必齊戒清潔以靜心靈也。」

【釋文】「秏」呼報反。司馬云：損也。◎盧文弨曰：今本作耗，非。「氣」李云：氣耗則心動，心動則神不專也。

❷【疏】心跡既齊，凡經三日，至於慶弔賞罰，官爵利祿，如斯之事，並不入於情田。

❸【疏】齊日既多，心靈漸靜，故能非譽雙遣，巧拙兩忘。

【釋文】「非譽」音餘。

❹【注】視公朝若無，則跂慕之心絕矣。

【疏】輒然，不敢動貌也。齊潔既久，情義清虛，於是百體四肢，一時忘遣，輒然不動，均於枯木。既無意於公私，豈有懷於朝廷哉！

【釋文】「輒然」丁協反。輒然，不動貌。「无公朝」直遙反。注同。

❺【注】性外之事去也。

【疏】滑，亂也。專精內巧之心，消除外亂之事。

【釋文】「骨消」如字。本亦作滑消。

❻【注】必取材中者也。

【疏】外事既除，內心虛靜，於是入山林觀看天性好木，形容軀貌至精妙，而成事堪爲鐻者，然後就手加工焉。若其不然，則止而不爲。

【釋文】「成見」賢遍反。「材中」丁仲反。

❼【注】不離其自然也。

【疏】機變雖加人工，木性常因自然，故以合天也。

❽【注】盡因物之妙，故乃③疑是鬼神所作也④。

【疏】所以鐻之微妙疑似鬼神者，只是因於天性，順其自然，故得如此。此章明順理則巧若神鬼，性乖則心勞而自拙也。

【釋文】「是與」音餘。

【校】①趙諫議本骨作滑。②《闕誤》引江南《古藏》本其下有由字。③趙本無乃字。④世德堂本也作耳，趙本無。

東野稷以御見莊公，進退中繩，左右旋中規。莊公以為文①弗過也❶，使之鉤百而反❷。

❶【疏】姓東野，名稷，古之善御人也，以御事魯莊公。左右旋轉，合規之圓，進退抑揚，中繩之直，莊公以爲組繡織文，不能過此之妙也。

【釋文】「東野稷」李云：東野，姓；稷，名也。司馬云：孫卿作東野畢。「以御見」賢遍反。下同。「莊公」李云：魯莊公也。或云：《內篇》曰，顏闔將傅衛靈公太子，問於蘧伯玉，則不與魯莊同時，當是衛莊公。◎俞樾曰：荀子《哀公篇》載此事，莊公作定公，顏闔作顏淵，則為魯定公矣。「中繩」丁仲反。下同。「文弗過也」司馬云：謂過織組之文也。

❷【疏】任馬旋回，如鉤之曲，百度反之，皆復其跡。

【釋文】「使之鉤百而反」司馬云：稷自矜其能，圓而驅之，如鉤復迹，百反而不知止。
【校】①文字《御覽》七四六引作造父。
顏闔遇之，入見曰：「稷之馬將敗。」公密而不應❶。
❶【疏】姓顏，名闔，魯之賢人也，入見。莊公初不信，故密不應焉。
【釋文】「顏闔」戶臘反。元嘉本作盍。崔同。
少焉，果敗而反。公曰：「子何以知之❶？」
❶【疏】少時之頃，馬困而敗。公問顏生，何以知此？
曰：「其馬力竭矣，而猶求焉，故曰敗❶。」
❶【注】斯明至當之不可過也。
【疏】答：「馬力竭盡，而求其過分之能，故知必敗也。」非唯車馬，萬物皆然。
工倕旋而蓋規矩，指與物化而不以心稽❶，故其靈臺一而不桎❷。忘足，屨之適也；忘要，帶之適也❸；知①忘是非，心之適也❹；不內變，不外從，事會之適也❺。始乎適而未嘗不適者，忘適之適也❻。
❶【疏】旋，規也。規，圓也。稽，留也。倕是堯時工人，稟性極巧；蓋用規矩，手隨物化，因物施巧，不稽留也。

【釋文】「工倕」音垂，又音睡。「旋而蓋矩指與物化而不以心稽」音雞。司馬本矩作瞿，云：工倕，堯工巧人也。旋，圓也。瞿，句也。倕工巧任規，以見為圓，覆蓋其句指，不以施度也。是與物化之，不以心稽留也。

❷【注】雖工倕之巧，猶任規矩，此言因物之易也。

【疏】任物因循，忘懷虛淡，故其靈臺凝一而不桎梏也。

【釋文】「不桎」之實反。司馬云：閡也。「之易」以豉反。

❸【注】百體皆適，則都忘其身也。

【釋文】「足屨」九住反。「要帶」一遙反。

❹【注】是非生於不適耳。

【疏】夫有屨有帶，本為足為要；今既忘足要，屨帶理當閒適。亦猶心懷憂戚，爲有是非；今則知忘是非，故心常適樂也。

❺【注】所遇而安，故無所變從也。

【疏】外智凝寂，內心不移，物境虛空，外不從事，乃契會真道，所在常適。

❻【注】識適者猶未適也。

【疏】始，本也。夫體道虛忘，本性常適，非由感物而後歡娛，則有時不適，本性常適，故無往不歡也。斯乃忘適之適，非有心適。

【校】①《闕誤》引文如海，張君房本知俱作□。

有孫休者❶，踵門而詫子扁慶子曰：「休居鄉不見謂不脩，臨難不見謂不勇；然而田原不遇歲，事君不遇世，賓於鄉里，逐於州部，則胡罪乎天哉？休惡遇此命也❷？」

❶【疏】姓孫，名休，魯人也。

❷【疏】踵，頻也。詫，告也，歎也。不能述道而怨迍邅，頻來至門而歎也。姓扁，名子慶，魯之賢人，孫休之師也。孫休俗人，不達天命，頻詣門而言之：「我居鄉里，不見道我不修飾；臨於危難，不見道我無勇武。而營田於平原，逢歲不熟，禾稼不收；處朝廷以事君，不遇聖明，不縻好爵。遭州部而放逐，被鄉閭而賓棄，有何罪於上天，苟遇斯之運命？」

【釋文】「踵門」章勇反。司馬云：至也。「而詫」敕駕反，又呼駕反，郭都駕反。司馬云：告也。李本作託，云：屬也。「子扁慶子」音篇，又符殄反。李云：扁，姓；慶子，字也。「臨難」乃旦反。「賓於」必刃反。「惡遇」音烏。下同。

扁子曰：「子獨不聞夫至人之自行邪？忘其肝膽，遺其耳目❶，芒然彷徨乎塵垢之外❷，逍遙乎无事之業❸，是謂為而不恃❹，長而不宰❺。今汝飾知以驚愚，脩身以明汙，昭昭乎若揭日月而行也❻。汝得全而形軀，具而九竅，无中道夭於聾盲跛蹇而比於人數，亦幸矣，又何暇乎天之怨哉！子往矣❼！」

❶【注】闇付自然也。

【疏】夫至人立行，虛遠清高，故能內忘五藏之肝膽，外遺六根之耳目，蕩然空靜，無纖介於胸臆。

❷【注】凡非真性，皆塵垢也。

【釋文】「芒然」武剛反。「彷徨」元嘉本作房皇，音同。

❸【注】凡自爲者，皆無事之業也。

【疏】芒然，無心之貌也。彷徨是縱放之名，逍遙是任適之稱。而處染不染，縱放於囂塵之表；涉事無事，任適於物務之中也。

❹【注】率性自爲耳，非恃而爲之。

❺【注】任其自長耳，非宰而長之。

【疏】接物施化，不恃藉於我（我）勞；長養黎元，豈斷割而從己！事出《老經》。

【釋文】「長而」丁丈反。注同。

❻【疏】汝光飾心智，驚動愚俗；修營身形，顯他汙穢；昭昭明白，自炫其能，猶如擔揭日月而行於世也，豈是韜光匿耀，以蒙養恬哉！

【釋文】「飾知」音智。「明汙」音烏。「若揭」其列反，又其謁反。

❼【疏】而，汝也。得軀貌完全，九竅具足，復免中塗夭於聾盲跛蹇，又得預於人倫，偕於人數，慶幸（矣）莫甚於斯，有何容暇怨於天道！子宜速往，無勞辭費。

【釋文】「九竅」苦弔反「跛」波我反。◎盧文弨曰：舊作彼我反，訛。今改正。「蹇」紀輦反，又紀偃反，徐其偃反。「而比」如字，又毗志反。

孫子出。扁子入，坐有閒，仰天而歎❶。弟子問曰：「先生何為歎乎❷？」

❶【疏】孫休聞道而出，扁子言訖而歸。俄頃之間，子慶嗟嘆也。

❷【疏】扁子門人問其嗟嘆所以。

扁子曰：「向者休來，吾告之以至人之德，吾恐其驚而遂至於惑也❶。」

❶【疏】孫休頻來踵門而詫，述己居世，坎軻不平，吾遂告以至人深玄之德，而器小言大，慮有漏機，恐其驚迫，更增其惑，是以吁嘆也。

弟子曰：「不然。孫子之所言是邪？先生之所言非邪？非固不能惑是。孫子所言非邪？先生所言是邪？彼固惑而來①矣，又奚罪焉！❶」

❶【疏】若孫子言是，扁子言非，非理之言，必不惑是。若扁子言是，孫子言非，彼必以非故，來詣斯求是。進退尋責，何罪有乎！先生之嘆，終成虛假。

【校】①趙諫議本來下有者字。

扁子曰：「不然。昔者有鳥止於魯郊，魯君說之，為具太牢以饗之，奏九韶以樂之，鳥乃始憂悲眩視，不敢飲食。此之謂以己養養鳥也。若夫以鳥養養鳥者，宜棲之深林，浮之江湖，食之以委蛇，則①平陸而已矣。❶今休，款啟寡聞之民也，吾告以至人之德，譬之若載鼷以車馬，樂鴳以鐘鼓也。彼又惡能无驚乎哉！❷」

❶【注】各有所便也。

【疏】此爰居之鳥，非應瑞之物，魯侯濫賞，饗以太牢，事顯前篇，無勞重解。

【釋文】「說之」音悅。「為具」于偽反。「奏九韶」元嘉本作奏韶武。「以樂」音洛。下同。「食之」音嗣。「委」於危反。「蛇」如字。李云：大鳥吞蛇。司馬云：委蛇，泥鰌。◎俞樾曰：委蛇未詳何物。李云大鳥食蛇，然未聞養鳥者必食之以蛇也。司馬云委蛇泥鰌。此亦臆說。今案《至樂篇》云，夫以鳥養養鳥者，宜棲之深林，遊之壇陸，浮之江湖，食之鰌鰷，隨行列而止，委蛇而處。然則此文宜亦當云食之以鰌鰷，委蛇而處，傳寫有闕文耳。且云委蛇而處，方與下句則平陸而已矣文氣相屬；若無而處二字，下句便不貫矣。

❷【注】此章言善養生者各任性分之適而至矣。

【疏】鼷，小鼠也。鷃，雀也。孫休是寡識少聞之人，應須款曲啓發其事。今乃告以至人之德，大道玄妙之言，何異乎載小鼠以大車，娛鷃雀以韶樂！既御小而用大，亦何能無驚懼者也！

【釋文】「款啟」李云：款，空也；啟，開也；如空之開，所見小也。「鼷」音奚。「鷃」字又作鴳，音晏。◎盧文弨曰：今本作鴳。

【校】①《闕誤》引劉得一本則下有安字。

外篇　山木第二十❶

❶【釋文】舉事以名篇。

莊子行於山中，見大木，枝葉盛茂，伐木者止其旁而不取也。問其故，曰：「无所可用。」莊子曰：「此木以不材得終其天年。」❶

❶【疏】既同曲轅之樹，又類商丘之木，不材無用，故終其天年也。

【釋文】「山中」《釋名》云：山，產也，產生物也。《說文》云：山，宣也，謂能宣散氣生萬物也。「大木」《釋名》云：木，冒也，冒地而生也。《字林》云：木，眾樹之總名。《白虎通》云：木，踊也。

夫子出於山，舍於故人之家❶。故人喜，命豎子殺雁而烹之❷。豎子請曰：「其一能鳴，其一不能鳴，請奚殺？」主人曰：「殺不能鳴者。」

❶【疏】舍，息也。

【釋文】「夫出」如字。夫者，夫子，謂莊子也。本或即作夫子。◎盧文弨曰：今本作夫子出。

❷【疏】門人呼莊子爲夫子也。豎子，童僕也。

【釋文】「豎」市主反，「烹之」普彭反，煮也。◎王念孫曰：愚案此亨讀為享。享之，謂享莊子。

故人喜莊子之來，故殺雁而享之。享與饗通。《呂氏春秋·必己篇》作令豎子為殺雁饗之，是其證也。古書享字作亨，烹字亦作亨，故《釋文》誤讀為烹，而今本遂改亨為烹矣。（原文作亨，故《釋文》音普彭反。若作烹，則無須音釋。）◎慶藩案雁，鵞也。《說文》：（鵞）〔鴚，鴚鵝〕①也。（鴈，鵝也。）《爾雅》舒鴈鵝，注：今江東呼鴚。《方言》：鴈，自關而東謂之鴚鵝，南楚之外謂之鵝。《廣雅》：鴚鵝，鴈也。即此所謂雁。

【校】①鵝，鴚鵝也，依《說文》原本改。

明日，弟子問於莊子曰：「昨日山中之木，以不材得終其天年；今主人之雁，以不材死；先生將何處？」

莊子笑曰：「周將處乎材與不材之間。材與不材之間①，似之而非也，故未免乎累❶。若夫乘道德而浮遊則不然❷。无譽无訾，一龍一蛇❸，與時俱化❹，而无肯專為❺；一上一下，以和為量❻，浮遊乎萬物之祖❼；物物而不物於物，則胡可得而累邪❽！此神農黃帝之法則也❾。若夫萬物之情，人倫之傳，則不然❿。合則離，成則毀；廉則挫，尊則議⓫，有為則虧，賢則謀⓬，不肖則欺，胡可得而必乎哉⓭！悲夫！弟子志之⓮，其唯道德之鄉乎⓯！」

❶【注】設將處此耳，以此未免於累，竟不處。

【疏】言材者有為也，不材者無為也。之間，中道也。雖復離彼二偏，處茲中一，既未遣中，亦猶人不能理於人，雁不能同於雁，故似道而非真道，猶有斯患累也。

❷【疏】夫乘玄道至德而浮遊於世者，則不如此也。既遣二偏，又忘中一，則能虛通而浮遊於代爾。

❸【疏】訾，毁也。龍，出也。蛇，處也。言道無材與不材，故毁譽之稱都失也。

【釋文】「无譽」音餘。「无訾」》音紫，毁也。〔餘〕〔徐〕②音疵。

❹【疏】此遣中也。既遣二偏，又忘中一，遣之又遣，玄之又玄。

❺【疏】言既妙遣中一，遠超四句，豈復諂惰毁譽，惑意龍蛇！故當世浮沈，與時俱化，何肯偏滯而專爲一物也！

❻【疏】言至人能隨時上下，以和同爲度量。

【釋文】「一上」如字，又時掌反，「為量」音亮。◎俞樾曰：此本作一下一上，以和為量，上與量為韻；今作一上一下，失其韻矣。古書往往倒文以協韻，後人不知而誤改者甚多。《秋水篇》無東無西，始於玄冥，反於大通，亦後人所改，《莊子》原文本作無西無東，與通為韻也。

❼【疏】以大和而等量，遊造物之祖宗。

❽【疏】物不相物，則無憂患。

❾【注】故莊子亦處焉。

【疏】郭注云，故莊子亦處焉。

❿【疏】倫，理也。共俗物傳習，則不如前也。

【釋文】「人倫之傳」直專反。司馬云：事類可傳行也。

⑪【疏】合則離之，成者必毀，清廉則被剉傷，尊貴者又遭議疑。世情險陂，何可必固！又：廉則傷物，物不堪化，則反挫也。自尊（財）〔賤〕物，物不堪辱，反有議疑也。

【釋文】「則剉」子臥反。本亦作挫，同。◎盧文弨曰：今本作挫。◎慶藩案挫當為剉，今本作挫，後人誤改也。《說文》：剉，折傷也。《呂覽・必己篇》高注：剉，缺傷也。《淮南・修務篇》頓兵挫銳，高注：剉，折辱。（亦後人所改。）剉非挫辱之義。此作挫，非。◎俞樾曰：議當讀為俄。《詩・賓之初筵篇》側弁之俄，《鄭箋》云：俄，傾貌。尊則俄，謂崇高必傾側也。古書俄字，或以義為之，說見王氏《經義述聞・尚書立政篇》。亦或以議為之，《管子・法禁篇》法制不議，則民不相私。議亦俄也，謂法制不傾衺也。又或以儀為之，《荀子・成相篇》君法儀，禁不為。儀亦俄也，謂君法傾衺，則當禁使不為也。

⑫【疏】虧，損也，有爲則損也。賢以志高，爲人所謀。

⑬【疏】言己上賢與不肖等事何必爲也！必則偏執名中，所以有成虧也。◎家世父曰：乘道德而浮遊，出世者也；萬物之情，人倫之傳，則方以身入世。合則離，成則毀，（巧）〔交〕相待也；廉則挫，尊則議，有爲則虧，互相因也；賢則謀，不肖則欺，各相炫也。不可必者，莫知禍福生死之所自來也。廉則挫，嶢嶢者易缺；尊則議，位極者高危；有爲則虧，非俊疑傑，固庸態也。舊注失之。

⑭【疏】悲夫，歎聲也。志，記也。

⑮【注】不可必，故待之不可以一方也，唯與時俱化者，爲能涉變而常通耳。

【疏】言能用中平之理，其爲道德之鄉也。

【釋文】「之鄉」如字，一音許亮反。

【校】①趙諫議本此句不重。②徐字依世德堂本改。

市南宜僚見魯侯❶，魯侯有憂色。市南子曰：「君有憂色，何也？」

❶【疏】姓熊，名宜僚，隱於市南也。

【釋文】「市南宜僚」了蕭反，徐力遙反。司馬云：熊宜僚也，居市南，因為號也。李云：姓熊，名宜僚。案《左傳》云市南有熊宜僚，楚人也。◎俞樾曰：高注《淮南·主術篇》云：宜遼，姓也，名熊。疑名姓字互誤。

魯侯曰：「吾學先王之道，脩先君之業；吾敬鬼尊賢❶，親而行之，无須臾離居❷；然不免於患，吾是以憂。」

❶【疏】先王，謂王季文王；先君，謂周公伯禽也。

❷【疏】離，散也。居，安居也。

【釋文】「无須臾離」力智反。絕句。崔本無離字。「居然」崔讀以居字連上句①。◎俞樾曰：崔譔本無離字，而以居字連上句讀，當從之。《呂覽·慎人篇》胼胝不居，高誘訓居為止。無須臾居者，無須臾止也，正與上句行字相對成義。學者不達居字之旨，而習於《中庸》不可須臾離之文，遂妄加離字，而居字屬下讀，失之矣。下文居得行而不名處，亦以居與行對言。郭注曰居然自得此行，非是。

【校】①原誤移下節，今改正。

市南子曰：「君之除患之術淺矣❶！夫豐狐文豹❷，棲於山林，伏於巖穴，靜也；夜行晝居，戒也；雖飢渴隱約，猶且①胥疏②於江湖之上而求食焉❸，定也；然且不免於罔羅機辟之患。是何罪之有哉？其皮為之災也❹。今魯國獨非君之皮邪？吾願君刳形去皮，洒心去欲，而遊於无人之野❺。南越有邑焉，名為建德之國❻。其民愚而朴，少私而寡欲；知作而不知藏❼，與而不求其報；不知義之所適，不知禮之所將❽；猖狂妄行❾，乃蹈乎大方❿；其生可樂，其死可葬⓫。吾願君去國捐俗，與道相輔而行⓬。」

❶【注】有其身而矜其國，故雖憂懷萬端，尊賢尚行，而患慮愈深矣。

【疏】言敬鬼尊賢之法，其（法）〔患〕未除也。

【釋文】「尚行」下孟反。

❷【疏】豐，大也。以文章豐美，毛衣悅澤，故爲人利也。

【釋文】「豐狐」司馬云：豐，大也。

❸【疏】戒，慎也。隱約，猶斟酌也。旦，明也。胥，皆也。言雖飢渴，猶斟酌明旦無人之時，相命於江湖之上，扶疏草木而求食也。

【釋文】「胥疏」如字。司馬云：胥，須也。疏，菜也。李云：胥，相也，謂相望疏草也。◎家世父曰：《釋文》引司馬云，胥，須也，疏，菜也，李云，胥，相也，謂相望疏草也。今案江湖之上，舟車之所轃也，廛閈之所都也。豐狐文豹，未嘗求食江湖之上，故曰定。胥疏，疏也，言足跡之所未經也。舊注似皆失之。◎慶藩案胥疏二字，古通用，胥即疏也。宣十四年《左傳》車及於蒲胥之市，《呂氏春秋・行論篇》作蒲疏：《史記・蘇秦傳》東有淮、穎、煮棗、無胥，《魏策》作無疏。是其證。

❹【疏】機辟，罝罘也。言斟酌定計如此，猶不免罝罘之患者，更無餘罪，直是皮色之患也。

【釋文】「機辟」婢亦反。

❺【注】欲令無其身，忘其國，而任其自化也。

【疏】刳形，忘身也。去皮，忘國也。洒心，忘智也。去欲，息貪也。無人之野，謂道德之鄉也。郭注云，欲令無其身，忘其國，而任其自化。

【釋文】「刳形」音枯。《廣雅》云：屠也。「去皮」起呂反。下去欲去君同。「洒心」先典反。本亦作洗，音同。「去欲」如字。徐音慾。「欲令」力呈反。章末同。

❻【注】寄之南越，取其去魯之遠也。

【疏】言去魯既遙，名建立無爲之道德也。

❼【疏】作，謂耕作也。藏，謂藏貯也。君既懷道，民亦還淳。

❽【疏】義，宜也。將，行也。

❾【疏】猖狂，無心也。妄行，混跡也。

⑩【注】各恣其本步，而人人自蹈其方，則萬方得矣，不亦大乎！

【疏】〔方〕，道（方）也。猖狂恣任，混跡妄行，乃能蹈大方之道。

⑪【注】言可終始處之。

【疏】郭注云，言可以終始處之也。

【釋文】「可樂」音洛。

⑫【注】所謂去國捐俗，謂蕩除其胷中也。

【疏】捐，棄也。言棄俗，與無爲至道相輔導而行也。

【校】①世德堂本作且。②唐寫本疏下有草字。

君曰：「彼其道遠而險，又有江山，我无舟車，奈何❶？」

❶【注】真謂欲使之南越。

【疏】迷悟性殊，故至魯越之隔也。

市南子曰：「君无形倨❶，无留居❷，以為君車❸。」

❶【注】形倨，躓礙之謂。

【疏】勿恃高尊，形容倨傲。

【釋文】「无形倨」音據。司馬云：無倨傲其形。「躓」之實反，又知吏反。「礙」五代反。

❷【注】留居，滯守之謂。

【疏】隨物任運，無滯榮觀。

【釋文】「无留居」司馬云：無留安其居。

❸【注】形與物夷，心與物化，斯寄物以自載也。

君曰：「彼其道幽遠而无人，吾誰與為鄰？吾无糧，我无食，安得而至焉❶？」

❶【疏】未體獨化，不能忘物也。

【釋文】「我无食」一本我作餓。

市南子曰：「少君之費，寡君之欲，雖无糧而乃足❶。君其涉於江而浮於海❷，望之而不見其崖，愈往而不知其所窮❸。送君者皆自崖而反❹，君自此遠矣❺！故有人者累❻，見有於人者憂❼。故堯非有人，非見有於人也❽。吾願去君之累，除君之憂，而獨與道遊於大莫之國❾。方舟而濟於河❿，有虛船來觸舟，雖有惼①心之人不怒❷；有一人在其上，則呼張歙之；一呼而不聞，再呼而不聞，於是三呼邪，則必以惡聲隨之。⓬向也不怒而今也怒，向也虛而今也實。人能虛己以遊世，其孰能害之！⓭！」

❶【注】所謂知足則無所不足也。

【疏】言道不資物成，而但恬淡耳。

❷【疏】江，謂智也；海，謂道也。涉上善之江，遊大道之海。

❸【注】絕情欲之遠也。

【疏】寧知窮極哉！

❹【注】君欲絕，則民各反守其分。

【疏】送君行邁，至於道德之鄉，民反真自守素分。崖，分也。

❺【注】超然獨立於萬物之上也。

【疏】自，從也。君從此情高，道德玄遠也。

❻【注】有人者，有之以爲己私也。

【疏】君臨魯邦，富贍人物，爲我己有，深成病累也。

❼【注】見有於人者，爲人所役用也。

【疏】言未能忘魯，見有於人，是以敬鬼尊賢，矜心恤衆，爲民驅役，寧非憂患！

❽【注】雖有天下，皆寄之百官，委之萬物而不與焉，斯非有人也；因民任物而不役己，斯非見有於人也。

【疏】郭注云，雖有天下，皆寄之百官，委之萬物而不與焉，斯非有人也；因民任物而不役己，斯非見有於人也。

【釋文】「不與」音預。

❾【注】欲令蕩然無有國之懷。

【疏】大莫，猶大無也，言天下無能雜之。

【釋文】「大莫」莫，無也。

⑩【疏】兩舟相並曰方舟。

【釋文】「方舟」司馬云：方，並也。

⑪【疏】褊，狹急也。不怒者，緣舟虛故也。

【釋文】「惼心」必善反。《爾雅》云：急也。

⑫【疏】惡聲，罵辱也。

【釋文】「則呼」火故反。下同。「張歙」許及反，徐許輒反，郭踈獵反。張，開也。歙，斂也。

⑬【注】世雖變，其於虛己以免害，一也。

【疏】虛己，無心也。

【校】①趙諫議本惼作褊。

北宮奢❶為衛靈公賦斂以為鐘，為壇乎郭門之外❷，三月而成上下之縣❸。

❶【疏】姓北宮，名奢。居北宮，因以爲姓。衛之大夫也。

【釋文】「北宮奢」李云：衛大夫，居北宮，因以為號。奢，其名也。

❷【疏】鐘，樂器名也。言爲鐘先須設祭，所以爲壇也。

【釋文】「為衛」于偽反。「賦斂」力豔反。「為壇」但丹反。李云：祭也；禱之，故為壇也。

❸【疏】上下調，八音備，故曰縣。

【釋文】「上下之縣」音玄。司馬云：八音備為縣而聲高下。

王子慶忌見而問焉，曰：「子何術之設❶？」

❶【疏】慶忌，周王之子，周之大夫。言見鐘壇極妙，怪而問焉。

【釋文】「王子慶忌」李云：王族也。慶忌，周大夫也。怪其簡速，故問之。◎俞樾曰：《論語皇疏》，王孫賈，周靈王之孫，名賈，是時仕衛為大夫。然則此王子慶忌，疑亦周之王子而仕衛者。齊亦有王子成父，見文十一年《左傳》。

奢曰：「一之閒，无敢設也❶。奢聞之，『既彫既琢，復歸於朴❷。』侗乎其无識❸，儻乎其怠疑❹；萃乎芒乎，其送往而迎來❺；來者勿禁，往者勿止❻；從其強梁❼，隨其曲（傳）〔傅〕①❽，因其自窮❾，故朝夕賦斂而毫②毛不挫❿，而況有大塗者乎⓫！」

❶【注】泊然抱一耳，非敢假設以益事也。

【疏】郭注云：泊然抱一耳，非敢假設以益事也。

【釋文】「泊然」步各反。

❷【注】還用其本性也。

【疏】郭注云，還用本性。

❸【注】任其純朴而已。

【疏】侗乎，無情之貌。任其淳朴而已。

【釋文】「侗乎」吐功敕動二反，無知貌。《字林》云：大貌。一音慟。

❹【注】無所趣也。

【疏】儻，無慮也。怠，退也。言狐疑思慮之事，並已去矣。

【釋文】「儻」敕蕩反。

❺【注】無所忻說。

【疏】萃，聚也。言物之萃聚，芒然不知，物之去來，亦不迎送，此下各任物也。又：芒昧恍忽，心無的當，隨其迎送，任物往來。

【釋文】「萃乎」在醉反。「芒乎」莫郎反。「忻說」音悅。

❻【注】任彼也。

【疏】百姓懷來者未防禁，而去者亦無情留止也。

❼【注】順乎（梁）〔眾〕③也。

【釋文】「強梁」多力也。

❽【注】無所係也。

【疏】傳，張戀反。剛強難賦者，從而任之；人情曲傳者，隨而順之。

【釋文】「曲傳」音附。司馬云：謂曲附己者隨之也。本或作傳，張戀反。

❾【注】用其不得不爾。

【疏】因任百姓，各窮於其所情④也。◎家世父曰：賦斂以爲鐘，猶《左傳》昭公二十九年遂賦晉國一鼓鐵以鑄刑鼎，名爲賦斂而聽民之自致，故曰因其自窮。《說文》：窮，極也。言殫竭所有以輸納之也。惟不敢設術以求，而純任自然，民亦以自然應之。今之賦斂，任術多矣，而固無如民巧遯於術何也！故曰，既彫既琢，復歸於朴。

❿【注】當故無損。

【疏】雖設賦斂，而未嘗抑度，各率其性，是故略無挫損者也。

【釋文】「不挫」子臥反。

⓫【注】泰然無執，用天下之自爲，斯大通之塗也，故曰經之營之，不日成之。

【疏】塗，道也。直致任物，己無挫損，況資大道，神化無爲，三月而成，何怪之有！

【校】①傅字依《釋文》及世德堂本改。②趙諫議本毫作豪。③眾字依世德堂本改。④情字疑當作窮。

孔子圍於陳蔡之間，七日不火食❶。

❶【疏】楚昭王召孔子，孔子自魯聘楚，塗經陳蔡二國之間。尼父徒眾既多，陳蔡之人謂孔子是陽虎，所以起兵圍之。門人飢餒，七日不起火食，窘迫困苦也。

大公任往弔之曰：「子幾死乎？」曰：「然。」

「子惡死乎？」曰：「然①❶。」

❶【注】自同於好惡耳，聖人無好惡也。

【疏】太公，老者稱也。任，名也。幾，近也。然，猶如是也。尼父既遭圍繞，太公弔而問之曰：「子近死乎？」答云：「如是。」曰：「子嫌惡乎？」答云：「如是也。」

【釋文】「大」音泰。「公任」如字。李云：大公，大夫稱。任，其名。◎俞樾曰：《廣韻・一東》公字注：《世本》有大公潁叔。然則大公迺複姓，非大夫之稱。「子幾」音祈，又音機。「子惡」烏路反。注及下同。「於好」呼報反。章內同。

【校】①趙諫議本無子惡死乎曰然六字。

任曰：「予嘗言不死之道。東海有鳥焉，其①名曰意怠。其為鳥也，翂翂翐翐，而似无能；引援而飛，迫脅而棲；❶進不敢為前，退不敢為後❷；食不敢先嘗，必取其緒❸。是故其行列不斥❹，而外人卒不得害，是以免於患❺。直木先伐，甘井先竭❻。子其意者飾知以驚愚，脩身以明汙，昭昭乎如揭日月而行，故不免也❼。昔吾聞之大成之人曰：『自伐者无功，功成者墮，名成者虧❽。』孰能去功與名而還與眾人❾！道流而不明❿，居得行而不名處⓫；純純常常，乃比於狂⓬；削迹捐勢，不為功名⓭；是故无責於人，人亦无責焉⓮。至人不聞，子何喜哉⓯？」

❶【注】既弘大舒緩，又心無常係。

【疏】試言長生之道，舉海鳥而譬之。翂翂翐翐，是舒遲不能高飛之貌也。飛必援引徒侶，不敢先起；棲必戢其脅翼，迫引於羣。

【釋文】「翂翂」音紛。字或作㣊。「翐翐」音秩，徐音族。字或作𣶈。司馬云：翂翂翐翐，舒遲貌。一云：飛不高貌。李云：羽翼聲。「迫脅而棲」李云：不敢獨棲，迫脅在衆鳥中，纔足容身而宿，辟害之至也。

❷【注】常從容處中。

【釋文】「從容」七容反。

❸【注】其於隨物而已。

【疏】夫進退處中，遠害之至，飲啄隨行，必依次敍。

【釋文】「其緒」緒，次緒也。◎王念孫曰：《釋文》曰：緒，次緒也。案陸說非也。緒者，餘也，言食不敢先嘗，而但取其餘也。《讓王篇》其緒餘以為國家，司馬彪曰：緒者，殘也，謂殘餘也。《楚辭・九章》欸秋冬之緒風，王注曰：緒，餘也。《管子・弟子職篇》奉椀以為緒，尹知章曰：緒，然燭燼也。燼亦餘也。（見《方言》、《廣雅》。）

❹【注】與羣俱也。

【釋文】「行列」戶剛反。下亂行同。「不斥」音尺。

❺【注】患害生於役知以奔競。

【疏】爲其謙柔，不與物競，故衆鳥行列，不獨斥棄也，而外人造次不得害之，是以免於人間之禍患。

【釋文】「卒不」子恤反，終也。又七忽反。

❻【注】才之害也。

【疏】直木有材，先遭斫伐；甘井來飲，其流先竭。人衒才智，其義亦然。

❼【注】夫察焉小異，則與眾爲迕矣；混然大同，則無獨異於世矣。故夫昭昭者，乃冥冥之迹也。將寄言以遺跡，故因陳蔡以託（患）〔意〕②。

【疏】謂仲尼意在裝飾才智，驚異愚俗；修瑩身心，顯他汙染；昭昭明察，炫燿己能；猶如揭日月而行，故不免於禍患也。

【釋文】「飾知」音智。「明汙」音烏。「揭」其列其謁二反。◎慶藩案《文選》沈休文《齊安陸昭王碑注》引司馬云：揭，擔也。《釋文》闕。「為迕」五故反。

❽【注】恃功名以爲己成者，未之嘗全。

【疏】大成之人，即老子也。言聖德弘博，生成庶品，故謂之大成。伐，取也。墮，敗也。夫自取其能者無功績，而功成不退者必墮敗，名聲彰顯者不韜光必毀辱。

【釋文】「者墮」許規反。

❾【注】功自眾成，故還之。

【疏】夫能立大功，建鴻名，而功成弗名，推功於物者，誰能如是？其唯聖人乎！

【釋文】「去功」起呂反。

❿【注】昧然而自行耳。

【疏】道德流行，徧滿天下，而韜光匿耀，故云不明。

⓫【注】彼皆居然自得此行耳，非由名而後處之。

【疏】身有道德，盛行於世，而藏名晦迹，故不處其名。

【釋文】「居得行」如字，又下孟反。注同。◎家世父曰：得，猶德也。《集韻》：德，行之得也。言其道周流乎天下，而不顯然以居之，其德之行，亦不藉之為名而以自處。郭象居然自得此行，非由名而後處之，以居得行斷句，恐誤。

⓬【注】無心而動故也。

【疏】純純者材素，常常者混物，既不矜飾，更類於狂人也。

⓭【注】功自彼成，故勢不在我，而名迹皆去。

【疏】削除聖迹，捐棄權勢，豈存情於功績，以留意於名譽！

⓮【注】恣情任彼，故彼各自當其責也。

【疏】爲是義故無名譽，我既不譴於人，故人亦無責於我。

⓯【注】寂泊無懷，乃至人也。

【疏】夫至德之人，不顯於世，子既聖哲，何爲喜好聲名者邪？

【釋文】「泊」步各反。

【校】①世德堂本無其字。②意字依明中立《四子》本改。

孔子曰：「善哉！」辭其交遊，去其弟子，逃於大澤，衣裘褐，食杼栗❶；入獸不亂羣，入鳥不亂行❷。鳥獸不惡，而況人乎❸！

❶【注】取於棄人間之好也。

【疏】孔子既承教戒，善其所言，於是辭退交游，捨去弟子，離析徒衆，獨逃山澤之中，損縫掖而服絺裘，棄甘肥而食杼栗。

【釋文】「衣裘」於既反。「褐」戶割反。「杼」食汝反，又音序。

❷【注】若草木之無心，故爲鳥獸所不畏。

❸【注】蓋寄言以極推至誠之信，任乎物而無受害之地也。

【疏】同死灰之寂泊，類草木之無情，羣鳥獸而不驚，況人倫而有惡邪！

孔子問子桑雽①曰：「吾再逐於魯，伐樹於宋，削迹於衛，窮於商周，圍於陳蔡之間。吾犯此數患，親交益疏，徒友益散，何與？❶」

❶【疏】姓桑，名雽，隱者也。孔子爲魯司寇，齊人聞之，遂選女樂文馬而遺魯君，間構魯君，因而被逐。宋是殷後。孔子在宋及周，遂不被用，故倂窮也。遇此憂患，親戚交情，益甚疏遠，門徒朋友，益甚離散，何爲如此邪？

【釋文】「子桑雽」音戶。本又作雩，音于。李云：桑，姓；雽，其名；隱人也。或云：姓桑雽，名隱。◎俞樾曰：疑即《大宗師》之子桑戶。雽音戶，則固與子桑戶同矣。其或作雩，即雩字。說文，雩，或作⿱雨⿱羽亏。愚以為古今人表之采桑羽，即子桑戶，說在《大宗師篇》。羽或⿱雨⿱羽亏之壞字乎。「伐樹於衛」一本作伐樹於宋，削迹於衛。◎盧文弨曰：今本衛作宋，陸氏（與）〔謂〕下句宋衛當互易。「此數」所主反。「何與」音餘。下放此。

【校】①趙諫議本雩作雩，世德堂本作虖。

子桑雩曰：「子獨不聞假人之亡與？林回棄千金之璧，負赤子而趨。或曰：『為其布與？赤子之布寡矣；❶為其累與？赤子之累多矣；棄千金之璧，負赤子而趨，何也？❷』林回曰：『彼以利合，此以天屬也。』夫以利合者，迫窮禍患害相棄也；以天屬者，迫窮禍患害相收也。夫相收之與相棄亦遠矣。❸且君子之交淡若水，小人之交甘若醴；君子淡以親❹，小人甘以絕❺。彼无故以合者，則无故以離❻。」

❶**【注】**布，謂財帛也。

【釋文】「假」古雅反。李云：國名。◎慶藩案《文選》王仲寶《褚淵碑文注》引司馬云：假，國名也。《釋文》闕。「林回」司馬云：殷之逃民之姓名。◎慶藩案《文選》劉孝標《廣絕交論注》引司馬云：林回，人姓名也。與《釋文》小異。◎俞樾曰：上文假人之亡，李注：假，國名。然則林回當是假之逃民。蓋假亡而其民逃，故林回負赤子而趨也。殷乃假字之誤。「為其」如字。下同。又皆于偽反。「布與」布，謂貨財也。

❷【疏】假，國名，晉下邑也。姓林，名回，假之賢人也。布，財貨也。假遭晉滅，百姓逃亡，林回棄擲寶璧，負子而走。或人問之，謂爲財布，然亦以爲財則少財，以爲累（重）則多累。輕少負多，不知何也？

❸【疏】寶璧，利合也。赤子，親屬也。親屬，急迫猶相收；利合，窮禍則相棄。棄收之情，相去遠耳。◎慶藩案《文選》王仲寶《褚淵碑文注》引司馬云：屬，連也。《釋文》闕。

❹【注】無利故淡，道合故親。

【釋文】「淡」如字，又徒暫反。

❺【注】飾利故甘，利不可常，故有時而絕也。

【疏】無利故淡，道合故親，有利故甘，利盡故絕。

❻【注】夫無故而自合者，天屬也，合不由故，則故不足以離之也。然則有故而合，必有故而離矣。

【疏】不由事故而合者，謂父子天屬也，故無由而離之。孔子說先王陳迹，親於朋友，非天屬也，皆爲求名利而來，（此）則是有故而合也；見削迹伐樹而去，是則有故而離也。非是天屬，無故自親，無故自離。

孔子曰：「敬聞命矣！」徐行翔佯而歸，絕學捐書，弟子无挹於前，其愛①益加進❶。

❶【注】去飾任素故也。

【疏】的聞高命，徐步而歸，翺翔閒放，逍遙自得，絕有為之學，棄聖迹之書，不行華藻之教，故無揖讓之禮，徒有敬愛，日加進益焉。

【釋文】「无挹」音揖。李云：無所執持也。「去飾」起呂反。

【校】①敦煌本愛作受。

異日，桑雽又曰：「舜之將死，真泠禹曰：『汝戒之哉！形莫若緣，情莫若率❶。緣則不離，率則不勞❷；不離不勞，則不求文以待形❸；不求文以待形，固不待物❹。』」

❶【注】因形率情，不矯之以利也。

【疏】緣，順也。形必順物，情必率中。昔虞舜將終，用此真教命大禹，令其戒慎，依語遵行，故桑雽引來以告孔子。亦有作泠字者，泠，曉也，舜將真言曉示大禹也。

【釋文】「真」司馬本作直。「泠」音零。「禹」司馬云：泠，曉也，謂以真道曉語禹也。泠，或為命，又作令。命，猶教也。◎王引之曰：《釋文》曰，真，司馬本作直，泠，音零。司馬云，泠，曉也，謂以直道曉語禹也。泠，或為命，又作令，命，猶教也。案直當為卣。卣，籀文乃字，隸書作迺。卣形似直，（（釋）〔嶧〕①《山碑》乃今皇帝，乃字作卣，形似直字。）故訛作直，又訛作真。命與令，古字通，（《周官》司儀則令為壇三成，《觀禮》注引此令作命。僖九年《左傳》令不及魯，令本又作命。《莊子・田子方篇》先君之令，令本或作命。《周官》大卜注以命龜也，命亦作令。）作命作令者是也。卣令禹者，乃命禹也。

❷【注】形不假，故常全；情不矯，故常逸。

【疏】形順則常合於物，性率則用而無弊。

❸【注】任朴而直前也。

【疏】率性而動，任朴直前，豈復求假文迹而待用飾其形性哉！

❹【注】朴素而足。

【疏】既不求文（籍）〔迹〕②以飾形，故知當分各足，不待於外物也。

【校】①嶧字依《讀書雜志》改。②迹字依上文改。

莊子衣大布而補之，正緳係履而過魏王。魏王曰：「何先王之憊邪❶？」

❶【疏】大布，猶粗布也。莊子家貧，以粗布爲服而補之。緳，履帶也，亦言腰帶也。履穿故以繩係之。魏王，魏惠王也。憊，病也。衣粗布而著破履，正腰帶見魏王。王見其顦顇，故問言：「先生何貧病如此耶？」

【釋文】「莊子衣」於既反。「大布」司馬云：麤布也。「正緳」賢節反，又苦結反。司馬云：帶也。「係履」李云：履穿，故係。◎家世父曰：《釋文》引司馬云：緳，帶也。帶之名緳，別無證據，正帶係履，亦不得為憊也。《說文》：絜，麻一耑也。〔絜〕與緳字通，言整齊麻之一端，以納束其履而係之。履無絇，係之以麻，故曰憊。「而過」古禾反。「魏王」司馬云：惠王也。「憊」皮拜反，又薄計反。司馬本作病。

莊子曰：「貧也，非憊也。士有道德不能行，憊也；衣弊履穿，貧也，非憊也；此所謂非遭時也。王獨不見夫騰①猿乎？其得柟梓豫章也，攬蔓其枝而王長其間，雖羿、蓬蒙不能眄睨也。❶及其得柘棘枳枸之間也，危行側視，振動悼慄；此筋骨非有加急而不柔也，處勢不便，未足以逞其能也。❷今處昏上亂相之間，而欲无憊，奚可得邪？此比干之見剖心徵也夫！❸」

❶【注】遭時得地，則中其長技，故雖古之善射，莫之能害。

【疏】柟梓豫章，皆端直好木也。攬蔓，猶把捉也。王長，猶自得也。羿，古之善射人。逢蒙，羿之弟子也。睥睨，猶斜視。字亦有作眄字者，隨字讀之。言善士賢人，遭時得地，猶如猨得直木，則跳躑自在，雖有善射之人，不敢舉目側視，何況彎弓乎！

【釋文】「螣」音騰。本亦作騰。◎盧文弨曰：今本作騰。「柟」音南，木名。「攬」舊歷敢反。「蔓」音萬。郭武半反。「而王」往況反。司馬本作往。「長」丁亮反。本又作張，音同。司馬直良反，云：兩枝相去長遠也。◎俞樾曰：郭注曰，遭時得地，則中其長技，是讀長為長短之長，然於本文之義殊為未合。司馬云，兩枝相去長遠也。則就樹木言，義更非矣。此當就猿而言，謂猿得柟梓豫章，則率其屬居其上而自為君長也，故曰王長其間。《釋文》：王，往況反；長，丁亮反。頗得其讀。「羿」音詣，或戶係反。「蓬蒙」符恭反，徐扶公反。司馬云：羿，古之善射者。蓬蒙，羿之弟子。「眄」莫練反，舊莫顯反。本或作睥，普計反。「睨」音詣，郭五米反。李云：邪視（反）〔也〕②。「長技」其綺反。

❷【疏】柘棘枸枳，並有刺之惡木也。夫猿得有刺之木，不能逞其捷巧，是以心中悲悼而戰慄，形貌危行而側視，非謂筋骨有異於前，而勢不便也。士逢亂世，亦須如然。

【釋文】「柘棘」章夜反。「枳」吉氏反，又音紙。「枸」音矩。「悼」如字，又直弔反。◎慶藩案《說文》：悼，懼也，陳楚謂懼曰悼。《呂覽・論威篇》敵人悼懼憚恐，即此振動悼慄之意。「不便」婢面反。注同。◎王念孫曰，古者謂所居之地曰處勢，《史記・蔡澤傳》翠鵠犀象，其處勢非不遠死也。或曰勢居，《逸周書・周祝篇》曰，勢居小者不能為大；《賈子・過秦篇》至於秦王二十餘君，常為諸侯雄，其勢居然也；《淮南・原道篇》形性不可易，勢居不可移也。或言處勢，或言勢居，其義皆同。《漢書・陳湯傳》曰：故陵因天性，據真土，處（執）〔埶〕③高敞。

❸【注】勢不便而強爲之，則受戮矣。

【疏】此合諭也。當時周室微弱，六國興盛，於是主昏於上，臣亂於下。莊生懷道抱德，莫能見用，晦迹遠害，故發此言。昔殷紂無道，比干忠諫，剖心而死，豈非徵驗！引古證今，異日明鏡。

【釋文】「亂相」息亮反。「見心」賢遍反。◎盧文弨曰：今本作見剖心。「強為」其丈反。

【校】①趙諫議本騰作滕。②也字依《釋文》原本及世德堂本改。③埶字依《讀書雜志》及《漢書》改。

孔子窮於陳蔡之間，七日不火食，左據槁木，右擊槁枝，而歌猋氏之風，有其具而无其數，有其聲而无宮角，木聲與人聲，犂然有當於人之心❶。

❶【疏】猋氏，神農也。孔子聖人，安於窮通，雖遭陳蔡之困，不廢無爲，故左手擊槁木，右手憑枯枝，恬然自得，歌猋氏之淳風。木乃八音，雖擊而無曲；無聲惟打木，寧有於宮商！然歌聲木聲，犂然清淡而樂正，心故有應，當於人心者也。

【釋文】「槁木」苦老反。下同。「猋氏」必遙反。古之無為帝王也。「犂然」力兮反，又力之反。司馬云：犂然，猶栗然。「有當」丁浪反。

顏回端拱還目而窺之。仲尼恐其廣己而造大也，愛己而造哀也❶，曰：「回，无受天損易❷，无愛人益難❸。无始而非卒也❹，人與天一也❺。夫今之歌者其誰乎❻？」

❶【疏】顏生既見仲尼擊木而歌，於是正身回目而視。仲尼恐其未悟，妄生虞度，謂言仲尼廣己道德而規造大位之心，愛惜己身遭窮而〔規〕造哀歎之曲。慮其如是，故召而誨之。

【釋文】「還目」音旋。「而窺」徐起規反。「造大」司馬云：造，適也。

❷【注】唯安之故易。

【釋文】「損易」以豉反。注、下同。

❸【注】物之儻來，不可禁禦。

【疏】夫自然之理，有窮塞之損，達於時命，安之則易。人倫之道，有〔爵〕①祿之益，儻來而寄，推之即難。此明仲尼雖擊木而歌，無心哀怨。

❹【注】於今爲始者，於昨爲卒，則所謂始者即是卒矣。言變化之無窮。

【疏】卒，終也。於今爲始者，於昨爲終也。欲明無始無終，無生無死。既無死無生，何窮塞之有哀乎！

❺【注】皆自然。

【疏】所謂天損人益者，猶是教迹之言也。若至凝理處，皆是自然，故不一也。

❻【注】任其自爾，則歌者非我也。

【疏】夫大聖虛忘，物我兼喪。我既非我，歌是誰歌！我乃無身，歌將安寄也！

【校】①爵字依下正文爵祿並至補。

回曰：「敢問无受天損易。」

仲尼曰：「飢渴寒暑，窮桎不行，天地之行也，運物①之泄也❶，言與之偕逝之謂也❷。為人臣者，不敢去之。執臣之道猶若是，而況乎所以待天乎❸！」

❶【注】不可逃也。

【疏】前略標名，此下解義。桎，塞也。夫命終窮塞，道德不行，此猶天地虛盈，四時轉變，運動萬物，發泄氣候也。

【釋文】「窮桎」之實反。◎家世父曰：窮桎不行，言飢渴寒暑足以梏桎人，而使不自適。然而飢渴以驅之，寒暑以運之，不能抗而不受也，與之俱逝而已矣。「運物」司馬云：運，動也。「之泄」息列反。司馬云：發也。徐以世反。

❷【注】所謂不識不知而順帝之則也。

【疏】偕，俱也。逝，往也。既體運物之無常，故與變化而俱往，而無欣惡於其間也。

【釋文】「言與之」言，我也。

❸【注】所在皆安，不以損爲損，斯待天而不受其損也。

【疏】夫爲人臣者，不敢逃去君命。執持臣道，（由）〔猶〕自如斯，而況爲變化窮通，必待自然之理，豈可違距者哉！

【校】①《闕誤》引江南《古藏》本物作化。

「何謂无受人益難？」

仲尼曰：「始用四達❶，爵祿並至而不窮❷，物之所利，乃非己也❸，吾命其在外者也❹。君子不為盜，賢人不為竊。吾若取之，何哉！❺故曰，鳥莫知於鷾鴯，目之所不宜處，不給視，雖落其實，棄之而走❻。其畏人也，而襲諸人間❼，社稷存焉爾❽。」

❶【注】感應旁通爲四達。

❷【注】旁通，故可以御高大也。

❸【注】非己求而取之。

【疏】始，本也。乃，宜也。妙本虛寂，迹用赴機，傍通四方，凝照九表，既靡好爵，財德无窮，萬物利求，是其宜也。

❹【注】人之生，必外有接物之命，非如瓦石，止於形質而已。

【疏】孔子聖人，挺於天命，運茲外德，救彼蒼生，非瓦石形質也。

❺【注】盜竊者，私取之謂也。今賢人君子之致爵祿，非私取也，受之而已。

【疏】夫賢人君子，尙不爲盜竊，況孔丘大聖，寧肯違天乖理而私取於爵祿乎？儻來而寄，受之而已矣，蓋無心也。

❻【注】避禍之速。

【疏】鷾鴯，燕也。實，食也。智能遠害全身，鳥中無過燕子。飛入人舍，欲作窠巢，目略處所不是宜便，不待周給看（詠）〔視〕，即遠飛出。假令御食落地，急棄而走，必不復收，避禍之速也。

【釋文】「莫知」音智。「鷾」音意。「鴯」音而。或云：鷾鴯，燕也。「目之所不宜處」昌呂反。言不可止處，目已羅絡知之，故棄之。

❼【注】未有自疏外於人而人存之者也。畏人而入於人舍，此鳥之所以稱知也。

【疏】襲，入也。燕子畏懼於人而依附人住，入人舍宅，寄作窠巢，是故人愛而狎之，故得免害。亦(由)〔猶〕聖人和光在世，混迹人間，戒慎災危，不溺塵境，蒼生樂推而不厭，故得久視長(全)〔生〕①。

❽【注】況之至人，則玄同天下，故天下樂推而不厭，相與社而稷之，斯無受人益之所以爲難也。

【疏】聖德遐被，羣品樂推，社稷之存，故其宜矣。所謂人益，此之謂乎！◎家世父曰：有土而因有社，有田而因有稷。社者，所以居也；稷者，所以養也。鳥亦有其居，鳥亦有其養，鷾鴯之襲諸人間，不假人以居而因自爲居，不假人以養而因自爲養也。

【校】①生字依《老子》改。

「何謂无始而非卒？」

仲尼曰：「化其萬物而不知其禪之者❶，焉知其所終？焉知其所始？正而待之而已耳❷。」

❶【注】莫覺其變。

【疏】禪，代也。夫道通生萬物，變化羣方，運轉不停，新新變易，日用不知，故莫覺其代謝者也。既(無)日新而變，何始卒之有耶！

【釋文】「其禪」市戰反。司馬云：授予也。

❷【注】日夜相代，未始有極，故正而待之，無所爲懷也。

【疏】夫終則是始，始則是終，故何能定終始！既其無終與始，則無死與生，是以隨變任化，所遇皆適，抱守正真，待於造物而已矣。

【釋文】「焉知」於虔反。下同。

「何謂人與天一邪？」

仲尼曰：「有人，天也；有天，亦天也❶。人之不能有天，性也❷，聖人晏然體逝而終矣❸！」

❶【注】凡所謂天，皆明不爲而自然。

【疏】夫人倫萬物，莫不自然；愛及自然也，是以人天不二，萬物混同。

❷【注】言自然則自然矣，人安能故有此自然哉？自然耳，故曰性。

【疏】夫自然者，不知所以然而然，自然耳，不爲也，豈是能有之哉！若謂所有，則非自然也。故知自然者性也，非人有之矣。此解前有天之義也。

❸【注】晏然無矜，而體與變俱也。

【疏】晏然，安也。逝，往也。夫聖人通始終之不二，達死生之爲一，故能安然解體，隨化而往，汎乎無始，任變而終。◎家世父曰：《孟子》，口之於味也，目之於色也，耳之於聲也，鼻之於臭也，四肢之於安佚也，性也，有命焉。莊子之云人之不能有天，即孟子所謂性焉有命者也。莊子以其有物有欲者爲人而自然爲天，於是斷聲色，去臭味，離天與人而二之。其曰人與天一，猶之去人以就天也。聖人盡性以知天，其功不越日用飲食。性也有命，而固不謂之性，命也有性，而固不謂之命，是之謂天與人一。

莊周遊於雕陵之樊，覩一異鵲自南方來者，翼廣七尺，目大運寸，感周之顙而集於栗林❶。莊周曰：「此何鳥哉，翼殷不逝，目大不覩？」蹇①裳躩步，執彈而留之❷。覩一蟬，方得美蔭而忘其身；螳蜋執翳而搏之，見得而忘其形❸；異鵲從而利之，見利而忘其真❹。莊周怵然曰：「噫！物固相累❺，二類相召也❻！」捐彈而反走，虞人逐而誶之❼。

❶**【疏】**雕陵，栗園名也。樊，藺也，謂遊於栗園藺籬之內也。運，員也。感，觸也。顙，額也。異常之鵲，從南方來，翅長七尺，眼圓一寸，突著莊生之額，仍栖栗林之中。

【釋文】「雕」徐音彫。本亦作彫。「陵之樊」音煩。司馬云：雕陵，陵名，樊，藩也，謂遊栗園藩籬之內也。樊，或作埜。埜，古野字。「翼廣」光浪反。「運寸」司馬云：可回一寸也。◎王念孫曰：司馬彪曰，運寸，可回一寸也。案司馬以運為轉運之運，非也。運寸與廣七尺相對為文，廣為橫則運為從也。目大運寸，猶言目大徑寸耳。《越語》，句踐之地廣運百里，韋注曰：東西為廣，南北為運。是運為從也。《西山經》曰，是山也廣員百里。員與運同。《周官》大司徒，周知九州之地域廣輪之數；《士喪禮記》，廣尺，輪二尺；鄭注並曰：輪，從也。輪與運，聲近而義同，廣輪即廣運也。「感周之顙」息蕩反。李云：感，觸也。

❷【疏】殷，大也。逝，往也。躩步，猶疾行也。留，伺候也。翅大不能遠飛，目大不能遠視。莊生怪其如此，仍即起意規求，既而舉步疾行，把彈弓而伺候。

【釋文】「翼殷不逝目大不覩」司馬云：殷，大也，曲折曰逝。李云：翼大逝難，目大視希，故不見人。「蹇」起虔反。「躩」李驅碧反，徐九縛反。司馬云：疾行也。案即《論語》云足躩如也。「執彈」徒旦反。「留之」力救反。司馬云：宿留伺其便也。

❸【注】執木葉以自翳於蟬，而忘其形之見乎異鵲也。

【釋文】「螳」音堂。「蜋」音郎。「執翳」於計反。司馬云：執草以自翳也。「搏之」郭音博，徐音付。「之見乎」賢遍反。

❹【注】目能覩，翼能逝，此鳥之真性也，今見利，故忘之。

【疏】搏，捕也。真，性命也。莊生執彈未放，中間忽見一蟬，隱於樹葉，美茲蔭庇，不覺有身；有螳蜋執木葉以自翳，意在捕蟬，不覺形見異鵲；異鵲從螳蜋之後，利其捕蟬之便，意在取利，不覺性命之危，所謂忘真矣。

【釋文】「其真」司馬云：真，身也。

❺【注】相爲利者，恆相②爲累。

【疏】既覩蟬鵲徇利忘身，於是怵然驚惕，仍（言）〔發〕噫歎之聲。故知物相利者，必有累憂。

【釋文】「怵然」肇律反。

❻【注】夫有欲於物者，物亦有欲之。

【疏】夫有欲於物者，物亦欲之也。是以蟬鵲俱世物之徒，利害相召，必其然也。

❼【注】誶，問之也。

【疏】捐，棄也。虞人，掌栗園之虞候也。誶，問也。既覺利害相隨，棄彈弓而反走，虞人謂其盜栗，故逐而問之。

【釋文】「誶之」本又作訊，音信，問也。司馬云：以周為盜栗也。

【校】①《闕誤》作褰，云：張本作蹇。②趙諫議本相作常。

莊周反入①，三月不庭。藺且從而問之：「夫子何為頃間甚不庭乎❶？」

❶【疏】莊周見鵲忘身，被疑盜栗，歸家愧恥，不出門庭。姓藺名且，莊子弟子，怪師頃來閉戶，所以從而問之。

【釋文】「三月不庭」一本作三日。司馬云：不出坐庭中三月。◎王念孫曰：《釋文》曰，三月不庭，一本作三日。司馬云：不出坐庭中三月。案如司馬說，則庭上須加出字而其義始明。下文云，夫子何為頃間甚不庭乎，若以甚不庭為甚不出庭，則尤不成語。今案庭當讀為逞。不逞，不快也；甚不逞，甚不快也。忘吾身，忘吾真，而為虞人所辱，是以不快也。《方言》曰：逞，曉，快也。自關而東，或曰曉，或曰逞；江淮陳楚之間曰逞。桓六年《左傳》今民餒而君逞欲，《周語》虢公動匱百姓以逞其違，韋杜注並曰：逞，快也。逞字古讀若呈，聲與庭相近，故通作庭。（張衡《思玄賦》怨素意之不逞，與情名聲營平崢禎鳴榮寧為韻。《說文》：逞，從辵，呈聲。僖二十三年《左傳》淫刑以逞，《釋文》逞作呈。《方言》：逞，解也。《廣雅》作呈。）三月不庭，一本作三日，是也。下文言夫子頃間甚不庭，若三月之久，不得言頃間矣。「藺」力信反。一本作蔺。「且」子餘反。司馬云：藺且，莊子弟子。◎慶藩案《文選》郭景純《江賦注》引司馬云：頃，久也。謝靈運《入華子洞是麻源第三谷詩注》引司馬云：頃，常久也。《釋文》闕。

【校】①《闕誤》引江南《古藏》本入下有宮字。

莊周曰：「吾守形而忘身❶，觀於濁水而迷於清淵❷。且吾聞諸夫子曰：『入其俗，從其（俗）〔令〕①❸，』今吾遊於雕陵而忘吾身，異鵲感吾顙，遊於栗林而忘真，栗林②虞人以吾為戮，吾所以不庭也❹。」

❶【注】夫身在人間，世有夷險，若推夷易之形於此世而不度此世之所宜，斯守形而忘身者也。

【釋文】「夷易」以豉反。「不度」直落反。

❷【注】見彼而不明，即因彼以自見，幾忘反鑒之道也。

【疏】我見利徇物，愛守其形，而利害相召，忘身者也。既覩鵲蟬，歸家不出門庭，疑亦自責，所謂因觀濁水，所以迷於清泉，雖非本情合真，猶存反照之道。

【釋文】「自見」賢遍反。

❸【注】不違其禁令也。

【疏】莊周師老聃，故稱老子爲夫子也。夫達者同塵入俗，俗有禁令，從而行之。今既遊彼雕陵，被疑盜栗，輕犯憲綱。悔責之辭。

❹【注】以見問爲戮。夫莊子推平於天下，故每寄言以出③意，乃毀仲尼，賤老聃，上掊擊乎三皇，下痛病其一身也。

【疏】意在異鵲，遂忘栗林之禁令，斯忘身也。字亦作真字者，隨字讀之。虞人謂我偷栗，是成身〔之〕恥（之）辱如此，是故不庭。夫莊子大人，隱身卑位，遨遊（末）〔宋〕國，養性漆園，豈迷目於清淵，留意於利害者耶！蓋欲評品羣性，毀殘其身耳。

【釋文】「上掊」普口反。

【校】①令字依《闕誤》引成玄英本改，郭注亦作令。②《闕誤》引文如海、張君房本栗林俱作□□。③趙諫議本無言以出三字。

陽子之宋，宿於逆旅。逆旅人①有妾二人，其一人美，其一人惡，惡者貴而美者賤。陽子問其故，逆旅小子對曰：「其美者自美，吾不知其美也；其惡者自惡，吾不知其惡也。」❶

❶【疏】姓陽，名朱，字子居，秦人也。逆旅，店也。往於宋國，宿於中地逆旅。美者恃其美，故人忘其美而不知也；惡者謙下自惡，故人忘其惡而不知也。

【釋文】「陽子」司馬云：陽朱也。

【校】①《闕誤》引劉得一本人作之。

陽子曰：「弟子記之！行賢而去自賢之行，安往而不愛哉❶！」

❶【注】言自賢之道，無時而可①。

【疏】夫種德立行而去自賢輕物之心者，何往而不得愛重哉！故命門人記之云耳。

【釋文】「而去」起呂反。「之行」下孟反。

【校】①趙諫議本可下有也字。

莊子集釋　卷七下

外篇　田子方第二十一❶

❶【釋文】以人名篇。

田子方侍坐於魏文侯，數稱谿工❶。

❶【疏】姓田，名無擇，字子方，魏之賢人也，文侯師也。文侯是畢萬七世孫，武侯之父也。姓谿，名工，亦魏之賢人。

【釋文】「田子方」李云：魏文侯師也，名無擇。◎慶藩案《釋文》引李云，田子方，名無擇。無擇當作無斁。斁擇皆從睪聲，古通用字。《詩・大雅思齊》古之人無斁，《鄭箋》作無擇。《說文》：斁，厭也，一曰終也。無厭則有常，故字曰子方。（《禮・檀弓》鄭注云：方，常也。）「數稱」雙角反，又所主反。下同。「谿」音溪，又音兮。司馬本作雞。「工」李云：谿工，賢人也。

文侯曰：「谿工，子之師邪？」

子方曰：「非也，無擇之里人也；稱道數當，故无擇稱之。❶」

❶【疏】谿工是子方鄉里人也，稱說言道，頻當於理，故無擇稱之，不是師。

文侯曰：「然則子无師邪？」

子方曰：「有。」

曰：「子之師誰邪？」

子方曰：「東郭順子。」

文侯曰：「然則夫子何故未嘗稱之❶？」

❶【疏】居在郭東，因以為氏，名順子，子方之師也。既是先生之師，何故不稱說之？

子方曰：「其為人也真❶，人貌而天❷，虛緣而葆真❸，清而容物❹。物无道，正容以悟之，使人之意也消❺。无擇何足以稱之❻！」

❶【注】無假也。

【疏】所謂真道人也。

❷【注】雖貌與人同，而獨任自然。

【疏】雖復貌同人理，而心契自然也。

❸【注】虛而順物，故真不失。

【疏】緣，順也。虛心順物，而恆守真宗，動而常寂。

【釋文】「葆真」音保。本亦作保。

❹【注】夫清者患於大絜，今清而容物，與天同也。

【疏】郭注云，清者患於大絜，今清而容物，與天同也。

【釋文】「大絜」音泰。◎俞樾曰：郭注以人貌而天四字為句，殆失其讀也。此當以人貌而天虛為句。人貌天虛，相對成義。緣而保真為句，與清而容物相對成義。虛者，孔竅也。《淮南子・氾論》篇若循虛而入，高注曰：虛，孔竅也。訓孔竅，故亦訓心。《俶真篇》虛室生白，注曰：虛，心也。《太玄斷》初一曰斷心滅斧，《失》初一曰刺虛滅刃。滅刃與滅斧同，刺虛與斷心同，故《毅》初一曰懷威滿虛，猶言滿心也。說詳《太玄經》。此云人貌而天虛即人貌而天心，言其貌則人，其心則天也。學者不達虛字之義，誤屬下讀，則人貌而天句文義不完。下兩句本相儷者亦參差不齊矣。《養生主篇》緣督以為經，《釋文》引李云：緣，順也。緣而葆真者，順而葆真也。上綴虛字亦為無義。

❺【注】曠然清虛，正己而已，而物邪自消。

【疏】世間無道之物，斜僻之人，東郭自正容儀，令其曉悟，使惑亂之意自然消除也。

【釋文】「物邪」似嗟反。

❻【疏】師之盛德，深玄若是，無擇庸鄙，何足稱揚也！

子方出，文侯儻然終日不言，召前立臣而語之曰：「遠矣，全德之君子❶！始吾以聖知之言仁義之行為至矣，吾聞子方之師，吾形解而不欲動，口鉗而不欲言❷。吾所學者直土梗耳❸，夫魏真為我累耳❹！」

❶【疏】儻然，自失之貌　聞談順子之德，儻然靡據，自然失所謂，故終日不言。於是召前立侍之臣，與之語話，歎東郭子之道，深遠難知，諒全德之人，可以君子萬物也。

【釋文】「儻然」敕蕩反。司馬云：失志貌。「而語」魚據反。

❷【注】自覺其近。

【釋文】「聖知」音智。「之行」下孟反。「形解」戶買反。「口鉗」其炎反，(餘)〔徐〕①其嚴反。

❸【注】非真物也。

【疏】我初昔修學，用先王聖智之言，周孔仁義之行，爲窮理至極；今聞說子方之師，其道弘博，遂使吾形解散，不能動止，口舌鉗困，無可言語，自覺所學，土人而已，逢雨則壞，並非真物。土梗者，土人也。

【釋文】「直」如字。本亦作真，下句同。元嘉本此作真，下句作直。◎盧文弨曰：今本作真。「土梗」更猛反。司馬云：土梗，土人也，遭雨則壞。◎慶藩案《文選》劉孝標《廣絕交論》注引司馬云：土梗，土之榛梗也。《一切經音義》二十引司馬云：土梗，土之木梗，亦木人也；土木相偶，謂以物像人形，皆曰偶耳。與《釋文》異。

❹【注】知至貴者，以人爵爲累也。

【疏】既聞真道，隳體坐忘，故知爵位壇土，適爲憂累耳。

【校】①徐字依世德堂本改。

溫伯雪子適齊，舍於魯。魯人有請見之者，溫伯雪子曰：「不可。吾聞中國之君子，明乎禮義而陋於知人心，吾不欲見也。」❶

❶【疏】姓溫，名伯，字雪子，楚之懷道人也。中國，魯國也。陋，拙也。自楚往齊，途經於魯，止於主人之舍。魯人是孔子門人，聞溫伯雪賢人，請欲相見。溫伯不許，云：「我聞中國之人，明於禮義聖迹，而拙於知人心，是故不欲見也。」

【釋文】「溫伯雪子」李云：南國賢人也。

至於齊，反舍於魯，是人也又請見❶。溫伯雪子曰：「往也蘄見我，今也又蘄見我，是必有以振我也❷。」

❶【疏】溫伯至齊，反還舍魯，是前之人，復欲請見。

❷【疏】蘄，求也，振，動也。昔我往齊，求見於我，我今還魯，復來求見，必當別有所以，故欲感動我來。

【釋文】「蘄」音祈。

出而見客，入而歎。明日見客，又入而歎。其僕曰：「每見之客也，必入而歎，何耶？」❶

❶【疏】前後見客，頻自嗟嘆，溫伯僕隸，怪而問之。

曰：「吾固告子矣：『中國之民，明乎禮義而陋乎知人心。』昔之見我者，進退一成規，一成矩，從容一若龍，一若虎❶，其諫我也似子，其道①我也似父❷，是以歎也❸。」

❶【注】槃辟其步，逶蛇其迹。

【疏】擎跪揖讓，前卻方圓，逶迤若龍，槃辟如虎。

【釋文】「從容」七容反。「槃辟」婢亦反。「遺」如字。本又作逶，於危反。◎盧文弨曰：今本遺作逶。「蛇」以支反。

❷【注】禮義之弊，有斯飾也。

【釋文】「其道」音導。

❸【疏】匡諫我也，如子之事父；訓導我也，似父之教子。夫遠近尊卑，自有情義，既非天性，何事殷勤！是知聖迹之弊，遂有斯矯，是以歎之也。

【校】①《闕誤》引江南《古藏》本道作導。

仲尼見之而不言❶。子路曰：「吾子欲見溫伯雪子久矣，見之而不言，何邪❷？」

❶【注】已知其心矣。

❷【疏】二人得意，所以忘言。仲由怪之，是故起問。

仲尼曰：「若夫人者，目擊而道存矣，亦不可以容聲矣❶。」

❶【注】目裁往，意已達，無所容其德音也。

【疏】擊，動也。夫體悟之人，忘言得理，目裁運動而玄道存焉，無勞更事辭費，容其聲說也。

【釋文】「夫人」音符。「目擊而道存矣」司馬云：見其目動而神實已著也。擊，動也。郭云：目裁往，意已達。

顏淵問於仲尼曰：「夫子步亦步，夫子趨亦趨，夫子馳亦馳；夫子奔逸絕塵，而回瞠若乎後矣！」

夫子曰：「回，何謂邪？」

曰：「夫子步，亦步也；夫子言，亦言也；夫子趨，亦趨也；夫子辯，亦辯也；夫子馳，亦馳也；夫子言道，回亦言道也；及奔逸絕塵而回瞠若乎後者，夫子不言而信，不比而周，无器而民滔乎前，而不知所以然而已矣。」❶

❶【疏】奔逸絕塵，急走也。瞠，直目貌也。滅塵迅速，不可追趁，故直視而在後也。器，爵位也。夫子不言而爲人所信，未曾親比而與物周旋，實無人君之位而民足蹈乎前而眾聚也。不知所然而然，直置而已矣，所謂奔逸絕塵也。

【釋文】「奔逸」司馬〔本〕又（本）①作徹。「瞠」敕庚反，又（尹）〔丑〕郎反。《字林》云：直視貌。一音杜哽反，又敕孟反。◎慶藩案《後漢書・逸民傳注》、《文選》范蔚宗《逸民傳論注》，並引司馬云：言不可及也。《釋文》闕。「不比而周」毗志反。「滔乎前」吐刀反。謂無人君之器，滔聚其前也。又杜高反。

【校】①本又及丑字依世德堂本改。

仲尼曰：「惡！可不察與！夫哀莫大於心死，而人死亦次之❶。日出東方而入於西極，萬物莫不比方❷，有目有趾者，待是而後成功❸，是出則存，是入則亡❹。萬物亦然，有待也而死，有待也而生❺。吾一受其形成，而不化以待盡❻，效物而動❼，日夜无隙❽，而不知其所終❾；薰然其成形❿，知命不能規乎其前，丘以是日徂⓫。

❶【注】夫心以死爲死，乃更速其死；其死之速，由哀以自喪也。無哀則已，有哀則心死者，乃哀之大也。

【疏】夫不比而周，不言而信，蓋由虛心順物，豈徒然哉！何可不忘懷鑒照，夷心審察耶！夫情之累者，莫過心之變易，變易生滅，深可哀傷，而以生死，哀之次也。

【釋文】「惡可」音烏。「察與」音餘。下哀與同。「自喪」息浪反。下章同。

❷【注】皆可見也。

【疏】夫夜暗晝明，東出西入，亦（由）〔猶〕人入幽出顯，死去生來。故知人之死生，譬天之晝夜，以斯寓比，亦何惜哉！◎家世父曰：日之出也，乘之以動焉，其入也，人斯息焉，惟其明也。物之待明而動者，莫能外也；待明而動，待氣而生，順之而已矣。不能御氣而爲生，則亦不能強致其明而爲動。昔日之明，（獨）〔猶〕今日之明也，而固不能執今日之明，一一以規合夫昔。執今之明以規合夫昔，是交臂而失之也。彼有彼之步趨，此有此之步趨。肖者，步趨也，所以肖者，非步趨也，兩相忘於步趨之中，而後與道大適。惟能忘也，而後所以不忘者於是乎存。於人之步趨無所待焉，是乘日之明而不知動者也，謂之人死；於人之步趨強致以求（活）〔合〕焉，是忘今日之明而求之昔也，是之謂心死。死者，襲焉而不化，執焉而不移者也。莊子語妙，惟當以神悟之。

❸【注】目成見功，足成行功也。

【疏】趾，足也。夫人百體，稟自陰陽，目見足行，資乎造化，若不待此，何以成功！故知死生非關人也。

❹【注】直以不見爲亡耳，竟不亡。

【疏】見日出謂之存，覩日入謂之亡，此蓋凡情之浪執，非通聖人之達觀。

❺【注】待隱謂之死，待顯謂之生，竟無死生也。

【疏】夫物之隱顯，皆待造化，隱謂之死，顯謂之生。日出入既無存亡，物隱顯豈有生死耶！

❻【注】夫有不得變而爲無，故一受成形，則化盡無期也。

【疏】夫我之形性，稟之造化，明闇妍醜，崖分已成，一定已後，更無變化，唯常端然待盡，以此終年。妍醜既不自由，生死理亦當任也。

❼【注】自無心也。

【疏】夫至聖虛凝，感來斯應，物動而動，自無心者也。

❽【注】恆化新也。

【疏】變化日新，泯然而無間隙。

❾【注】不以死爲死也。

【疏】隨之不見其後。

❿【注】薰然自成，又奚爲哉！

【疏】薰然，自動之貌。薰然稟氣成形，無物使之然也。

【釋文】「熏然」許云反。

⓫【注】不係於前，與變俱往，故日徂。

【疏】徂，往也。達於時變，不能預作規模，體於日新，是故與化俱往也。

【釋文】「日徂」如字。司馬本作疽，云：病也。

吾終身與汝交一臂而失之，可不哀與❶！女殆著乎吾所以著也。彼已盡矣，而女求之以為有，是求馬於唐肆也❷。吾服女也甚忘❸，女服吾也亦甚忘❹。雖然，女奚患焉！雖忘乎故①吾，吾有不忘者存❺。」

❶【注】夫變化不可執而留也。故雖執臂②相守而不能令停，若哀死者，則此亦可哀也。今人未

嘗以此爲哀，奚獨哀死耶！

【疏】孔丘顔子，賢聖二人，共修一身，各如交臂；而變化日新，遷流迅速，牢執固守，不能暫停，把臂之間，欻然已謝，新既行矣，故以失焉。若以失故而悲，此深可哀也。

【釋文】「能令」力呈反。下章注同。

❷【注】唐肆，非停馬處也，言求向者之有，不可復得也。人之生，若馬之過肆耳，恆無駐須臾，新故之相續，不舍晝夜也。著，見也，言汝殆見吾所以見者耳。吾所以見者，日新也，故已盡矣，汝安得有之！

【疏】殆，近也。著，見也。唐，道；肆，市也。吾所見者，變故日新者也。顔回孔子，對面清談，向者之言，其則非遠，故言殆著也。彼之故事，於今已滅，汝仍求向時之有，謂在於今者耳，〔所〕謂求馬於唐肆也。唐肆非停馬之處也，向者見馬，市道而行，今時覆尋，馬已過去。亦猶向者之迹已滅於前，求之於今，物已變矣。故知新新不住，運運遷移耳。

【釋文】「女」音汝。「殆著乎吾所以著也」郭著音張慮反。注同。又一音張略反。司馬云：吾所以著者外化也，汝殆庶於此耳。吾一不化者，則非汝所及也。「是求馬於唐肆也」郭云：唐肆非停馬處也。李同。又云：唐，亭也。司馬本作廣肆，云：廣庭也，求馬於市肆廣庭，非其所也。「馬處」昌慮反。「可復」扶又反。「不舍」音捨。

❸【注】服者，思存之謂也。甚忘，謂過去之速也。言汝去忽然，思之恆欲不及。

【疏】復③者，尋思之謂也。向者之汝，於今已謝，吾復思之，亦竟忘失。

❹【注】俱爾耳，不問賢之與聖，未有得停者。

【疏】變化日新，不簡賢聖。豈唯於汝，抑亦在吾。汝之思吾，故事亦滅。

❺【注】不忘者存，謂繼之以日新也。雖忘故吾而新吾已至，未始非吾，吾何患焉！故能離俗絕塵而與物無不冥也。

【疏】夫變化之道，無時暫停，雖失故吾而新吾尚在，斯有不忘者存也，故非始非者，汝何患也！

【釋文】「離俗」力智反。下章文同。

【校】①唐寫本無故字。②王叔岷云：執臂當作交臂。③劉文典云：復當依正文作服。

孔子見老聃，老聃新沐，方將被髮而乾，慹然似非人❶。孔子便而待之❷，少焉見，曰：「丘也眩與，其信然與？向者先生形體掘若槁木，似遺物離人而立於獨也❸。」

❶【注】寂泊之至。

【釋文】「被髮」皮寄反。「而干」本或作乾。◎盧文弨曰：今本作乾。「慹」乃牒反，又丁立反。司馬云：不動貌。《說文》云：怖也。「泊」步各反。

❷【疏】既新沐髮，曝之令乾，凝神寂泊，慹然不動，（搖）〔掘〕①若槁木，故似非人。孔子見之，不敢往觸，遂便徙所，消息待之。

【釋文】「便而待」待或作侍。

❸【注】無其心身，而後外物去也。

【疏】俄頃之間，入見老子，云：「丘見先生，眼爲眩燿，忘遺形智，信是聖人；既而離異於人，遺棄萬物，亡於不測而冥於獨化也。」

【釋文】「見曰」賢遍反。「眩」玄遍反。「與」音餘。下同。「掘若」徐音屈。「槁木」苦老反。

【校】①掘字依正文改。

老聃曰：「吾遊心於物之初❶。」

❶【注】初未有而欻有，故遊於物初，然後明有物之不爲而自有也。

【疏】初，本也。夫道通生萬物，故名道爲物之初也。遊心物初，則是凝神妙本，所以形同槁木，心若死灰也。

【釋文】「而欻」訓弗反。

孔子曰：「何謂邪❶？」

❶【疏】雖聞聖言，未識意謂。

曰：「心困焉而不能知，口辟焉而不能言❶，嘗為汝議乎其將❷。至陰肅肅，至陽赫赫；肅肅出乎天，赫赫發乎地❸；兩者交通成和而物生焉，或為之紀而莫見其形❹。消息滿虛，一晦一明，日改月化，日有所為❺，而莫見其功❻。生有所乎萌❼，死有所乎歸❽，始終相反乎无端而莫知乎其所窮❾。非是也，且孰為之宗❿！」

❶【注】欲令仲尼必求於言意之表也。

【疏】辟者，口開不合也。夫聖心非不能知，爲其無法可知；口非不能辯，爲其無法可辯。辯之則乖其體，知之則喪其真，是知至道深玄，超言意之表，故困焉辟焉。

【釋文】「口辟」必亦反。司馬云：辟，卷不開也。又婢亦反，徐敷赤反。

❷【注】試議陰陽以擬向之無形耳，未之敢必。

【疏】夫至理玄妙，非言意能詳。試爲汝議論陰陽，將擬議大道，雖即仿象，未即是真矣。

【釋文】「嘗為」于偽反。

❸【注】言其交也。

【疏】肅肅，陰氣寒也；赫赫，陽氣熱也；近陰中之陽，陽中之陰，言其交泰也。

❹【注】莫見爲紀之形，明其自爾。

【疏】陽氣下降，陰氣上昇，二氣交通，遂成和合，因此和氣而物生焉。雖復四序炎涼，紀綱庶物，而各自化，故莫見綱紀之形。

❺【注】未嘗守故。

【疏】陰消陽息，夏滿冬虛，夜晦晝明，日遷月徙，新新不住，故日有所爲也。

❻【注】自爾故無功。

【疏】玄功冥濟，故莫見爲之者也。

❼【注】萌於未聚也。

【疏】萌於無物。

❽【注】歸於散也。

【疏】歸於未生。

❾【注】所謂迎之不見其首，隨之不見其後。

【疏】死生終始，反覆往來，既無端緒，誰知窮極！故至人體達，任其變也。

❿【疏】若非是虛通生化之道，誰爲萬物之宗本乎！夫物云云，必資於道也。

【釋文】「且孰」如字。舊子餘反。

孔子曰：「請問遊是❶。」

❶【疏】請問：「遊心是道，其術如何？必得遊是，復有何功力也？」

老聃曰：「夫得是，至美至樂也，得至美而遊乎至樂，謂之至人❶。」

❶【注】至美無美，至樂無樂故也。

【疏】夫證於玄道，美而歡暢，既得無美之美而遊心無樂之樂者，可謂至極之人也。

【釋文】「至樂」音洛。下及注同。

孔子曰：「願聞其方❶。」

❶【疏】方，猶道也。請說至美至樂之道。

曰：「草食之獸不疾易藪，水生之蟲不疾易水，行小變而不失其大常也❶，喜怒哀樂不入於胷次❷。夫天下也者，萬物之所一也。得其所一而同焉，則四支百體將為塵垢，而死生終始將為晝夜而莫之能滑，而況得喪禍福之所介乎！❸棄隸者若棄泥塗，知身貴於隸也❹，貴在於我而不失於變❺。且萬化而未始有極也，夫孰足以患心！已為道者解乎此❻。」

❶【注】死生亦小變也。

【疏】疾，患也。易，移也。夫食草之獸，不患移易藪澤；水生之蟲，不患改易池沼；但有草有水，則不失大常，從東從西，蓋小變耳。亦猶人處於大道之中，隨變任化，未始非我，此則不失大常，生死之變，蓋亦小耳。

【釋文】「行小」下孟反，又如字。

❷【注】知其小變而不失大常（故）〔也〕①。

【疏】喜順，怒逆，樂生，哀死，夫四者生崖之事也。而死生無變於己，喜怒豈入於懷中也！

【釋文】「胷次」李云：次，中也。

❸【注】愈不足患。

【疏】夫天地萬物，其體不二，達斯趣者，故能混同。是以物我皆空，百體將爲塵垢；死生虛幻，終始均乎晝夜。死生不能滑亂，而況得喪禍福生崖之事乎！愈不足以介懷也。

【釋文】「能滑」古沒反。「所介」音界。

❹【注】知身之貴於隸，故棄之若遺土耳。苟知死生之變所在皆我，則貴者常在也。

❺【注】所貴者我也，而我與變俱，故無失也。

【疏】夫舍棄僕隸，事等泥塗，故知貴在於我，不在外物，我將變俱，故無所喪也。

❻【注】所謂縣解。

【疏】夫世物遷流，未嘗有極，而隨變任化，誰復累心！唯當修道達人，方能解此。

【釋文】「解乎」戶買反。注同。

【校】①也字依趙諫議本改。

孔子曰：「夫子德配天地，而猶假至言以修心，古之君子，孰能脫焉❶？」

❶【疏】配，合也。脫，免也。老子德合二儀，明齊三景，故應忘言歸理，聖智自然。今乃盛談至言以修心術，然則古之君子，誰能遺於言說而免於修爲者乎？

老耼曰：「不然。夫水之於汋也，无為而才自然矣。至人之於德也，不修而物不能離焉，若天之自高，地之自厚，日月之自明，夫何脩焉！」❶

❶【注】不脩不爲而自得也。

【疏】汋，水（也）澄湛也。言水之澄湛，其性自然，汲取利潤，非由修學。至人玄德，其義亦然，端拱巖廊而物不能離，澤被羣品，日用不知。若天高地厚，日月照明，夫何修爲？自然而已矣。

【釋文】「汋」音灼，又上若反。李以略反。李云：取也。◎家世父曰：《說（水）〔文〕》汋，激水聲也；井一有水，一無水，謂之瀱汋。所引《爾雅·釋水》文。郭璞注《爾雅》，引《山海經》天井夏有水冬無水，即此類。汋者，水自然涌出，非若泉之有源，而溪澗之交匯以流行也。《說文》：激，水礙衺疾波也。謂有所礙而衺出疾行，故有聲。水之涌出，亦若激而有聲。無為而才自然，言無有疏導之者。《釋文》引李云，汋，取也。誤。

孔子出，以告顏回曰：「丘之於道也，其猶醯雞與❶！微夫子之發吾覆也，吾不知天地之大全也❷。」

❶【注】醯雞者，甕中之蠛蠓。

【釋文】「醯雞」許西反，郭云：醯雞，甕中之蠛蠓也。司馬云：若酒上蠛蠓也。◎慶藩案《太平御覽》三百九十五引司馬云：醯雞，酒上飛蚋。與《釋文》小異。「甕中」烏弄反。「蠛」亡結反。「蠓」無孔反。

❷【注】比吾全於老聃，猶甕中之與天地矣。

【疏】醯雞，醋甕中之蠛蠓，每遭物蓋甕頭，故不見二儀也。亦猶仲尼遭聖迹蔽覆，不見事理，若無老子爲發覆蓋，則終身不知天地之大全，虛通之妙道也。

莊子見魯哀公。哀公曰：「魯多儒士，少為先生方者❶。」

❶【疏】方，術也。莊子是六國時人，與魏惠王、齊威王同時，去魯哀公一百二十年，如此言見魯哀公者，蓋寓言耳。然魯則是周公之後，應是衣冠之國。又孔子生於魯，盛行五德之教，是以門徒三千，服膺儒服，長裾廣袖，魯地必多，無爲之學，其人鮮矣。

【釋文】「莊子見」賢遍反，亦如字。「魯哀公」司馬云：莊子與魏惠王、齊威王同時，在哀公後百二十年。

莊子曰：「魯少儒❶。」

❶【疏】夫服以象德，不易其人，莊子體知，故譏儒少。

哀公曰：「舉魯國而儒服，何謂少乎❶？」

❶【疏】哀公庸暗，不察其道，直據衣冠，謬稱多儒。

莊子曰：「周聞之，儒者冠圜冠者，知天時；履句屨者，知地形；緩佩玦者，事至而斷。君子有其道者，未必為其服也；為其服者，未必知其道也。❶公固以為不然，何不號於國中曰：『无此道而為此服者，其罪死！』」

❶【疏】句，方也。緩者，五色絛繩，穿玉玦以飾佩也。玦，決也。本亦有作綬字者。夫天員地

方，服以象德。故戴圓冠以象天者，則知三象之吉凶；履方屨以法地者，則知九州之水陸；鬼綬佩玦者，事到而決斷。是以懷道之人，不必爲服，爲服之者，不必懷道。彼己之子，今古有之，是故莊生寓言辯說也。

【釋文】「冠」古亂反。「圜冠」音圓。「履句」音矩，徐其俱反。李云：方也。「屨」徐居具反。「緩」戶管反。司馬本作綬。「佩玦」古穴反。◎慶藩案《說文》緩綽二字互訓，緩者，寬綽之意。《晉書》緩帶輕裘，緩帶，猶博帶也。緩佩玦，言所佩者玦，而繫之帶間，寬綽有餘也。《釋文》引司馬本作綬，誤。「而斷」丁亂反。

於是哀公號之五日，而魯國无敢儒服者❶，獨有一丈夫儒服而立乎公門。公即召而問以國事，千轉萬變而不窮。

❶**【疏】**有服無道，罪合極刑，法令既嚴，不敢犯者，號經五日，無復一儒也。

【釋文】「號於國」號，號令也。

莊子曰：「以魯國而儒者一人耳，可謂多乎❶？」

❶**【注】**德充於內者，不脩飾於外。

【疏】一人，謂孔子。孔子聖人，觀機吐智，若鏡之照，轉變無窮，舉國一人，未足多也。

百里奚爵祿不入於心，故飯牛而牛肥，使秦穆公忘其賤，與之政也❶。有虞氏死生不入於心，故足以動人❷。

❶【疏】姓孟，字百里奚，秦之賢人也。本是虞人，虞被（秦）〔晉〕亡，遂入秦國。初未遭用，貧賤飯牛。安於飯牛，身甚肥悅，忘於富貴，故爵祿不入於心。後穆公知其賢，委以國事，都不猜疑，故云忘其賤矣。

【釋文】「故飯」煩晚反。「忘其賤與之政也」謂忘其飯牛之賤也。

❷【注】內自得者，外事全也。

【疏】有虞，舜也，姓嬀氏，字重華。遭後母之難，頻被躓頓，而不以死生經心，至孝有聞，感動天地，於是堯妻以二女，委以萬乘，故足以動人也。

宋元君將畫圖，眾史皆至，受揖而立；舐筆和墨，在外者半❶。有一史後至者，儃儃然不趨，受揖不立，因之舍。公使人視之，則解衣般①礴贏。君曰：「可矣，是真畫者也。❷」

❶【疏】宋國之君，欲畫國中山川地土圖樣，而畫師並至，受君令命，拜揖而立，調朱和墨，爭競功能。除其受揖，在外者半，言其趨競者多。

【釋文】「受揖而立」司馬云：受命揖而立也。「舐」本或作䑛②，食紙反。

❷【注】內足者，神閒而意定。

【疏】儃儃，寬閒之貌也。內既自得，故外不矜持，徐行不趨，受命不立，直入就舍，解衣箕坐，倮露赤身，曾無懼憚。元君見其神彩，可謂真畫者也。

【釋文】「儃儃」吐袒反，徐音但。李云：舒閒之貌。「般」字又作盤。「礴」傍各反，徐敷各反。司馬云：般礴，謂箕坐也。「羸」本又作羸，同。力果反。司馬云：將畫，故解衣見形。「神閒」音閑。

【校】①趙諫議本般作槃。②《釋文》原本作舓。字當作䑛。《說文》作舓，云：以舌取食也。從舌，易聲。神旨切。或從也。

文王觀於臧，見一丈夫釣，而其釣莫釣❶；非持其釣有釣者也❷，常釣也❸。

❶【注】聊以卒歲。

【疏】臧者，近渭水地名也。丈夫者，寓言於太公也。呂望未遭文王之前，綸釣於臧地，無心施餌，聊自寄此逍遙。

【釋文】「文王觀於臧」李云：臧，地名也。司馬本作文王微服而觀於臧。「丈夫」本或作丈人。

❷【注】竟無所求。

❸【注】不以得失經意，其於假釣而已。

【疏】非執持其釣，有意羨魚，常遊渭濱，卒歲而已。

文王欲舉而授之政，而恐大臣父兄之弗安也；欲終而釋之，而不忍百姓之无天也❶。於是旦而屬之大夫曰：「昔者寡人夢見良人，黑色而頾，乘駁馬而偏朱蹄，號曰：『寓而政於臧丈人，庶幾乎民有瘳乎❷！』」

❶【疏】文王既見賢人，欲委之國政，復恐皇親宰輔，猜而忌之；既欲捨而釋之，不忍蒼生失於覆蔭，故言無天也。

❷【疏】既欲任賢，故託諸夢想，乃屬語臣佐云：「我昨夜夢見賢良之人，黑色而有鬚髯，乘駁馬而蹄偏赤，號令我云：『寄汝國政於臧丈人，慕賢進隱，則民之荒亂病必瘳差矣。』」駁，亦有作駮字者，隨字讀之也。

【釋文】「旦而屬」音燭。「之夫夫①」皆方于反。司馬云：夫夫，大夫也。一云：夫夫，古讀為大夫。◎慶藩案昔者，夜者也。古謂夜為昔。或為昔者（《晏子春秋・雜下篇》有梟昔者鳴，《說苑・辨物篇》亦作昔者。王念孫云：古謂夜為昔。），或為夜者（《晏子春秋・外篇》寡人夜者聞西方有男子哭。夜曰夜者，故晝亦曰晝者。《晏子春秋雜・上篇》晝者進膳是也。），或曰夕者（《晏子春秋・下篇》夕者瞢與二日鬬。）皆其證。「頿」而占反，郭李而兼反，又而銜反。「駁馬」邦角反。「偏朱蹄」李云：一蹄偏赤也。「瘳乎」敕留反。

【校】①夫夫，今書作大夫。

諸大夫蹵然曰：「先君王也①。」

❶【疏】文王之父季歷生存之日，黑色多髯，好乘駁馬，駁馬蹄偏赤。王之所夢，乃是先君教令於王，是以蹵然驚懼也。

【釋文】「蹵然」子六反。本或作愀，在久七小二反。「先君王也」司馬云：言先君王靈神之所致。

◎俞樾曰：先君下疑奪命字。此本作先君命王也，故下文曰先君之命王其無他。

文王曰：「然則卜之。」

諸大夫曰：「先君之命，王其无它，又何卜焉❶！」

❶【疏】此是先君令命，決定無疑，卜以決疑，不疑何卜也！

【釋文】「之令」本或作命。◎盧文弨曰：今本作命。「王其無它」司馬云：無違令。

遂迎臧丈人而授之政。典法无更，偏令无出。❶三年，文王觀於國，則列士壞植散羣，長官者不成德，（斔）〔斔〕斛不敢入於四竟❷。列士壞植散羣，則尚同也❸；長官者不成德，則同務也❹；斔斛不敢入於四竟，則諸侯无二心也❺。

❶【疏】君臣契協，遂迎丈人，拜爲卿輔，授其國政。於是典憲刑法，一施無改，偏曲敕令，無復出行也。

❷【疏】植，行列也，亦言境界列舍以受諫書也，亦言是諫士之館也。庾，六斗四升也。爲政三年，移風易俗，君臣履道，無可箴規，散卻列士之爵，打破諫書之館，上下咸亨，長官不顯其德，遐邇同軌，度量不入四境。

【釋文】「列士壞」音怪。下同。「植」音直。「散羣」司馬云：植，行列也。散羣，言不養徒眾也。一云：植者，疆界頭造羣屋以待諫者也。◎俞樾曰：司馬兩說，並未得植字之義。宣二年《左傳》華元為植，杜注曰：植，將主也。列士必先有主而後得有徒眾，故欲散其羣，必先壞其植也。「長」丁丈反。下同。「官者不成德」司馬云：不利功名也。「斔斛」音庾。李云：六斛四斗曰斔。司馬本作斔斞，云：斔讀曰鍾，斞讀曰臾。「四竟」音境。下同。

❸【注】所謂和其光，同其塵。

❹【注】絜然自成，則與衆務異也。

❺【注】天下相信，故能同律度量衡也。

【疏】天下大同，不競忠諫，事無隔異，則德不彰，五等守分，則四方寧謐也。

文王於是焉以為大師，北面而問曰：「政可以及天下乎？」臧丈人昧然而不應，泛然而辭，朝令而夜遁，終身无聞❶。

❶【注】爲功者非己，故功成而身不得不退，事遂而名不得不去，名去身退，乃可以及天下也①。

【疏】俄頃之間，拜爲師傅，北面事之，問其政術。無心榮寵，故泛然而辭；（其）〔冥〕意消聲，故昧然不應。由名成身退，推功於物，不欲及於天下，故逃遁無聞。然呂佐周室，受封於齊，檢於史傳，竟無逃迹，而云夜遁者，蓋莊生之寓言也。

【釋文】「大師」音泰。「昧然」音妹。「泛然」徐敷劍反。「夜遁」（徐）〔徒〕困反。

【校】①趙諫議本無也字。

顏淵問於仲尼曰：「文王其猶未邪？又何以夢為乎❶？」

❶【疏】顏子疑於文王未極至人之德，真人不夢，何以夢乎？

仲尼曰：「默，汝无言！夫文王盡之也❶，而又何論刺焉！彼直以循斯須也❷。」

❶【注】任諸大夫而不自任，斯盡之也。

❷【注】斯須者，百姓之情，當悟未悟之頃，故文王循而發之，以合其大情也。

【疏】斯須（由）〔猶〕須臾也。循，順也。夫文王聖人，盡於妙理，汝宜寢默，不勞譏刺。彼直隨任物性，順蒼生之望，欲悟未悟之頃，進退須臾之間，故託夢以發其性耳，未足怪也。

【釋文】「刺焉」七賜反。

列禦寇為伯昏无人射，引之盈貫❶，措杯水其肘上❷，發之，適矢復沓❸，方矢復寓❹。當是時，猶象人也❺。

❶【注】盈貫，謂溢鏑也。

【釋文】「為伯昏」于偽反。「盈貫」古亂反。司馬云：鏑也。「鏑」丁歷反。

❷【注】左手如拒石，右手如附枝，右手放發而左手不知，故可措之杯水也。

【疏】禦寇无人，《內篇》具釋。盈貫，滿鏃也。措，置也。禦寇風仙，（魯）〔鄭〕之善射，右手引弦，如附枝而滿鏑，左手如拒石，置杯水於肘上，言其停審敏捷之至也。

【釋文】「措」七故反。「其肘」竹九反。「如拒」音矩。本亦作矩字。

❸【注】矢去也。箭適去，復歃沓也。

【釋文】「適矢」丁歷反。「復沓」扶又反。注及下同。「歃」色洽反，又初洽反。

❹【注】箭方去未至的也，復寄杯於肘上，言其敏捷之妙也。

【疏】適，往也。沓，重也。寓，寄也。弦發矢往，復重沓前箭，所謂擘括而入者。箭方適垜，未至於的，復寄杯水，言其敏捷。寓字亦作隅者，言圓鏑重沓，破括方全，插孔復於隅角也。

❺【注】不動之至。

【疏】象人，木偶土梗人也。言禦寇當射之時，掘然不動，猶土木之人也。◎家世父曰：適矢復沓，狀矢之發；方矢復寓，狀矢之彀。《說文》：多言沓沓，如水之流。言一矢適發，一矢復涌出也。寓，寄也，言一矢方釋，一矢復在彀也。象人，猶鄭康成之云相人偶。

伯昏无人曰：「是射之射，非不射之射也❶。嘗與汝登高山，履危石，臨百仞之淵，若能射乎❷？」

❶【疏】言汝雖巧，仍是有心之射，非忘懷無心，不射之射也。

❷【疏】七尺曰仞，深七百尺也。若，汝也。此是不射之射也。

於是无人遂登高山，履危石，臨百仞之淵，背逡巡，足二分垂在外，揖禦寇而進之。禦寇伏地，汗流至踵❶。

❶【疏】前略陳射意，此直欲彎弓。逡巡，猶卻行也。進，讓也。登峻聳高山，履危懸之石，臨極險之淵，仍背淵卻行，足垂二分在外空裏。控弦自若，揖禦寇而讓之。禦寇怖懼，不能舉頭，於

是冥目伏地，汗流至腳也。

【釋文】「逡巡」七旬反。「汗流」戶旦反。

伯昏无人曰：「夫至人者，上闚青天，下潛黃泉，揮斥八極，神氣不變❶。今汝怵然有恂目之志，爾於中也殆矣夫❷！」

❶【注】揮斥，猶縱放也。夫德充於內，則神滿於外，無遠近幽深，所在皆明，故審安危之機而泊然自得也①。◎慶藩案潛與闚對文。潛，測也，與闚之意相近。古訓潛爲測，見《爾雅》。

【釋文】「揮」音輝。「斥」音尺，李音託。郭云：揮斥，猶放縱。

❷【注】不能明至分，故有懼，有懼而所喪多矣，豈唯射乎！

【疏】揮斥，猶縱放也。恂，懼也。夫至德之人，與大空等量，故能上闚青天，下隱黃泉，譬彼神龍，升沈無定，縱放八方，精神不改，臨彼萬仞，何足介懷！今我觀汝有怵惕之心，眼目眩惑，懷恂懼之志，汝於射（之）〔中〕②危殆矣夫！

【釋文】「怵然」敕律反。「有恂」李又作眴，音荀。《爾雅》云：恂，慄也。「目之志」恂，謂眩也，欲以眩悅人之目，故怵也。「於中」丁仲反，又如字。中，精神也。「所喪」息浪反。後章同。

【校】①趙諫議本無也字。②中字依正文改。

肩吾問於孫叔敖曰：「子三為令尹而不榮華，三去之而無憂色。吾始也疑子，今視子之鼻間栩栩然，子之用心獨奈何？」❶

❶【疏】肩吾，隱者也。叔敖，楚之賢人也。栩栩，歡暢之貌也。夫達者毀譽不動，寵辱莫驚，故孫叔敖三仕而不榮華，三黜而無憂色。肩吾始聞其言，猶懷疑惑，復察其貌，栩栩自懽，若爲用心，獨得如此也？

【釋文】「栩栩」況甫反。

孫叔敖曰：「吾何以過人哉！吾以其來不可卻也，其去不可止也，吾以為得失之非我也，而无憂色而已矣。我何以過人哉❶！且不知其在彼乎，其在我乎？其在彼邪？亡乎我；在我邪？亡乎彼❷。方將躊躇，方將四顧，何暇至乎人貴人賤哉❸！」

❶【疏】夫軒冕榮華，物來儻寄耳，故其來不可遣卻，其去不可禁止。窮通得喪，豈由我哉，達此去來，故無憂色，何有藝術能過人耶！

❷【注】曠然無係，玄同彼我，則在彼非獨亡，在我非獨存也。

【疏】亡，失也。且不知榮華定在彼人，定在我己？若在彼邪？則於我爲失；若在我邪？則於彼爲失。而彼我既其玄同，得喪於乎自泯也。◎慶藩案彼我皆亡，言不在我，不在彼也。《淮南·詮言篇》亡乎萬物之中，高注曰：不在萬物之中也。即此義。

❸【注】躊躇四顧，謂無可無不可。

【疏】躊躇是逸豫自得，四顧是高視八方。方將磅礴萬物，揮斥宇宙，有何容暇至於人世，留心貴賤之間乎！故去之而無憂色也。

【釋文】「躊」直留反。「躇」直於反。

仲尼聞之曰：「古之真人，知者不得說，美人不得濫，盜人不得劫，伏戲黃帝不得友❶。死生亦大矣，而无變乎己，況爵祿乎❷！若然者，其神經乎大山而無介，入乎淵泉而不濡，處卑細而不憊，充滿天地，既以與人，己愈有❸。」

❶【注】伏戲黃帝者，功號耳，非所以功者也。故況功號於所以功，相去遠矣，故其名不足以友其①人也。

【疏】仲尼聞孫叔敖之言而美其德，故引遠古以證斯人。古之真人，窮微極妙，縱有智言之人，不得辯說，美色之姿，不得淫濫，盜賊之徒，何能劫剝，三皇五帝，未足交友也。

【釋文】「得劫」居業反。元嘉本作却。「伏戲」音羲。

❷【疏】人雖日新，死生大矣，而不變於己；況於爵祿，豈復栖心！

❸【注】割肌膚以爲天下者，彼我俱失也；使人人自得而已者，與人而不損於己也。其神明充滿天地，故所在皆可，所在皆可，故不損己爲物而放於自得之地也。

【疏】介，礙也。既，盡也。夫真人入火不熱，入水不濡，經乎大山而神無障礙，屈處卑賤，其道不虧，德合二儀，故充滿天地，不損己爲物，故愈有也。

【釋文】「大山」音泰。「无介」音界。「不憊」皮拜反。「以為」于偽反。下同。

【校】①其字，元《纂圖互注》本、明世德堂本及《道藏》焦竑本並作於，宋本作其。王叔岷云：當作於。

楚王與凡君坐，少焉，楚王左右曰凡亡者三❶。凡君曰：「凡之亡也，不足以喪吾存❷。夫『凡之亡不足以喪吾存』，則楚之存不足以存存❸。由是觀之，則凡未始亡而楚未始存也❹。」

❶【注】言有三亡徵也。

【疏】楚文王共凡僖侯同坐，論合從會盟之事。凡是國名，周公之後，國在汲郡界，今有凡城是也。三者，（爲）〔謂〕不敬鬼、尊賢、養民也。而楚大凡小，楚有吞夷之意，故使從者以言感也。◎俞樾曰：楚王左右言凡亡者三人也。郭注曰言有三亡徵也，非是。

【釋文】「凡君」如字。司馬云：凡，國名，在汲郡共縣。案《左傳》，凡，周公之後也。隱七年，天王使凡伯來聘。俗本此後有孔子窮於陳蔡及孔子謂顏回二章，與《讓王篇》同，眾家并於《讓王篇》音之。檢此二章無郭注，似如重出。古本皆無，謂無者是也。

❷【注】遺凡故也。

【疏】自得造化，怡然不懼，可謂周公之後，世不乏賢也。

❸【注】夫遺之者不以亡爲亡，則存亦不足以爲存矣。曠然無矜，乃常存也。

❹【注】存亡更在於心之所（惜）〔措〕①耳，天下竟無存亡。

【疏】夫存亡者，有心之得喪也；既冥於得喪，故亡者未必亡而亡者更存，存者不獨存而存者更亡也。

【校】①措字依明世德堂本改。

外篇　知北遊第二十二❶

知北遊於玄水之上，登隱弅之丘，而適遭无為謂焉❶。知謂无為謂曰：「予欲有問乎若❷：何思何慮則知道？何處何服則安道？何從何道則得道？」❸三問而无為謂不答也，非不答，不知答也❹。

❶【釋文】以義名篇。

❶【疏】此章並假立姓名，寓言明理。北是幽冥之域，水又幽昧之方，隱則深遠難知，弅則鬱然可見。欲明至道玄絕，顯晦無常，故寄此言以彰其義也。

【釋文】「知北遊」音智，又如字。「於玄水之上」李云：玄〔水〕，水名。司馬崔本上作北。◎盧文弨曰：今本作玄水水名。以下白水例之，重者是。「隱弅」符云反，又音紛，又符紛反。李云：隱出弅起，丘貌。

❷【疏】若，汝也。此明運知極心問道，假設賓主，謂之無爲。

❸【疏】此假設言方，運知問道。若爲尋思，何所念慮，則知至道？若爲服勤，於何處所，則安心契道？何所依從，何所道說，則得其道也？

❹【疏】知，分別也。設此三問，竟無一答，非無爲謂惜情不答，直是理無分別，故不知所以答也。

知不得問，反於白水之南，登狐闋之上，而睹狂屈焉。知以之言也問乎狂屈。❶狂屈曰：「唉！予知之，將語若，中欲言而忘其所欲言❷。」

❶【疏】白是潔素之色，南是顯明之方，狐者疑似夷猶，闋者空靜無物。問不得決，反照於白水之南，捨有反無，狐疑未能窮理，既而猖狂妄行，掘若槁木，欲表斯義，故曰狂屈焉。

【釋文】「白水」水名。「狐闋」苦穴反。司馬李云：狐闋，丘名。「而睹」丁古反。「狂屈」求勿反，徐又其述反。司馬向崔本作詘。李云：狂屈，倘張，似人而非也。◎慶藩案《釋文》引李云，狂屈，倘張，似人而非也。《文選・甘泉賦》捎夔魖，扶僪狂。狂屈即僪狂也。司馬與崔作詘，失之。「以之言」司馬云：之，是也。

❷【疏】唉，應聲也。初欲言語，中途忘之，斯忘之術，反照之道。

【釋文】「唉」哀在反。徐烏來反。李音熙，云：應聲。「語若」魚據反。

知不得問，反於帝宮，見黃帝而問焉。黃帝曰：「无思无慮始知道，无處无服始安道，无從无道始得道❶。」

❶【疏】軒轅體道，妙達玄言，故以一無〔無〕〔答〕於三問。

知問黃帝曰：「我與若知之，彼與彼不知也，其孰是邪？」黃帝曰：「彼无為謂真是也，狂屈似之；我與汝終不近也。夫知者不言，言者不知，故聖人行不言之教。❶道不可致❷，德不可至❸。仁可為也❹，義可虧也❺，禮相偽也❻。故曰，『失道而後德，失德而後仁，失仁而後義，失義而後禮。禮者，道之華而亂之首也❼。』故曰，『為道者日損❽，損之又損之以至於无為，无為而无不為也❾。』今已為物也❿，欲復歸根，不亦難乎！其易也，其唯大人乎⓫！

❶【注】任其自行，斯不言之教也。

【疏】真者不知也，似者中忘也，不近者以其知之也。行不言之教，引《老子經》爲證也。

【釋文】「不近」附近之近。

❷【注】道在自然，非可言致者也。

【疏】致，得也。夫玄道不可以言得，言得非道也。

❸【注】不失德故稱德，稱德而不至也。

【疏】夫上德不德，若爲德者，非至德也。

❹【疏】夫至仁無親，而今行偏愛之仁者，適可有爲而已矣。

❺【疏】夫裁非①斷割，適可虧殘，非大全也。大全者，生之而已矣。

❻【疏】夫禮尙往來，更相浮僞，華藻亂德，非真實也。

❼【注】禮有常則，故矯效②之所由生也。

【疏】棄本逐末，散樸爲澆，道喪淳漓，逮於行禮，故引《老經》證成其義也。

❽【注】損華僞也。

❾【注】華去而朴全，則雖爲而非爲也。

【疏】夫修道之夫，日損華僞，既而前損有，後損無，有無雙遣，以至於非有非無之無爲也，寂而不動，無爲故無不爲也。此引《老經》重明其旨。

❿【注】物失其所，故有爲物。

⓫【注】其歸根之易者，唯大人耳，大人體合變化，故化物不難。

【疏】倒置之類，浮僞居心，徇末忘本，以道爲物，縱欲歸根復命，其可得乎！今量反本不難，唯在大聖人耳。◎家世父曰：人所受以生者，氣也。既得之以爲生，則氣日流行大化之中，而吾塊然受其成形，無由反氣而合諸漠。道之華爲禮，與氣之流行而爲人，皆非其所固然者也。通死生爲徒，一聽其氣之聚散而吾無與焉，則無爲矣。道至於無爲，而仁義〔理〕〔禮〕之名可以不立，是之謂歸根。

【釋文】「其易」以豉反。注同。

【校】①裁非疑裁制之誤。②趙諫議本效作放。

生也死之徒❶，死也生之始，孰知其紀❷！人之生，氣之聚也；聚則為生，散則為死❸。若死生為徒，吾又何患❹！故萬物一也❺，是其所美者為神奇，其所惡者為臭腐；臭腐復①化為神奇，神奇復化為臭腐。故曰『通天下②一氣耳❻。』聖人故貴一❼。」

❶【注】知變化之道者，不以〔死生〕③爲異。

❷【注】更相爲始，則未知孰死孰生也。

【疏】氣聚而生，猶是死之徒類；氣散而死，猶是生之本始。生死終始，誰知紀綱乎！聚散往來，變化無定。

【釋文】「更相」音庚。

❸【注】俱是聚也，俱是散也。

❹【注】患生於異。

【疏】夫氣聚爲生，氣散爲死，聚散雖異，爲氣則同。（今）④斯則死生聚散，可爲徒伴，既無其別，有何憂色！

❺【疏】生死既其不二，萬物理當歸一。

❻【注】各以所美爲神奇，所惡爲臭腐耳。然彼之所美，我之所惡也；我之所美，彼或惡之。故通共神奇，通共臭腐耳，死生彼我豈殊哉！

【疏】夫物無美惡而情有向背，故情之所美者則謂爲神妙奇特，情之所惡者則謂爲腥臭腐敗，而顛倒本末，一至於斯。然物性不同，所好各異；彼之所美，此則惡之；此之所惡，彼又爲美。故毛嬙麗姬，人之所美，魚見深入，鳥見高飛。斯則臭腐神奇，神奇臭腐，而是非美惡，何有定焉！是知天下萬物，同一和氣耳。

【釋文】「所惡」烏路反。注同。「復化」扶又反。下同。

❼【疏】夫體道聖人，智周萬化，故貴此真一，而冥同萬境。

【校】①敦煌本無復字。②《闕誤》引劉得一本天下作天地之。③死生二字依王叔岷說補。④今字依劉文典《補正》本刪。

知謂黃帝曰：「吾問无為謂，无為謂不應我，非不我應，不知應我也。吾問狂屈，狂屈中欲告我而不我告，非不我告，中欲告而忘之也。今予問乎若，若知之，奚故不近？」黃帝曰：「彼其真是也，以其不知也；此其似之也，以其忘之也；予與若終不近也，以其知之也。」

狂屈聞之，以黃帝為知言。❶

❶【注】明夫自然者，非言知之所得，故當昧乎無言之地。是以先舉不言之標，而後寄明於黃帝，則夫自然之冥物，概乎可得而見也。

【疏】彼无爲謂妙體無知，故真是道也。此狂屈反照遺言，中忘其告，似道非真也。知與黃帝二人，運智以詮理，故不近真道也。狂屈（逖）〔逖〕聽，聞此格量，謂黃帝雖未近真，適可知玄言而已矣。

【釋文】「之標」必遙反。

天地有大美而不言，四時有明法而不議，萬物有成理而不說❶。聖人者，原天地之美而達萬物之理，是故至人无為❷，大聖不作❸，觀於天地之謂也❹。

❶【注】此孔子之所以云予欲無言。

【疏】夫二儀覆載，其功最美；四時代敘，各有明法；萬物生成，咸資道理；竟不言說，曾無議論也。

【釋文】「大美」謂覆載之美也。

❷【注】任其自爲而已。

【疏】夫聖人者，合兩儀之覆載，同萬物之生成，是故口無所言，心無所作。

❸【注】唯因任也。

❹【注】觀其形容，象其物宜，與天地不異。

【疏】夫大聖至人，無爲無作，觀天地之覆載，法至道之生成，無爲無言，斯之謂也。

今①彼神明至精，與彼百化❶，物已死生方圓，莫知其根也❷，扁然而萬物自古以固存❸。六合為巨，未離其內❹；秋豪為小，待之成體❺。天下莫不沈浮，終

身不故⑥；陰陽四時運行，各得其序⑦。惛然若亡而存⑧，油然不形而神⑨，萬物畜而不知。此之謂本根⑩，可以觀於天矣⑪。

❶【注】百化自化而神明不奪。

【疏】彼神聖明靈，至精極妙，與物和混，變化隨流，或聚或散，曾無欣戚。今言百千萬者，並舉其大綱數爾。

❷【注】夫死者已自死而生者已自生，圓者已自圓而方者已自方，未有爲其根者，故莫知。

【疏】夫物或生或死，乍方乍圓，變化自然，莫知根緒。

❸【注】豈待爲之而後存哉！

【疏】扁然，偏生之貌也。言萬物翩然，隨時生育，從古以來，必固自有，豈由措意而後有之！

【釋文】「扁」音篇，又音幡。

❹【注】計六合在無極之中則陋矣。

【釋文】「未離」力智反。「其內」謂不能出自化也。

❺【注】秋豪雖小，非無亦無以容其質②。

【疏】六合，天地四方也。獸逢秋景，毛端生豪，豪極微細，謂秋豪也。巨，大也。六合雖大，猶居至道之中，豪毛雖小，資道以成體質也。

❻【注】日新也。

【疏】世間庶物，莫不浮沈，升降生死，往來不住，運之不停，新新相續，未嘗守故也。

❼【注】不待爲之。

【疏】夫二氣氤氳，四時運轉，春秋寒暑，次敍天然，豈待爲之而後行之！

❽【注】〔照〕〔昭〕③然若存則亡矣。

【疏】惛然如昧，似無而有。

【釋文】「惛然」音昏，又音泯。

❾【注】絜然有形則不神。

【疏】神者，妙萬物而爲言也。油然無係，不見形象，而神用無方。

【釋文】「油然」音由，謂無所給惜也。

❿【注】畜之而不得其本性之根，故不知其所以畜也。

【疏】亭毒羣生，畜養萬物，而玄功潛被，日用不知，此之真力，是至道一根本也。

【釋文】「物畜」本亦作滀，同。敕六反。注同。

⓫【注】與天同觀。

【疏】觀，見也。天，自然也。夫能達理通玄，識根知本者，可謂觀自然之至道也。

【校】①《闕誤》引劉得一本今作合。②趙諫議本質下有也字。③昭字依世德堂本改。

齧缺問道乎被衣，被衣曰：「若正汝形，一汝視，天和將至❶；攝汝知，一汝

度，神將來舍❷。德將為汝美，道將為汝居❸，汝瞳焉如新生之犢而无求其故❹！」

❶【疏】齧缺，王倪弟子；被衣，王倪之師也。汝形容端雅，勿爲邪僻，視聽純一，勿多取境，自然和理歸至汝身。

【釋文】「被衣」音披，本亦作披。

❷【疏】收攝私心，令其平等，專一志度，令無放逸，汝之精神自來舍止。◎俞樾曰：一汝度當作正汝度。蓋此四句變文以成辭，其實一義也。攝汝知，即一汝視之意，所視者專一，故所知者收攝矣。正汝度，即正汝形之意，度，猶形也。《淮南子·道應篇》、《文子·道原篇》並作正汝度，可據以訂正。

❸【疏】深玄上德，盛美於汝，無極大道，居汝心中。

❹【疏】瞳焉，無知直視之貌。故，事也。心既虛夷，視亦平直，故如新生之犢，於事無求也。

【釋文】「瞳」敕紅反，郭菟絳反。李云：未有知貌。

言未卒，齧缺睡寐。被衣大說，行歌而去之，❶曰：「形若槁骸，心若死灰，真其實知，不以故自持❷。媒媒晦晦，无心而不可與謀。彼何人哉❸！」

❶【疏】談玄未終，斯人已悟，坐忘契道，事等睡瞑。於是被衣喜躍，贊其敏速，行於大道，歌而去之。

【釋文】「齧缺睡寐」體向所說，畏其視聽以寐耳。受道速，故被衣喜也。「大說」音悅。

❷【注】與變俱也。

【疏】形同槁木之骸，心類死灰之土，無情直任純實之真知，不自矜持於事故也。

【釋文】「若槁」苦老反。

❸【注】獨化者也。

【疏】媒媒晦晦，息照遣明，忘心忘知，不可謀議。非凡所識，故云彼何人哉。自形若槁骸以下，並被衣歌辭也。

【釋文】「媒媒」音妹，又武朋反。「晦晦」音誨。李云：媒媒，晦貌。

舜問乎丞曰：「道可得而有乎❶？」

❶【疏】丞，古之得道人，舜師也。而至道虛通，生成動植，未知己身之內，得有此道不乎？既逢師傅，故有咨請。

【釋文】「丞」如字。李云：舜師也。一云：古有四輔，前疑後丞，蓋官名。

曰：「汝身非汝有也，汝何得有夫道❶？」

❶【注】夫身者非汝所能有也，塊然而自有耳。身非汝所有，而況（無）〔道〕哉！

【疏】道者，四句所不能得，百非所不能詮。汝身尚不能自有，何得有於道耶？

【釋文】「有夫」音符。「塊然」若對反。

舜曰：「吾身非吾有也，孰有之哉❶？」

❶【疏】未悟生因自然，形由造物，故云身非我有，孰有之哉？

曰：「是天地之委形也；生非汝有，是天地之委和也；性命非汝有，是天地之委順也❶；孫子①非汝有，是天地之委蛻也❷。故行不知所往，處不知所持，食不知所味❸。天地之強陽氣也，又胡可得而有邪❹！」

❶【注】若身是汝有者，則美惡死生，當制之由汝。今氣聚而生，汝不能禁也；氣散而死，汝不能止也。明其委結而自成耳，非汝有也。

【疏】委，結聚也。夫天地陰陽，結聚剛柔和順之氣，成汝身形性命者也。故聚則爲生，散則爲死。死生聚散，既不由汝，是知汝身，豈汝有邪？

【釋文】「委形」司馬云：委，積也。◎俞樾曰：司馬云，委，積也。於義未合。《國策・齊策》願委之於子，高注曰：委，付也。成二年《左傳》王使委於三吏，杜注曰：委，屬也。天地之委形，謂天地所付屬之形也。下三委字並同。

❷【注】氣自委結而蟬蛻也。

【疏】陰陽結聚，故有子孫，獨化而成，猶如蟬蛻也。

【釋文】「委蛻」吐臥反，又音悅，又敕外反，又始銳反，又始劣反。

❸【注】皆在自爾中來，故不知也。

【疏】夫行住食味，皆率自然，推尋根由，莫知其所。故行者誰行，住者誰住，食者誰食，味者誰味乎？皆不知所由而悉自爾也。◎家世父曰：日見其有行而終不知所往，日見其有處而終莫能自持，日見其有食而終莫知所爲味。然則其往也，非我能自主也；其相持數十年之久也，非我能自留也；其食而知味也，非我能自辨也；天地陰陽之氣運掉之使然也，皆不得而有也。

❹【注】強陽，猶運動耳。明斯道也，庶可以遺身而忘生也。

【疏】強陽，運動也。胡，何也。夫形性子孫者，並是天地陰陽運動之氣聚結而成者也，復何得自有此身也！

【釋文】「天地之強陽氣也」郭云：強陽，猶運動耳。案言天地尚運動，況氣聚之生，何可得執而留也！

【校】①《闕誤》引張君房本孫子作子孫。

孔子問於老聃曰：「今日晏閒，敢問至道❶。」

❶【疏】晏，安也。孔子師於老子，故承安居閒暇而詢問玄道也。

【釋文】「晏」於諫反，徐於顯反，又於見反。「閒」音閑。

老聃曰：「汝齊①戒，疏瀹而心，澡雪而精神，掊擊而知！夫道，窅然難言哉！將為汝言其崖略。❶

❶【疏】疏瀹，猶洒濯也。澡雪，猶精潔也。而，汝也。掊擊，打破也。崖，分也。汝欲問道，

先須齋汝心迹，戒慎專誠，洒濯身心，清淨神識，打破聖智，滌蕩虛夷。然玄道窅冥，難可言辯，將爲汝舉其崖分，粗略言之。

【釋文】「齊戒」側皆反。「瀹」音藥。或云：漬也。「掊」普口反，徐方垢反。「而知」音智。「窅然」烏了反。「將為」于偽反。

【校】①趙諫議本作齋。

夫昭昭生於冥冥，有倫生於无形，精神生於道❶，形本生於精❷，而萬物以形相生，故九竅者胎生，八竅者卵生❸。其來无迹，其往无崖，无門无房，四達之皇皇也❹。邀於此者，四肢①彊，思慮恂達，耳目聰明，其用心不勞，其應物无方❺。天不得不高，地不得不廣，日月不得不行，萬物不得不昌，此其道與❻！

❶【注】皆所以明其獨生而無所資借。

【釋文】「无形」謂太初也。

❷【注】皆由精以至粗。

【疏】倫，理也。夫昭明顯著之物，生於窅冥之中；人倫有爲之事，生於無形之內；精智神識之心，生於重玄之道；有形質氣之類，根本生於精微。

【釋文】「形本生於精」謂常道也。

❸【注】言萬物雖以形相生，亦皆自然耳，故胎卵不能易種而生，明神氣之不可爲也。

【疏】夫無形之道，能生有形之物，有形之物，則以形質氣類而相生也。故人獸九竅而胎生，禽魚八竅而卵生，稟之自然，不可相易。

【釋文】「九竅」苦弔反。「卵生」力管反。「易種」章勇反。

❹【注】夫率自然之性，遊無迹之塗者，放形骸於天地之間，寄精神於八方之表；是以無門無房，四達皇皇，逍遙六合，與化偕行也。

【疏】皇，大也。夫以不來爲來者，雖來而無蹤跡；不往爲往者，雖往亦無崖際。是以出入無門戶，來往無邊傍，故能弘達四方，大通萬物也。

❺【注】人生而遇此道，則天性全而精神定。

【疏】邀，遇也。恂，通也。遇於道而會於真理者，則百體安康，四肢強健，思慮通達，視聽聰明，無心之心，用而不勞，不應之應，應無方所也。

【釋文】「邀於」古堯反。◎俞樾曰：《說文》無邀字，彳部：徼，循也。即今邀字也。又曰：循，行順也。然則邀亦順也，邀於此者，猶言順於此者。郭注曰人生而遇此道，是以遇訓邀，義既迂曲，且於古訓無徵，殆失之矣。「思慮」息嗣反。「恂達」音荀。

❻【注】言此皆不得不然而自然耳，非道能使然也。

【疏】二儀賴虛通而高廣，三光資玄道以運行，庶物得之以昌盛，斯大道之功用也。故《老經》云，天得一以清，地得一以寧，萬物得一以生，是之謂也。

【釋文】「天不得不高」謂不得一道，不能為高也。「道與」音餘。下皆同。

【校】①世德堂本作枝。

且夫博之不必知，辯之不必慧，聖人以斷之矣❶。若夫益之而不加益，損之而不加損者，聖人之所保也❷。淵淵乎其若海❸，（巍巍）〔魏魏〕①乎其終則復始也❹，運量萬物而不匱②❺。則君子之道，彼其外與❻！萬物皆往資焉而不匱，此其道與❼！

❶【注】斷棄知慧而付之自然也。

【疏】夫博讀經典，不必知真；弘辯飾詞，不必慧照。故《老經》云，善者不辯，辯者不善；知者不博，博者不知。斯則聖人斷棄之矣。

【釋文】「博之不必知」觀異書為博。「以斷」端管反。注同。

❷【注】使各保其正分而已，故無用知慧爲也。

【疏】博知辯慧，不益其明；沈默面牆，不加其損；所謂不增不減，無損無益，聖人妙體，故保而愛之也。

❸【注】容姿無量。

【疏】尾閭泄之而不耗，百川注之而不增，淵澄深大，故譬玄道。

❹【注】與化俱者，乃積無窮之紀，可謂魏魏。

【疏】巍巍，高大貌也。夫道，遠超太一，近邁兩儀，囊括無窮，故以歎巍巍也。終則復始，此明無終無始，變化日新，隨迎不得。

【釋文】「魏魏」魚威反。「則復」扶又反。

❺【注】用物而不役己，故不匱也。

【釋文】「運量」音亮。「萬物而不匱」求位反。謂任物自動運，物物各足量也。

❻【注】各取於身而足。

【疏】夫運載萬物，器量羣生，潛被無窮而不匱乏者，聖人君子之道。此而非遠，近在內心，既不藉稟，豈其外也！

❼【注】還用〔萬〕③物，故我不匱。此明道之贍物，在於不贍，不贍而物自得，故曰此其道與。

【疏】有識無情，皆稟此玄（之）道；而玄功冥被，終不匱乏。然道物不一不異，而離道無物，故曰此其道與。

【釋文】「之贍」涉豔反。下同。

【校】①魏魏依世德堂本改，注及《釋文》亦作魏。②《闕誤》引文如海劉得一本匱字俱作遺。③萬字依劉文典說補。

中國有人焉，非陰非陽❶，處於天地之間，直且為人❷，將反於宗❸。自本觀之，生者，喑醷物也❹。雖有壽夭，相去幾何？須臾之說也。奚足以為堯桀之是非

⑤！果蓏有理⑥，人倫雖難，所以相齒⑦。聖人遭之而不違⑧，過之而不守⑨。調而應之，德也；偶而應之，道也⑩；帝之所興，王之所起也⑪。

❶【注】無所偏名。

❷【注】敖然自放，所遇而安，了無功名。

【疏】中國，九州也。言人所稟之道，非陰非陽，非柔非剛，非短非長，故絕四句，離百非也。處在天地之間，直置爲人，而無偏執。本亦作値字者，言處乎宇內，遇値爲人，曾無所係也。

【釋文】「直且」如字。舊子餘反。

❸【注】不逐末也。

【疏】既無偏執，任置爲人，故能反本還原，歸於宗極。

❹【注】直聚氣也。

【疏】本，道也。喑噫，氣聚也。從道理而觀之，故知生者聚氣之物也，奚足以惜之哉！

【釋文】「喑」音蔭，郭音闇，李音飲，一音於感反。「醷」於界反，郭於感反，李音意，一音他感反。李郭皆云：喑醷，聚氣貌。

❺【注】死生猶未足殊，況壽夭之間哉！

【疏】一生之內，百年之中，假令壽夭，賒促詎幾！俄頃之間，須臾之說耳，何足以是堯非桀而分別於其間哉！

【釋文】「幾何」居豈反。

❻【注】物無不理，但當順之。

【釋文】「果蓏」徐力果反。

❼【注】人倫有智慧之變，故難也。然其智慧自相齒耳，但當從而任之。

【疏】在樹曰果，在地曰蓏。桃李之屬，瓜瓠之徒，木生藤生，皆有其理。人之處世，險阻艱難，而貴賤尊卑，更相齒次，但當任之，自合夫道，譬彼果蓏，有理存焉。

❽【注】順所遇也。

❾【注】宜過而過。

【疏】遭遇軒冕，從而不違，既以過焉，亦不留舍。

❿【注】調偶，和合之謂也。

【疏】調和庶物，順而應之，上德也；偶對前境，逗機應物，聖道也。

⓫【注】如斯而已。

【疏】夫帝王興起，俯應羣生，莫過調偶隨時，逗機接物。

人生天地之間，若白駒之過郤，忽然而已❶。注然勃然，莫不出焉；油然漻然，莫不入焉❷。已化而生，又化而死❸，生物哀之❹，人類悲之❺。解其天弢，墮其天袠❻，紛乎宛乎❼，魂魄將往，乃身從之，乃大歸乎❽！不形之形，形之不形❾，是人之所同知也❿，非將至之所務也⓫，此眾人之所同論也⓬。彼至則不論⓭，論則不至⑭。明見无值⑮，辯不若默。道不可聞，聞不若塞。此之謂大得。⑯」

❶【注】乃不足惜。

【疏】白駒，駿馬也，亦言日也。隙，孔也。夫人處世，俄頃之間，其爲迫促，如馳駿駒之過孔隙，欻忽而已，何曾足云也！

【釋文】「白駒」或云：日也。「過郤」去逆反。本亦作隙。隙，孔也。

❷【注】出入者，變化之謂耳，言天下未有不變也。

【疏】注勃是生出之容，油漻是入死之狀。言世間萬物，相與無恆，莫不從變而生，順化而死。

【釋文】「勃然」步忽反。「油然」音由。「漻然」音流，李音礫。

❸【注】俱是化也。

❹【注】死物不哀。

❺【注】死類不悲。

【疏】夫生死往來，皆變化耳，委之造物，何足係哉！故其死也，生物人類，共悲哀之務，非類非生，故不悲不哀也。◎家世父曰：生物哀之，所以知哀，惟其生也，而不知生之同歸於盡也。人類悲之，所以知悲，惟人之有知也，而不知人之知之亦同歸於盡也。

❻【注】獨脫也。

【疏】弢，囊藏也。袠，束囊也。言人執是競非，欣生惡死，故爲生死束縛也。今既一於是非，忘於生死，故墮解天然之弢袠也。

【釋文】「天弢」敕刀反。《字林》云：弓衣也。「墮其」許規反。「天袠」陳筆反。

❼【注】變化烟熅。

【釋文】「宛乎」於阮反。「絪」音因。本亦作烟，音因。「縕」於云反。本亦作熅，音同。◎盧文弨曰：今本作烟熅。

❽【注】無爲用心於其間也。

【疏】紛綸宛轉，並適散之貌也。魂魄往天，骨肉歸土，神氣離散，紛宛任從，自有還無，乃大歸也。

❾【注】不形，形乃成；若形之，（形）①則敗其形矣。

【疏】夫人之未生也，本不有其形，故從無形；氣聚而有其形，氣散而歸於無形也。

【釋文】「則敗」補邁反。

❿【注】雖知之，然不能任其自形而反形之，所以多敗。

⓫【注】務則不至。

【疏】夫從無形生形，從有形復無形質，是人之所同知也。斯乃人間近事，非詣理至人之達務也。

⓬【注】雖論之，然故不能不務，所以不至也。

【疏】形質有無，生死來往，衆人凡類，同共乎論。

⑬【注】悗然不覺乃至。

【釋文】「悗然」亡本反。

⑭【疏】彼至聖之人，忘言得理，故無所論說；若論說之，則不至於道。

⑮【注】闇至乃值。

【疏】值，會遇也。夫能閉智塞聽，〔故〕冥契玄理，若顯明聞見，則不會真也。

⑯【注】默而塞之，則無所奔逐，故大得。

【疏】夫大辯飾詞，去真遠矣；忘言靜默，玄道近焉。故道不可以多聞求，多聞求不如於闇塞。若能妙知於此意，可謂深得於大理矣。◎家世父曰：道無形也，見之而以爲道，遂若巧相值焉，而固無值也。《說文》：值，措也。不能舉而措之，則此所見一道，彼所見又一道，而有不勝其辯者矣，〔固〕〔故〕曰辯不若默。

【校】①形字依世德堂本刪。

東郭子問於莊子曰：「所謂道，惡乎在❶？」

❶【疏】居在東郭，故號東郭子，則無擇之師東郭順子也。問莊子曰：「所謂虛通至道，於何處在乎？」

【釋文】「東郭子」李云：居東郭也。「惡乎」音烏。

莊子曰：「无所不在❶。」

❶【疏】道無不徧，在處有之。

東郭子曰：「期而後可❶。」

❶【注】欲令莊子指名所在。

【疏】郭注云：欲令莊子指名所在也。

【釋文】「欲令」力呈反。

莊子曰：「在螻蟻。」

曰：「何其下邪？」

曰：「在稊稗。」

曰：「何其愈下邪？」

曰：「在瓦甓。」

曰：「何其愈甚邪？」

曰：「在屎溺。」

東郭子不應。❶莊子曰：「夫子之問也，固不及質❷。正獲之問於監市履狶也，每下愈況❸。汝唯莫必①，无乎逃物❹。至道若是，大言亦然❺。周徧咸三者，異名同實，其指一也❻。

❶【疏】大道無不在，而所在皆無，故處處有之，不簡穢賤。東郭未達斯趣，謂道卓爾清高，在

瓦甓已嫌卑甚，又聞屎溺，故瞋而不應也。

【釋文】「螻」力侯反。「蟻」魚綺反。「在苐」大西反。本又作稊。「薜」步計反。本又作稗，蒲賣反。李云：苐薜，二草名。◎盧文弨曰：今本作稊稗。「瓦甓」本又作甓，步歷反。「屎」尸旨反，舊詩旨反。本或作矢。「溺」乃弔反。

❷【注】舉其標質，言無所不在，而方復怪此，斯不及質也。

【疏】質，實也。言道無不在，豈唯稊稗！固答子之問，猶未逮真也。

❸【注】狶，大豕也。夫監市之履豕以知其肥瘦者，愈履其難肥之處，愈知豕肥之要。今問道之所在，而每況之於下賤，則明道之不逃於物也必矣。

【疏】正，官號也，則今之市令也。獲，名也。監，市之魁也，則今屠卒也。狶，猪也。凡今問於屠人買猪之法，云：履踐豕之股腳之間，難肥之處，愈知豕之肥瘦之意況也。何者？近下難肥之處有肉，足知易肥之處足脂。亦猶屎溺卑下之處有道，則明清虛之地皆徧也。

【釋文】「正獲之問於監」古銜反。「市履狶」虛豈反。「每下愈況」李云：正，亭卒也；獲，其名也。監，市，市魁也。狶，大豕也。履，踐也。夫市魁履豕，履其股腳，狶難肥處，故知豕肥耳。問道亦況下賤則知道也。「瘦」色救反。「之處」昌慮反。

❹【注】若必謂無之逃物，則道不周矣，道而不周，則未足以爲道。

【疏】無者，無爲道也。夫大道曠蕩，無不制圍。汝唯莫言至道逃棄於物也。必其逃物，何爲周徧乎！

❺【注】明道不逃物。

【疏】至道，理也；大言，教也。理既不逃於物，教亦普徧無偏也。

❻【疏】周悉皆徧，咸皆有道。此重明至道不逃於物，雖有三名之異，其實理旨歸則同一也。

【釋文】「周徧」音遍。

【校】①《闕誤》引張君房、成玄瑛本必下有謂字。

嘗相與游乎无何有之宮，同合而論，无所終窮乎❶！嘗相與无為乎！澹而靜乎！漠而清乎！調而閒乎❷！寥已吾志❸，无往焉而不知其所至❹，去而來而不知其所止❺，吾已往來焉而不知其所終❻；彷徨乎馮閎，大知入焉而不知其所窮❼。物物者與物无際❽，而物有際者，所謂物際者也❾；不際之際，際之不際者也❿。謂盈虛衰殺，彼為盈虛非盈虛，彼為衰殺非衰殺，彼為本末非本末，彼為積散非積散也⓫。」

❶【注】若遊有，則不能周徧咸也。故同合而論之，然後知道之無不在，知道之無不在，然後能曠然無懷而遊彼無窮也。

【疏】無何有之宮，謂玄道處所也；無一物可有，故曰無何有也。而周徧咸三者，相與遨遊乎至道之鄉，實旨既一，同合而論，冥符玄理，故無終始窮極耳。

❷【注】此皆無爲故也。

【疏】此總歎周徧咸三功能盛德也。既游至道之鄉，又處無爲之域，故能恬淡安靜，寂寞清虛，柔順調和，寬閒逸豫。

【釋文】「澹而」徒暫反。◎慶藩案漠而清，漠亦清也，古人自有複語耳。《爾雅》：漠，察，清也。樊注：漠然，清貌。漠亦通作莫，昭二十八年《左傳》德正應和曰莫，杜注：莫然清靜也。「而閒」音閑。

❸【注】寥然空虛。

【疏】得道玄聖，契理冥真，性志虛夷，寂寥而已。

【釋文】「寥」音遼。

❹【注】志苟寥然，則無所往矣；無往焉，故往而不知其所至；有往矣，則理未動而志已〔至〕〔鶩〕①矣。

【釋文】「已鶩」如字。本亦作騖，音務。◎慶藩案郭注，有往焉，則理未動而志已鶩矣，鶩字頗費解，義當從《釋文》作騖，是也。騖與馳同義，注言未動而志已先馳也，志不得云鶩。鶩騖字形相近，因誤。（《淮南》馳〔聘〕〔騁〕若騖，騖又訛為鶩。）

❺【注】斯順之也。

【疏】〔語〕〔志〕②既寂寥，故與無還往。假令不往而往，不來而來，竟無至所，亦無止住。

❻【注】但往來不由於知耳，不爲不往來也。往來者，自然之常理也，其有終乎！

【疏】假令往還造物，來去死生，隨變任化，亦不知終始也。

❼【注】馮閎者，虚廓之謂也。大知（由）〔遊〕③乎寥廓，恣變化之所如，故不知也。

【疏】彷徨是放任之名，馮閎是虚曠之貌，謂入契會也。言大聖知之人，能會於寂寥虚曠之理，是以逍遙自得，放任無窮。

【釋文】「彷」音旁。本亦作傍。「徨」音皇。「馮」皮冰反，又普耕反，又步耕反。「閎」音宏。李云：馮宏，皆大也。郭云：虚廓之謂也。

❽【注】明物物者，無物而物自物耳。物自物耳，故冥也。

【疏】際，崖畔也。夫能物於物者，聖人也。聖人冥同萬境，故與物無彼我之際畔。

❾【注】物有際，故每相與不能冥然，真所謂際者也。

【疏】物情分別，取舍萬端，故有物我之交際也。

❿【注】不際者，雖有物物之名，直明物之自物耳。物物者，竟無物也，際其安在乎！

【疏】際之不際者，聖人之達觀也；不際之際者，凡鄙之滯情也。

⓫【注】既明物物者無物，又明物之不能自物，則爲之者誰乎哉？皆忽然而自爾也。

【疏】富貴爲盈，貧賤爲虚；老病爲衰殺，終始爲本末；生來爲積，死去爲散。夫物物者非物，而生物誰乎？此明能物所物，皆非物也。物既非物，何盈虚衰殺之可語耶！是知所謂盈虚皆非盈虚。故《西昇經》云，君能明之，所是反非也。

【釋文】「衰殺」色界反，徐所例反。下同。

【校】①驚字依《釋文》、世德堂本及郭慶藩按語改，惟覆宋本作至。②志字依正文改。③遊字依世德堂本改。

妸荷甘與神農同學於老龍吉❶。神農隱几闔戶晝瞑，妸荷甘日中奓戶而入曰：「老龍死矣❷！」神農隱几擁杖而起，曝然放杖而笑❸，曰：「天知予僻陋慢訑，放棄予而死。已矣夫子！无所發予之狂言而死矣夫❹！」

❶**【疏】**姓妸，字荷甘。神農者，非三皇之神農也，則後之人物耳。二人同學於老龍吉。老龍吉亦是號也。

【釋文】「妸」於河反。「荷甘」音河。本或作苛。「老龍吉」李云：懷道人也。

❷**【疏】**隱，憑也。闔，合也。奓，開也，亦排也。學道之人，心神凝靜，閉門隱几，守默而瞑。荷甘既聞師亡，所以排戶而告。

【釋文】「隱机」於靳反。下同。◎盧文弨曰：今本作几。「闔戶」戶臘反。「晝瞑」音眠。「奓」郭處野反，又音奢，徐都嫁反，又處夜反。司馬云：開也。

❸**【注】**起而悟夫死之不足驚，故還放杖而笑也。

【疏】曝然，放杖聲也。神農聞吉死，是以擁杖而驚；覆思死不足哀，故還放杖而笑。◎俞樾曰：既言擁杖而起，不當言隱几。疑隱几字涉上文神農隱几闔戶晝瞑而衍。

【釋文】「曝然」音剝，又孚邈反，又孚貌反。李云：放杖聲也。「投杖」本亦作放杖。◎盧文弨曰：今本作放杖。

❹【注】自肩吾已下，皆以至言爲狂而不信也。故非老龍連叔之徒，莫足與言也。

【疏】夫子，老龍吉也。言其有自然之德，故呼之曰天也。狂言，猶至言也，非世人之所解，故名至言爲狂也。而師知我偏僻鄙陋，慢訑不專，故棄背吾徒，止息而死。哲人云亡，至言斯絕，無復談玄垂訓，開發我心。

【釋文】「僻陋」匹亦反。「慢」武半反，徐無見反，郭如字。「訑」徒旦反，徐徒見反，郭音但。「已矣夫」音符。

弇堈弔聞之，曰：「夫體道者，天下之君子所繫焉❶。今於道，秋豪之端萬分未得處一焉❷，而猶知藏其狂言而死，又況夫體道者乎❸！視之无形，聽之无聲，於人之論者，謂之冥冥，所以論道，而非道也❹。」

❶【注】言體道者，人之宗主也。

【釋文】「弇」音奄。「堈」音剛。「弔」李云：弇剛，體道人；弔，其名。「繫焉」謂為物所歸投也。

❷【注】秋豪之端細矣，又未得其萬分之一。

❸【注】明夫至道非言之所得也，唯在乎自得耳。

【疏】姓弇，名堈，隱者也。繫，屬也。聞龍吉之亡，傍爲議論云：「體道之人，世間共重，賢人君子，繫屬歸依。今老龍之於玄道，猶豪端萬分之未一，尚知藏其狂簡，處順而亡，況乎妙悟之人，曾肯露其言說！」是知體道深玄，忘言契理者之至稀也。

❹【注】冥冥而猶復非道，明道之無名也。

【疏】夫玄道虛漠，妙體希夷，非色非聲，絕視絕聽。故於學人論者，論曰冥冥而謂之冥冥，猶非真道也。

【釋文】「猶復」扶又反。

於是泰清問乎无窮曰：「子知道乎？」

无窮曰：「吾不知❶。」

❶【疏】泰，大也。夫至道弘曠，恬淡清虛，囊括無窮，故以泰清無窮爲名也。既而泰清以知問道，無窮答以不知，欲明道離形聲，亦不可以言知求也。

又問乎无為。无為曰：「吾知道。」

曰：「子之知道，亦有數乎？」

曰：「有。」

曰：「其數若何❶？」

❶【疏】子既知道，頗有名數不乎？其數如何，請爲略述。

无為曰：「吾知道之可以貴，可以賤，可以約，可以散，此吾所以知道之數也

❶。」

❶【疏】貴爲帝王，賤爲僕隸，約聚爲生，分散爲死，數乃無極。此略言之，欲明非名而名，非數而數也。

泰清以之言也問乎无始曰：「若是，則无窮之弗知與无為之知，孰是而孰非乎❶？」

❶【疏】至道玄通，寂寞無爲，隨迎不測，無終無始，故寄無窮無始爲其名焉。無窮無爲，弗知與知，誰是誰非，請定臧否。

【釋文】「與无為之知」並如字。

无始曰：「不知深矣，知之淺矣；弗知內矣，知之外矣❶。」

❶【疏】不知合理，故深玄而處內；知之乖道，故粗淺而疏外。

於是泰清中而歎曰：「弗知乃知乎！知乃不知乎！孰知不知之知❶？」

❶【注】凡得之不由於知，乃冥也。

【疏】泰清得中道而嗟歎，悟不知乃真知。誰知不知之知，明真知之至希也。

【釋文】「中而歎」崔本中作卬。

无始曰：「道不可聞，聞而非也；道不可見，見而非也；道不可言，言而非也。❶知形形之不形乎❷！道不當名❸。」

❶【注】故默成乎不聞不見①之域而後至焉。

【疏】道無聲，不可以耳聞，耳聞非道也；道無色，不可以眼見，眼見非道也；道無名，不可以言說，言說非道也。

❷【注】形自形耳，形形者竟無物也。

【疏】夫能形色萬物者，固非形色也，乃曰形形不形也。

❸【注】有道名而竟無物，故名之不能當也。

【疏】名無得道之功，道無當名之實，所以名道而非。

【校】①王叔岷劉文典均謂不見下當有不言二字。

无始曰：「有問道而應之者，不知道也。雖問道者，亦未聞道。❶道无問，問无應❷。无問問之，是問窮也❸；无應應之，是无內也❹。以无內待問窮，若是者，外不觀乎宇宙，內不知乎大初❺，是以不過乎崐崙，不遊乎太虛❻。」

❶【注】不知故問，問之而應，則非道也。不應則非問者所得，故雖問之，亦終不聞也。

【疏】夫道絕名言，不可問答，故問道應道，悉皆不知。

❷【注】絕學去教，而歸於自然之意也。

【疏】體道離言，有何問應！凡言此者，覆釋前文。

【釋文】「去教」起呂反。

❸【注】所謂責空。

【疏】窮，空也。理無可問而強問之，是責空也。

❹【注】實無而假有以應者外矣。

【疏】理無可應而強應之，乃成殊外。◎家世父曰：道無問，意揣夫道而問之，是先自窮也，故曰問窮。道無〔應，意揣夫道而〕應之，是徇外也，故曰無內。

❺【疏】天地四方曰宇，往古來今曰宙。大初，道本也。若以理外之心待空內之智者，可謂外不識乎六合宇宙，內不知乎己身妙本者也。

【釋文】「大初」音泰。

❻【注】若夫婪落天地，游虛涉①遠，以入乎冥冥者，不應而已矣。

【疏】崐崘是高遠之山，太虛是深玄之理。苟其滯著名言，猶存問應者，是知未能經過高遠，游涉深玄者矣。

【釋文】「婪落」力含反。

【校】①趙諫議本涉作步。

光曜問乎无有曰：「夫子有乎？其无有乎？❶」

❶【疏】光曜者，是能視之智也。無有者，所觀之境也，智能照察，故假名光曜；境體空寂，故

假名無有也。而智有明暗，境無深淺，故以智問境，有乎無乎？

光曜不得問，而孰視其狀貌，窅然空然，終日視之而不見，聽之而不聞，搏之而不得也❶。

❶【疏】夫妙境希夷，視聽斷絕，故審狀貌，唯寂唯空也。◎俞樾曰：《淮南子・道應篇》光曜不得問上有無有弗應也五字，當從之。惟無有弗應，故光曜不得問也。此脫五字，則義不備。

【釋文】「窅然」烏了反。「搏之」音博。

光曜曰：「至矣！其孰能至此乎！予能有无矣，而未能无无也；及為无有矣，何從至此哉❶！」

❶【注】此皆絕學之意也。於道絕之，則夫學者乃在根本中來矣。故學之善者，其唯不學乎！

【疏】光明照曜，其智尚淺，唯能得無喪有，未能雙遣有無，故歎無有至深，誰能如此玄妙！而言無有者，非直無有，亦乃無無，四句百非，悉皆無有。以無之一字，無所不無，言約理廣，故稱無也。而言何從至此者，但無有之境，窮理盡性，自非玄德上士，孰能體之！是以淺學小智，無從而至也。

大馬之捶鉤者，年八十矣，而不失豪①芒❶。大馬曰：「子巧與？有道與❷？」

❶【注】〔拈〕〔玷〕②捶鉤之輕重，而無豪芒之差也。

【疏】大馬，官號，楚之大司馬也。捶，打鍛也。鉤，腰帶也。大司馬家有工人，少而善鍛鉤，行年八十，而捶鉤彌巧，專性凝慮，故無豪芒之差失也。鉤，稱鉤權也，謂能拈捶鉤權，知斤兩之輕重，無豪芒之差失也。

【釋文】「大馬之捶鉤者年八十矣而不失豪芒」捶，郭音丁果反，徐之累反，李之睡反。大馬，司馬也。（司馬）郭云：捶者，玷捶鉤之輕重而不失豪芒也。或說云：江東三魏之間人皆謂鍛為捶，音字亦同，郭失之。今不從此說也。◎盧文弨曰：玷捶鉤，舊本作玷捶鐵，今依宋本改正③。別本同。「玷」丁恬反。「捶」丁果反。

❷【疏】司馬怪其年老而捶鍛愈精，謂其工巧別有道術也。

【釋文】「巧與」音餘。下同。

【校】①唐寫本豪作鉤。②玷字依《釋文》及世德堂本改。③世德堂本作鉤。

曰：「臣有守也。臣之年二十而好捶鉤，於物无視也，非鉤无察也❶。是用之者，假不用者也以長得其用，而況乎无不用者乎！物孰不資焉❷！」

❶【疏】更無別術，有所守持。少年已來，專精好此，捶鉤之外，無所觀察，習以成性，遂至於斯也。◎王念孫曰：守即道字。《達生篇》仲尼曰：子巧乎！有道耶？曰：我有道也。是其證。道字古讀若守，故與守通。（《九經》中用韻之文，道字皆讀若守，《楚辭》及《老莊》諸子並同。秦《會稽刻石文》追道高明，《史記·秦始皇紀》道作首，首與守同音。《說文》：道，從辵，首聲。今

本無聲字者，二徐不曉古音而削〔之〕①也。）

【釋文】「而好」呼報反。

❷【注】都無懷，則物來皆應。

【疏】所以至老而長得其捶鉤之用者，假賴於不用心視察他物故也。夫假不用爲用，尚得終年，況乎體道聖人，無用無不用，故能成大用，萬物資稟，不亦宜乎！

【釋文】「以長」丁丈反。

【校】①之字依《讀書雜志》補。

冉求問於仲尼曰：「未有天地可知邪？」

仲尼曰：「可。古猶今也❶。」

❶【注】言天地常存，乃無未有之時。

【疏】姓冉，名求，仲尼弟子。師資發起，詢問兩儀未有之時可知已否。夫變化日新，則無今無古，古猶今也，故答云可知也。

冉求失問而退，明日復見，曰：「昔者吾問『未有天地可知乎？』夫子曰：『可。古猶今也。❶』昔日吾昭然，今日吾昧然，敢問何謂也❷？」

❶【疏】失其問意，遂退而歸。既遵應問，還用應答。

【釋文】「明日復」扶又反。「見」賢遍反。

❷【疏】昔日初咨，心中昭然明察；今時後問，情慮昧然暗晦。敢問前明後暗，意謂如何？

仲尼曰：「昔之昭然也，神者先受之❶；今之昧然也，且又為不神者求邪❷？无古无今，无始无終❸。未有子孫而有子孫，可乎❹？」

❶【注】虛心以待命，斯神受也。

❷【注】思求更致不了。

【疏】先來未悟，銳彼精神，用心求受，故昭然明白也。後時領解，不復運用精神，直置任真，無所求請，故昧然闇塞也。求邪者，言不求也。

【釋文】「又為」于偽反。

❸【注】非唯無不得化而爲有也，有亦不得化而爲無矣。是以（無）〔夫〕①有之爲物，雖千變萬化，而不得一爲無也。不得一爲無，故自古無未有之時而常存也。

【疏】日新而變，故無始無終，無今無古，故知無未有天地之時者也。

❹【注】言世世無極。

【疏】言子孫相生，世世無極，天地人物，悉皆無原無有之時也。可乎，言不可也。

【釋文】「未有子孫而有孫子」言其要有由，不得無故而有；傳世故有子孫，不得無子而有孫也。如是，天地不得先無而今有也。◎盧文弨曰：今本孫子亦作子孫。◎家世父曰：天地運行而不息，子孫代嬗而不窮。浸假而有子孫矣，求之未有子孫之前，是先自惑也。天地大化之運行，無始無終，未有天地，於何求之！故曰古猶今也，相與為無窮之詞也。

【校】①夫字依世德堂本改。

冉求未對。仲尼曰：「已矣，未應矣！不以生生死❶，不以死死生❷。死生有待邪❸？皆有所一體❹。有先天地生者物①邪？物物者非物。物出不得先物也，猶其有物也。猶其有物也②，无已❺。聖人之愛人也終无已者，亦乃取於是者也❻。」

❶【注】夫死者獨化而死耳，非夫生者生此死也。

❷【注】生者亦獨化而生耳。

【疏】已，止也。未，無也。夫聚散死生，皆獨化日新，未嘗假賴，豈相因待！故不用生生此死，不用死死此生。冉求未對之間，仲尼止令無應，理盡於此，更何所言也！

❸【注】獨化而足。

❹【注】死與生各自成體。

【疏】死，獨化也，豈更成一物哉！死既不待於生，故知生亦不待於死。死生聚散，各自成一體耳，故無所因待也。

❺【注】誰得先物者乎哉？吾以陰陽為先物，而陰陽者即所謂物耳。誰又先陰陽者乎？吾以自然為先之，而自然即物之自爾耳。吾以至道為先之矣，而至道者乃至無也。既以無矣，又奚為先？然則先物者誰乎哉？而猶有物，無已，明物之自然，非有使然也。

【疏】夫能物於物者，非物也。故非物則無先後，物出則是物，復不得有先於此物者。何以知其然耶？謂其猶是物故也。以此推量，竟無先物者也。然則先物者誰乎哉？明物之自然耳，自然則無窮已之時也。是知天地萬物，自古以固存，無未有之時也。

【釋文】「有先」悉薦反。下及注同。◎家世父曰：先天地者道也。既謂之生矣，是道亦物也。既謂之物矣，是其先物者又何自而生耶？物與物相嬗而不已，而推求物之始，以得其先物而生者，是物豈有已耶？有已，則或開而先之；無已，孰開而先之？是以謂之物出不得先物也。

❻【注】取於自爾，故恩流百代而不廢也。

【疏】夫得道聖人，慈愛覆育，恩流百代而無窮止者，良由德合天地，妙體自然，故能虛己於彼，忘懷亭毒，不仁萬物，芻狗蒼生，蓋取斯義而然也。

【校】①唐寫本者下無物字。②猶其有物也句，劉得一本不重。

顏淵問乎仲尼曰：「回嘗聞諸夫子曰：『无有所將，无有所迎。』回敢問其遊❶。」

❶【疏】請夫子言。將，送也。夫聖人如鏡，不送不迎，顏回聞之日，未曉其理，故詢諸尼父，問其所由。

仲尼曰：「古之人，外化而內不化❶，今之人，內化而外不化❷。與物化者，一不化者也❸。安化安不化❹，安與之相靡❺，必與之莫多❻。狶韋氏之囿，黃帝之圃，有虞氏之宮，湯武之室❼。君子之人，若儒墨者師，故以是非相螫也，而況今之人乎❽！聖人處物不傷物❾。不傷物者，物亦不能傷也❿。唯无所傷者，為能與人①相將迎⓫。山林與！皋壤與！使②我欣欣然而樂與⓬！樂未畢也，哀又繼之⓭。哀樂之來，吾不能禦，其去弗能止。悲夫，世人直為物逆旅耳！⓮夫知遇而不知所不遇⓯，知③能能而不能所不能⓰。无知无能者，固人之所不免也⓱。夫務免乎人之所不免者，豈不亦悲哉⓲！至言去言，至為去為⓳。齊知之所知，則淺矣⓴。」

❶【注】以心順形而形自化。

【疏】古人純樸，合道者多，故能外形隨物，內心凝靜。

❷【注】以心使形。

【疏】內以緣通，變化無明，外形乖誤，不能順物。◎家世父曰：外化者物與同，內化者心與適。心與適則與物俱化而莫得其所化。與物俱化，相靡而已矣。莫得其所化而與爲將迎，有多於物者矣。狶韋之囿，黃帝之圃，有虞氏之宮，湯武之室，其中愈深，其外愈閟。《說文》：苑，囿有垣也。種菜曰圃。《釋名》，宮，穹也，屋見垣上穹隆然也。《說文》：室，實也。踵而爲之飾事，將迎日紛，是非日淆，於是儒墨並興，各以其是非相和也；而相與學一先生之言，奉之爲師，取其所謂是非者，將而非之，迎而拒之，是以謂之內化而外不化也。

❸【注】常無心，故一不化；一不化，乃能與物化耳。

❹【注】化與不化，皆任彼耳，斯無心也。

【疏】安，任也。夫聖人無心，隨物流轉，故化與不化，斯安任之，既無分別，曾不概意也。

❺【注】直無心而恣其自化耳，非將迎而靡順之。

【疏】靡，順也。所以化與不化悉安任者，爲不忤蒼生，更相靡順。

❻【注】不將不迎，則足而止。

【疏】雖復與物相順，而亦不多仁恩，各止於分，彼我無損。

❼【注】言夫無心而任化，乃羣聖之所游處。

【疏】狶韋、軒轅、虞舜、殷湯、周武，並是聖明王也。言無心順物之道，乃是狶韋彷徨之苑囿，軒轅遨遊之園圃，虞舜養德之宮闈，湯武怡神之虛室，斯乃羣聖之所游而處之也。

【釋文】「之囿」音又。「之圃」布五反，又音布。

❽【注】䪡，和也。夫儒墨之師，天下之難和者，而無心者猶故和之，而況其凡乎！

【疏】䪡，和也。夫儒墨之師，更相是非，天下之難和者也，而聖人君子，猶能順而和之。況乎今世之人，非儒墨之師者也，隨而化之，不亦宜乎！

【釋文】「相䪡」子兮反，和也。

❾【注】至順也。

【疏】處俗和光，利而不害，故不傷之也。

❿【注】在我而已。

【疏】虛舟飄瓦，大順羣生，羣生樂推，故處不害。

⑪【注】無心故至順，至順故能無所將迎而義冠於將迎也。

【疏】夫唯安任羣品，彼我無傷者，故能與物交際而明不迎而迎者也。

【釋文】「義冠」古亂反。

⑫【注】山林皐壤，未善於我，而我便樂之，此爲無故而樂也。

【釋文】「山林與」音餘。下同。「而樂」音洛。注、下皆同。

⑬【注】夫無故而樂，亦無故而哀也。則凡所樂不足樂，凡所哀不足哀也。

【疏】凡情滯執，妄生欣惡，忽覩高山茂林，神皐奧壤，則欣然欽慕，以爲快樂；而樂情未幾，哀又繼之，情隨事遷，哀樂斯變。此乃無故而樂，無故而哀，是知世之哀樂，不足計也。

⑭【注】不能坐忘自得，而爲哀樂所寄也。

【疏】逆旅，客舍也。窮達之來，不能禦扞，哀樂之去，不能禁止。而凡俗之人，不閑斯趣，譬彼客舍，爲物所停，以妄爲真，深可悲歎也。

【釋文】「能禦」魚呂反。

⑮【注】知之所遇者即知之，知之所不遇者即不知也。

⑯【注】所不能者，不能強能也。由此觀之，知與不知，能與不能，制不（出）〔由〕④我也，當付之自然耳。

【疏】夫智有明闇，能有工拙，各稟素分，不可強爲。故分之所遇，知則知之，不遇者不能知也；分之所能，能則能之，性之不能，不可能也。譬鳥飛魚泳，蛛網蜣丸，率之自然，寧非性也！

◎家世父曰：各有所知，各有所能，無相強也；各有所不知，各有所不能，無相勝也。強其所知以通其所不知，強其所能以通其所不能，而據之以爲知，據之以爲能，強天下而齊之，是非相乘，哀樂滋繁。是故忘其所知，而知乃自適也；忘其所能，而能乃自適也。至言去言，至爲去爲，已且忘之，奚暇齊天下焉！齊知之所知者，據所知以強通之天下者也。

【釋文】「強」其丈反。

⑰【注】受生各有分也。

【疏】既非聖人，未能智周萬物，故知與不知，能與不能，稟生不同，機關各異，而流俗之人，必固其所不免也。

⑱【疏】人之所不免者，分外智能之事也。而凡鄙之流不能安分，故銳意惑清，務在獨免，愚惑之甚，深可悲傷。

⑲【注】皆自得也。

【疏】至理之言，無言可言，故去言也。至理之爲，無爲可爲，故去爲也。

⑳【注】夫由知而後得者，假學者耳，故淺也。

【疏】見賢思齊，捨己效物，假學求理，運知訪道，此乃淺近，豈曰深知矣！

【釋文】「齊知之」才細反，又如字。

【校】①敦煌本人作之。②《闕誤》引江南《古藏》本使上有與我無親四字。③敦煌本無知字。④由字依世德堂本改。

莊子集釋　卷八上

雜篇　庚桑楚第二十三❶

❶【釋文】以人名篇。本或作《庚桑楚》。◎盧文弨曰：今書有楚字。

老聃之役有庚桑楚者，偏得老聃之道❶，以北居畏壘之山，其臣之畫然知者去之，其妾之挈然仁者遠之❷；擁腫之與居❸，鞅掌之為使❹。居三年，畏壘大壤。畏壘之民相與言曰：「庚桑子之始來，吾洒然異之❺。今吾日計之而不足，歲計之而有餘❻。庶幾其聖人乎！子胡不相與尸而祝之，社而稷之乎？❼」

❶【疏】姓庚桑，名楚，老君之弟子，蓋隱者也。役，門人之稱；古人事師，供其驅使，不憚艱危，故稱役也。而老君大聖，弟子極多，門人之中，庚桑歷最勝，故稱偏得也。

【釋文】「老聃之役」司馬云：役，學徒弟子也。《廣雅》云：役，使也。「庚桑楚」司馬云：楚，名；庚桑，姓也。《太史公書》作亢桑。◎慶藩案《史記·老莊列傳索隱》引司馬云：庚桑楚，人姓名。與《釋文》小異。◎俞樾曰：《列子·仲尼篇》老聃之弟子有亢倉子者，張湛注音庚桑。賈逵《姓氏英覽》云：吳郡有庚桑姓，稱為七族。然則庚桑子吳人歟？「偏得」向音篇。

❷【注】畫然，飾知；挈然，矜仁。

【疏】畏壘，山名，在魯國。臣，僕隸，妾，接也；言人以仁智爲臣妾，庚桑子悉棄仁智以接事君子也。楚既幽人，寄居山藪，情敦素樸，心鄙浮華；山旁士女，競爲臣妾，故畫然（舒）〔飾〕①智自明炫者，斥而去之，（絜）〔挈〕然矜仁苟異於物者，令其疏遠。

【釋文】「畏」本或作嵔，又作猥，同。烏罪反，向於鬼反。「壘」崔本作纍，同。力罪反，向良裴反。李云：畏壘，山名也。或云在魯，又云在梁州。「畫然」音獲。「知者」音智。注同。「挈然」本又作契，同。苦計反。向云：知也。又苦結反。《廣雅》云：提也。「遠之」于萬反。司馬云：言人以仁智為臣妾，庚桑悉棄仁智也。

❸【注】擁腫，朴也。

【釋文】「擁」於勇反。「腫」章勇反。本亦作踵。

❹【注】鞅掌，自得。

【疏】擁腫鞅掌，皆淳朴自得之貌也。斥棄仁智，淡然歸實，故淳素之（亡）〔士〕②與其同居，率性之人供其驅使。

【釋文】「鞅掌」於丈反。郭云：擁腫，朴也；鞅掌，自得也。崔云：擁腫，無知貌；鞅掌，不仁意。向云：二句，朴纍之謂。司馬云：皆醜貌也。

❺【注】異其棄知而任愚。

【釋文】「大壤」而掌反。本亦作穰。崔本同。又如羊反。《廣雅》云：豐也。◎盧文弨曰：案《列子・天瑞篇》亦以壤同穰。「洒然」素殄反，又悉禮反。崔李云：驚貌。向蘇（俱）〔很〕③反。

❻【注】夫與四時俱者無近功。

【疏】大穰，豐也。洒，微驚貌也。居住三年，山中大熟，畏壘百姓僉共私道云：庚桑子初來，我微驚異。今我日計，利益不足稱；以歲計（至）〔之〕，功其有餘。蓋賢聖之人，與四時合度，無近功故（目）〔日〕計不足，有遠德故歲計有餘。三歲一閏，天道小成，故居三年而畏壘大穰。

【釋文】「日計之而不足」向云：無旦夕小利也。「歲計之而有餘」向云：順時而大穰也。

❼【疏】庶，慕也。幾，近也。尸，主也。庚桑大賢之士，慕近聖人之德，何不相與尊而爲君，主南面之事，爲立社稷，建其宗廟，祝祭依禮，豈不善邪！

【校】①飾字依注文改。②士字依劉文典《補正》本改。③很字依《韻會》改，世德堂本誤佷。

庚桑子聞之，南面而不釋然。弟子異之❶。庚桑子曰：「弟子何異於予？夫春氣發而百草生，正得秋而萬寶成。夫春與秋，豈无得而然哉？天道已行矣。❷吾聞至人，尸居環堵之室，而百姓猖狂不知所如往❸。今以畏壘之細民而竊竊焉欲俎豆予于賢人之間，我其杓之人邪❹！吾是以不釋於老聃之言❺。

❶【疏】忽聞畏壘之人立爲南面之主，既乖無爲之道，故釋然不悅。門人未明斯趣，是以怪而異

之也。

❷【注】夫春秋生（氣）〔成〕①，皆得自然之道，故不爲也。

【疏】夫春生秋實，陰陽之恆；夏長冬藏，物之常事。故春秋豈有心施於萬實，而天然之道已自行焉，故忘其生有之德也。實亦有作寶字者，言二儀以萬物爲寶，故逢秋而成就也。

【釋文】「正得秋而萬寶成」天地以萬物為寶，至秋而成也。元嘉本作萬實。◎俞樾曰：得字疑衍，原文蓋作正秋而萬寶成。《易・說卦》，兌正秋也。萬物之所說也，《疏》：正秋而萬物皆說成也。即本此文，是其證。得字蓋涉下句夫春與秋豈無得而然哉，因而誤衍。春氣發而百草生，正秋而萬寶成，文義已足，不必加得字與上句相儷偶。「大道已行矣」本或作天道②。

❸【注】直自往耳，非由知也。

【疏】四面環各一堵，謂之環堵也，所謂方丈室也。如死尸之寂泊，故言尸居。

【釋文】「環」如字。《廣雅》云：圓也。「堵」丁魯反。司馬云：一丈曰堵。環堵者，面各一丈，言小也。

❹【注】不欲爲物標杓。

【疏】竊竊，平章偶語也。俎，切肉之几；豆，盛脯之具；皆禮器也。夫羣龍無首，先聖格言；蒙德養恬，後賢軌轍。今細碎百姓，偶語平章，方欲禮我爲賢，尊我爲主，便是物之標杓，豈曰棲隱者乎！

【釋文】「俎豆」側呂反。崔云：俎豆，食我於眾人間。「杓」郭音的，又匹么反，又音弔。《廣雅》云：樹末也。郭云：為物之標杓也。王云：斯由己為人準的也。向云：馬氏作舠，音的。「標」必遙反，一音必小反。

❺【注】明云，功成事遂，而百姓皆謂我自爾，今畏壘反此，故不釋然。

【疏】老君云：功成弗居，長而不宰。楚既虔禀師訓，畏壘反此，故不釋然。

【校】①成字依世德堂本改。②今本作天道。

弟子曰：「不然。夫尋常之溝，巨魚无所還其體，而鯢鰌為之制；步仞之丘陵，巨獸无所隱其軀，而孽狐為之祥❶。且夫尊賢授能，先善與利，自古堯舜以然，而況畏壘之民乎！夫子亦聽矣❷！」

❶【注】弟子謂大人必有豐祿也。

【疏】八尺曰尋，倍尋曰常。六尺曰步，七尺曰仞。鯢，小魚而有腳，此非鯤大魚也。制，擅也。夫尋常小瀆，豈鯤鯨之所周旋！而鯢鰌小魚，反以爲美；步仞丘陵，非大獸之所藏隱，而妖孽之狐，用之爲吉祥。故知巨獸必隱深山，大人應須厚祿也。

【釋文】「尋常之溝」八尺曰尋，倍尋曰常。尋常之溝，則《周禮》洫澮之廣深也。洫廣深八尺；澮廣二尋，深二仞也。「所還」音旋，回也。崔本作逮。「鯢」五兮反。「鰌」音秋。「為之制」《廣雅》云：制，折也。謂小魚得曲折也。王云：制，謂擅之也，鯢鰌專制於小溝也。◎慶藩案《釋文》云，制，折也。小魚得曲折也。折與制，本古通用字。《書・呂刑》制以刑，《墨子》引作折則刑；《論語・

顏淵篇》片言可以折獄者，《魯論語》作制獄；即其證也。「步仞之丘陵」六尺為步，七尺曰仞，廣一步，高一仞也。孔安國云：八尺曰仞。《小爾雅》云：四尺曰仞。◎家世父曰：水者，魚之所歸也；丘陵者，獸之所歸也。尋常之溝，步仞之丘陵，亦必有歸之者，為有所庇賴也。德愈大，則歸之者愈眾。郭象引巨魚巨獸為喻，而云大人必有豐祿，誤。「孽」魚竭反。「狐為之祥」李云：祥，怪也。狐狸憙為妖孽。言各有宜，宜不失則大人有豐祿也。王云：野狐依之作妖祥也。崔云：蠱狐以小丘為善也。祥，善也。

❷【疏】尊貴賢人，擢授能者，有善先用，與其利祿。堯舜聖人，尚且如是，況畏壘百姓，敢異前修！夫子通人，幸聽從也！

庚桑子曰：「小子來！夫函車之獸，介而離山，則不免於罔罟之患；吞舟之魚，碭而失水，則蟻能苦之。故鳥獸不厭高，魚鼈不厭深。❶夫全其形生之人，藏其身也，不厭深眇而已矣❶。

❶【注】去利遠害乃全。

【疏】其獸極大，口能含車，孤介離山，則不免網羅爲其患害。吞舟之魚，其質不小，波蕩失水，蟻能害之。故鳥獸高山，魚鼈深水，豈好異哉？蓋全身遠害，魚鳥尚爾，而況人乎！

【釋文】「函」音含。「車之獸」李云：獸大如車也。一云：大容車。「介而」音戒。《廣雅》云：獨也。又古黠反。一本作分，謂分張也。元嘉本同。◎俞樾曰：《方言》：獸無偶曰介。一本作分，非。◎

慶藩案介，《釋文》〔一本〕作分。分與離相屬為義，則作分者是也。古書介本作分，分俗作兮，二形相似，故傳寫多譌。《穀梁》莊三十年《傳》，燕周子分子，《釋文》：分，本或作介。《周禮・大宗伯》注雉取其首介而死，《釋文》：介，或作分。《春秋繁露・立元神篇》介障險阻，介譌作分。《淮南・謬稱篇》禍之生也分分，王念孫以為介介。則介又誤為分，皆其證也。「離山」力智反。下、注同。「呑舟」敕恩反，又音天。「碭而失水」徒浪反，謂碭溢而失水也。崔本作去水陸居也。「則蟻」魚綺反。「苦之」如字。向云，馬氏作最，又作窮。

❷【注】若嬰身於利祿，則粗而淺。

【疏】眇，遠也。夫棲遁之人，全形養生者，故當遠迹塵俗，深就山泉，若嬰於利祿，則粗而淺也。

【釋文】「深眇」彌小反。「則粗」七奴反。後皆同。

【校】①一本二字依《釋文》補。

且夫二子者，又何足以稱揚哉❶！是其於辯也，將妄鑿垣牆而殖蓬蒿也❷。簡髮而櫛，數米而炊❸，竊竊乎又何足以濟世哉❹！舉賢則民相軋❺，任知則民相盜❻。之數物者，不足以厚民。民之於利甚勤，子有殺父，臣有殺君，正晝為盜，日中穴阫❼。吾語女，大亂之本，必生於堯舜之間，其末存乎千世之後。千世之後，其必有人與人相食者也❽！」

❶【注】二子，謂堯舜。

【疏】二子，謂堯舜也。唐虞聖迹，亂人之本，故何足稱邪！

【釋文】「二子者」向崔郭皆云：堯舜也。

❷【注】將令後世妄行穿鑿而殖穢亂也。

【疏】將令後世妄行穿鑿而殖穢亂。辯別也。物性之外，別立堯舜之風，以教迹令人倣傚者，猶如鑿破好垣牆，種殖蓬蒿之草以爲蕃屏者也。

【釋文】「蓬」蒲空反。「將令」力呈反。

❸【注】理錐刀之末也。

【疏】譬如擇簡毛髮，梳以爲髻，格量米數，炊以供養，利益蓋微，爲損更甚。

【釋文】「而扻」莊筆反。又作櫛，亦作楖，皆同。郭音節，徐側冀反。◎盧文弨曰：今書作櫛。◎王引之曰：《釋文》扻莊筆反，又作櫛，亦作楖，皆同。郭音節，徐側冀反。按《玉篇》：扻，苦敢切，打扻也。不得音莊筆反，又音節。扻當為⿰扌次，即《玉篇》⿱次手字，隸書轉寫手旁於左耳。《玉篇》：⿱次手，七咨切，拏也。此借為櫛髮之櫛，故音莊筆反，又音節。凡從次聲之字，可讀為即，又可讀為節。《說文》：垐，以土增大道上，從土，次聲；〔堲〕①，古文垐，從土，即聲。引《虞書》朕垐讒說殄行。《玉篇》音才資才即二切。《說文》：⿰木咨，欂櫨也，從木咨聲。（咨，從口，次聲），即是山節藻稅之節。《康誥》勿庸以次女封，《荀子·致士篇》引此，次作即。皆其例也。⿰扌次為櫛髮之櫛，當讀入聲，而其字以次為聲，則亦可讀去聲，故徐邈音側冀反。「數米」色主反。「而炊」昌垂反。向云：理於小利也。

❹【注】混然一之，無所治爲乃濟。

【疏】祖述堯舜，私議竊竊，此蓋小道，何足救世！

【釋文】「竊竊」如字。司馬云：細語也。一云：計校之貌。崔本作察察。

❺【注】將戾拂其性以待其所尚。

【釋文】「軋」烏黠反，向音乙。「戾拂」符弗反。

❻【注】真不足而以知繼之，則僞矣，僞以求生，非盜如何！

【疏】軋，傷也。夫舉賢授能，任知先善，則爭爲欺侮，盜詐百端，趨競路開，故更相害也。

【釋文】「任知」音智。注同。

❼【注】無所復顧。

【疏】數物者，謂舉賢任知等也。此教浮薄，不足令百姓淳厚也。而蒼生貪利之心，甚自殷勤，私情怨忿，遂生篡弒，謀危社稷，正晝爲盜，攻城穿壁，日中穴阫也。

【釋文】「有殺」音試。本又作弒。下同。「穴阫」普回反。向音裴，云：阫，牆也。言無所畏忌。

◎慶藩案阫與培同。《淮南子・齊俗篇》鑿培而遁之，高誘注曰：培，屋後牆也（《齊俗篇》則必有穿窬拊楗抽箕踰備之〔女〕〔姦〕②。備亦與培同，故高注曰：備，後垣也）。《呂氏春秋・聽言篇》亦作培，《漢書・揚雄傳》作坏，音稍異而義同。

❽【注】堯舜遺其迹，飾僞播其後，以致斯弊。

【疏】唐虞揖讓之風，會成簒逆之亂。亂之根本，起自堯舜，千載之後，其弊不絕，黃巾赤眉，則是相食也。

【釋文】「吾語」魚據反。「女」音汝。後皆放此。

【校】①堲字依說文補。②姦字依《淮南子》原文改。

南榮趎蹵然正坐曰：「若趎之年者已長矣，將惡乎託業以及此言邪❶？」

❶【疏】姓南榮，名趎，庚桑弟子也。蹵然，驚悚貌。南榮既聞斯義，心生慕仰，於是驚懼正容，勤誠請益云：「趎年老，精神暗昧，憑託何學，方逮斯言？」

【釋文】「南榮趎」昌于反，向音疇，一音紹俱反，徐直俱反，又敕俱反，又處由反。李云：庚桑弟子也。《漢書・古今人表》作南榮疇。或作儔，又作壽。《淮南》作南榮幬，云：敕蹻趹步，百舍不休，亦作疇。◎盧文弨曰：案今《淮南・脩務訓》作疇。舊敕蹻譌敕蟜，今據本書改正。高誘注：敕，猶箸。蹻，履；趹，趣也。敕，所角切。蹻，其略切。趹音決。箸即著，直略切。趣，猶趨。今《淮南》或無步，字脫也。「蹵然」子六反。「已長」丁丈反。「將惡」音烏。

庚桑子曰：「全汝形❶，抱汝生❷，无使汝思慮營營。若此三年，則可以及此言矣❶。」

❶【注】守其分也。

【釋文】「其分」扶問反。後以意求之。

❷【注】無攬乎其生之外也。◎俞樾曰：《釋名·釋姿容》曰：抱，保也，相親保也。是抱與保義通。抱汝生，即保汝生。郭注曰無攬乎其生之外也，猶泥抱字爲說，未達叚借之旨。

❸【疏】不逐物境，全形者也；守其分內，抱生者也。既正分全生，神凝形逸，故不復役知思慮，營營狥生也。三年虛靜，方可及乎斯言。此庚桑教南榮之詞也。

【釋文】「思慮」息吏反。下同。

南榮趎曰：「目之與形，吾不知其異也，而盲者不能自見；耳之與形，吾不知其異也，而聾者不能自聞；心之與形，吾不知其異也，而狂者不能自得。❶形之與形亦辟矣❷，而物或間之邪，欲相求而不能相得❸？今謂趎曰：『全汝形，抱汝生，勿使汝思慮營營。』趎勉聞道達耳矣❹！」

❶【注】目與目，耳與耳，心與心，其形相似而所能不同，苟有不同，則不可強相法效也。

【疏】夫盲聾之士，與凡常之人耳目無異，而盲者不見色，聾者不聞聲；風狂之人，與不狂之者形貌相似，而狂人失性，不能自得。南榮舉此三（諭）〔喻〕以況一身，不解至道之言與彼盲聾何別，故《內篇》云，非唯形骸有聾盲，夫智亦有之也。

【釋文】「可強」其丈反。下章可強同。

❷【注】未有閉之。

【釋文】「亦辟」婢亦反，開也。崔云：相著也。音必亦反。◎家世父曰：郭象注形之與形亦辟矣，未有閉之。《釋文》：辟，婢亦反，開也。是假辟為闢。鄭康成《禮記・大學》注：辟，猶喻也。《說文・言部》：譬，喻也。《坊記》辟則防與，《中庸》辟如行遠，辟如登高，辟〔譬〕皆相通。辟，譬喻也，言形之與形亦易喻也。郭象注誤。《漢書・鮑永傳》言之者足戒，聞之者未譬，章懷太子注：譬，猶曉也。曉然於形與形之同。曉亦喻也。

❸【注】兩形雖開，而不能相得，將有間也。

【疏】闢，開也。間，別也。夫盲與不盲，二形孔竅俱開；見與不見，於物遂有間別。而盲聾求於聞見，終不可得也，亦猶南榮求於解悟，無由致之。

【釋文】「或間」間廁之間。注同。

❹【注】早聞形隔，故難化也。

【疏】全形抱生，已如前釋。重述所〔閒〕〔聞〕，以彰問旨。

【釋文】「勉聞道」崔向云：勉，強也。本或作鞔。「達耳矣」崔向云：僅達於耳，未徹入於心也。

庚桑子曰：「辭盡矣。曰①奔蜂不能化藿蠋，越雞不能伏鵠卵，魯雞固能矣❶。雞之與雞，其德非不同也，有能與不能者，其才固有巨小也。今吾才小，不足以化子。子胡不南見老子！❷」

❶【疏】奔蜂，細腰土蜂也。藿，豆也。蠋者，豆中大青蟲。越雞，荆雞也。魯雞，今之蜀雞也。奔蜂細腰，能化桑蟲為己子，而不能化藿蠋，越雞小，不能伏鵠卵；蜀雞大，必能之也。言我

才劣，未能化大，所說辭情，理盡於此也。

【釋文】「奔蜂」孚恭反。司馬云：奔蜂，小蜂也。一云土蜂。「藿蠋」音蜀。司馬云：豆藿中大青蟲也。「越雞」司馬向云，小雞也。或云：荊雞也。「能伏」扶又反。「鵠」本亦作鶴，同。戶各反，一音戶沃反。「卵」力管反。「魯雞」向云：大雞也，今蜀雞也。◎慶藩案《太平御覽》九百十八引司馬云：越雞，小雞也。魯雞，大雞，今蜀雞也。視《釋文》所引微異。

❷【疏】夫雞有五德：頭戴冠，禮也；足有距，義也；得食相呼，仁也；知時，智也；見敵能距，勇也。而魯越雖異，五德則同，所以有能與不能者，才有大小也。我類越雞，才小不能化子，子何不南行往師，以謁老君！

【校】①《闕誤》引江南《古藏》本及李張二本曰字俱作□。

南榮趎贏糧，七日七夜至老子之所❶。

❶【疏】贏，裹也，擔也。慕聖情殷，晝夜不息，終乎七日，方見老君也。

【釋文】「贏糧」音盈。案《方言》：贏，儋也，齊楚陳宋之間謂之贏。一音果。◎盧文弨曰：音果字或有作贏者。

老子曰：「子自楚之所來乎？」南榮趎曰：「唯❶。」

❶【疏】自，從也。問云：汝從桑楚處來？南榮趎曰：唯，直敬應之聲也。答云如是。

【釋文】「曰唯」惟癸反。

老子曰：「子何與人偕來之眾也❶？」南榮趎懼然顧其後❷。

❶【注】挾三言而來故。

【疏】偕，俱也。老子聖人，照機如鏡，未忘仁義，故刺以偕來。理挾三言，故譏之言眾也。

【釋文】「挾三」音協。

❷【疏】懼然，驚貌也。未達老子之言，忽聞眾來之說，顧眄其後，恐有多人也。

【釋文】「懼然」向紀俱反。本又作戄，音同，又況縛反。◎慶藩案懼然，即瞿然也，蓋驚貌。其正字作界。《說文》：界（九遇切），舉目驚界然也。界正字，瞿懼皆借字。《禮・檀弓》懼然失席，作瞿。《史記・孟子傳》王公大人初見其術，懼然顧化，《漢書・惠紀贊》聞叔孫通之諫則懼然，皆其證。

老子曰：「子不知吾所謂乎❶？」

❶【疏】謂者，言意也。我言偕來，譏汝挾三言而來。汝視其後，是不知吾謂也。

南榮趎俯而慚，仰而歎曰：「今者吾忘吾答，因失吾問。」❶

❶【疏】俯，低頭也。自知暗昧，不達聖言，於是俯首羞慚，仰天歎息，神魂恍惚，情彩章惶。豈直喪其形容，亦乃失其咨問。

【釋文】「因失吾問」元嘉本問作聞。◎慶藩案問，猶聞也。問聞古通用。《論語・公冶長篇》聞一知十，〔《釋文》：〕①聞，本或作問。《荀子・堯問篇》不聞即物少至，楊倞曰：聞，或作問。

【校】①《釋文》二字依文義補。

老子曰：「何謂也❶？」

❶【疏】問其所言有何意謂。

南榮趎曰：「不知乎？人謂我朱愚。知乎？反愁我軀。❶不仁則害人，仁則反愁我身；不義則傷彼，義則反愁我己。我安逃此而可？此三言者，趎之所患也，願因楚而問之。❷」

❶【疏】朱愚，猶專愚，無知之貌也。若使混沌塵俗，則有愚癡之名；若（也）〔使〕①運智人間，更致危身之禍。禍敗在己，故云愁軀也。◎家世父曰：《左傳》襄公四年朱儒，杜預注：短小曰朱儒。朱愚者，智術短小之謂。

❷【疏】仁者，兼愛之迹；義者，成物之功；並是先聖蘧廬，非所以全身遠害者也。故不仁不義，則傷物害人；行義行仁，則乖真背道。未知若爲處心，免茲患害。寄此三言，因桑楚以爲媒，願留聽於下問。

【校】①使字依上句改。

老子曰：「向吾見若眉睫之間，吾因以得汝矣，今汝又言而信之❶。若規規然若喪父母，揭竿而求諸海也。女亡人哉，惘惘乎！❷汝欲反汝情性而无由入，可憐哉❸！」

❶【疏】吾昔觀汝形貌，已得汝心。今子所陳，（畢）〔果〕挾三術。以子之言，於是信驗。

【釋文】「向吾」本又作嚮，同。「眉睫」音接。《釋名》云：目毛也。

❷【疏】規規，細碎之謂也。汝用心細碎，懷茲三術，猶如童稚小兒，喪失父母也；似儋揭竿木，尋求大海，欲測深底，其可得乎！汝是亡真失道之人，亦是溺喪逃亡之子，芒昧何所歸依也！

【釋文】「規規」李云：失神貌。一云：細小貌。「若喪」息浪反。注同。「揭」其列其謁二反。「竿」音干。「而求諸海也」向云：言以短小之物，欲測深大之域也。「女亡人哉」崔云：喪亡性情之人也。

❸【疏】榮趎賤於聖迹，溺於仁義，縱欲還原反本，復歸於實（生）〔性〕真情，瘡疣已成，無由可入，大聖運慈，深可哀〔愍〕〔愍〕也。

南榮趎請入就舍，召其所好，去其所惡，十日自愁，復見老子❶。

❶【疏】既失所問，情識芒然，於是退就家中，思惟旬日，徵求所好之道德，除遣所惡之仁義。未能契道，是以悲愁，庶其請益，仍見老子。

【釋文】「所好」呼報反。「去其」起呂反。「所惡」烏路反。注同。「復見」扶又反。

老子曰：「汝自洒濯，熟①哉鬱鬱乎！然而其中津津乎猶有惡也❶。夫外韄者不可繁而捉，將內揵；內韄者不可繆而捉，將外揵❷。外內韄者，道德不能持，而況放道而行者乎❸！」

❶【疏】歸家一旬，遣除五德，滌盪穢累精熟。以吾觀汝氣，鬱鬱乎平，雖復加功，津津尚漏，

以此而驗，惡猶未盡也。

【釋文】「洒濯」大角反。「鬱鬱」崔云：孰洒貌。「津津」如字。崔本作律律，云惡貌。「猶有惡也」李云：惡計未盡也。

❷【注】揵，關揵也。耳目，外也；心術，內也。夫全形抱生，莫若忘其心術，遺其耳目。若乃聲色韄於外，則心術塞於內；欲惡韄於內，則耳目喪於外；固必無得無失而後爲通也。

【疏】韄者，繫縛之名。揵者，關閉之目。繁者，急也。繆者，殷勤也。言人外用耳目而爲聲色（也）所韄者，則心神閉塞於內也；若內用心智而爲欲惡所牽者，則耳目閉塞於外也；此內外相感，必然之符。假令用心禁制，急手捉持，殷勤綢繆，亦無由得也。夫唯精神定於內，耳目靜於外者，方合全生之道。

【釋文】「外韄」向音霍。崔云：恢廓也。又如字。本亦作韄，音獲，又乙虢反，又烏邈反，又音羈。李云：縛也。《三蒼》云：佩刀靶韋也。◎盧文弨曰：今書作韄。「而捉」徐側角反。崔作促，云：迫促也。「內揵」郭其輦反，徐其偃反。關也。向云：閉也。又音蹇。下同。「繆」莫侯反，又音稠，結也。崔向云，綢繆也。◎俞樾曰：郭於此無注，而注下文曰，雖繁手以執之，綢繆以持之，弗能止也。則訓繁為繁手，殆不可通矣。繁疑繁字之誤。繁，俗作繳。《漢書・司馬相如傳》名家苛察繳繞，如淳曰：繳繞，猶纏繞也。此以繁而捉繆而捉並言，繁，謂繁繞，繆，謂綢繆。《廣雅釋詁》繁與綢繆並訓纏，是其義一也。繁繁形似，因而致誤耳。◎家世父曰：《說文》：韄，佩刀絲也。徐鍇曰：絲，其繫系也。《三蒼》云：佩刀靶韋。是韄者，縛繫之意。外韄者，制其耳目；耳目之司，紛紜繁變，不可捉搤，則內揵其心以息耳目之機。內韄者，制其心，而心繆繞百出，亦不可捉搤也，則外揵其耳目以絕心之緣。內外俱韄，冥冥焉相與兩忘，無有倚著，道德不能入而為主，又何津津有惡之存哉！郭象云，聲〔色〕②韄於外，則心術塞於內；欲惡韄於內，則耳目喪於外；偏韄且不可，況內外俱韄乎！似非莊子本意。

❸【注】偏韄（由）〔猶〕不可，況外內俱韄乎！將耳目眩惑於外，而心術流蕩於內，雖繁手以執之，綢繆以持之，弗能止也。

【疏】偏執滯邊，已乖生分，況內外韄溺，爲惑更深。縱有懷道抱德之士，尚不能扶持，況放散玄道而專行此惑，欲希禁止可得乎！

【釋文】「放道」如字。向方往反，云：依也。

【校】①世德堂本作孰。②色字依注文補。

南榮趎曰：「里人有病，里人問之，病者能言其病，然其病①，病者猶未病也❶。若趎之聞大道，譬猶飲藥以加病也❷，趎願聞衞生之經而已矣❸。」

❶【疏】閭里有病，鄰里問之，病人能自說其病狀者，此人雖病，猶未困重而可療也。亦猶南榮雖愚，能自陳過狀，庶可教也。

❷【疏】夫藥以療疾，疾瘉而藥消；教以機悟，機悟而教息。苟其本不病，藥復不消，教資不忘，機又不悟，不（謂）〔猶〕②飲藥以加其病！

【釋文】「加病」如字。元嘉本作知病。崔本作駕，云：加也。

❸【疏】經，常也。已，止也。夫聖教多端，學門匪一，今〔之〕所（謂）〔請〕，衛（請）〔護〕全生，心之所存，止在於此，如蒙指誨，輒奉爲常。

【釋文】「衛生」李云：防衛其生，令合道也。

【校】①高山寺本無然其病三字。②猶字依正文改。

老子曰：「衛生之經，能抱一乎❶？能勿失乎❷？能无卜筮而知吉凶乎❸？能止乎❹？能已乎❺？能舍諸人而求諸己乎❻？能翛然乎❼？能侗然乎❽？能兒子乎❾？兒子終日嘷而嗌不嗄，和之至也❿；終日握而手不掜，共其德也⓫；終日視而目不瞚，偏不在外也⓬。行不知所之⓭，居不知所為⓮，與物委蛇⓯，而同其波⓰。是衛生之經已⓱。」

❶【注】不離其性。

【疏】守真不二也。

❷【注】還自得也。

【疏】自得其性也。

❸【注】當則吉，過則凶，無所卜也。

【疏】履道則吉，徇物則凶，斯理必然，豈用卜筮！◎王念孫曰：吉凶當爲凶吉。一失吉爲韻，止已己爲韻。《管子・心術篇》能專乎？能一乎？能无卜筮而知凶吉乎？是其證。（《內業篇》凶吉亦誤爲吉凶，唯《心術篇》不誤。）

【釋文】「當則」丁浪反。後放此。

❹【注】止於分也。

【疏】不逐分外。

❺【注】無追故迹。

【疏】已過不追。

❻【注】全我而不效彼。

【疏】諸，於也。捨棄效彼之心，追求己身之道。

【釋文】「能舍」音捨。下同。

❼【注】無停迹也。

【疏】往來無係止。

【釋文】「翛」音蕭。徐始六反，又音育。崔本作隨，云：順也。

❽【注】無節礙也。

【疏】順物無心也。

【釋文】「侗」本又作侗，大董反，又音慟。向敕動反，云：直而無累之謂。《三蒼》云：（㲉）〔愨〕直貌。崔同。《字林》云：大也。◎盧文弨曰：今書作侗。「礙也」五代反。

❾【疏】同於赤子也。

❿【注】任聲之自出，不由於喜怒。

【疏】嗌，喉塞也。嗄，聲破。任氣出聲，心無喜怒，故終日嘑號，不破不塞，淳和之守，遂至於斯。

【釋文】「嘷」戶羔反。本又作號，音同。「而嗌」音益。崔云：喉也。司馬云：咽也。李音厄，謂噎也。一本作而不嗌。案如李音，有不字。「不嗄」於邁反。本又作嚘，徐音憂。司馬云：楚人謂嘑極無聲為嗄。崔本作喝，云：啞也。◎俞樾曰：《釋文》，嗄本作嚘，徐音憂，當從之。《老子》終日號而不嗄，傅奕本作歔，即嚘之異文也。《揚子・太玄經夷》次三日柔，嬰兒於號，三日不嚘，二宋陸王本皆如是。蓋以嚘與柔為韻，可知揚子所見《老》《莊》皆作嚘也。

⓫【注】任手之自握，非獨得也。

【疏】掜，拘寄，〔而不〕勞倦者，爲其淳和與玄道至德同也。

【釋文】「終日握」李云：捲手曰握。「不掜」五禮反，向音藝。崔云：寄也。《廣雅》云：捉也。◎俞樾曰：《說文》無掜字。《角部》：觬，角觬曲也。疑即此掜字。以角言則從角，以手言則從手，變觬為掜，字之所以孳乳浸多也。終日握而手不掜，謂手不拳曲也。崔云：掜，寄也。殊非其義。◎家世父曰：《釋文》引崔云，掜，寄也。《廣雅》云：掜，捉也。今案揚雄《太玄玄掜》云：玄之贊詞，或以氣，或以類，或以事之骫卒。掜，擬也。雄意假掜為擬。《說文》：擬，度也。言無有準擬揣度。《說文》：共，同也。授之物握之，奪之物亦握之，不待準量以為握也，其德同也。「共其」如字。崔云：壹也。

⑫【注】任目之自見，非係於色也。

【疏】瞚，動也。任眼之視，視不動目，不偏滯於外塵也。

【釋文】「不瞚」字又作瞬，同。音舜，動也。本或作瞑，莫經反。「偏不」徐音篇。

⑬【注】任足之自行，無所趣。

【疏】之，往也。泛若不繫之舟，故雖行而無所的詣也。

⑭【注】縱體而自任也。

【疏】恬惔無爲，寂寞之至。

⑮【注】斯順之也。

【疏】接物無心，委曲隨順。

【釋文】「委」於危反。「蛇」以支反。

⑯【注】物波亦波。

【疏】和光混迹，同其波流。

⑰【疏】總指已前，結成〔其〕義也。

南榮趎曰：「然則是至人之德已乎❶？」

❶【注】若①能自改而用此言，便欲自謂至人之德。

【疏】如前所說衛生之經，依而行之，合於玄道。至人之德，止此可乎？

【校】①趙諫議本無若字及便欲自三字。

曰：「非也。是乃所謂冰解凍釋者，能乎？❶夫至人者，相與交食乎地而交樂乎天❷，不以人物利害相攖，不相與為怪，不相與為謀，不相與為事❸，翛然而往，侗然而來。是謂衛生之經已。❹」

❶【注】能乎，明非自爾。

【疏】南榮拘束仁義，其日固久，今聞聖教，方解衛生。譬彼冬冰，逢茲春日，執滯之心，於斯釋散。此因學致悟，非率自然。能乎，明非真也。此則老子答趎之辭也。

【釋文】「冰解」音蟹。

❷【注】自無其心，皆與物共。

【疏】夫至人無情，隨物興感，故能同蒼生之食地，共羣品而樂天。交，共也。

【釋文】「交食」崔云：交，俱也。李云：共也。「交樂」音洛。◎俞樾曰：郭注曰，自〔無〕其（無）①心，皆與物共。《釋文》引崔云，交，俱也。李云，共也。是皆未解交字之義。《徐无鬼篇》曰，吾與之邀樂於天，吾與之邀食於地。與此文異義同。交即邀也，古字只作徼。文二年《左傳》寡君願徼福於周公魯公。此云邀食乎地，邀樂乎天，語意正相似。作邀者後出字，作交者叚借字。《詩・桑扈篇》彼交匪傲，《漢書・五行志》作匪儌匪傲，即其例矣。

❸【疏】攖，擾亂也。夫至人虛心順世，與物同波，故能息怪異於羣生，絕謀謨於黎首。既不以事爲事，何利害之能擾乎！

【釋文】「相攖」於營反，徐又音嬰。《廣雅》云：亂也。崔云：猶貫也。

❹【疏】重舉前文，結成其義。

【校】①無其二字依正文改。

曰：「然則是至乎❶？」

❶【注】謂己便可得此言而至耶。

【疏】謂聞此言，可以造極。南榮不敏，重問老君。

曰：「未也。吾固告汝曰：『能兒子乎？❶』兒子動不知所為，行不知所之，身若槁木之枝而心若死灰❷。若是者，禍亦不至，福亦不來。禍福无有，惡有人災也！❸」

❶【注】非以此言爲不至也，但能聞而學者，非自至耳。苟不自至，則雖聞至言，適可以爲經，胡可得至哉！故學者不至，至者不學也。

【疏】夫云能者，獎勸之辭也。此言雖至，猶是筌蹄，既曰告汝，則因稟學。然學者不至，至者不學，在筌異魚，故曰未也。此是老子重答南榮。

❷【疏】虛沖凝淡，寂寞無情，同槁木而不榮，類死灰而忘照。身心既其雙遣，何行動之可知

乎！衛生之要也。

❸【注】禍福生於失得，人災由於愛惡。今槁木死灰，無情之至，則愛惡失得無自而來。

【疏】夫禍福生乎得喪，人災起乎美惡。今既形同槁木，心若死灰，得喪兩忘，美惡雙遣，尚無冥昧之責，何人災之有乎！

【釋文】「惡有」音烏。「愛惡」烏路反。下同。

宇泰定者，發乎天光❶。發乎天光者，人見其人❷，〔物見其物。〕①人有脩者，乃今有恒❸；有恒者，人舍之，天助之❹。人之所舍，謂之天民；天之所助，謂之天子❺。

❶【注】夫德宇泰然而定，則其所發者天光耳，非人耀。

【疏】夫身者神之舍，故以至人爲道德之器宇也。且德宇安泰而靜定者，其發心照物，由乎自然之智光。

【釋文】「宇泰定」王云：宇，器宇也，謂器宇閒泰則靜定也。◎家世父曰：虛室生白，吉祥止止，人心自兆其端倪而天光發焉，自然而不可掩也，脩其自然而機應之。人各自脩也，各自見也，故曰人見其人。

❷【注】天光自發，則人見其人，物見其物。物各自見而不見彼，所以泰然而定也。

【疏】凡庸之人，不能測聖，但見羣於眾庶，不知天光遐照也。

❸【注】人而脩人，則自得矣，所以常泰。

【疏】恆，常也。理雖絕學，道亦資求，故有真脩之人，能會凝常之道也。

❹【注】常泰，故能反居我宅而自然②獲助也。

【疏】體常之人，動以吉會，爲蒼生之所舍止，皇天之所福助，不亦宜乎！

❺【注】出則天子，處則天民，此二者俱以泰然而自得之，非爲而得之也。

【疏】出則君后，處則逸人，皆以臨道體常，故致斯功者也。

【校】①物見其物四字依《闕誤》引張君房本及注文補。②趙諫議本無自然二字。

學者，學其所不能學也；行者，行其所不能行也；辯者，辯其所不能辯也❶。知止乎其所不能知，至矣❷；若有不即是者，天鈞敗之❸。

❶【注】凡所能者，雖行非爲，雖習非學，雖言非辯。

【疏】夫爲於分內者，雖爲也不爲，故雖學不學，雖行不行，雖辯不辯，豈復爲於分外，學所不能耶！

【釋文】「學者學其所不能學也」言人皆欲學其所不能知，凡所能者，故是能於所能。夫能於所能者，則雖習非習也。

❷【注】所不能知，不可彊知，故止斯至①。

【疏】率其所能，止於分內，所不能者，不彊知之，此臨學之至妙。

❸【注】意雖欲爲，爲者必敗，理終不能。

【疏】若有心分外，即不以分內爲是者，斯敗自然之性者也。

【釋文】「敗之」補邁反。或作則。元嘉本作則。

【校】①世德堂本有也字。

備物以將形❶，藏不虞以生心❷，敬中以達彼❸，若是而萬惡至者，皆天也❹，而非人也❺，不足以滑成❻，不可內於靈臺❼。靈臺者有持❽，而不知其所持❾，而不可持者也❿。

❶【注】因其自備而順其成形。

【疏】將，順也。夫造化洪鑪，物皆備足，但順成形，於理問學。

【釋文】「備物以將形」備，具也。將，順也。

❷【注】心自生耳，非虞而出之。虞者，億度之謂。

【疏】夫至人無情，物感斯應，包藏聖智，遇物生心，終不預謀所爲虞度者也。

【釋文】「億度」待洛反。

❸【注】理自達彼耳，非慢中而敬外。

【疏】中，內智也。彼，外境也。敬重神智，不敢輕染，智既凝寂，境自虛通。

❹【注】天理自有窮通。

❺【注】有爲而致惡者乃是人。

【疏】若文王之拘羑里，孔子之困匡人，智非不明也，人非不聖也，而遭斯萬惡窮否者，蓋由天時運命耳，豈人之所爲哉！

❻【注】安之若命，故其成不滑。

【疏】滑，亂也。體道會真，安時達命，縱遭萬惡，不足以亂於大成之心。

【釋文】「以滑」音骨。

❼【注】靈臺者，心也，清暢，故憂患不能入。

【疏】內，入也。靈臺，心也。妙體空靜，故世物不能入其靈臺也。

【釋文】「靈臺」郭云：心也。案謂心有靈智能住持也。許慎云：人心以上，氣所往來也。◎俞樾曰：不可上當有萬惡二字。上文若是而萬惡至者，皆天也，而非人也，不足以滑成，其文已足。萬惡不可內於靈臺，則又起下意。下文云，靈臺者有持，而不知其所持而不可持者也，皆承此言之。讀者不詳文義，誤謂不可內於靈臺與不足以滑成兩句相屬，故刪萬惡二字耳。《文選・廣絕交論》李善注引此文，正作萬惡不可內於靈臺。

❽【注】有持者，謂不動於物耳，其實非持。

【疏】惟貴能持之心，竟不知所以也。

❾【注】若知其所持則持之。

❿【注】持則失也。

【疏】若有心執持，則失之遠矣，故不可也。

不見其誠己而發❶，每發而不當❷，業入而不舍❸，每①更為失❹。為不善乎顯明之中者，人得而誅之；為不善乎幽閒②之中者，鬼得而誅之。❺明乎人，明乎鬼者，然後能獨行❻。

❶【注】此妄發作。

【釋文】「不見其誠己而發」謂不自照其內而外馳也。

❷【注】發而不由己誠，何由而當！

【疏】以前顯得道之士智照光明，此下明喪真之人妄心乖理。誠，實也。未曾反照實智而輒妄發迷心，心既不真，故每乖實當也。

【釋文】「每發而不當」丁浪反。《爾雅》云：每，雖也。謂雖有發動不中當。

❸【注】事不居其分內。

【疏】業，事也。世事攖擾，每入心中，不達違從，故不能舍止。

❹【注】發由己誠，乃爲得也。

【疏】每妄發心，緣逐前境，自謂爲得，飜更喪真。

❺【疏】夫人鬼幽顯，乃曰殊塗，至於推誠履信，道理無隔。若彼乖分失真，必招報應，讎怨相感，所以遭誅，則杜伯彭生之類是也。

【釋文】「幽閒」音閑。

❻【注】幽顯無愧於心，則獨行而不懼。

【疏】幽顯二塗，分明無譴，不犯於物，故獨行不懼也。

【校】①《闕誤》引劉得一本每下有安字。②高山寺本閒作冥。

券內者，行乎无名❶；券外者，志乎期費❷。行乎无名者，唯庸有光❸；志乎期費者，唯賈人也❹，人見其跂，猶之魁然❺。與物窮者，物入焉❻；與物且者，其身之不能容，焉能容人❼！不能容人者无親，无親者盡人❽。兵莫憯於志，鏌鎁為下❾；寇莫大於陰陽，无所逃於天地之間❿。非陰陽賊之，心則使之也⓫。

❶【注】券，分也。夫遊於分內者，行不由於名。

【疏】券，分也。無名，道也。履道而爲於分內者，雖行而無名迹也。

【釋文】「券內」字又作卷。徐音勸。「券分」符問反。下同。崔云：券，分明也。則宜方云反。

❷【注】有益無益，期欲損己以爲物也。

【疏】期，卒也。立志矜矯，游心分外，終無成益，卒有費損也。

【釋文】「期費」芳貴反。下同。《廣雅》云：期，卒也。費，耗也。言若存分外而不止者，卒有所費耗也。◎俞樾曰：案郭象注既言志，又言期，於義複矣。《釋文》於義亦不可通。今案《荀子》書每用綦字為窮極之義。《王霸篇》目欲綦色，耳欲綦聲，楊注曰，綦，極也。亦或作期，《議兵篇》曰，已朞三年，然後民可信也；《宥座篇》，綦三年而百姓往矣。是期與綦通。期費者，極費也。費，謂財用也。《呂覽・安死篇》非愛其費也，高曰：費，財也。期費之義，與綦色綦聲相近，彼謂窮極其聲色，此謂窮極其財用也。故下文曰志乎期費者惟賈人也。「以為」于偽反。

❸【注】本有斯光，因而用之。

【疏】庸，用也。游心無名之道者，其所用智，日有光明也。

❹【注】雖己所無，猶借彼而販賣也。

【疏】志求之分外，要期聲名而貪損神智者，意唯名利，猶高價販賣之人。

【釋文】「賈文」音古。

❺【注】夫期費者，人已見其跂矣，而猶自以爲安。

【疏】企，危也。魁，安也，銳情貪取，分外企求，他人見其危乎，猶自以爲安穩，愚之至也。

【釋文】「人見其跂猶之魁」苦回反，安也。一云：主也。「然」謂眾人已見其跂求分外而猶自安，可羞愧之甚也。◎家世父曰：《說文》：券，勞也。人勞則倦。券內者反觀，券外者徇外。徇外則測量之意多而營度之用廣。測量營度，賈人之術也。《說文》：期，會也。費，散財用也。《玉篇》：費，用也。期費者，約會施用之意。魁然自大，人見其踶跂以行而不自知。《釋文》：魁，安也，一曰主也。似未愜。郭象注且謂券外而跂者。窮者誠己而發者也，苟且則苟且相與而已。志乎期會之謂且，行乎無名，斯能窮盡其意也。

❻【注】窮，謂終始。

【疏】舍止之謂也。物我冥符而窮理盡性者，故爲外物之所歸依（之）也。

❼【注】且，謂券外而跂者。跂者不立，焉能自容！不能自容，焉能容人！人不獲容則去也。

【疏】聊與人涉，苟且於浮華，貪利求名，身尚矜企，心靈躁競，不能自容，何能容物耶！

【釋文】「物且」且，始也。◎俞樾曰：且即苟且之且。《詩·東門之枌篇》穀旦于差，《韓詩》旦作且，云：苟且也。是重言為苟且，單言為且也。上文與物窮者，郭注窮謂終始，是窮為窮極之義。苟且與窮極，義正相反也。《釋文》曰：且，始也。非是。「焉」於虔反。注同。

❽【注】身且不能容，則雖己非己，況能有親乎！故盡是他人。

【疏】褊狹不容，則無親愛，既無親愛，則盡是他人。逆忤既多，讎敵非少，欲求安泰，其可得乎！

❾【注】夫志之所攖，燋火（疑水）〔凝冰〕①，故其爲兵甚於劍戟也。

【疏】兵戈，鋒刃之徒。鏌鎁，良劍也。夫憯毒傷害，莫甚乎心。心志所緣，不疾而速，故其爲損害甚於鏌鎁。以此校量，劍戟爲下。

【釋文】「莫憯」七坎反。《廣雅》云：痛也。元嘉本作潛。◎慶藩案憯與慘同。《說文》：慘，毒也。字或作憯。《方言》：慘，殺也。與訓毒義相近。「鏌」音莫。「鎁」也嗟反。鏌鎁，良劍名。

❿【疏】寇，敵也。域心得喪，喜怒戰於胸中，其寒凝冰，其熱燋火，此陰陽之寇也。夫勍敵巨寇，猶可逃之，而兵起內心，如何避邪！

⓫【注】心使氣，則陰陽徵結於五臟而所在皆陰陽也，故不可逃。

【疏】此非陰陽能賊害於人，但由心有躁競，故使之然也。

【釋文】「五藏」才浪反。後皆放此。

【校】①凝冰二字依宋本及下疏文改。

道通，其分也①，其成也毀也❶。所惡乎分者，其分也以備❷；所以惡乎備者，其有以備❸。故出而不反，見其鬼❹；出而得，是謂得死❺。滅而有實，鬼之一也❻。以有形者象无形者而定矣❼。

❶【注】成毀無常分而道皆通。

【疏】夫物之受氣，各有崖限，妍醜善惡，稟分毀成。而此謂之成，彼謂之毀，道以通之，無不備足。

【釋文】「其分」符問反。注及下皆同。一音方云反。

❷【注】不守其分而求備焉，所以惡分也。

【疏】夫榮辱壽夭，稟自天然，素分之中，反己備足。分外馳者而求備焉，游心是非之境，惡其所受之分也。

【釋文】「所惡」烏路反。下及注皆同。

❸【注】本分不備而有以求備，所以惡備也。若其本分素備，豈惡之哉！

【疏】造物已備而嫌惡之，豈知自然先已備矣。

❹【注】不反守其分內，則其死不久。

【疏】夫出愚惑，妄逐是非之境而不能反本還原者，動之死地，故見爲鬼也。

【釋文】「故出而不反」謂情識外馳而不反觀於內也。「見其鬼」王云：永淪危殆，資死之術，已行及之，故曰見鬼也。

❺【注】不出而無得，乃得生。

【疏】其出心逐物，遂其欲情而有所獲者，此可謂得死滅之本。

【釋文】「出而得是謂得死」若情識外馳以為得者，是曰得死耳，非理也。

❻【注】已滅其性矣，雖有斯生，何異於鬼！

【疏】迷滅本性，謂身實有，生死不殊，故與鬼爲一也。

【釋文】「滅而有實鬼之一也」《廣雅》云：滅，殄也，盡也。實，塞也。既殄塞純朴之道而外馳澆薄之境，雖復行尸於世，與鬼何別！故云鬼一也。

❼【注】雖有斯形，苟能曠然無懷，則生全而形定也。

【疏】象，似也。雖有斯形，似如無者，即形非有故也。曠然忘我，故心靈和光而止定也。

【校】①高山寺本其分也下有成也二字。

出无本❶，入无竅❷。有實而无乎處，有長而无乎本剽❸，有所出而无竅者有

實❹。有實而无乎處者，宇也❺。有長而无本剽者，宙也❻。有乎生，有乎死，有乎出，有乎入，入出①而无見其形❼，是謂天門❽。天門者，无有也，萬物出乎无有❾。有不能以有為有❿，必出乎无有⓫，而无有一无有⓬。聖人藏乎是⓭。

❶【注】欻然自生，非有本。

【注】欻然自死，非有根。

【疏】出，生也，入，死也。從無出有，有無根原，自有還無，無乃無竅穴也。

【釋文】「出无本入无竅」苦弔反。出，生也。入，死也。本，始也。竅，孔也。所以知有形累於無形者，以其出入無本竅故也。◎家世父曰：郭象以出入為生死。出入非生死也，以象乎生死者也。形者，實也，無所處乎其形，故有出；無形之形，所以長也，而更無始終本末之可言，故有入；出入無竅也，而固有實。天地六合曰宇，宇以言乎其廣也；古往今來曰宙，宙以言乎其長也。出入宇宙之中而無見其形，斯之謂定。「欻然」訓勿反。

❸【疏】剽，末也，亦原也。本亦作摽字，今隨字讀之。言從無出有，實有此身，推索因由，（意）〔竟〕②無處所，自古至今，甚爲長遠，尋求今古，竟無本末。

【釋文】「乎處」昌據反。下注同。「有長」丁丈反，增也。又如字。下注同。「本剽」本亦作摽，同。甫小反。崔云：末也。李怖遙反，徐又敷遙反。下同。◎盧文弨曰：摽當作標。

❹【注】言出者自有實耳，其所出無根竅以出之。

【疏】有所出而無竅穴者，以凡觀之，謂其有實，其實不有也。

【釋文】「有所出」夫生必有所出也。「而无」此明所出是無也。既是無矣，何能有所出耶！「竅者有實」既言有竅，竅必有實；求實不得，竅亦無也。

❺【注】宇者，有四方上下，而四方上下未有窮處。

【疏】宇者，四方上下也。方物之生，謂其有實，尋責宇中，竟無來處。宇既非矣，處豈有邪！

【釋文】「有實而无乎處者宇也」《三蒼》云：四方上下為宇。宇雖有實，而無定處可求也。

❻【注】宙者，有古今之長，而古今之長無極。

【疏】宙者，往古來今也。時節賒長，謂之今古，推求代序，竟無本末。宙既無矣，本豈有耶！

【釋文】「有長而无本剽者宙也」《三蒼》云：往古來今曰宙。《說文》曰：舟輿所極覆為宙。長，猶增也。本，始也。宙雖有增長，亦不知其始末所至者也。

❼【注】死生出入，皆欻然自爾，无所由，故無所見其形。

【疏】出入，(由)〔猶〕生死也。謂其出入生死，故有出入之名，推窮性理，竟無出入處所之形而可見也。

❽【注】天門者，萬物之都名也。謂之天門，猶云眾妙之門也。

【疏】天者，自然之謂也；自然者，以無所由爲義。言萬有皆無所從，莫測所以，自然爲造物之門戶也。

❾【注】死生出入，皆欻然自爾，未有爲之者也。然有聚散隱顯，故有出入之名；徒有名耳，竟無出入，門其安在乎？故以無爲門。以無爲門，則無門也。

【疏】夫天然之理，造化之門，徒有其名，竟無其實，而一切萬物，從此門生，故郭注云以無爲門。以無爲門，則無門矣。

❿【注】夫有之未生，以何爲生乎？故必自有耳，豈有之所能有乎！

【疏】有既有矣，焉能有有？有之未生，誰生其有？推求斯有，竟無有也。

⓫【注】此所以明有之不能爲有而自有耳，非謂無能爲有也。若無能爲有，何謂無乎！

【疏】夫已生未生，二俱無有，此有之出乎無有，非謂此無能生有。無若生有，何謂無乎！

⓬【注】一無有則遂無矣。無者遂無，則有自欻生明矣。

【疏】不問百非四句，一切皆無，故謂一無有。

⓭【注】任其自生而不生生。

【疏】玄德聖人，冥真契理，藏神隱智，其在茲乎！

【校】①《闕誤》引張君房本入出作出入。②竟字依下句改。

古之人，其知有所至矣❶。惡乎至❷？有以為未始有物者，至矣，盡矣，弗可以加矣❸。其次以為有物矣❹，將以生為喪也❺，以死為反也❻，是以分已❼。其次曰始无有，既而有生，生俄而死；以无有為首，以生為體，以死為尻；孰知有无死生之一守①者，吾與之為友。❽是三者雖異，公族也❾，昭景也，著戴也，甲氏也，著封也，非一也❿。

❶【疏】玄古聖人，得道之士，知與境合，故稱爲至。

❷【疏】問至所由，（有）〔用〕何爲至？

【疏】「惡乎」音烏。

❸【疏】此顯至之體狀也。知既造極，觀中皆空，故能用諸有法，未曾有一物者也，可謂精微至極，窮理盡性，虛妙之甚，不復可加矣。

❹【疏】其次以下，未達真空，而諸萬境，用爲有物也。

❺【注】喪其散而之乎聚也。

【釋文】「為喪」息浪反。注同。

❻【注】還融液也。

【疏】喪，失也。流俗之人，以生爲得，以死爲喪。今欲反於迷情，故以生爲喪，以其無也；以死爲反，反於空寂；雖未盡於至妙，猶齊於死生。

【釋文】「融液」音亦。

❼【注】雖欲均之，然已分也。

【疏】雖齊死生，猶見死生之異，故從非有而起分別也。

【釋文】「以分」方云反。注同。

也。

❽【注】其次以下，心知稍闇，而始本無有，從無有生，俄頃之間，此生彼滅。故用無爲其頭，以生爲其形體，以死爲其尻。誰能知有無生死之不二而以此脩守者，莊生狎而友朋，斯人猶難得也。

【釋文】「爲尻」苦羔反。

❾【注】或有而無之，或有而一之，或分而齊之，故謂三也。此三者，雖有盡與不盡，然俱能無是非於胸中，故謂之公族。

【疏】三者，謂以无爲首，以生爲體，以死爲尻是也。於一體之中而起此三異，猶如楚家於一姓之上分爲三族。

❿【注】此四者雖公族，然已非一，則向之三者已復差之。

【疏】昭屈景，楚之公族三姓。昔屈原爲三閭大夫，掌三族三姓，即斯是也。此中文略，故直言昭景。王孫公子，長大加冠，故著衣而戴冠也。各有品秩，咸莅職官，因官賜姓，故甲第氏族也。功績既著，封之茅土，枝派分流，故非一也。猶如一道之中，分爲有無生死，種類不同，名實各有異，故引其族以譬也。

【釋文】「昭景也著」丁略反，又張慮反。「戴」本亦作載。「也甲氏也著」張慮反，久也。又丁略反。「封也非一也」一說云：昭景甲三者，皆楚同宗也。著戴者，謂著冠，世世處楚朝，爲衆人所戴仰也。著封者，謂世世處封邑，而光著久也。昭景甲三姓雖異，論本則同也。崔云：昭景二姓，楚之所顯戴，皆甲姓顯封，雖非一姓，同出公族，喻死生同也。此兩說與注不同，聊出之耳。◎家世父曰：郭注四者公族，似謂昭景甲氏皆族。《釋文》一說云，昭景甲三者，皆楚同宗。又引崔云，昭景二姓，楚之所顯戴，皆甲姓顯封。疑崔說是也。王逸《楚辭》注：三閭掌王族三姓，曰昭屈景。無以甲為氏者。《說文》：首，戴也。《爾雅・釋地》：途出其前戴邱。著戴者，昭景相承為氏也；甲者，日之始也，言始得氏以受封，而後相承為氏也。同為公族，而所從來固非一矣。「已復」扶又反。

【校】①《闕誤》引文如海本守作宗。

有生，黬也❶，披然曰移是❷。嘗言移是，非所言也❸。雖然，不可知者也❹。臘者之有膍胲，可散而不可散也❺；觀室者周於寢廟，又適其偃①焉❻，為是舉移是❼。

❶【注】直聚氣也。

【疏】黬，疵也。無有此形質而謂之生者，直是聚氣成疵黬，非所貴者也。

【釋文】「有生黬」徐於減反。司馬（云）烏簟反，云，黡，有疵也，有疵者，欲披除之。李烏感反。《字林》云：釜底黑也。

❷【注】既披然而有分，則各是其所是矣②。是無常在，故曰移。

【疏】披，分散也。夫道無彼我而物有是非，是非不定，故分散移徙而不常也。其移是之狀，列在下文。

【釋文】「披」普皮反。「然曰移是」或云：黬然聚而生，披然散而死也。

❸【注】所是之移，已著於言前矣。

【疏】理形是非，故試言耳。然是非之移，非所言也。

❹【注】不言其移，則其移不可知，故試言也。

【疏】雖復是非不由於言，而非言無以知是非，故試言是非，一遣於是非。名不寄言，則不知是非之無是非也。

❺【注】物各有用。

【疏】臘者，大祭也。膍，牛百葉也。胲，備也，亦言是牛蹄也。臘祭之時，牲牢甚備，至於四肢五藏，並皆陳設。祭事既訖，方復散之，則以散爲是；若其祭未了，則不合散，則以散爲不是。是知是與不是，移是无常。

【釋文】「臘」力闔反。「者之有膍」音毗。司馬云：牛百葉也。本或作𦙶，音毘，獐也。「胲」古來反，足大指也。崔云：備也。案臘者大祭備物，而肴有膍胲。此雖從散，禮應具不可散棄也。

❻【注】偃，謂屏廁。

【疏】偃，屏廁也。祭事既竟，齋宮與飲，施設餘胙於屋室之中，觀看周旋於寢廟之內。飲食既久，應須便僻，故往圊圂而便尿也。飲食則以寢廟爲是，便尿則以圊圂爲是，是非無常，竟何定乎？臘者明聚散無恆，觀室顯處所不定，俱無是非也。

【釋文】「其偃」於晚反。司馬郭皆云：屏廁也。又於建反。◎慶藩案郭與司馬云，偃，屏廁也。桂馥云：屏當為庰，偃當為匽。《急就篇》庰廁清圂糞土壤，顏注：庰，僻偃之名也。今案桂氏謂屏當為庰，是矣；偃當為晏，頗無所據。愚謂偃當為匽。《周禮》宮人為其井（井疑庰之誤字。）匽，鄭司農云：匽，路廁也。《燕策》宋王鑄諸侯之象使侍屏（屏亦庰之譌也。）匽。庰匽者，庰廁也。《開元占經》引甘氏云：天溷七星在外屏，《淮南》注：天溷，廁也，屏，所以障天翳也。「屏廁」步定反，又必領反。下同。

❼【注】寢廟則以饗燕，屏廁則以偃溲；當其偃溲，則寢廟之是移於屏廁矣。故是非之移，一彼一此，誰能常之！故至人因而乘之則均耳。

【釋文】「為是」于偽反。◎家世父曰：有生，塵也；黬者，塵之積而留焉者也；則將以死易生，披然曰移是乎？雖然，既有生矣，如臚胲之相附，散之則死，而固不可散也；有生者有死，如寢廟之有偃，相須而成者也；而是曰移是，是以生為擾，以死為歸，自見為累者也。齊生死者，更無是非名實之可言也。以生為累，固必有己之見存，而乘之以為是非名實，而知愚榮辱之爭紛然起矣。移是者，終有不能移者也，有生之所以為黬也。「溲」所留反。

【校】①《闕誤》引江南《古藏》本及李張二本偃下有溲字。②世德堂本矣作也。

請常言移是。是以生為本❶，以知為師❷，因以乘是非❸；果有名實❹，因以己為質❺；使人以為己節❻，因以死償節❼。若然者，以用為知，以不用為愚，以徹為名，以窮為辱❽。移是，今①之人也❾，是蜩與學鳩同於同也❿。

❶【注】物之變化，無時非生，生則所在皆本也。

【疏】夫能忘生死者，則無是無非者也，祇爲滯生，所以執是也。必能遣生，是將安寄？故知移是以生爲本。

❷【注】所知雖異，而各師其知。

❸【注】乘是非者，無是非也。

【疏】因其師知之心，心乘是非之用，豈知師知者顛倒是非（者）無是非乎！

❹【注】物之名實，果各自有。

【疏】夫物云云，悉皆虛幻，芻狗萬象，名實何施！倒置之徒，謂決定有此名實也。

❺【注】質，主也。物各謂己是，足②以爲是非之主。

【疏】質，主也。妄執名實，遂用己爲名實之主而競是非也。

❻【注】人皆謂己是，故莫通。

【疏】節者，至操也。既迷名實，又滯是非，遂使無識之人，堅執虛名以爲節操也。

❼【注】當其所守，非真脫也。

【疏】守是非以成志操，（慤）〔確〕乎不拔，期死執之也。

【釋文】「因以死償節」常亮反。《廣雅》云：償，報也，復也。案謂殺身以成名，節成而身死，故曰以死償節也。

❽【注】不能隨所遇而安之。

【疏】以炫燿爲智，晦迹爲愚，通徹爲榮名，窮塞爲恥辱，若然者，豈能一窮通榮辱乎！

【釋文】「為知」音智。

❾【注】玄古之人，無是無非，何移之有！

【疏】夫固執名實，移滯是非，澆季浮僞，今世之人也，豈上古淳和質樸之士乎！

❿【注】同共是其所同。

【疏】蜩鷽二蟲，以蓬蒿爲是。二蟲同是，未爲通見，移是之人，斯以類也。蜩同於鳩，鳩同於蜩，故曰同於同也。

【釋文】「蜩」音條。「學鳩」本或作鷽，音同。

【校】①《闕誤》引江南《古藏》本及李張二本今上俱有非字。②趙諫議本足作是。

蹍市人之足，則辭以放驁❶，兄則以嫗❷，大親則已矣❸。故曰，至禮有不人❹，至義不物❺，至知不謀❻，至仁无親❼，至信辟金❽。

❶【注】稱己脫誤以謝之。

【疏】蹍，蹋也，履也。履蹋市廛之人不相識者之（節）〔足〕腳，則謝云，己傲慢放縱錯（雜）誤而然，非故爲也者。

【釋文】「蹍」女展反。司馬李云：蹈也。《廣雅》云：履也。◎慶藩案《文選》馬季長《長笛賦》注引司馬云：蹍，女展切。《釋文》漏。「驁」五報反。《廣雅》云：妄也。

❷【注】言嫗詡之，無所辭謝。

【疏】蹋著兄弟之足，則嫗詡而憐之，不以言愧。

【釋文】「嫗」於禹反。注同。「詡」況甫反。

❸【注】明恕素足。

【疏】若父蹋子足，則（敏）〔默〕然而已，不復辭費。故知言辭往來，（者）〔虛〕僞不實。

❹【注】不人者，視人若己。視人若己則不相辭謝，斯乃禮之至也。

【疏】自彼兩忘，視人若己，不（允）〔見〕人（者）己〔內〕外，何辭謝之有乎！斯至禮也。

❺【注】各得其宜，則物皆我也。

【疏】物我雙遣，妙得其宜，不（卻）〔知〕我外有物，何（裁）〔是〕非之有！斯至義〔也〕①。

❻【注】謀而後知，非自然知。

【疏】率性而照，非謀謨而（智）〔知〕，斯至智也。

❼【注】譬之五藏，未曾相親，而仁已至矣。

【疏】方之手足，更相御用，無心相爲，而相濟之功成矣，豈有親愛於其間哉！

【釋文】「未曾」才能反。

❽【注】金玉者，小信之質耳，至信則除矣。

【疏】辟，除也。金玉者，〔小〕信之質耳，至信則棄除之矣。

【釋文】「辟金」必領反。除也。又婢亦反。

【校】①也字依上下文補。

徹志之勃，解心之謬，去德之累，達道之塞❶。貴富顯嚴名利六者，勃志也❷。容動色理氣意六者，（繆）〔謬〕①心也❸。惡欲喜怒哀樂六者，累德也❹。去就取與知能六者，塞道也❺。此四六者不盪胸中則正，正則靜，靜則明，明則虛，虛則无為而无不為也❻。道者，德之欽也❼；生者，德之光也❽；性者，生之質也❾。性之動，謂之為❿；為之偽，謂之失⓫。知者，接也；知者，謨也⓬；知者之所不知，猶睨也⓭。動以不得已之謂德⓮，動无非我之謂治⓯，名相反而實相順也⓰。

❶【疏】徹，毀也。勃，亂也。（謬）〔繆〕，繫縛也。此略標名，下具顯釋也。

【釋文】「之勃」本又作悖，同。必妹反。「之謬」如字。一本作繆，亡侯反，亦音謬。「去德」起呂反。

❷【疏】榮貴、富贍、高顯、尊嚴、聲名、利祿，六者亂情志之具也。

❸【疏】容貌、變動、顏色、辭理、氣調、情意，六者綢繆繫縛心靈者也。本亦有作謬字者，解心之謬妄也。

❹【疏】憎惡、愛欲、欣喜、恚怒、悲哀、歡樂，六者德（家）之患累也。

【釋文】「惡欲」烏路反。「哀樂」音洛。「累德」劣偽反。後注同。

❺【疏】去捨、從就、貪取、施與、知慮、伎能，六者蔽真道也。

【釋文】「知能」音智。

❻【注】盪，動也。

【疏】四六之病，不動盪於胸中，則心神平正，正則安靜，靜則照明，明則虛通，虛則恬淡無爲，應物而無窮也。

【釋文】「不盪」本亦作蕩，徒黨反。郭云：動也。又徒浪反，又吐浪反。

❼【疏】道是所脩之法，德是臨人之法。重人輕法，故欽仰於道。◎俞樾曰：《說文・广部》：廞，陳輿服於庭也。《小爾雅・廣詁》：廞，陳也。此欽字即廞之叚字。蓋所以生者爲德而陳列之即爲道，故曰德之廞也。《漢書・哀帝紀》注引李斐曰：陳，道也。是其義矣。

❽【疏】天地之大德曰生，故生化萬物者，盛德之光華也。

【釋文】「德之光」一本光字作先。

❾【疏】質，本也。自然之性者，是稟生之本也。

❿【注】以性自動，故稱爲耳；此乃真爲，非有爲也。

【疏】率性而動，分內而爲，爲而無爲，非有爲也。

⓫【疏】感物而動，性之欲〔也。矯性〕僞情，分外有爲，謂之喪道也。

⓬【疏】夫交接前物，謀謨情事，故謂之知也。

⓭【注】夫目之能視，非知視而視也；不知視而視，不知知而知耳，所以爲自然。若知而後爲，則知僞也。

【疏】睨，視也。夫目之張視也，不知所以視而視，〔而〕②視有明暗。心之能知，不知所以知而知，而知有深淺。〔而〕目不能視而不可強視，心不能知而不可強知，若有分限，猶如睨也。

【釋文】「睨也」魚計反，又五禮反，視也。

⑭【注】若得已而動，則爲強動者，所以失也。

【疏】夫迫而後動，和而不唱，不得已而用之，可謂盛德也。◎家世父曰：與物相接而知生焉，因而爲之（謹）謀〔謨〕③而知名焉。其所不知，猶將睨視而揣得之。知之所由成也，道之所由毀也。動於不得已而一任我之自然，奚以知爲哉！

⑮【注】動而效彼則亂。

【疏】率性而動，不捨我效物，合於正理，故不亂。

【釋文】「謂治」直吏反。

⑯【注】有彼我之名，故反；（各）〔名〕④得其實，則順。

【疏】有彼我是非之名，故名相反；無彼我是非之實，故實相順也。

【校】①謬字依上文及世德堂本改。②而字依下句補。③謀謨二字依上疏文改。④名字依世德堂本改。

羿工乎中微而拙乎使人無己譽❶。聖人工乎天而拙乎人❷。夫工乎天而俍乎人者，唯全人能之❸。唯蟲能蟲，唯蟲能天❹。全人惡天？惡人之天❺？而況吾天乎人乎❻！

❶【注】善中則善取譽矣，理常俱〔也〕①。

【疏】羿，古之善射人。工，巧也。羿彎弓放矢，工中前物，盡射家之微妙。既有斯伎，則擅斯名，使己無令譽，不可得也。

【釋文】「羿」五計反。徐又戶計反。「中微」丁仲反。注同。「己譽」音餘。後章同。

❷【注】任其自然，天也；有心爲之，人也。

【疏】前起譬，此合（諭）〔喻〕也。聖人妙契自然，功侔造化，使羣品日用不知，不顯其迹，此誠難也。故上文云使天下兼忘我難。

❸【注】工於天，即俍於人矣，謂之全人，全人則聖人也。

【疏】俍，善也。全人，神人也。夫巧合天然，善能晦迹，澤及萬世而日用不知者，其神人之謂乎！神人無功，故能之耳。

【釋文】「而俍」音良。崔云：良工也。又音浪。

❹【注】能還守蟲，即是能天。

【疏】烏飛獸走，能蟲也；蛛網蜣丸，能天也。皆稟之造物，豈仿效之所致哉！

【釋文】「唯蟲」一本唯作雖，下句亦爾。言蟲自能為蟲者，天也。◎家世父曰：能天者，不知所謂天。若知有天，則非天矣。（令）〔全〕②人惡知天？惡知人之天？天（也）〔者〕吾心自適之趣，全人初未嘗辨而知之，豈吾心所能自喻乎！惡當為汪胡切，與烏同，《釋文》烏路反者誤。◎慶藩案兩唯字當從釋文作雖。唯，古或借作雖。《詩・大雅抑篇》女雖湛樂從，言女唯湛樂之從也。（《書・無逸》惟耽樂之從。）《管子・君臣篇》雖有明君能決之，又能塞之，言唯有明君能之也。

❺【疏】夫全德之人，神功不測，豈嫌己之素分而惡人之所稟哉？蓋不然〔乎〕，率順其天然而已矣。

❻【注】都不知而任之，斯（而）〔所〕③謂工乎天。

【釋文】「惡天」烏路反。下同。

【疏】天乎人乎，不見人天之異，都任之也。前自遣天人美惡，猶有天人。此句混一天人，不見天人之異也。吾者，論主假自稱也。

【校】①也字依王叔岷說補。②全字依正文改。③所字依王叔岷說改。

一雀適羿，羿必得之，威也❶；以天下為之籠，則雀無所逃❷。是故湯以胞①人籠伊尹，秦穆公以五羊之皮籠百里奚❸。是故非以其所好籠之而可得者，無有也❹。

❶【注】威以取物，物必逃之。

【疏】假有一雀，羿善射，射必得之。此以威猛，（猛）非由德慧，故所獲者少，所逃者多。以威御世，其義亦爾。

【釋文】「威也」崔本作或也。

❷【注】天下之物，各有所好，所好各得，則逃將安（在）〔往〕！

【疏】大道曠蕩，無不制圍，故以天地為籠，則雀無逃處。是知以威取物，深乖大造。

【釋文】「之籠」力東反。「所好」呼報反，下及注文同。

❸【疏】伊尹，有莘氏之媵臣，能調鼎，負玉鼎以干湯。湯知其賢也，又順其性，故以庖廚而籠之。百里奚沒狄，狄人愛羊皮，秦穆公以五色羊皮而贖之。又云，百里奚好著五色羊皮裘，號曰五羖大夫。而湯聖穆賢，俱能好士，故得此二人，用爲良（佑）〔佐〕，皆順其本性，所以籠之。

【釋文】「湯以胞」本又作庖，白交反。◎盧文弨曰：案胞與庖通。《禮記・祭統》煇胞翟閽注：胞者，肉吏之賤者也。「人籠伊尹」伊尹好廚，故湯用為庖人也。「秦穆公以五羊之皮籠百里奚」百里奚好秦而拘於宛，故秦穆公以五羊皮贖之於楚也。或云：百里好五色皮裘，故因其所好也。

❹【疏】順其所好，則天下無難；逆其本性而牢籠得者，未之有也。

【校】①趙諫議本胞作庖。

介者拸畫，外非譽也❶；胥靡登高而不懼，遺死生也❷。夫復謵不餽而忘人❸，忘人，因以為天人矣❹。故敬之而不喜，侮之而不怒者，唯同乎天和者為然❺。出怒不怒，則怒出於不怒矣；出為无為，則為出於无為矣❻。欲靜則平氣，欲神則順心，有為也。欲當則緣於不得已，不得已之類，聖人之道。❼

❶【注】畫，所以飾容貌也。刖者之貌既以虧殘，則不復以好醜在懷，故拸而棄之。

【疏】介，刖也。拸，去也。畫，裝也。裝嚴服飾，本爲容儀。殘刖之人，形貌殘損，至於非譽榮辱，無復在懷，故拸而棄之。

【釋文】「介」音界。郭云：刖也。又古黠反。《廣雅》云：獨也。崔本作兀。「拸畫」敕紙反，又音他，又與紙反。本亦作移。司馬云：畫，飾容之具；無足，故不復愛之。一云：移，離也。崔云：移畫，不拘法度也。◎俞樾曰：郭注曰，畫，所以飾容貌也，刖者之貌既以虧殘，則不復以好醜在懷，故拸而棄之。然云外非譽，似不當以容貌言。崔云，拸畫，不拘法度也。當從之。《漢書・司馬相如傳》拸以陸離，師古注曰：拸，自放縱也。即此拸字之義。桓六年《穀梁傳》以其畫我，《公羊傳》作化我，何休注曰：行過無禮謂之化。即此畫字之義。蓋人既刖足，不自顧惜，非譽皆所不計，故不拘法度也。「不復」扶又反。

❷【注】無賴於生，故不畏死。

【疏】胥靡，徒役之人也。千金之子固貴其身，僕隸之人不重其命，既不矜惜，故登危而不怖懼也。

【釋文】「胥靡」司馬云：刑徒人也。一云：癃人也。崔云：腐刑也。

❸【注】不識人之所惜。

【疏】餽，本亦有作愧字者，隨字讀之。夫復於本性，胥以成之，既不舍己效人，遂棄忘於愧謝，斯忘於人倫之道也。譬之手足，方諸服用，更相御用，豈謝賴於其間哉！

【釋文】「夫復」音服，徐扶又反。「謵」音習。「不餽」其愧反。《廣雅》云：遺也。一音愧。元嘉本作愧。「而忘人」復者，溫復之謂也。謵，慹也。夫人慹習者，雖復小事，皆所至惜。今溫復人之所習，既得之矣，而不還歸以餽遺之，此至愚不獲人之所習者也。無復相為之情，故曰忘人。◎家世父曰：非譽，通作毀譽言。此言毀其陋也。外非譽，遺死生，忘己者也；復謵不餽，忘人者也。《說文》：

讋，失氣言。謵，言〔謵〕讋（謵）①也。復謵，謂人語言慴伏以下我而我報之。鄭康成《士虞禮》注：饋，猶歸也，以物與神及人皆言饋。以物與人曰餽，以言語餉人亦曰餽。復謵不餽，忘貴賤也。忘人忘己，則同乎天和矣。《釋文》謂音習，翫也，誤。

❹【注】無人之情，則自然爲天人。

【疏】率其天道之性，忘於人道之情，因合於自然之理也。

❺【注】彼形殘胥靡而猶同乎天和，況天和之自然乎！

【疏】同乎天和，忘於逆順，故恭敬之而不喜，侮慢之而不怒也。

【釋文】「侮之」亡甫反。

❻【注】此故是無不能生有有不能爲生之意也。

【疏】夫能出怒出爲者，不爲不怒者也，是以從不怒不爲出。故知爲本無爲，怒本不怒，能體斯趣，故侮之而不怒也。

❼【注】平氣則靜，理足順心則神功至，緣於不得已則所爲皆當。故聖人以斯爲道，豈求無爲於恍惚之外哉！

【疏】緣，順也。夫欲靜攀拔，必須調乎志氣，神功變化，莫先委順心靈；和混有爲之中而欲當於理者，又須順於不得止。不得止者，感而後應，分內之事也。如斯之例，聖人所以用爲正道也。

【校】①謵讋二字原誤倒，依《說文》改。

莊子集釋 卷八中

雜篇 徐无鬼第二十四❶

❶【釋文】以人名篇。

徐无鬼因女商見魏武侯❶，武侯勞之曰：「先生病矣！苦於山林之勞，故乃肯見於寡人❷。」

❶【疏】姓徐，字无鬼，隱者也。姓女，名商，魏之宰臣。武侯，文侯之子，畢萬十世孫也。無鬼欲箴規武侯，故假宰臣以見之。

【釋文】「徐无鬼」緡山人，魏之隱士也。司馬本作緡山人徐无鬼。「女商」人名也。李云：无鬼女商，並魏宰臣。「魏武侯」名擊，文侯之子，治安邑。

❷【疏】久處山林，勤苦貧病，忽能降志，混迹俗中，中心欣悅，有慰勞也。

【釋文】「武侯勞之」力報反。唯山林之勞一字如字，餘并下章並力報反。

徐无鬼曰：「我則勞於君，君有何勞於我！君將盈耆欲，長好惡，則性命之情病矣；君將黜耆欲，掔好惡，則耳目病矣❶。我將勞君，君有何勞於我！❷」武侯超然不對❸。

❶【注】嗜欲好惡，內外無可。

【疏】黜，廢退也。掔，引卻也。君若嗜欲盈滿，好惡長進，則性命精靈困病也；君屏黜嗜欲，掔去好惡，既不稱適，故耳目病矣。是故我將慰勞於君，君有何暇能勞於我也！

【釋文】「盈耆」時志反。下、注同。「長」丁丈反。「好」呼報反。下注、下章同。「惡」烏路反。下注、下章同。「黜」敕律反，退也。本又作出，音同。司馬本作咄。「掔」苦田反，又口閑反。《爾雅》云：固也。崔云：引去也。司馬云：牽也。

❷【疏】此重結前義。

❸【注】不說其言。

【疏】超，悵也。既不稱情，故悵然不答。

【釋文】「超然」司馬云：猶悵然也。「不說」音悅。下文大說同。

少焉，徐无鬼曰：「嘗語君，吾相狗也❶。下之質執飽而止，是狸德也❷；中之質若視日❸，上之質若亡其一❹。吾相狗，又不若吾相馬也❺。吾相馬，直者中繩❻，曲者中鉤❼，方者中矩❽，圓者中規❾，是國馬也❿，而未若天下馬也。天下馬有成材⓫，若卹若失，若喪其一⓬，若是者，超軼絕塵，不知其所⓭。」武侯大悅而笑⑭。

❶【疏】既覺武侯悵然不悅，試語狗馬，庶愜其心。

【釋文】「語君」魚據反。「吾相」息亮反。下皆同。

❷【疏】執守情志，唯貪飽食，此之形質，德比狐狸，下品之狗。

【釋文】「下之質」一本無質字。「執飽而止」司馬以執字絕句，云：放下之能執禽也。「是狸德也」謂貪如狐狸也。◎俞樾曰：《廣雅・釋獸》：狸，貓也。貓之捕鼠，飽而止矣，故曰是狸德也。《秋水篇》曰，騏驥驊騮，一日而馳千里，捕鼠不如狸狌。此本書以狸為貓之證。《御覽》引《尸子》曰：使牛捕鼠，不如貓狌之捷。莊子言狸狌，尸子言貓狌，一也。《釋文》曰：狸德，謂貪如狐狸也，未得其義。

❸【疏】意氣高遠，望如視日，體質如斯，中品狗也。

【釋文】「示日」音視。司馬本作視，云：視日瞻遠也。◎盧文弨曰：今書作視日。舊音視，仍譌作示，今改正。

❹【疏】一，身也。神氣定審，若喪其身，上品之狗也。

【釋文】「若亡其一」一，身也；謂精神不動，若無其身也。

❺【疏】狗有三品，馬有數階，而相狗之能，不若相馬。武侯庸鄙，故以此逗機，冀其歡悅，庶幾歸正。

❻【疏】謂馬前齒。

❼【疏】謂馬項也。

❽【疏】謂馬頭也。

❾【疏】謂馬眼也。

【釋文】「直者中繩」丁仲反。下皆同。司馬云：直，謂馬齒；曲，謂背上；方，謂頭；圓，謂目。

❿【疏】合上之相，是謂諸侯之國上品馬也。

⓫【疏】材德素成，不待於習，斯乃宇內上馬，天王所馭也。

【釋文】「成材」字亦作才。言自然已足，不須教習也。

⓬【疏】眼目顧視，既似憂虞，蹄足緩疏，又如奔佚，觀其神彩，若忘已身，如此之材，天子馬也。

【釋文】「若卹」音恤。「若失」音逸。司馬本作佚。李云：卹失，皆驚悚若飛也。「若喪」息浪反。下章注同「其一」言喪其耦也。

⓭【疏】軼，過也。馳走迅速，超過羣馬，疾若迅風，塵埃遠隔，既非教習，故不知所由也。

【釋文】「超軼」李音逸，徐徒列反。崔云：徹也。《廣雅》云：過也。

⓮【注】夫真人之言何遜哉？唯物所好之可也。

【疏】語當其機，故笑而歡悅。

徐无鬼出，女商曰：「先生獨何以說吾君乎❶？吾所以說吾君者，横說之則以《詩》《書》《禮》《樂》，從說之則以《金板》《六弢》❷，奉事而大有功者不可為數，而吾君未嘗啟齒❸。今先生何以說吾君，使吾君說若此乎❹？」

❶**【疏】**議事已了，辭而出。女商怪君歡笑，是以咨問無鬼也。

【釋文】「以說」如字，又始鋭反。下皆同。司馬作悅。

❷**【疏】**《詩》《書》《禮》《樂》，六經。《金版》《六弢》，《周書》篇名也，或言祕讖也。本有作韜字者，隨字讀之，云是太公兵法，謂文武虎豹龍犬《六弢》也。横，遠也；從，近也。武侯好武而惡文，故以兵法爲從，六經爲横也。

【釋文】「從說」子容反。「金版」本又作板，薄版反，又如字。◎盧文弨曰：今書作板。「六弢」吐刀反。司馬崔云：《金版》《六弢》，皆《周書》篇名。或曰：秘（識）〔讖〕①也。本又作《六韜》，謂太公《六韜》，文武虎豹龍犬也。

❸**【注】**是直樂鴳以鐘鼓耳，故愁。◎慶藩案《文選》郭景純《游仙詩注》引司馬云：啓齒，笑也。《釋文》闕。

【釋文】「樂」音洛。章末同。「鴳」一諫反。

❹**【疏】**奉事武侯，盡於忠節，或獻替可否，功績克彰，如此之徒，不可稱數，而我君未嘗開口而微笑。今子有何術，遂使吾君歡說如此耶？

【釋文】「吾君說」音悅。

【校】①識字依《釋文》原本改。

徐无鬼曰：「吾直告之吾相狗馬耳❶。」

❶【疏】夫藥無貴賤，瘉疾則良，故直告犬馬，更無佗說。

女商曰：「若是乎❶？」

❶【疏】直（置）如是告狗馬乎？怪其術淺，故有斯問。

曰：「子不聞夫越之流人乎？去國數日，見其所知而喜❶；去國旬月，見所嘗見於國中者喜❷；及期年也，見似人者而喜矣；不亦去人滋久，思人滋深乎❸？夫逃虛空者，藜藋柱乎①鼪鼬之逕，踉位其空，聞人足音跫然而喜矣，又②況乎昆弟親戚之謦欬其側者乎❹！久矣夫莫以真人之言謦欬吾君之側乎❺！」

❶【注】各思其本性之所好。

【疏】去國迢遞，有被流放之人，或犯憲綱，或遭苛政。辭鄉甫爾，始經數日，忽逢知識，喜慰何疑！此起譬也。

【釋文】「越之流人」越，遠也。司馬云，流人，有罪見流徙者也。「數日」所主反。

❷【疏】日月稍久，思鄉漸深，雖非相識，而國中曾見故人，見之而歡也。

❸【注】各得其所好則無思，無思則忘其所以喜也。

【疏】去國周年，所適漸遠，故見似鄉里人而歡喜矣。豈非離家漸遠而思戀滋深乎？以況武侯性好犬馬，久不聞政事，等離鄉之人，忽聞談笑。

【釋文】「及期」音基。

❹【注】得所至樂，則大悅也。

【疏】柱，塞也。踉，良人也。跫，行聲也。夫時遭暴亂，運屬飢荒，逃避波流，於虛園宅，唯有藜藿野草，柱塞門庭，狙蝯鼪鼬，蹊徑斯在，若於堂宇人位，虛廣閒然。當爾之際，思鄉滋甚，忽聞佗人行聲，猶自欣悅，況乎兄弟親眷謦欬言笑者乎！此重起譬也。

【釋文】「夫逃」司馬本作巡也。「虛空者」司馬云：故壞冢處為空虛也。「藜」力西反。「藋」徒弔反。本或作權，同。「柱」誅矩反。司馬云：塞也。「乎鼪」音生，又音姓。「鼬」由救反。「之逕」本亦作徑。司馬云：徑，道也。本又作跡。元嘉本作迭，徐音逸。崔云：迭，跡。◎慶藩案藜，蒿也。藋即今所謂灰藋也。《爾雅》拜商藋，郭注：商藋，似藜。案藜藋皆生於不治之地，其高過人，必排之而後得進，故《史記‧仲尼弟子傳》曰排藜藋。此言柱乎鼪鼬之逕，亦極謂其高也。「良位其空」司馬云：良，良人，謂巡虛者也。位其空，謂處虛空之間也。良，或作踉，音同。◎盧文弨曰：今書良作踉。◎家世父曰：《釋文》良位其空，司馬云，良人，謂巡虛者也。良或作踉。據《秋水篇》跳梁乎井榦之上，一本作跳踉。潘安仁《射雉賦》已踉蹡而徐來。《玉篇》：踉蹡，疾行，此云藜藋鼪鼬之逕，有空隙焉，蹌踉處乎其中。《說文》：蹌，動貌。舒〔言〕之（言）曰蹌踉，急〔言〕之（言）曰踉。《釋文》誤。「跫然」郭巨恭反，李曲恭反，又曲勇反，悚也。徐苦江反，又袪扃反。司馬云：喜貌。崔云：行人之聲。「而喜矣」李云：喻武侯之無人君之德而處在防衞之間，雖臨朝矯厲，愈非其意，及得其所思，猶逃竄之聞人音，安能不跫然改貌，釋然而喜也！「謦」苦頂反，又音罄。「欬」苦愛反，一音器。李云：謦欬，喻言笑也。但呼聞所好猶大悅，況骨肉之情，歡之至也。

❺【注】所以未嘗啓齒也。夫真人之言所以得吾君，性也；始得之而喜，久得之則忘。

【疏】武侯思聞犬馬，其日固久，譬彼流人，方（滋）〔茲〕逃客，覊（弊）〔旅〕既淹，實懷鄉眷。今乃以真人《六經》之說，太公兵法之談，謦欬其側，非所宜也。此合前（諭）〔喻〕也。

【釋文】「久矣夫」音扶。後放此。

【校】①《闕誤》引文如海張君房本乎俱作于。②世德堂本又作而。

徐无鬼見武侯，武侯曰：「先生居山林，食芧栗，厭葱韭，以賓寡人，久矣夫！今老邪？其欲干酒肉之味邪？其寡人亦有社稷之福邪❶？」

❶【疏】干，求也。久處山林，飡食蔬果，年事衰老，勞苦厭倦，豈不欲求於滋味以養頽齡乎？庶稟德以謀固宗廟。

【釋文】「食芧」音序，又食汝反。本亦作芧栗。◎慶藩案《說文》：橡，栩實。又曰：栩，柔也（柔與芧同。），其實草。（今借用（早）〔草〕字，俗作皁。）一曰樣。又曰：草斗，櫟實，一曰樣斗。高注《呂氏春秋》：橡，（早）〔皁〕①斗也（《恃君篇》。），其狀如栗，《漢書·司馬相如傳》應劭注曰：櫟，采木也。合觀諸說，櫟，一名栩，一名柔，一名采；其實謂之皁，亦謂之樣。是樣者，采實也。司馬此注柔橡子也，則采亦謂之樣矣。《說文》樣字，今書傳皆作橡。（案《山木篇》杼栗，《徐无鬼篇》作芧栗，是芧柔杼三字皆通。《淮南本經》菱杼紾抱，高注：杼，采實也。王引之曰：杼，水草也。杼讀為芧，字亦作苧。《漢書・司馬相如傳・上林賦》蔣芧青蘋，張揖曰：芧，三稜也。《文選》芧作苧。作苧者或字，作杼者借（之）〔字〕也。）「韭」音久。或艹下作者，非也。◎盧文弨曰：艹，即草字頭，艹下作，乃俗韭字。舊艹作廿，譌，今改正。「以賓」必刃反。本或作擯。司馬云：擯，棄也。又必人反。李云：賓客也。「欲干」李云：干，求也。「社稷之福邪」李云：謂善言嘉謀，可以利社稷也。

【校】①皁字依《呂氏春秋》高注改。

徐无鬼曰：「无鬼生於貧賤，未嘗敢飲食君之酒肉，將來勞君也。❶」

❶【疏】生涯貧賤，安於山藪，豈欲貪於飲食以自養哉？蓋不然乎！將勞君也。

君曰：「何哉，奚勞寡人❶？」

❶【疏】奚，何也。問其所以也。

曰：「勞君之神與形❶。」

❶【疏】食欲無厭，形勞神倦，故慰之耳。

武侯曰：「何謂邪❶？」

❶【疏】問其所言，有何意謂。

徐无鬼曰：「天地之養也一❶，登高不可以為長，居下不可以為短。君獨為萬乘之主，以苦一國之民，以養耳目鼻口，❷夫神者不自許也❸。夫神者，好和而惡姦❹；夫姦，病也，故勞之。唯君所病之，何也？❺」

❶【注】不以爲君而恣之無極。

【疏】夫天地兩儀，亭毒羣品，物於資養，周普無偏，不以爲君恣其奢侈。此並是無鬼勞君之辭。

❷【注】如此，違天地之平也。

【疏】登高位爲君子，不可樂之以爲長；居卑下爲百姓，不可苦之以爲短。而獨誇萬乘之威，苦此一國黎庶，貪色聲香味，以恣耳目鼻口，既違天地之意，竊爲公不取焉。

【釋文】「萬乘」繩證反。

❸【注】物與之耳。

【疏】許，與也。夫聖主神人，物我平等，必不多貪滋味而自與焉。

【釋文】「不自許」司馬云：許，與也。

❹【注】與物共者，和也；私自許者，姦也。

【疏】夫神聖之人，好與物和同而惡姦私者。

❺【疏】夫姦者私通，於理爲病。君獨有斯病，其困如何？

【釋文】「夫姦病」王云：姦者，以正從邪也，謂病也。「所病之何也」李云：服而無對也。或云：

養違天地之平，獨恣其欲，自許不損於神而以姦為病，故不知所以。以此為病，何為乎？

武侯曰：「欲見先生久矣。吾欲愛民而為義偃兵，其可乎❶？」

❶【疏】欲行愛養之仁而爲裁非之義，脩於文教，偃息兵戈，如斯治國，未知可不也？

【釋文】「偃兵」偃，息也。

徐无鬼曰：「不可。愛民，害民之始也❶；為義偃兵，造兵之本也❷；君自此為之，則殆不成❸。凡成美，惡器也❹；君雖為仁義，幾且偽哉❺！形固造形❻，成固有伐❼，變固外戰❽。君亦必无盛鶴列於麗譙之間❾，无徒驥於錙壇之宮❿，无藏逆於得⓫，无以巧勝人⓬，无以謀勝人⓭，无以戰勝人⓮。夫殺人之士民，兼人之土地，以養吾私與吾神者，其戰不知孰善？勝之惡乎在？⓯君若勿已矣，脩胷中之誠，以應天地之情而勿攖⓰。夫民死已脫矣，君將惡乎用夫偃兵哉⓱！」

❶【注】愛民之迹，爲民所尚。尚之爲愛，愛已僞也。

❷【注】爲義則名彰，名彰則競興，競興則喪其真矣。父子君臣，懷情相欺，雖欲偃兵，其可得乎！

【疏】夫偏愛之仁，裁非之義，偃武之功，脩文之事，迹既彰矣，物斯徇焉，害民造兵，自此始也。

❸【注】從無爲爲之乃成耳。

【疏】自，從也。殆，近也。從此以爲，必殆隳敗無爲之本，故近不成也。

❹【注】美成於前，則僞生於後，故成美者乃惡器也。

【疏】夫善善之事，成之於前，美迹既彰，物則趨競，故爲惡之器具也。

❺【注】民將以僞繼之耳，未肯爲真也。

【疏】幾，近也。仁義迹顯，物皆喪真，故近僞本也。

❻【注】仁義有形，固僞形必作。

【疏】仁義二塗，並有形迹，故前迹既依，後形必造。

❼【注】成則顯也。

【疏】夫功名成者，必招爭競，故有征伐。

❽【注】失其常然。

【疏】夫造作刑法而變更易常者，物必害之，故致外敵，事多爭戰。

【釋文】「成固有伐變固外戰」王云：成功在己，亦眾所不與，欲無有伐，其可得乎！夫偽生形造，又伐焉，非本所圖，勢之變也。既有偽伐，得無戰乎！◎家世父曰：假仁義為名，將日懸仁義之形於胸中，而凡依於仁義之形，皆可意造之，成乎仁義之名則自多。《小爾雅》：伐，美也。謂自多其功美。仁〔意〕〔義〕可以意造之而固非安之，必有中變者矣。變則耳目手足皆失其常，喜怒哀樂亦違其節，是外戰也。凡有意為之者，皆殆也。

❾【注】鶴列，陳兵也。麗譙，高樓也。

【釋文】「鶴列」李云：謂兵如鶴之列行。司馬云：鶴列，鍾鼓也。「麗」如字，又力智反，力支反。「譙」本亦作嶕，在逍反。司馬郭李皆云：麗譙，樓觀名也。案謂華麗而嶕嶢。

⑩【注】步兵曰徒。但不當爲義愛民耳，亦無爲盛兵走馬。

【疏】鶴列，陳兵也，言陳設兵馬，如鶴之行列也。麗譙，高樓也。言其華麗嶕嶢也。錙壇，宮名也。君但勿起心偃兵爲義，亦無勞盛陳兵卒於高樓之下，（徒）〔走〕①驥馬宮苑之間。

【釋文】「无徒」司馬云：徒，步也。「錙壇」徐側其反。錙壇，壇名。◎家世父曰：《史記·陳涉世家》戰譙門中，顏師古注：門上為高樓以望遠，樓一名譙。《說文》：封土曰壇。錙壇之宮，謂軍壘也。麗譙，城樓。盛鶴列者，守兵。徒驥，猶徒御也，謂行兵。

⑪【注】得中有逆則失耳。

【疏】莫包藏逆心而苟於得。

【釋文】「无藏」一本作臧，司馬本同。「逆於得」司馬本作德。李云：凡非理而貪，貪得而居之，此藏逆於德內者也。孰有貪得而可以德不失哉？固宜無藏而捨之。又云：謂有貪則逆道也。

⑫【注】守其朴而朴各有所能則平。

【疏】大巧若拙，各敦朴素，莫以機心爭勝於人。

⑬【注】率其真知而知各有所長則均。

【疏】忘心遣慮，率其真知，勿以謀謨勝捷於物。

⑭【注】以道應物，物服而無勝名。

【疏】先爲清淡，以道服人，勿以兵戰取勝於物。

⑮【注】不知以何爲善，則雖克非己勝。

【疏】夫應天順人，而或滅凶殄逆者，雖亡國戮人而不失百姓之歡心也。若使誅殺人民，兼土并地，而意在貪取，私養其身及悅其心者，雖復戰克前敵，善勝於人，不知此勝於何處在，善且在誰邊也。

【釋文】「惡乎」音烏。下同。

⑯【注】若未能已，則莫若脩己之誠。

【疏】誠，實也。攖，擾也。事不得止，應須治國，若脩心中之實，應二儀之生殺，無勞作法攖擾黎民。

【釋文】「勿攖」一營反，又一盈反。

⑰【注】甲兵無所陳，非偃也。

【疏】(夫)〔大〕順天地，施化無心，民以勝殘，免脫傷死，何勞措意作法偃兵耶！

【釋文】「已脫」音奪。

【校】①走字依注文改。

黃帝將見大隗乎具茨之山❶，方明為御，昌寓驂乘，張若謵朋前馬，昆閽滑稽後車❷；至於襄城之野，七聖皆迷，无所問塗❸。

❶【疏】黃帝，軒轅也。大隗，大道廣大而隗然空寂也。亦言：大隗，古之至人也。具茨，山名也。在（熒）滎陽密縣界，亦名泰隗山。黃帝聖人，久冥至理，方欲寄尋玄道，故託迹具茨。

【釋文】「大隗」五罪反。司馬崔本作泰隗。或云：大隗，神名也。一云：大道也。「具茨」一本作次，同。祀咨反，又音資。司馬本作疢。山名也。司馬云，在滎陽密縣東，今名泰隗山。

❷【疏】方明滑稽等，皆是人名。在右爲驂，在左爲御。前馬，馬前爲導也。後車，車後爲從也。

【釋文】「昌寓」音禹。「驂乘」繩證反。驂乘，車右也。「謵」音習。元嘉本作謂。崔同。「𡩿」舒氏反。崔本作㾓，本亦作朋，蒲登反。徐扶恆反。◎盧文弨曰：今書作謵朋。◎慶藩案𡩿，崔本作朋，蓋多朋字常相混。古文多字作朋，形與朋相似而誤。《史記·五帝紀》鬼神山川，封禪與為多焉，徐廣曰：多，亦作朋。《漢書·霍去病傳》校尉僕多有功，師古曰：功臣侯表作僕朋。皆傳寫之誤也。（《周策》公仲侈，《韓子·十過篇》、《漢書·古今人表》皆作公仲朋，亦其（誤）〔證〕。）「前馬」司馬云：二人先馬導也。「昆閽」音昏。「滑」音骨。「稽」音雞。「後車」司馬云：二人從車後。

❸【注】聖者名也；名生而物迷矣，雖欲之乎大隗，其可得乎！

【疏】塗，道也。今汝州有襄城縣，在泰隗山南，即黃帝訪道之所也。自黃帝已上至於滑稽，總有七聖也。注云，聖者名也，名生而物迷矣，雖欲之乎大隗，其可得乎！此注得之，今不重釋也。

【釋文】「襄成之野」李云：地名。「七聖」黃帝一，方明二，昌寓三，張若四，謵朋五，昆閽六，滑稽七也。

適遇牧馬童子，問塗焉❶，曰：「若知具茨之山乎？」曰：「然。」❷

❶【疏】牧馬童子，得道人也。牧馬曰牧。適爾而值牧童，因問道之所在。

❷【疏】若，汝也。然，猶是也。問山之所在，答云我知。

「若知大隗之所存乎？」曰：「然。」❶

❶【疏】存，在也。又問道之所在，答云知處。

黃帝曰：「異哉小童！非徒知具茨之山，又知大隗之所存。請問為天下。」❶

❶【疏】帝驚異牧童知道所在，因問緝理區宇，其法如何。

小童曰：「夫為天下者，亦若此而已矣，又奚事焉❶！予少而自遊於六合之內，予適有瞀病，有長者教予曰：『若乘日之車而遊於襄城之野❷。』今予病少痊，予又且復遊於六合之外。夫為天下亦若此而已。予又奚事焉！❸」

❶【注】各自若則無事矣，無事乃可以爲天下也。

【疏】奚，何也。若，如也。夫欲脩爲天下，亦如治理其身，身既無爲，物有何事！故《老經》云，我無爲而民自化。

❷【注】日出而遊，日入而息。

【疏】六合之內，謂囂塵之裏也。瞀病，謂風眩冒亂也。言我少遊至道之境，棲心塵垢之外，而有眩病，未能體真。幸聖人教我脩道，晝作夜息，乘日遨遊，以此安居而逍遙處世。本有作專字者，謂乘日新以變化。

【釋文】「予少」詩召反。「瞀」莫豆反，郭音務。李云：風眩貌。司馬云：瞀，讀曰瞐，謂眩瞐也。「長者」丁丈反。「乘日之車」司馬云：以日為車也。元嘉本車作居。

❸【注】夫爲天下，莫過自放任，自放任矣，物亦奚攖焉！故我無爲而民自化。

【疏】痊，除也。虛妄之病，久已痊除，任染而游心物外，治身治國，豈有異乎！物我混同，故無事也。

【釋文】「少痊」七全反。李云：除也。◎慶藩案《文選》潘安仁《閒居賦注》引司馬云：痊，除也。《釋文》闕。「且復」扶又反。

黃帝曰：「夫為天下者，則誠非吾子之事❶。雖然，請問為天下❷。」小童辭❸。

❶【注】事由民作。

❷【注】令民自得，必有道也。

【疏】夫牧養蒼生，實非聖人務。理雖如此，猶請示以要言。

❸【疏】無所說也。

黃帝又問❶。小童曰：「夫為天下者，亦奚以異乎牧馬者哉！亦去其害馬者而已矣❷！」

❶【疏】殷勤請小童也。

❷【注】馬以過分爲害。

【疏】害馬者，謂分外之事也。夫治身莫先守分，故牧馬之術，可以養民。問既殷勤，聊爲此答。

【釋文】「去其」起呂反。下、注同。

黃帝再拜稽首，稱天師而退❶。

❶【注】師夫天然而去其過分，則大隗至也。

【疏】頓悟聖言，故身心愛敬，退其分外，至乎大隗，合乎天然之道，其在吾師乎！

知士无思慮之變則不樂❶，辯士无談說之序則不樂❷，察士无淩誶之事①則不樂❸，皆囿於物者也❹。

❶【疏】世屬艱危，時逢禍變，知謀之士，思而慮之，如其不然，則不樂也。

【釋文】「知士」音智。「不樂」音洛。下不樂及注同。

❷【疏】辯類懸河，辭同炙輠，無談說端（敍）〔緒〕，則不歡樂。

❸【疏】機警之士，明察之人，若不容主客問訊，辭鋒淩轢，則不樂也。

【釋文】「察士」李云：察，識也。◎俞樾曰：《禮記・鄉飲酒篇》愁以時察，鄭注曰：察，猶察察，嚴殺之貌也。《老子》俗人察察，河上公注曰：察察，急且疾也。然則察有嚴急之意，故以淩誶為樂。李云，察，識也，則與上文知士複矣。「淩」李云：謂相淩轢。「誶」音信。《廣雅》云：問也。又音祟，又音峻。一本作說。

❹【注】不能自得於內而樂物於外，故可囿也②。故各以所樂囿之，則萬物不召而自來，非強之也。

【疏】此數人者，各有偏滯，未達大方，並囿域於物也。

【釋文】「皆囿」音又。「非強」其丈反。

【校】①《闕誤》引文成張三本事俱作辭。②趙諫議本無故可囿也四字。

招世之士興朝❶，中民之士榮官❷，筋力之士矜難❸，勇敢之士奮患❹，兵革之士樂戰❺，枯槁之士宿名❻，法律之士廣治❼，禮教①之士敬容❽，仁義之士貴際❾。農夫无草萊之事則不比，商賈无市井之事則不比❿。庶人有旦暮之業則勸⓫，百工有器械之巧則壯⓬。錢財不積則貪者憂⓭，權勢不尤則夸者悲⓮。勢物之徒樂變⓯，遭時有所用，不能无為也⓰。此皆順比於歲，不物於易者也⓱，馳其形性，潛之萬物，終身不反，悲夫⓲！

❶【疏】推薦忠良，招致人物之士，可以興於朝廷也。

【釋文】「興朝」直遙反。

❷【疏】治理四民，甚能折中，斯人精幹局分，可以榮官。

【釋文】「中民」李云：善治民也。

❸【疏】英髦壯士，有力如虎，時逢戹難，務於濟世也。

【釋文】「矜難」乃旦反。

❹【疏】武勇之士，果決之人，奮發雄豪，滌除禍患。

❺【疏】情好干戈，志存鋒刃，如此之士，樂於征戰。

❻【疏】食杼衣褐，形容顦顇，留心寢宿，唯在聲名也。

【釋文】「枯槁」苦老反。後章同。「宿名」宿，積久也。王云：枯槁一生以為娛，其所寢宿，唯名而已。◎俞樾曰：宿讀為縮。《國語・楚語》縮於財用則匱，《戰國・秦策》縮劍將自誅，韋昭高誘注竝曰：縮，取也。枯槁之士縮名，猶言取名也。《釋文》曰，宿，積久也，於義未安。又引王云其所寢宿唯名而已，更為迂曲。由不知宿為縮之叚字耳。

❼【疏】刑法之士，留情格條，懲惡勸善，其治（方）〔廣〕②也。

【釋文】「廣治」直吏反。

❽【疏】節文之禮，矜敬容貌。

❾【注】士之不同若此，故當之者不可易其方。

【疏】世有迍邅，時逢際會，則施行仁義以著名勳際會也。

【釋文】「貴際」謂盟會事。◎家世父曰：貴際，謂相與交際，仁義之用行乎交際之間者也。鄭康成《禮記・中庸》注：人也，讀如相人偶之人，以人意相存問之言。故人與人比而仁見焉，仁義之士所以貴際也。《釋文》，貴際，謂盟會事。誤。

⑩【注】能同則事同，所以〔相〕③比。

【疏】比，和樂。古者因井爲市，故謂之市井也。若乖本務，情必不和也。

【釋文】「不比」毗志反，下同。◎俞樾曰：比，通作庀。《周官遂師》疏云：《周禮》之內云比者，先鄭皆為庀。是也。《國語・魯語》子將庀季氏之政焉，又曰，夜庀其家事，韋注竝曰：庀，治也。農夫惟治草萊之事，故無草萊之事則不庀，商賈惟治市井之事，故無市井之事則不庀也。郭注曰，能同則事同，所以比。是以本字讀之，非是。「商賈」音古。

⑪【注】業得其志故勸。

【疏】眾庶之人各有事，旦暮稱情，故自勉勵。

⑫【注】事非其巧則惰。

【疏】壯，盛也。百工功巧，各有器械，能順其情，事斯盛矣。

【釋文】「則壯」李云：壯，猶疾也。「則惰」徒臥反。

⑬【注】物得所耆而樂也。

【釋文】「所耆」時志反。「而樂」音洛。

⑭【疏】尤，甚也。夫貪競之人，必聚財以適性；矜夸之士，假權勢以娱心；事苟乖情，則憂悲

斯生矣。◎慶藩案《文選》賈長沙《(鵩)〔鵬〕鳥賦注》、阮嗣宗《詠懷詩》《注》並引司馬云：夸，虛名也。《釋文》闕。

⑮【注】權勢生於事變。

【疏】夫禍起則權勢尤，故以勢陵物之徒樂禍變也。

⑯【注】凡此諸士，用各有時，時用則不能自已也。苟不遭時，則雖欲自用，其可得乎！故貴賤無常也。

【疏】以前諸士，遭遇時命，情隨事遷，故不能無爲也。

⑰【注】士之所能，各有其極，若四時之不可易耳。故當其時物，順其倫次，則各有用矣。是以順歲則時序，易性則不物，物而不物，非毀如何！

【疏】(此)〔比〕④，次第也。夫士之所行，能有長短，用捨隨時，(成)〔咸〕有次第，方之歲序炎涼，不易於物。不物，猶不易於物者也。

⑱【注】不守一家之能，而之夫萬方以要時利，故有匍匐而歸者，所以悲也。

【疏】馳騖身心，潛伏前境，至乎沒命，不知反歸，頑愚若此，深可悲歎也已矣！◎家世父曰：囿於物者，致用之器也，發之自內者也；時有所用，待用之資也，應之自外者也。性有所倚，才有所偏，內外相須以成能，形性交馳而不反矣。

【釋文】「以要」一遙反。「匍」音扶，又音蒲。「匐」音服，又蒲北反。

【校】①世德堂本教作樂。②廣字依正文改。③相字依《道藏》本補。④比字依正文改。

莊子曰：「射者非前期而中，謂之善射，天下皆羿也，可乎❶？」

❶【注】不期而中，謂誤中者也，非善射也。若謂謬中爲善射，是則天下皆可謂之羿，可乎？言不可也。

【疏】期，謂準的也。夫射無期準而誤中一物，即謂之善射者，若以此爲善射，可乎？

【釋文】「而中」丁仲反，注同。

惠子曰：「可❶。」

❶【疏】謂宇內皆羿也。

莊子曰：「天下非有公是也，而各是其所是，天下皆堯也，可乎❶？」

❶【注】若謂謬中者羿也，則私自是者亦可謂堯矣。莊子以此明妄中者非羿而自是者非堯。

【疏】各私其是，故無公是也。而唐堯聖人，對桀爲是。若各是其所是，則皆聖人，可乎？言不可。

惠子曰：「可❶。」

❶【疏】言各是其是，天下盡堯，有斯理，而惠施滯辨，有言無實。

莊子曰：「然則儒墨楊秉四，與夫子為五，果孰是邪❶？或者若魯遽者邪？其弟子曰：『我得夫子之道矣，吾能冬爨鼎而夏造冰矣❷。』魯遽曰：『是直以陽召陽，以陰召陰，非吾所謂道也❸。吾示子乎吾道。』於是為之調瑟，廢一於堂，廢一於室，鼓宮宮動，鼓角角動，音律同矣❹。夫或改調一弦，於五音无當也❺，鼓之，二十五弦皆動❻，未始異於聲，而音之君已❼。且若是者邪❽？」

❶【注】若皆堯也，則五子何為復①相非乎？

【疏】儒，姓鄭，名緩。墨，名翟也。楊，名朱。秉者，公孫龍字也。此四子者，並聽名過物，蓋世雄辨，添惠施為五，各相是非，未知決定用誰為是。若天下皆堯，何為五復相非乎？

【釋文】「復相」扶又反。

❷【疏】姓魯，名遽，周初人。云冬取千年燥灰以擁火，須臾出火，可以爨鼎；盛夏以瓦瓶盛水，湯中煮之，縣瓶井中，須臾成冰也。而迷惑之俗，自是非他，與魯無異也。

【釋文】「魯遽」音渠，又其據反。李云：魯遽，人姓名也。一云：周初時人。「爨」七亂反，又七端反。

❸【疏】千年灰陽也，火又陽也，此是以陽召陽；井中陰也，水又陰也，此是以陰召陰。魯遽此言非其弟子也。

❹【注】俱亦以陽召陽而横自以為是。

【疏】廢，置也。置一瑟於堂中，置一瑟於室內，鼓堂中宮角，室內弦應而動，斯乃五音六律聲同故也，猶是以陽召陽也。

【釋文】「為之」于偽反。「廢一」廢，置也。

❺【注】隨調而改。
【疏】堂中改調一弦，則室內音無復應動，當爲律不同故也。
【釋文】「改調」徒弔反。注皆同。「无當」丁浪反，合也。
❻【注】無聲則無以相動，有聲則非同不應。今改此一弦而二十五弦皆改，其以急緩爲調也。
【疏】應唯宮角而已密，二十五弦俱動，聲律同者悉應動也。
❼【注】魯遽以此夸其弟子，然亦以同應同耳，未爲②獨能其事也。
【疏】聲律之外，〔何〕曾更有異術！雖復應動不同，總以五音爲其君主而已。既無佗術，何足以自夸！
❽【注】五子各私所見而是其所是，然亦無異於魯遽之夸其弟子，未能相出也。
【疏】惠子之言，各私其是，務夸陵物，不異魯遽，故云若是。
【校】①趙諫議本無復字。②爲字世德堂本在獨能下，趙諫議本在亦以下。

惠子曰：「今夫儒墨楊秉，且方與我以辯，相拂①以辭，相鎮以聲，而未始吾非也，則奚若矣❶？」

❶【注】未始吾非者，各自是也。惠子便欲以此爲至。
【釋文】「相拂」扶弗反。
【校】①世德堂本拂作排。

莊子曰：「齊人蹢子於宋者，其命閽也不以完❶，其求鈃鍾也以束縛❷，其求唐子也而未始出域，有遺類矣❸！夫楚人寄而蹢閽者❹，夜半於无人之時而與舟人鬭，未始離於岑而足以造於怨也❺。」

❶【注】投之異國，使門者守之，出便與（手）〔子〕①不保其全。此齊人之不慈也，然亦自以爲是，故爲之。

【疏】閽，守門人也。齊之人棄蹢其子於宋，仍命以此，不亦我是？

【釋文】「蹢」呈亦反，投也。司馬云：齊人憎其子，蹢之於宋，使門者守之，令形不全，自以為是。

❷【注】乃反以愛鍾器爲是，束縛，恐其破傷。

【釋文】「鈃鍾」音刑，徐戶挺反。又《字林》云：鈃似小鍾而長頸。又云：似壺而大。「以束縛」郭云：恐其破傷也。案此言賤子貴鈃，自以為是也。

❸【注】唐，失也。失亡其子，而不能遠索，遺其氣類，而亦未始自非。人之自是，有斯謬矣。

【疏】鈃，小鍾也。唐，亡失也。求覓亡子，不出境域；束縛鈃鍾，恐其損壞；賤子貴器爲不慈，遺其氣類，亦言我是。◎俞樾曰：有遺類矣，當連下夫字爲句。有遺類矣夫，與襄二十四年《左傳》有令德也夫、有令名也夫句法相似。類，謂種類也。《詩・裳裳者華序》棄賢者之類，《正義》曰：類，謂種類。是也。求亡子而不出域，則其亡子不可得，必無遺類矣夫，故曰有遺類矣夫，反言以明之也。郭注失其讀，所說未得。

【釋文】「唐子」謂失亡子也。「遺類」遺，亡也，亡其種類故也。惠施畔道而好辯，猶齊人遠子而愛鍾也。「遠索」所百反。

❹【注】俱寄止而不能自投於高地也。

❺【注】岑，岸也。夜半獨上人船，未離岸已共人鬬。言齊楚二人所行若此，而未嘗自以爲非，今五子自是，豈異斯哉！

【疏】楚郢之人，因子客寄，近於江濱之側，投蹢守門之家。夜半無人之時，輒入他人舟上，而船未離岑，已共舟人鬬打，不懷恩德，更造怨辭，愚猥如斯，亦云我是。惠子之徒，此之類也。岑，岸也。◎俞樾曰：案夫楚人寄而蹢閽者句，夫字當屬上有遺類矣爲句。蹢當讀謫。揚雄《方言》：謫，怒也。張揖《廣雅・釋詁》：謫，責也。楚人寄而謫閽者，謂寄居人家，而怒責其閽者也。與下文夜半於無人之時而與舟人鬬，均此楚人之事，皆喻其自以爲是也。郭注曰，俱寄止而不能自投於高地，於義殊不可通。

【釋文】「而與舟人鬬」司馬云：夜上人船，人必擠己於水也。擠，排也。◎家世父曰：說文：蹢，住足也。《易》羸豕孚蹢躅，《戴記三年問》蹢躅焉，《釋〔文〕》：蹢躅，不行也。閽者守門，蹢躅不良於行，故可以命閽。趼鍾，當為趼踵，《天道篇》百舍重趼而不敢息。《說文》：踵，追也，一曰往來貌。束縛，謂行滕也。言命閽則足不必完，趼踵急行則於足也又加之束縛。《爾雅・釋宮》：廟中路謂之唐，堂途謂之陳。《毛詩・陳風傳》：唐，堂途也。《田子方篇》猶求馬於唐肆也，司馬亦云：唐肆，廣庭也。唐子，猶《周禮》門子，謂給使令者。未始出域而有遺類，言其多也。閽者稱其材，走者極其量，堂途給事，人皆能之，各據為是而自足，豈必殊尤卓絕哉！其相非也，又各不察其情而以意求勝。寄而躪閽，所司閽耳。《說文》：閽，常以昏閉門隸也。何由夜半於無人之境而與舟人鬬？意以為夜半無人之境，則竟無人矣；意以為與舟人鬬，則竟鬬矣，造怨者無窮而身固未離於岑也。齊人之於宋，楚人之寄，本非族類，不相習也，無因而造怨，則亦可夜半與舟人鬬矣。是者之是，莫得其所以是；非者之非，莫知其所以非。舊注失之太遠。「未始離」力智反。注同。「於岑」七金反，徐在林反，又語審反，謂崖岸也。「獨上」時掌反。

【校】①子字依世德堂本改。

莊子送葬，過惠子之墓，顧謂從者曰：「郢人堊慢①其鼻端若蠅翼，使匠石斲之。匠石運斤成風，聽而斲之②，❶盡堊而鼻不傷，郢人立不失容。宋元君聞之，召匠石曰：『嘗試為寡人為之。』匠石曰：『臣則嘗能斲之。雖然，臣之質死久矣。』❷自夫子之死也，吾无以為質矣，吾无與言之矣。❸」

❶**【注】**瞑目恣手。

【疏】郢，楚都也。《漢書·揚雄傳》作獿，乃回反。郢人，謂泥畫之人也，堊者，白善土也。漫，汙也。莊生送親知之葬，過惠子之墓，緬懷疇昔，仍起斯譬。瞑目恣手，聽聲而斲，運斤之妙，遂成風聲。若蠅翼者，言其神妙也。

【釋文】「從者」才用反。「郢人」以井反，楚都也。《漢書》音義作獿人。服虔云：獿人，古之善塗塈者，施廣領大袖以仰塗而領袖不污，有小飛泥誤著其鼻，因令匠石揮斤而斲之。獿，音鐃，韋昭乃回反。◎盧文弨曰：獿人，舊譌作㑱人。案《漢書》揚雄《解嘲》云：獿人亡則匠石輟斤，今據改正，下同。又音鐃，舊譌音混，別本音溫，亦譌，俱改正。「堊」烏路反。「慢」本亦作漫。郭莫干反，徐莫但反。李云：猶塗也。◎慶藩案慢當作𢄔。《說文》：𢄔，墀地（《說文》，墀，涂地也，涂與塗同。）以𢄔之，從巾，㞞聲，（㞞籀文婚字，今本㞞譌為夒。）讀若水溫䨲。（䨲字注：安䨲溫也。《玉篇》：奴旦切。）徐鉉依《唐韻》乃昆切，《玉篇》奴回奴昆二切，《廣韻》（切）〔乃〕③回乃案二切。《廣雅》曰：墀、塈、𢄔，塗也。（今本亦譌作𢄔。）𢄔字，曹憲音奴回〔切〕，《鹽鐵論・散不足》篇富者堊𢄔（今本譌作㥏。）壁飾。案𢄔人，古之善塗塈者也，施廣領大袖以仰塗而領袖不污，有小飛泥誤著鼻，因令匠石而斲，知石之善斲，故敢使斲之也。（見《漢書・揚雄傳》服虔注。）

❷【疏】去堊慢而鼻無傷損，郢人立傍，容貌不失。元君聞其神妙，嘗試召而爲之。

【釋文】「為寡人」于偽反。

❸【注】非夫不動之質，忘言之對，則雖至言妙斲而無所用之。

【疏】質，對也。匠石雖巧，必須不動之質；莊子雖賢，猶藉忘言之對。蓋知惠子之亡，莊子喪偶，故匠人輟成風之妙響，莊子息濠上之微言。

【校】①趙諫議本作漫。②《闕誤》引江南《古藏》本及李本之下有瞑目恣手四字。又云：一云四字是郭注。③乃字依《廣韻》改。

管仲有病，桓公問之，曰：「仲父之病病矣，可不（謂）〔諱〕①，云至於大病，則寡人惡乎屬國而可❶？」

❶【疏】管仲，姓管，名仲，字夷吾，齊相也，是鮑叔牙之友人。桓公尊之，號曰仲父。桓公，即小白也，一匡天下，九合諸侯而爲霸主者，管仲之力也。病病者，言是病極重也，大病者，至死也。既將屬纊，故臨問之，仲父死後，屬付國政，與誰爲可也。

【釋文】「大病」謂死也。「惡乎」音烏。「屬國」音燭。

【校】①諱字依江南古藏本及李氏本改。

管仲曰：「公誰欲與？」

公曰：「鮑叔牙❶。」

❶【疏】問：國政欲與誰？答曰：與鮑叔也。

【釋文】「欲與」如字。又音餘。

曰：「不可。其為人絜廉善士也，其於不己若者不比之，又一聞人之過，終身不忘。使之治國，上且鉤乎君，下且逆乎民。其得罪於君也，將弗久矣！」❶

❶【疏】姓鮑，字叔牙，貞廉清絜善人也。而庸猥之人，不如己者，不比數之，一聞人之過，至死不忘。率性廉直，不堪宰輔，上以忠直鉤束於君，下以清明逆忤百姓，不能和混，故君必罪之。管仲賢人，通鑑於物，恐危社稷，慮害叔牙，故不舉之也。

【釋文】「且鉤」鉤，反也。亦作拘，音同。又音俱。

公曰：「然則孰可？」

對曰：「勿已，則隰朋可。其為人也，上忘而下畔❶，愧不若黃帝而哀不己若者❷。以德分人謂之聖，以財分人謂之賢❸。以賢臨人，未有得人者也；以賢下人，未有不得人者也。其於國有不聞也，其於家有不見也。勿已，則隰朋可❹。」

❶【注】高而不亢。

【疏】姓隰，名朋，齊賢人也。畔，猶望也。混高卑，一榮辱，故己爲卿輔，能遺富貴之尊；下撫黎元，須忘皁隸之賤。事不得止，用之可也。

【釋文】「上忘而下畔」言在上不自高，於下無背者也。

❷【注】故無棄人。

【疏】不及己者，但懷哀悲，輔弼齊侯，期於淳樸，心之所愧，不逮軒轅也。

❸【疏】聖人以道德拯物，賢人以財貨濟人也。

❹【注】若皆聞見，則事鍾於己而羣下無所措手足，故遺之可也。未能盡遺，故僅可也。

【疏】運智明察，臨於百姓，逆忤物情。叔牙治國則不問物之小瑕。治家則不見人之過。勿已則隰朋可，總結以前義。

【釋文】「下人」遐嫁反。「所措」七故反。「故僅」其靳反。

吳王浮於江，登乎狙之山。眾狙見之，恂然棄而走，逃於深蓁。有一狙焉，委蛇攫搔①，見巧乎王。王射之，敏給❶搏捷矢❷。王命相者趨射之，狙執死❸。

❶【注】敏，疾也。給，續括也。

【疏】狙，獮猴也。山多獮猴，故謂之狙山也。恂，怖懼也。蓁，棘叢也。委蛇，從容也。攫搔，騰擲也。敏給，猶速也。吳王浮江，遨遊眺望，眾狙恂懼，走避深棘。獨一老狙，恃便敖王，王既怪怒，急速射之。

【釋文】「狙」七徐反。「恂然」音舜，徐音荀，又思俊反。司馬云：遽也。「深蓁」徐仕巾反，一音側巾反。「委」於危反。「蛇」餘支反。「攫」俱縛反，徐居碧反。《三蒼》云：搏也。郭又七（段）〔段〕②反。司馬本作攫。◎盧文弨曰：攫不應與上同，或是玃字之誤。「搔」本又作播，素報反。徐本作搔，七活反。司馬本作條。「見」賢遍反。「巧」如字，或苦孝反。崔本作攻。「王射」食亦反。下同。

❷【注】捷，速也。矢往雖速而狙猶〔能〕搏③（之）。

【疏】搏，接也。捷，速也。矢，箭也。箭往雖速，狙皆接之，其敏捷也如此。

【釋文】「搏」音博。◎俞樾曰：郭於敏給下出注曰：敏，疾也；給，續括也。是以敏給屬王言，殆非也。敏給二字同義，《後漢書・酈炎傳》言論給捷，李賢注曰：給，敏也。是其證也。故《國語・晉語》曰，知羊舌職之聰敏肅給也，使佐之。《荀子・性惡篇》曰，齊給便敏而無類。並以敏給對言。然則郭以給為續括，非古義矣。敏給當以狙言，謂狙性敏給，能搏捷矢也。捷讀為接。《爾雅・釋詁》：

接，捷也。是捷與接聲近義通。莊十二年《左氏經》文宋萬弒其君捷，僖三十二年鄭伯捷卒，文十六年晉人納捷菑於邾，《公羊》捷並作接。《人間世篇》必將乘人而鬭其捷，《釋文》曰：捷，本作接。此捷接通用見於本書者。搏捷矢，即搏接矢，謂以手搏而接其矢也。郭注曰：捷，速也。夫矢自無不速，又何必言捷乎！

❸【疏】命，召也。相，助也，謂王之左右也。王既自射不中，乃召左右亂趨射之，於是狙抱樹而死。

【釋文】「相者」息亮反。司馬云：佐王獵者也。「趨射」音促，急也。「執死」司馬云：見執而死也。

【校】①世德堂本作抓。②叚字依世德堂本改。③能搏依世德堂本改。

王顧謂其友顏不疑曰：「之狙也，伐其巧恃其便以敖予，以至此殛也！戒之哉！嗟乎，无以汝色驕人哉❶！」顏不疑歸而師董梧以助①其色，去樂辭顯，三年而國人稱之❷。

❶【疏】姓顏，字不疑，王之友也。殛，死也。予，我也。狙矜伐勁巧，恃賴方便，傲慢於王，遂遭死殛。嗟此狡獸，可以戒人，勿淫聲色，驕豪於世。

【釋文】「之狙也」之，猶是也。本或作是。「其便」婢面反。「以敖」司馬本作倖，云：佷也。

❷【注】稱其忘巧遺色而任夫素朴。

【疏】姓董。名梧，吳之賢人也。鋤，除去也。既奉王教，於是退歸，悔過自新，師於有道，除其美色，去其聲樂，重素朴，辭榮華，脩德三年，國人稱其賢善。

【釋文】「董梧」有道者也。師其德以鋤色。「以助」士居反。本亦作鋤。「去樂」起呂反。

【校】①趙諫議本作鋤。

南伯子綦隱几而坐，仰天而噓❶。顏成子入見曰：「夫子，物之尤也。形固可使若槁骸，心固可使若死灰乎❷？」

❶【疏】猶是《齊物》中南郭子綦也。其隱几等義，並具解《內篇》。◎慶藩案南伯子綦，《齊物論》作南郭子綦。伯郭古聲相近，故字亦通用。《唐韻正》：伯，古讀若博。《周禮》司几筵其柏席用萑，亦借柏爲椁。（鄭注以柏爲椁字磨滅之餘，非也。說見《經義述聞》。）

【釋文】「隱」於靳反。「噓」音虛。

❷【疏】顏成，子綦門人也。尤，甚也。每仰歎先生志物之甚，必固形同槁骸，心若死灰。慕德殷勤，有此嗟詠也。

【釋文】「入見」賢遍反。「夫物之尤也」音符。一本作夫子，則如字。◎盧文弨曰：今書夫下有子字。

曰：「吾嘗居山穴之中①矣。當是時也，田禾一覩我，而齊國之眾三賀之❶。我必先之，彼故知之；我必賣之，彼故鬻之❷。若我而不有之，彼惡得而知之？若我而不賣之，彼惡得而鬻之❸？嗟乎！我悲人之自喪者❹，吾又悲夫悲人者❺，吾又悲夫悲人之悲者，其後而日遠矣❻。」

❶【注】以得見子綦爲榮。

【疏】山穴，齊南山也。田禾，齊王姓名。子綦隱居山穴，德音遐振，齊王暫覩，以見爲榮，所以一國之人三度慶賀也。

【釋文】「山穴之中」司馬本同。李云：齊南山穴也。一本作之口。「田禾」齊君也。尊德，故國人慶之。◎盧文弨曰：即齊太公和。

❷【疏】我聲名在先，故使物知我；我便是賣於名聲，故田禾見而販之。

❸【疏】若我韜光晦迹，不有聲名，彼之世人何得知我？我若名價不貴，彼何得見而販之？只爲不能滅迹匿端，故爲物之所賣鬻也。

【釋文】「鬻之」羊六反。

【釋文】「彼惡」音烏。下同。

❹【疏】喪，猶亡失也。子綦悲歎世人，捨己慕佗，喪失其道。

【釋文】「自喪」息浪反。

❺【疏】夫道無得喪而物有悲樂，故悲人之自喪者亦可悲也。

❻【注】子綦知夫爲之不足以救彼而適足以傷我，故以不悲悲之，則其悲稍去，而泊然無心，枯槁其形，所以爲日遠矣。

【疏】夫玄道沖虛，無喪無樂，是以悲人自喪及悲者，雖復前後悲深淺稱異，咸未偕道，故亦可悲。悲而又悲，遣之又遣，教既彰矣，玄玄之理斯著，與衆妙相符，故日加深遠矣。

【釋文】「而泊」步各反。

【校】①趙諫議本中作口。

仲尼之楚，楚王觴之，孫叔敖執爵而立，市南宜僚受酒而祭曰：「古之人乎！於此言已❶。」

❶【注】古之言者，必於會同。

【疏】觴，酒器之總名，謂以酒燕之也。爵亦酒器，受一升。（大）〔古〕人欲飲，必（先）祭其〔先〕，宜僚瀝酒祭，故祝聖人，願與孔子於此言論也。

【釋文】「觴之」音商。李云：酒器之總名也。「孫叔敖執爵」案《左傳》孫叔敖是楚莊王相，孔子未生。哀公十六年，仲尼卒後，白公為亂。宜僚未嘗仕楚。又宣十二年《傳》，楚有熊相宜僚，則與叔敖同時，去孔子甚遠。蓋寄言也。

曰：「丘也聞不言之言矣，未之嘗言❶，於此乎言之❷。市南宜僚弄丸而兩家之難解，孫叔敖甘寢秉羽而郢人投兵❸。丘願有喙三尺❹。」

❶【注】聖人無言，其所言者，百姓之言耳，故曰不言之言。苟以言爲不言，則雖言出於口，故爲未之嘗言。

❷【注】今將於此言於無言。

【疏】夫理而教不言矣，教而理未之嘗言也。是以聖人妙體斯趣，故終日言而未嘗言也。孔子應宜僚之請，故於此亦言於無言矣。

❸【注】此二子息訟以默，澹泊自若，而兵難自解。

【疏】姓熊，字宜僚，楚之賢人，亦是勇士沈（沒）〔默〕者也。居於市南，因號曰市南子焉。楚白公勝欲因作亂，將殺令尹子西。司馬子綦言熊宜勇士也，若得，敵五百人，遂遣使屈之。宜僚正上下弄丸而戲，不與使者言，使因以劍乘之，宜僚曾不驚懼，既不從命，亦不言佗。白公不得宜僚，反事不成，故曰兩家難解。姓孫，字叔敖，楚之令尹，甚有賢德者也。郢，楚都也。投，息也。叔敖蘊藉實知，高枕而逍遙，會理忘言，執羽扇而自得，遂使敵國不侵，折衝千里之外，楚人無事，偃文德，息其武略。彰二子有此功能，故可與仲尼晤言，贊揚玄道也。

【釋文】「兩家之難」乃旦反。注同。「解」音蟹，注同。司馬云，宜僚，楚之勇士也，善弄丸。楚白公勝將作亂，殺令尹子西。子期石乞曰：「市南有熊宜僚者，若得之，可以當五百人。」乃往告之，不許也。承之以劍，不動，弄丸如故，曰：「吾亦不泄子。」白公遂殺子西。子期歎息，兩家（而）〔難〕已，宜僚不預其患。◎慶藩案《太平御覽》二百七十九引司馬云：宜僚善弄丸，白公脅之，弄丸如故。視《釋文》較略①。「甘寢秉羽」如字，又音翽。司馬本作翼，云：讀曰翽。或作翅，雩舞者之所執。崔本作翼。「郢人投兵」司馬云：言叔敖願安寢恬臥，以養德於廟堂之上，折衝於千里之外，敵國不敢犯，郢人投兵，無所攻伐也。郢，楚都也。◎慶藩案《太平御覽》二百七十九引司馬云：孫叔敖秉羽之舞，郢人無所攻，故投兵。視《釋文》較略。◎藩又案孫叔敖甘寢秉羽而郢人投兵，《淮南・主術篇》所謂昔孫叔敖恬臥而郢人無所害其鋒同意。投兵，謂無所用也。高注曰：但恬臥養德，折衝千里之外，敵國不敢犯。即司馬注所本。（王念孫曰：害其鋒三字，義不相屬。害當為用之誤，謂無所用其鋒也。隸書害作𡧪，其上半與用相似。案《淮南》多本《莊子》，此云投兵，亦謂無所用之也。）王氏正害字義頗精。

❹【注】苟所言非己，則雖終身言，故爲未嘗言耳。是以有喙三尺，未足稱長，凡人閉口，未是不言。

【疏】喙，口也。苟其言當，即此無言。假余喙長三尺，與閉口何異，故願有之也。

【釋文】「喙」許穢反，又丁豆反，或昌鋭反。「三尺」三尺，言長也。司馬云：喙，息也。宜僚弄丸而弭難，叔敖除備以折衝，丘亦願有，歎息其三尺。三尺，匕首劍。

【校】①慶藩案下三十四字原誤入疏文下。

彼之謂不道之道❶，此之謂不言之辯❷，故德總乎道之所一❸。而言休乎知之所不知，至矣❹。道之所一者，德不能同也❺；知之所不知者，辯不能舉也❻；名若儒墨而凶矣❼。故海不辭東流，大之至也❽；聖人并包天地，澤及天下，而不知其誰氏❾。是故生无爵❿，死无謚⓫，實不聚⓬，名不立⓭，此之謂大人⓮。狗不以善吠為良，人不以善言為賢⓯，而況為大乎⓰！夫為大不足以為大，而況為德乎

⑰！夫大備矣，莫若天地；然奚求焉，而大備矣⑱。知大備者，无求，无失，无棄，不以物易己也⑲。反己而不窮⑳，循古而不摩㉑，大人之誠㉒。

❶【注】彼，謂二子。

【疏】彼，謂所詮之理。不道而道，言非道非不道也。

❷【注】此，謂仲尼。

【疏】此，謂能詮之教。不言而言，非言非不言也。子玄乃云此謂仲尼，斯注粗淺，失之遠矣。夫不道不言，斯乃探微索隱，窮理盡性，豈二子之所能耶！若以甘寢弄丸而稱息訟以默者，此則默語懸隔，丘何得有喙三尺乎？故不可也。又此一章，盛談玄極，觀其文勢，不關孫熊明矣。

【釋文】「彼之謂此之謂」郭云：彼，謂二子；此，謂仲尼也。司馬云：彼，謂甘寢；此，謂弄丸。

❸【注】道之所容者雖無方，然總其大歸，莫過於自得，故一也。

【釋文】「總」音揔。

❹【注】言止其分，非至如何！

【疏】夫至道之境，重玄之域，聖心所不能知，神口所不能辯，若以言知索真，失之遠矣。故德之所總，言之所默息者，在於至妙之一道也。

❺【注】各自得耳，非相同也，而道一也。

【疏】夫一道虛玄，曾無涯量，而德有上下，（誰）不能周備也。本有作同字者，言德有優劣，未能同道也。此解前道之所一也。

【釋文】「不能同」一本作相同。

❻【注】非其分，故不能舉。

【疏】夫知者玄道，所謂妙絕名言，故非辯說所能勝舉也。此解前知之所不知也。

❼【注】夫儒墨欲同所不能同，舉所不能舉，故凶①。

【疏】夫執是競非，而名同儒墨者，凶禍斯及矣。◎家世父曰：儒墨之所以凶，以有儒墨之名也。懸儒墨之名以召爭，德不能同者，強道以一之；辯不能舉者，強知以通之，各是其是，而道與知之所及亦小矣。生無爵，死無謚，實且不以自居，名何有哉！

❽【注】明受之無所辭，所以成大。

【疏】百川競注，東流不息，而巨海容納，曾不辭憚。此據東海爲言，亦弘博之至也已。

❾【注】汎然都任。

【疏】前舉海爲（諭）〔喻〕，此下合譬也。聖人德合二儀，故并包天地；仁覃無外，故澤及天下；成而不處，故不知誰爲；推功於人，故莫識其氏族矣。

❿【注】有而無之。

⓫【注】謚所以名功，功不在己，故雖謚而非己有。

【疏】夫人處世，生有名位，死定謚號，所以表其實也。聖人生既以功推物，故死亦無可謚也。

⑫【注】令萬物各知足。

【疏】縱有財德，悉分散於人也。

⑬【注】功非己爲，故名歸於物。

【疏】夫名以召實，實既不聚，故名將安寄也。

⑭【注】若爲而有之，則小矣。

【疏】總結以前。忘於名謚之士，可謂大德之人。

⑮【注】賢出於性，非言所爲。

【疏】善，喜好也。夫犬不必吠，賢人豈復多言！

【釋文】「善吠」伐廢反。司馬云：不別客主而吠不止。「善言」司馬云：失本逐末而言不止也。

⑯【注】夫大愈不可爲而得。

【疏】夫好言爲賢，猶自不可，況惑心取捨於大乎！

⑰【注】唯自然乃德耳。

【疏】愛心弘博謂之大，冥符玄道謂之德。夫有心求大，於理尙乖，況有情爲德，固不可也。

⑱【注】天地大備，非求之也。

【疏】備，具足也。夫二儀覆載，亭毒無心，四敍周行，生成庶品，蓋何術焉，而萬物必備。

⑲【注】知其自備者，不舍己而求物，故無求無失無棄也。

【疏】夫體弘自然之理而萬物素備者，故能於物我之際淡然忘懷，是以無取無捨，無失無喪，無證無得，而不以物境易奪己心也。

【釋文】「不舍」音捨。

⑳【注】反守我理，我理自通。

【疏】只爲弘備，故契於至理。既而反本還原，會己身之妙極而無窮竟者也。

㉑【注】順常性而自至耳，非摩拭。

【疏】循，順也。順於物性，無心改作，豈復摩飾而矜之！

【釋文】「循古而不摩」一本作磨。郭云：摩，拭也。王云：摩，消滅也。雖常通物而不失及己，雖理於今，常循於古之道焉，自古及今，其名不摩滅也。「摩拭」音式。

㉒【注】不爲而自得，故曰誠。

【疏】誠，實也。夫反本還原，因循萬物者，斯乃大聖之人自實之德也。

【校】①趙諫議本凶下有也字。

子綦有八子，陳諸前，召九方歅曰：「為我相吾子，孰為祥❶？」

❶【疏】子綦，楚司馬子綦也。陳，行列也。諸，於也。〔九〕方，姓也；歅，名也。孰，誰也。祥，善也。九方歅，善相者也。陳列諸子於庭前，命方歅令相之，八子之中，誰爲吉善。

【釋文】「九方歅」音因，李烏雞反，又音煙，善相馬人。《淮南子》作九方皋。「為我」于僞反。「相吾子」息亮反。

九方歅曰：「梱也為祥❶。」

❶【疏】梱，子名也。言八子之中，梱最祥善也。

【釋文】「梱」音困，又口本反，子綦子名。

子綦瞿然喜曰：「奚若❶？」曰：「梱也將與國君同食以終其身。」

❶【疏】瞿然，驚喜貌。聞子吉祥，故容貌驚喜，問其祥善貌相如何。

【釋文】「瞿然」紀具反。司馬云：喜貌。本亦作矍，吁縛反。《字林》云：大視貌。李云：驚視貌。◎慶藩案此瞿然與《庚桑楚篇》懼然，皆驚駭之貌。瞿，《說文》作䀠，云：舉目驚䀠然也。《漢書・吳王濞傳》膠西王瞿然駭，師古注：瞿然，無守之貌。又《鄒陽傳》長君瞿然曰將為奈何，師古注：懼讀為瞿，瞿然，無守之貌。《東方朔傳》於是吳王懼然易容，師古注：懼然，失守之貌。案師古訓瞿懼為失守貌、為無守貌者，本《齊風・東方未明篇》狂夫瞿瞿《毛傳》也。不知傳以下不能辰夜二語，故以瞿瞿為無守，與瞿然不同，瞿然當從李頤此訓為正。

子綦索然出涕曰：「吾子何為以至於是極也❶！」

❶【疏】索然，涕出貌。方歅識見淺近，以食肉爲祥，子綦鑒深玄妙，知其非吉，故憫其凶極，悲而出涕。

【釋文】「索然」悉各反，又色白反。司馬云：涕下貌。

九方歅曰：「夫與國君同食，澤及三族，而況①父母乎！今夫子聞之而泣，是禦福也。子則祥矣，父則不祥。」❶

❶【疏】三族，謂父母族也，妻族也。禦，拒扞也。夫共國君食，尊榮富貴，恩被三族，何但二親！子享吉祥，父翻涕泣，斯乃禦福德也。

【釋文】「禦福」魚呂反，距也，逆也。

【校】①世德堂本況下有於字。

子綦曰：「歅，汝何足以識之，而梱祥邪？盡於酒肉，入於鼻口矣，而何足以知其所自來❶？吾未嘗為牧而牂生於奧，未嘗好田而鶉生於宎，若勿怪，何邪❷？吾所與吾子遊者，遊於天地①❸。吾與之邀樂於天，吾與之邀食於地❹；吾不與之為事，不與之為謀，不與之為怪❺；吾與之乘天地之誠而不以物與之相攖❻，吾與之一委蛇而不與之為事所宜❼。今也然有世俗之償焉❽！凡有怪徵者，必有怪行，殆乎，非我與吾子之罪，幾天與之也❾！吾是以泣也❿。」

❶【疏】自，從也。方歅小巫，識鑒不遠，相梱祥者，不過酒肉味入於鼻口。方歅道術，理盡於斯，詎知酒肉由來，從何而至。

❷【注】夫所以怪，出於不意故也。

【疏】牂，羊也。奧，西南隅未地，羊位也；宎，東南隅辰地也，辰爲鶉位；故言牂鶉生也。

夫羊須牧養，鶉因田獵，若祿藉功著，然後可致富貴。今梱（而）功行未聞，而與國君同食，何異乎無牧而忽有羊也，不田而獲鶉也！非牧非田，怪如何也！

【釋文】「未嘗」如字。本或作曾，才能反。「而牂」子郎反。《爾雅》云：牝羊也。「於奧」烏報反。西南隅未地也。一曰：豕牢也。「好田」呼報反。「於宎」字又作窔，烏弔反，徐烏了反。司馬云：東北隅也。一云：東南隅鶉火地，生鶉也。一云：竈也。郭徒忽反，字則穴下犬。◎盧文弨曰：案《爾雅·釋宮》：東南隅謂之窔②。其東北隅乃宧也。又案《說文》：宧，戶樞聲，室之東南隅。窔但訓深。◎家世父曰：牂所從出，牧也；鶉所從來，田也，不牧而牂生，不田而鶉生，儻然而來，儵然而至，謂之不祥。祥者，怪徵也；乘天地之誠而有世俗之償，是亦怪徵也。

❸**【注】**不有所爲。

【釋文】「遊於天地」司馬本地作汨，云：亂也。崔本同。

❹**【注】**隨所遇於天地耳。邀，遇也。

【疏】邀，遇也。天地，無心也。子綦體道，虛忘順物，自足於性分之內，敖游乎天地之間，所造皆適，不待歡娛，所遇斯食，豈資厚味耶！

【釋文】「邀」古堯反，遇也。「樂」音洛。

❺**【注】**怪，異也。循常任性，脫然自爾。

【疏】忘物，故不爲事；忘智，故不爲謀；循常，故不爲怪。

❻**【注】**斯不爲也。

【疏】誠，實也。乘二儀之實道，順萬物以逍遙，故不與物更相攖擾。

❼【注】斯順耳，無擇也。

【疏】委蛇，猶縱任也。心境不二，從容任物，事既非事，何宜便之可爲乎！

❽【注】夫有功於物，物乃報之。吾不爲功而償之，何也？

【疏】夫報功（賞）〔償〕德者，世俗務也。苟體道任物，不立功名，何須功之償哉！

【釋文】「之償」時亮反，又音賞。

❾【注】今無怪行而有怪徵，故知其天命也。

【疏】殆，危也。幾，近也。夫有怪異之行者，必〔有〕怪異之徵祥也。今吾子未有怪行而有怪徵，必遭殆者，斯乃近是天降之災，非吾子之罪。

【釋文】「怪行」下孟反。注同。

❿【注】夫爲而然者，勿爲則已矣。不爲而自至，則不可奈何也，故泣之。

【疏】罪若由人，庶其脩改，既關天命，是以泣也。

【校】①《闕誤》引江南《古藏》本地下有也字。②《爾雅·釋文》作宎，云：又作窔，同。《說文》作宧。

无幾何而使梱之於燕，盜得之於道，全而鬻之則難，不若刖之則易❶，於是乎刖而鬻之於齊，適當渠公之街，然身食肉而終❷。

❶【注】全恐其逃，故不如刖之易售也。

【疏】無幾何，謂俄頃間也。楚使梱聘燕，途道之上，爲賊所得，略梱爲奴。而全形賣之，恐其逃竄，故難防禦，則刖足，不慮其逃，故易售。

【釋文】「无幾」居豈反。「於燕」音煙。「全而鬻之」音育，絕句。一本作鬻之難。「刖」音月，又五刮反。「易」以豉反。注同。「售也」受又反。

❷【疏】渠公，齊之富人，爲街正。梱（之）既遭刖足，賣與齊國富商之家，代主當街，終身肉食也。字又作術者，云：渠公，屠人也，賣梱在屠家，共主行宰殺之術，終身食肉也。

【釋文】「渠公」或云：渠公，齊之富室，為街正，買梱自代，終身食肉至死。一云：渠公屠者，與梱君臣同食肉也。「之街」音佳。一本作術。「然身食肉終」本或作身肉食者誤。◎盧文弨曰：今書終上有而字。

齧缺遇許由，曰：「子將奚之❶？」

❶【疏】齧缺逢遇許由，仍問欲何之適。

曰：「將逃堯❶。」

❶【疏】答曰：將欲逃避帝堯。

曰：「奚謂邪❶？」

❶【疏】問其何意。

曰：「夫堯，畜畜然仁，吾恐其為天下笑。後世其人與人相食與❶！夫民，不難聚也；愛之則親，利之則至，譽之則勸，致其所惡則散❷。愛利出乎仁義，捐仁義者寡，利仁義者眾。夫仁義之行，唯且无誠❸，且假乎①禽貪者器❹。是以一人之斷制利天下❺，譬之猶一覕也❻。夫堯知賢人之利天下也，而不知其賊天下也，夫唯外乎賢者知之矣❼。」

❶【注】仁者爭尙之原故也。

【疏】畜畜，盛行貌也。盛行偏愛之仁，乖於淳和之德，恐宇內喪道之士猶甚澆季，將來逐迹，百姓飢荒，食廩既虛，民必相食，是以逃也。

【釋文】「畜畜」許六反，郭他六反。李云：行仁貌。王云：卹愛勤勞之貌。「其人與」如字。「人相食與」音餘。言將馳走於仁義，不復營農，飢則相食。

❷【疏】夫民，撫愛則親，利益則至來，譽贊則相勸勉，與所惡則眾離散，故黔首聚散，蓋不難也。

【釋文】「譽之」音餘。「所惡」烏路反。

❸【注】仁義既行，將僞以爲之②。

【疏】夫利益蒼生，愛育羣品，立功聚眾，莫先仁義。而履仁蹈義，捐率於中者少，託於聖迹以規名利者多，是故行仁義者，矯性僞情，無誠實者也。

【釋文】「之行」下孟反。

❹【注】仁義可見，則夫貪者將假斯器以獲其志。

【疏】器，聖迹也。且貪於名利，險於禽獸者，必假夫仁義爲其器者也。

【釋文】「且假夫禽貪者器」司馬云：禽之貪者殺害無極，仁義貪者傷害無窮。

❺【注】若夫仁義各出其情，則其斷制不止乎一人。

【疏】榮利之徒，負於仁義，恣其鴆毒，斷制天下。向無聖迹，豈得然乎！

❻【注】覕，割也。萬物萬形，而以一劑割之，則有傷也。

【疏】覕，割也。若以一人制服天下，譬猶一刀割於萬物，其於損傷彼此多矣。

【釋文】「覕」郭薄結反，云：割也。向芳舌反。司馬云：暫見貌。又甫莅反，又普結反，又初栗反。「劑」子隨反。

❼【注】外賢則賢不僞。

【疏】夫賢聖之迹，爲利一時，萬代之後，必生賊害，唯能忘外賢聖者知之也。

【校】①世德堂本作夫。②趙諫議本之下有也字。

有暖姝者，有濡需者，有卷婁者❶。

❶【疏】此略標，下解釋。

【釋文】「暖」吁爰反，又吁晚反，柔貌。「姝」昌朱反，妖貌。「濡」音儒，又音如，安也。「需」音須。濡需，謂偷安須臾之頃。「卷」音權。「婁」音縷。卷婁，猶拘攣也。

所謂暖姝者，學一先生之言，則暖暖姝姝而私自說也，自以為足矣，而未知未始有物也❶，是以謂暖姝者也。

❶【注】意盡形教，豈知我之獨化於玄冥之竟哉！

【疏】暖姝，自許之貌也。小見之人，學問寡薄，自悅〔自〕①足，謂窮微極妙，豈知所學未有一物可稱也，是以謂暖姝者，此言結前也。

【釋文】「自說」音悅。「之竟」音境。

【校】①自字依正文補。

濡需者，豕蝨是也，擇疏鬣①自以為廣宮大囿，奎蹏曲隈，乳間股腳，自以為安室利處，不知屠者之一旦鼓臂布草操煙火，而己與豕俱焦也❶。此以域進，此以域退❷，此其所謂濡需者也❸。

❶【疏】濡需，矜誇之貌也。豕，猪也。言蝨寄猪體上，擇疏長之毛鬣，將爲廣大宮室苑囿。蹄腳奎隈之所，股腳乳旁之間，〔蹄〕用爲溫暖利便。豈知屠人忽操湯火，攘臂布草而殺之乎！即己與豕俱焦爛者也。〔諭〕〔喻〕流俗寡識之人，耽好情欲，與豕蝨濡需喜歡無異也。

【釋文】「蝨」音瑟。「奎」苦圭反。本亦作睽。「曲隈」烏回反。向云：股間也。◎慶藩案曲隈，胯內也。凡言隈者，皆在內之名。《淮南・覽冥篇》漁者不爭隈，高注：隈，曲深處，魚所聚也。《列子・黃帝篇》何曲之淫隈，殷敬順曰：隈，水曲也。僖二十五年《左傳》秦人過析隈，杜注：隈，隱蔽之處。故知言隈者，皆在內曲深之謂。向秀曰，隈，股閒也，疑誤。「暖室」奴緩反，又虛袁反。一本作安室。◎盧文弨曰：今書作安室。「操」七曹反。

❷【疏】域，境界也。蝨則逐豕而有亡，人則隨境而榮樂，故謂之域進退也。

❸【注】非夫通變邈世之才而偷安乎一時之利者，皆豕蝨者也。

【疏】此結也。◎家世父曰：以域進，以域退，言逐衆人之好惡而與之爲進退。暖姝者，囿於知識者也；濡需者，滯於形迹者也；卷婁者，罷於因應者也。三者同蔽，莊生所以逃而去之。

【校】①《闕誤》引張君房本鬣下有長毛二字。

卷婁者，舜也。羊肉不慕蟻，蟻慕羊肉，羊肉羶也。舜有羶行，百姓悅之，❶故三徙成都，至鄧之虛①而十有萬家❷。堯聞舜之賢，舉之童土之地，曰冀得其來之澤❸。舜舉乎童土之地，年齒長矣，聰明衰矣，而不得休歸，所謂卷婁者也❹。

❶【疏】卷婁者，謂背項俛曲，向前攣卷而傴僂也。夫羊肉羶腥，無心慕蟻，蟻聞而歸之。舜有仁行，不慕百姓，百姓悅之。故羊肉比舜，蟻況百姓。

【釋文】「羊肉不慕蟻」魚綺反。李云：年長心勞，無憂樂之志，是猶羊肉不慕蟻也。「羶也」設然反。「羶行」下孟反。

❷【疏】舜避丹朱，又不願眾聚，故三度逃走，移徙避之，百姓慕德，從者十萬，所居之處，自成都邑。至鄧虛，地名也。

【釋文】「至鄧」向云：邑名。「之虛」音墟。本又作墟。

❸【疏】地無草木曰童土。堯聞舜有賢聖之德，妻以娥皇女英，舉以自代，讓其天下。居不毛土，歷試艱難，望鄰境承儀，蒼生蒙澤。

【釋文】「童土」如字，又音杜。向云：童土，地無草木也。

❹【注】聖人之形，不異凡人，故耳目之用衰也，至於精神，則始終常全耳②。若少則未成，及長而衰，則聖人之聖曾不崇朝，可乎？

【疏】既登九五，威跨萬乘，（愍）〔愍〕念蒼生，憂憐凡庶，於是年齒長老，耳目衰竭，無由休息，豈得歸寧！傴僂攣卷，形勞神倦，所謂卷婁者也。

【釋文】「齒長」丁丈反。注同。◎慶藩案《華嚴經音義》引司馬云：齒，數也。《釋文》闕。「若少」詩召反。

【校】①趙諫議本作墟。②趙本無耳字。

是以神人惡眾至❶，眾至則不比，不比則不利也❷。故无所甚親，无所甚疏，抱德煬和以順天下，此謂真人❸。於蟻棄知，於魚得計，於羊棄意❹。

❶【注】眾自至耳，非好而致也①。

【疏】三徙遠之，以惡也。

【釋文】「惡眾」烏路反。「非好」呼報反。

❷【注】明舜之所以有天下，蓋於不得已耳，豈比而利之！

【疏】比，和也。夫眾聚則不和，不和則不利於我也。

【釋文】「不比」毗志反。下注同。

❸【疏】煬，溫也。夫不測神人，親疏一觀，抱守溫和，可謂真聖。

【釋文】「煬」郭音羊，徐餘亮反。「和」李云：煬，炙也，為和氣所炙。

❹【注】於民則蒙澤，於舜則形勞。

【疏】不慕羊肉之仁，故於蟻棄智也；不爲羶行教物，故於羊棄意也；既遺仁義，合乎至道，不傷濡沫，相忘於江湖，故於魚得計。此斥虞舜羶行，故及斯言也。

【釋文】「於蟻棄知」音智。「於魚得計於羊棄意」司馬云：蟻得水則死，魚得水則生，羊得水則病。一說云：真人無羶，故不致蟻，是蟻棄知也；共處相忘之大道，無沾濡之德，是魚得計也；羊無羶行而不致蟻，是羊棄意也。◎家世父曰：所惡乎眾至者，惡其比也。所以比者，歆其利也。神人眾至不比，正惟不以利歆之。蟻之附羶也，有利而趨之也，即其知也；羊之羶也，與以可歆之利也，即其意也。蟻無知而有知，羊無意而有意，惟羶之（惟）利也。魚相忘於江湖，人相忘於道術，何羶之可慕哉！故曰於魚得計。

【校】①世德堂本也作之，趙諫議本無。

以目視目，以耳聽耳，以心復心❶。若然者，其平也繩❷，其變也循❸。古之真人，以天待（之）〔人〕①❹，不以人入天❺。古之真人，得之也生，失之也死；得之也死，失之也生❻。

❶【注】此三者，未能無其耳目心意也。

【疏】夫視目之所見，聽耳之所聞，復心之所知，不逐物於分外而知止其分內者，其真人之道也。

❷【注】未能去繩而自平。

【疏】繩無心而正物，聖忘懷而平等。

【釋文】「能去」起呂反。

❸【注】未能絕迹而玄會。

【疏】循，順也。處世和光，千變萬化，大順蒼生，曾不逆寡。

❹【注】居無事以待事，事斯得。

【疏】如上所解，即是玄古真人，用自然之道，虛其心以待物。

❺【注】以有事求無事，事愈荒。

【疏】不用人事取捨，亂於天然之智。

❻【注】死生得失，各隨其所居耳，於生爲得，於死或復爲失，未始有常也。

【疏】夫處生而言，即以生爲得；若據死而語，便以生爲喪。死生既其無定，得失的在誰邊？

噫，未可知也！是以混死生，一得喪，故謂之真人矣。◎家世父曰：形氣之相須也，得之生，失之死，有比而合之者也；自然之待化也，得之死，失之生，有委而聽之者也。得之生，故有爲而無爲；得之死，故無爲而無不爲。

【釋文】「或復」扶又反。

【校】①人字依《闕誤》引張君房本改。

藥也其實，堇也，桔梗也，雞廱也，豕零也，是時為帝者也，何可勝言❶！

❶【注】當其所須則無賤，非其時則無貴，貴賤有時，誰能常也！

【疏】堇，烏頭也，治風痹。桔梗治心腹血。雞壅即雞頭草也，服延年。豕零，豬苓根也，似豬卵，治渴病。此並賤藥也。帝，君主也。夫藥無貴賤，瘉病則良，藥病相當，故便爲君主。乃至目視耳聽，手捉心知，用有行藏，時有興廢。故時之所賢者爲君，才不應世者爲臣，此事必然，故何可言盡也。

【釋文】「堇」音謹，郭音覲，徐音靳。司馬云：烏頭也，治風冷痹。「桔」音結。本亦作結。「梗」古猛反。司馬云：桔梗治心腹血瘀瘕痹。「雞廱」徐於容反。本或作壅，音同。司馬云：即雞頭也。一名芡，與藕子合為散，服之延年。「豕零」司馬本作豕囊，云：一名豬苓，根似豬卵，可以治渴。案四者皆藥草名。「是時為帝者也」司馬云：藥草有時迭相為帝，謂其王相休廢，各得所用也。◎慶藩案時者，更也；帝者，主也；言堇、桔梗、雞廱、豕零，更相為主也。《方言》曰：蒔，更也。

（蒔，郭音侍。古無蒔字，借時字為之。）《爾雅》曰：帝，君也。《淮南・正論篇》時舉而代御。《齊俗篇》此代為帝者也。（帝，今本誤作常。）《太平御覽》引馮衍《鄧禹牋》：此更為〔通〕〔適〕者也。（適讀若嫡。《廣雅》：嫡，君也。）或言時，或言代，或言更，其義一也。《方言》：更，代也。《說文》：代，更也。）「勝言」音升。

句踐也以甲楯三千棲於會稽❶。唯種也能知亡之所以存，唯種也不知其身之所以愁❷。故曰，鴟目有所適，鶴脛有所節，解之也悲❸。

❶【疏】句踐，越王也。會稽，山名也。越為吳軍所殘，窘迫退走，棲息於會稽山上也。

【釋文】「句踐」音鉤。「甲楯」純尹反，徐音尹。「棲於」音西。李云：登山曰棲。「會」古外反。「稽」音雞。

❷【疏】種，越大夫名。其時句踐大敗，兵唯三千，走上會稽山，亡滅非遠，而種密謀深智，亡時可（在）〔存〕，當時矯與吳和，後二十年而滅吳矣。夫狡兔死，良狗烹，敵國滅，忠臣亡，數其然也。平吳之後，范蠡去越而游乎江海，變名易姓，韜光晦迹，即陶朱公是也。大夫種不去，為句踐所誅，但知國亡而可以存，不知愁身之必死也。字亦有作種者，隨字讀之。

【釋文】「種」章勇反，越大夫名也。《吳越春秋》云：姓文，字少禽。「所以存」本又作可以存，言知越雖亡可以存也。

❸【注】各適一時之用，不能靡所不可，則有時而失，有時而失，故有時而悲矣。解，去也。

【疏】鵾目晝闇而夜開，則適夜不適晝；鶴脛稾分而長，則能長不能短。枝節如此，故解去則悲，亦猶種闇於謀身，長於存國也。

【釋文】「鵾」尺夷反。「脛」刑定反。「解之」佳買反。司馬云：去也。一音懈。

故曰，風之過河也有損焉，日之過河也有損焉❶。請只風與日相與守河，而河以為未始其攖也❷，恃源而往者也❸。故水之守土也審，影之守人也審，物之守物也審❹。

❶【注】有形者自然相與爲累，唯外乎①形者磨之而不磷。

【疏】風日是氣，河有形質，凡有形氣者，未能無累也。而風吹日累，必有損傷，恃源而往，所以不覺。亦猶吳得越之後，謀臣必恃（謂）其功勳，（謂）以（無）後（無）慮遭戮。是知物相利者必相爲害也。

【釋文】「有損」有形自然相累，世能累物，物能累人，故大夫種所以不免也。「不磷」鄰刃反。

❷【注】實已損矣而不自覺。

❸【注】所以不覺，非不損也，恃源往也。

【疏】恃，賴也。攖，損也。風之與日，相與守河，於河攖損而不知覺，恃其源流。

【釋文】「恃」本亦作持。「源而往者也」水由源往，雖遇風日，不能損也；道成其性，雖在於世，不能移也。

❹【注】無意則止於分，所以爲審。

【疏】審，安定也。夫水非土則不安，影無人則不見，物無造物則不立，故三者相守而自以爲固。而新故不住，存亡不停，昨日之物，於今已化，山舟替遁，昧者不知，斯之義也。

【校】①世德堂本乎作夫。

故目之於明也殆，耳之於聽也殆，心之於殉也殆❶。凡能其於府也殆，殆之成也不給改❷。禍之長也茲萃❸，其反也緣功❹，其果也待久❺。而人以為己寶，不亦悲乎❻！故有亡國戮民无已❼，不知問是也❽。

❶【注】有意則無崖，故殆。

【疏】殉，逐也。夫視目所見，聽耳所聞任心所逐，若目求離朱之明，耳索師曠之聰，心逐無崖之知，欲不危殆，其可得乎！◎家世父曰：水之守土，二物也，相比而相須也；影之守人，一物而爲二物也，自生而自化也；物之守物，物還而自證也，抱一者也。所以謂之審者，無外馳也。目馳而明生焉，耳馳而聽出焉，心馳而所殉見焉。凡能於其府者，皆外馳也。（及）〔反〕其所自持，而緣之以爲功，致果以求之，積久而不知所歸，役耳目心思之用以與萬物爲攖，故可悲也。

❷【注】所以貴其無能而任其天然。

【疏】夫運分別之智，出於藏府而自伐能者，必致危亡也。故雖有成功，不還周給而改悔矣。

❸【注】萃，聚也。苟不能忘知，則禍之長也多端矣。

【疏】滋，多也。萃，聚也。役於藏府，自顯其能，故凶災禍患，增長而多聚之也。

【釋文】「之長」丁丈反。注同。「茲莘」所巾反。郭云：聚也。李云：多也。本又作萃①。

❹【注】反守其性，則其功不作而成。

【疏】自伐己能而反招禍敗者，緣於功成不退故也。

❺【注】欲速則不果。

【疏】夫誠意成功，決定矜伐。有待之心，其日固久。

❻【注】己寶，謂有其知能。

【疏】流（徒）〔徙〕之人，心處愚暗，寶貴己能，成功而處，執滯如是，甚可悲傷。

❼【注】皆有其身之禍。

【疏】貪土地爲己有大寶，取之無道，國破家亡，殘害黎元無數，無窮已也。

❽【注】不知問禍之所由，由乎有心，而修心以救禍也。

【疏】世有明人，是爲龜鏡。不知問禍敗所由，唯惡貧賤，愚之至也。

【校】①今本作萃。

故足之於地也踐，雖踐，恃其所不蹍而後善博也❶；人之於知也少，雖少，恃其所不知而後知天之所謂也❷。知大一，知大陰，知大目，知大均，知大方，知大信，知大定，至矣❸。大一通之❹，大陰解之❺，大目視之❻，大均緣之❼，大方體之⑧，大信稽之⑨，大定持之⑩。

❶【疏】踐，蹍，俱履蹈也。夫足之能行，必履於地，仍賴不踐之土而後得行，若無餘地，則無由安善而致博遠也。此舉譬也。

【釋文】「恃其所不蹍」女展反。李云：一足常不往，故能行廣遠也。◎俞樾曰：兩踐字並當作淺，或字之誤，或古通用也。足之於地，止取容足而已，故曰足之於地也淺。然容足之外，雖皆無用之地而不可廢也，故曰雖淺恃其所不蹍而後善博也。《外物篇》曰，夫地非不廣且大也，人之所用容足耳。然則廁足而墊之致黃泉，人尚有用乎？即此義也。下文曰，人之知也少，雖少，恃其所不知而後知天之所謂也。少與淺，文義相近。若作踐則不可通矣。

❷【注】夫忘天地，遺萬物，然後蜩翼可得而知也，況欲知天之所謂，而可以不無其心哉！

【疏】知有明暗，能有少多，各止其分，則物逍遙。是以地藉不踐而得行，心賴不知而能照。所以處寂養恬，天然之理，故《老經》云，有之以為利，無之以為用。此合（諭）〔喻〕也。

❸【疏】此略標能知七大之名，可謂造極。自此以下歷解義。

❹【注】道也。

【疏】一是陽數。大一，天也，能通生萬物，故曰通。

❺【注】用其分內，則萬事無滯也。

【疏】大陰，地也，無心運載而無分解，物形之也。

【釋文】「解之」音蟹。下同。又佳買反。

❻【注】用萬物之自見，亦大目也。

【疏】各視其所見（謂）〔爲〕大目。

❼【注】因其本性，令各自得，則大均也。

【疏】緣，順也。大順則物物各性足均平。

【釋文】「令各」力呈反。下同。

❽【注】體之使各得其分，則萬方俱得，所以爲大方也。

【疏】萬物之形，各有方術，蜘蛛結網之類，斯體達之。

❾【注】命之所期，無令越逸，斯大信也。

【疏】信，實也。稽，至也。循而任之，各至其實，斯大信也。

❿【注】真不撓則自定，故持之以大定，斯不持也。

【疏】物各信空，持而用之，其理空矣。

【釋文】「不撓」乃孝反。

盡有天❶，循有照❷，冥有樞❸，始有彼❹。則其解之也似不解之者❺，其知之也似不知之也❻，不知而後知之❼。其問之也，不可以有崖❽，而不可以无崖❾。頡滑有實❿，古今不代⓫，而不可以虧⓬，則可不謂有大揚搉乎⓭！闔不亦①問是已，奚惑然為⓮！以不惑解惑，復於不惑，是尚大不惑②⓯。

❶【注】夫物未有無自然者也。

【疏】上來七大，未有不由其自然者也。

❷【注】循之則明，無所作也。

【疏】循，順也。但順其天然，智自明照。

❸【注】至理有極，但當冥之，則得其樞要也。

【疏】窈冥之理，自有樞機，而用之無勞措意也。

【釋文】「樞」尺朱反。

❹【注】始有之者彼也，故我述而不作。

【疏】郭注云，始有之者彼也，故我述而不作也。

❺【注】夫解任彼，則彼自解；解之無功，故似不解。

【疏】體從彼學而解也，戒（小）〔不〕成性，故（不）似〔不〕解。

❻【注】明彼知也。

【疏】能忘其知，故似不知也。

❼【注】我不知則彼知自用，彼知自用，則天下莫不皆知也。

【疏】不知而知，知而不知，非知而知；故不知而後知，此是真知。

❽【注】應物宜而無方。

❾【注】各以其分。

⑩【注】萬物雖頡滑不同，而物物各自有實也。
【疏】頡滑，不同也，萬物紛擾，頡滑不同，統而治之，咸資實道。
【釋文】「頡」徐下結反。「滑」乎八反。向云：頡滑，謂錯亂也。
⑪【注】各自有故，不可相代。
【疏】古自在古，不從古以來今；今自存今，亦不從今以生古；物各有性，新故不相代換也。
⑫【注】宜各盡其分也。
【疏】時不往來，法無遷貿，豈賴古以爲今耶！
⑬【注】搉而揚之，有大限也。
【疏】如上所問，其道廣大，豈不謂顯揚妙理而搉實論之乎！
【釋文】「揚搉」音角，又苦學反。《三蒼》云：搉，敵也。許慎云：揚搉，粗略法度。王云：搉略而揚顯之。◎慶藩案《釋文》引《三蒼》云，搉，敵也。敵當作敲。《說文》：搉，敲擊也。《漢書·五行志》搉其眼，師古注云：搉，謂敲擊去其精也。敵敲二文以形近而誤。
⑭【注】若問其大搉，則物至分，故忘己任物之理可得而知也，奚爲而惑若此也！
【疏】闔，何不也。奚，何。無識之類若夜游，何不詢問聖人！及其弱喪而迷惑困苦如是何爲也！
⑮【注】夫惑不可解，故尚大不惑，愚之至也，是以聖人從而任之，所以皇王殊迹，隨世爲名也。

【疏】不惑聖智，惑於凡情也。以聖智之言辨於凡惑，忘得反本，復乎真根，而不能得意忘言而執乎聖迹，貴重明言，以不惑爲大，此乃欽尚不惑，豈能除惑哉！斯又遺於不惑也。

【釋文】「惑解」佳買反。注同。「復於」音服，又扶又反。

【校】①趙諫議本不亦作亦不。②唐寫本惑下有也字。

莊子集釋 卷八下

雜篇 則陽第二十五❶

❶【（音義）（釋文）】以人名篇。

則陽游於楚❶，夷節言之於王，王未之見，夷節歸❷。

❶【疏】姓彭，名陽，字則陽，魯人。游事諸侯，後入楚，欲事楚文王。

【釋文】「則陽」司馬云：名則陽，字彭陽也。一云：姓彭，名則陽，周初人也。

❷【疏】夷姓，名節，楚臣也。則陽欲事於楚，故因夷節稱言於王，王既貴重，故猶未之見也。夷節所進未遂，故罷朝而歸家。

【釋文】「夷節」楚臣。

彭陽見王果曰：「夫子何不譚我於王❶？」

❶【疏】王果，楚之賢大夫也。譚，猶稱說也，本亦有作言談字者。前因夷節，未得見王，後說王果，冀其談薦也。

【釋文】「王果」司馬云：楚賢人。「譚」音談。本亦作談。李云：說也。郭徒堪反，徐徒暗反。

王果曰：「我不若公閱休❶。」

❶【疏】若，如也。公閱休，隱者之號也。王果賢人，嫌彭陽貪榮情速，故盛稱隱者，以抑其進趨之心也。

【釋文】「公閱休」隱士也。閱，音悅。

彭陽曰：「公閱休奚為者邪❶？」

❶【疏】奚，何也。既稱公閱休，言己不如，故問何爲，庶聞所以。

曰：「冬則擉鼈於江，夏則休乎山樊。有過而問者，曰：『此予宅也。』❶夫夷節已不能，而況我乎！吾又不若夷節。夫夷節之為人也，无德而有知，不自許，以之神其交固，顛冥乎富貴之地，❷非相助以德，相助消也❸。夫凍者假衣於春，暍者反冬乎冷風❹。夫楚王之為人也，形尊而嚴；其於罪也，無赦如虎；非夫佞人正德，其孰能橈焉❺！

❶【注】言此者，以抑彭陽之進趨。

【疏】擉，刺也。樊，傍也，亦茂林也。隆冬刺鼈，於江渚以逍遙；盛夏歸休，偃茂林而取適；既無環廡，故指山傍而爲舍。此略陳閱休之事迹也。

【釋文】「擉」初角反，又敕角反。司馬云：刺也。郭音觸，徐丁綠反，一音捉。◎盧文弨曰：舊捉作促，譌。今改正。◎慶藩案《廣韻》引司馬云：擉鼈，刺鼈也。與《釋文》小異。「樊」音煩。李云：傍也。司馬云：陰也。《廣雅》云：邊也。「予宅」司馬云：以隱居山陰自顯也。

❷【注】言己不若夷節之好富貴，能交結，意盡形名，任知以干上也。

【疏】顛冥，猶迷沒也。言夷節交游堅固，意在榮華；顛倒迷惑，情貪富貴；實無真德，而有俗知；不能虛淡以從神，而好任知以干上。數數如此，猶自不能，況我守愚，若爲堪薦！此是王果謙遜之辭也。

【釋文】「有知」音智。注同。「顛冥」音眠。司馬云：顛冥，猶迷惑也。言其交結人主，情馳富貴。

❸【注】苟進，故德薄而名消。

【疏】消，毀損也。言則陽憑我談己於王者，此適可敗壞名行，必不益於盛德也。

❹【注】言己順四時之施，不能赴彭陽之急。

【疏】夫遭凍之人，得衣則煖；被暍之（者）〔人〕，遇水便活。乃待陽和以解凍，須寒風以救暍，雖乖人事，實順天時。履道達人，體無近惠，不進彭陽，其義亦爾。

【釋文】「暍」音謁。《字林》云：傷暑也。「之施」始豉反。下同。

❺【疏】儀形有南面之尊，威嚴據千乘之貴，赫怒行毒，猶如暴虎，戮辱蒼生，必無赦宥。自非大佞之人，不堪任使。若履正懷德之士，誰能屈撓心志而事之乎！

也。

【釋文】「能橈」乃孝反，又呼毛反。王云：惟正德以至道服之，佞人以才辯奪之，故能泥橈之也。

故聖人，其窮也使家人忘其貧❶，其達也使王公忘爵祿而化卑❷。其於物也，與之為娛矣❸；其於人也，樂物之通而保己焉❹；故或不言而飲人以和❺，與人並立而使人化❻。父子之宜，彼其乎歸居❼，而一閒其所施❽。其於人心者若是其遠也❾。故曰待公閱休❿。」

❶【注】淡然無欲，樂足於所遇，不以侈靡爲貴，而以道德爲榮，故其家人不識貧之可苦。

【疏】（御）〔禦〕寇居鄭，老萊在楚，妻孥窮窶而樂在其內。賢士尚然，況乎真聖，斯忘貧也。

【釋文】「淡然」徒暫反。

❷【注】輕爵祿而重道德，超然坐忘，不覺榮之在身，故使王公失其所以爲高。

【疏】韜光爲窮，顯迹爲達。哀公德友於尼父，軒轅膝步於廣成，斯皆道任則尊，不拘品命，故能使萬乘之王，五等之君，化其高貴之心而爲卑下之行也。

【釋文】「而化卑」居高而以卑為本也。本或作而化卑於人也。

❸【注】不以爲物自苦。

【疏】同塵涉事，與物無私，所造皆適，故未嘗不樂也。

❹【注】通彼〔人〕〔而〕①不喪我。

【疏】混迹人間而無滯塞，雖復通物而不喪我，動不傷寂而常守於其真。

【釋文】「不喪」息浪反。

❺【注】人各自得，斯飲和矣，豈待言哉！

【疏】蔭芘羣生，冥同蒼昊，中和之道，各得其心，滿腹而歸，豈勞言教！

【釋文】「而飲」於鴆反。

❻【注】望其風而靡之。

【疏】和光同塵，斯並立也；各反其真，斯人化也。

❼【注】使彼父父子子各歸其所。

【疏】雖復混同貴賤，而倫敍無虧，故父子君臣，各居其位，無相參冒，不亦宜乎！

❽【注】其所施同天地之德，故閒靜而不二。

【疏】所有施惠，與四時合敍，未嘗不閒暇從容，動靜不二。

【釋文】「一閒」音閑。

❾【疏】聖人之用心，〔其〕〔具〕如上說，是以知其清高深遠也。◎家世父曰：父子之宜，承上家人忘其貧。子，養父者也，父，待養於子者也，所謂宜也。歸居，即據上文冬擉鼈夏休乎山樊言之。《釋〔文〕〔名〕》：間，〔蕳〕〔簡〕也。謂別異其所施以求自足也，〔以〕〔非〕使家人忘其貧，自忘而已矣。此其遠於人心者也。

⑩【注】欲其釋楚王而從閱休，將以靜泰之風鎮其動心也。

【疏】此總結也。

【校】①而字依世德堂本改。

聖人達綢繆❶，周盡一體矣❷，而不知其然，性也❸。復命搖作而以天為師❹，人則從而命之也❺。憂乎知而所行恆无幾時，其有止也若之何❻！

❶【注】所謂玄通。

【疏】綢繆，結縛也。夫達道聖人，超然縣解，體知物境空幻，豈爲塵網所羈！閱休雖未極乎道，故但託而說之也。

【釋文】「綢」直周反。「繆」亡侯反。綢繆，猶纏綿也。又云：深奧也。

❷【注】無外內①而皆同照。

【疏】夫智周萬物，窮理盡性，物我不二，故混同一體也。

【釋文】「周盡一體」所鑒綢繆，精麤洞盡，故言周盡一體。一體，天也。

❸【注】不知其然而自然者，非性如何！

【疏】能所相應，境智冥合，不知所以，莫辨其然，故與真性符會。

❹【注】搖者自搖，作者自作，莫不復命而師其天然也。

【疏】反乎真根，復於本命，雖復搖動，順物而作，動靜無心，合於天地，故師於二儀也。

【釋文】「復命搖作」搖，動也。萬物動作生長，各有天然，則是復其命也。

❺【注】此非赴名而高其迹。〔師〕〔帥〕②性而動，其迹自高，故人不能下其名也。

【疏】命，名也。合道聖人，本無名字，爲有清塵可慕，故人從後而名之。

【釋文】「命之也」命，名也。

❻【注】任知〔其〕〔而〕③行，則憂患相繼。

【疏】任知爲物，憂患斯生，心靈易奪，所行無幾，攀緣念慮，寧有住時！假令神禹，無奈之何！

【釋文】「憂乎知」音智。「而所行恆無幾」居豈反。「時其有止也若之何」王云：憂乎智，謂有為者以形智不至為憂也。不知用智必喪，喪而更以不智為憂，及其智之所行有弊無濟，故其憂患相接無須臾停息，故曰恆無幾時其有止也，不能遺智去憂，非可憂如何！

【校】①世德堂本作內外。②帥字依世德堂本改。③而字依趙諫議本改。

生而美者，人與之鑑，不告則不知其美於人也❶。若知之，若不知之，若聞之，若不聞之，其可喜也終无已❷，人之好之亦无已，性也❸。聖人之愛人也，人與之名，不告則不知其愛人也❹。若知之，若不知之，若聞之，若不聞之，其愛人也終无已❺，人之安之亦无已，性也❻。

❶【注】鑑，鏡也，鑑物無私，故人美之。今夫鑑者，豈知鑑而鑑耶？生而可鑑，則人謂之鑑

耳，若人不相告，則莫知其美於人，譬之聖人，人與之名。

【疏】鑑，鏡也。告，語也。（夫）〔天〕生明照，照物無私，人愛慕之，故名爲鏡。若人不相告語，明鏡本亦無名。此起譬也。

【釋文】「則不知其美於人」生便有見物之美而為無心，人與作名言鏡耳，故人美之。若不相告，即莫知其美於人。

❷【注】夫鑑之可喜，由其無情，不問知與不知，聞與不聞，來即鑑之，故終無已。若鑑由聞知，則有時而廢也。

【疏】已，止也。夫鏡之照物，義在無情，不問怨親，照恆平等。若不聞而不知，鏡亦不照，既有聞知，鏡能照之，斯則事涉間奪，有時休廢矣，焉能久照乎！只爲凝照無窮，故爲人之所喜好也。◎慶藩案王氏念孫曰：終無已者，終，竟也，竟無已時也。

❸【注】若性所不好，豈能久照！

【疏】鏡之能照，出自天然，人之喜好，率乎造物，既非矯性，所以無窮。

【釋文】「好之」呼報反。注同。

❹【注】聖人無愛若鏡耳。然而事濟於物，故人與之名，若人不相告，則莫知其愛人也。

【疏】聖人澤被蒼生，恩流萬代，物荷其德，人與之名，更相告語，嘉號斯起。不若然者，豈有聖名乎！

❺【注】蕩然以百姓爲芻狗，而道合於愛人，故能無已。若愛之由乎聞知，則有時而衰也。

【疏】夫聖德遐曠，接物無私，亭毒羣生，芻狗百姓，豈待知聞而後愛之哉！只爲慈救無偏，故德無窮已。此合〔諭〕〔喻〕也。

❻【注】性之所安，故能久。

【疏】安，定也。夫靜而與陰同德，動而與陽同波，故無心於動靜也。故能疾雷破山而恆定，大風振海而不驚，斯率其真性者也。若矯性僞情，則有時而動矣。故王弼云，不性其情，焉能久行其企！

舊國舊都，望之暢然❶；雖使丘陵草木之緡❷，入之者十九，猶之暢然。況見見聞聞者也❸，以十仞之臺縣眾閒者也❹！

❶【注】得舊猶暢然，況得性乎！

【疏】國都，〔諭〕〔喻〕其真性也。夫少失本邦，流離他邑，歸望桑梓，暢然喜歡。況喪道日淹，逐末來久，今既還原反本，故曰暢然。

【釋文】「暢然」喜悅貌。

❷【注】緡，合也。

【釋文】「之緡」民忍反，徐音昬。郭云：合也。司馬云：盛也。

❸【注】見所嘗見，聞所嘗聞，而猶暢然，況體其體用其性也！

【疏】緡，合也。舊國舊都，荒廢日久，丘陵險陋，草木叢生；入中相訪，十人識九，見所曾見，聞所曾聞，懷生之情，暢然歡樂。況喪道日久，流沒生死，忽然反本，會彼真原，歸其重玄之鄉，見其至道之境，其爲樂也，豈易言乎！

【釋文】「十九」謂見十識九也。「見見聞聞」見所見，聞所聞。◎俞樾曰：緡字，《釋文》引司馬云盛也，郭注云合也，於義俱通。入之者十九，《釋文》曰謂見十識九也，此未得其義。入者，謂入於丘陵草木所掩蔽之中也。入之者十九，則其出於外而可望見者止十之一耳，而猶覺暢然喜悅，故繼之曰況見見聞聞者也。郭注曰：見所嘗見，聞所嘗聞，而猶暢然，則於況見見聞聞句不復可通，遂增益之曰況體其體用其性也，於《莊子》本義不合矣。

❹【注】眾之所習，雖危猶閒，況聖人之無危！

【疏】七尺曰仞。臺高七丈，可謂危縣，人眾數登，遂不怖懼。習以性成，尚自寬閒，而況得真，何往不安者也！

【釋文】「臺縣」音玄。「眾閒」音閑。注同。元嘉本作閑。◎俞樾曰：此承見見聞聞而言。以十仞之臺而縣於眾人耳目之間，此人所共見共聞者，非猶夫丘陵草木之緡入之者十九也，其為暢然可知矣。郭注曰，眾之所習，雖危猶閒。此誤讀間為閑，於義殊不可通。蓋由不解上文，故於此亦失其旨。◎家世父曰：《說文》：閒，隙也。《周禮》匠人井閒、成閒、同閒，凡空處謂之閒，屋空處亦曰閒。十仞之臺，縣之眾閒，傑然獨出，見見聞聞不能揜也。得其環中以隨成，不以之見於外而自得之於中，乃可以應無窮。

冉相氏得其環中以隨成❶，與物无終无始，无幾无時❷。日與物化者，一不化者也❸，闔嘗舍之❹！夫師天而不得師天❺，與物皆殉，其以為事也若之何❻？夫聖人未始有天，未始有人，未始有始，未始有物❼，與世偕行而不替，所行之備而不洫，其合之也若之何❽？湯得其司御門尹登恆為之傅之❾，從師而不囿❿；得其隨成。為之司其名⓫；之名嬴法，得其兩見⓬。仲尼之盡慮，為之傅之⓭。容成氏曰：「除日无歲⓮，无內无外⓯。」

❶【注】冉相氏，古之聖王也。居空以隨物，物自成。

【疏】冉相氏，三皇以前無爲皇帝也。環，中之空也。言古之聖王，得真空之道，體環中之妙，故道順羣生，混成庶品。

【釋文】「冉相」息亮反。注同。郭云：冉相氏，古聖王。◎俞樾曰：《路史循蜚紀》有冉相氏。

❷【注】忽然與之俱往。

【疏】無始，無過去；無終，無未來也；無幾無時，無見在也。體化合變，與物俱往，故無三時也。

❸【注】日與物化，故常無我，常無我，故常不化也。

【疏】順於日新，與物俱化者，動而常寂，故凝寂一道，嶷然不化。

❹【注】言夫爲者，何不試舍其所爲（之）①乎？

【疏】闔，何也。言體空之人，冥於造物，千變萬化而與化俱往，曷嘗暫相舍離也！

【釋文】「嘗舍」音捨。注同。

❺【注】唯無所師，乃得師天。

【疏】師者，傚傚之名；天者，自然之謂。夫大塊造物，率性而動，若有心師學，則乖於自然，故不得也。

❻【注】雖師天猶未免於殉，奚足事哉！師天猶不足稱事，況又不師耶！

【疏】殉者，逐也，求也。夫有心傚傚造化而與物俱往者，此不率其本性也，奚足以爲脩其事業乎！尙有所求，故是殉也。夫師猶有稱殉，況（拾）〔捨〕己逐物，其如之何！

【釋文】「皆殉」辭俊反。◎家世父曰：其有止也，通乎命者也；其以為事，應乎物者也；其舍之也。盡性復命，渾人己而化之也。云若之何者，如是之為道也。

❼【疏】夫得中聖人，達於至理，故能人天雙遣，物我兩忘。既曰無終，何嘗有始！率性合道，不復師天。

❽【注】都無，乃冥合。

【疏】替，廢也，堙塞也。混同人事，與世並行，接物隨時，曾無廢闕。然人間否泰，備經之矣，而未嘗堙塞，所遇斯遇，無心師學，自然合道，如何傚傚，方欲契真？固不可也。

【釋文】「所行之備而不洫」音溢。郭許的反，李虛域反，濫也。王云：壞敗也。無心偕行，何往而不至，故曰皆殉也。所行行備而物我無傷，故無壞敗也。

❾【注】委之百官而不與焉。

【疏】姓門，名尹。（且）〔亦〕言：門尹，官號也，姓登，名恆。殷湯聖人，忘懷順物，故得良臣御事，既爲師傅，玄默端拱而不爲也。

【釋文】「門尹登恆」向云：門尹，官名，登恆，人名。「為之」于偽反。下同。「傅之」音付。下同。「不與」音預。

⑩【注】任其自聚，非囿之也；縱其自散，非解之也。

【疏】從，任也。囿，聚也。虛淡無爲，委任師傅，終不積聚而爲己功。

⑪【注】司御之屬，亦能隨物之自然也，而湯得之，所以名寄於物而功不在己。

【疏】良臣受委，隨物而成，推功司御，名不在己。

⑫【注】名法者，已過之迹耳②，非適足也。故曰，嬴然無心者，寄治於羣司，則其名迹並見於彼。

【疏】嬴然，無心也。見，顯也。成物之名，聖迹之法，並是師傅而不與焉。故名法二事，俱顯於彼，嬴然閒放，功成弗居也。

【釋文】「之名嬴」音盈。「法得其兩見」賢遍反。注同。得其隨成之道以司其名，名實法立，故得兩見，猶人鑑之相得也。◎家世父曰：隨成者，渾成者也；兩見者，對待者也。《說文》：傅，相也。即輔相之義。隨成，可以為相矣。仲尼之盡慮，亦輔相也，是亦對待也。司者，察也。名之嬴，法之絀也。《爾雅·釋詁》：法，常也。《老子》名可名，非常名。察其名迹之所至而可知其成，故曰兩見。「寄治」直吏反。

⑬【注】仲尼曰：天下何思何慮！慮已盡矣，若有纖芥之慮，豈得寂然不動，應感無窮，以輔萬物之自然也！

【疏】傅，輔也。盡，絕也。孔丘聖人，忘懷絕慮，故能開化羣品，輔稟自然。若蘊纖芥有心，豈能坐忘應感！

⑭【注】今所以有歲而存日者，爲有死生故也。若無死無生，則歲日之計除。

【疏】容成，古之聖王也。歲日者，時敍之名耳。爲計於時日，故有生死，生死無矣，故歲日除焉。

【釋文】「容成」老子師也。◎俞樾曰：《漢書·藝文志》陰陽家有《容成子》十四篇，房中家又有《容成陰道》二十六卷，此即老子之師也。《列子·湯問篇》黃帝與容成子居空峒之上，同齋三月。當是別一人。《淮南·本經篇》昔容成氏之時，道路鴈行列處，託嬰兒於巢上，置餘糧於畮首，虎豹可尾，虺蛇可蹍，而不知其所由然。此則當為上古之君，即《莊子·胠篋》之容成氏，與大庭、伯皇、中央、栗陸諸氏並稱者也。而高誘注乃云，容成氏，黃帝時造曆日者，則以為黃帝之臣矣。此以說《列子·湯問篇》與黃帝同居空峒之容成氏，乃為得之，非此容成也。合諸說觀之，容成氏有三：黃帝之君，一也；黃帝之臣，二也；老子之師，三也。然老子生年究不可考，其師或即黃帝之臣，未可知也。

⑮【注】無彼我則無內外也。

【疏】內，我也。外，物也。爲計死生，故有內外。歲日既遣，物我何施！

【校】①之字依覆宋本及王叔岷說刪。②世德堂本耳作而。

魏瑩與田侯牟約，田侯牟背之。魏瑩怒，將使人刺之❶。

❶【疏】瑩，魏惠王名也。田侯，即齊威王也，名牟，桓公之子，田恆之後，故曰田侯。齊魏二國，約誓立盟，不相征伐。盟後未幾，威王背之，故魏侯瞋怒，將使人刺而殺之。其盟在齊威二十六年，魏惠八年。

【釋文】「魏瑩」郭本作罃，音瑩磨之瑩。今本多作瑩。乙耕反。司馬云：魏惠王也。◎盧文弨曰：舊作罃與作瑩互易，文頗不順。且今書實多作瑩字，今改正。《史表》梁惠王之名作罃。「與田侯」一本作田侯牟。司馬云：田侯，齊威王也，名牟，桓公子。案《史記》，威王名因，不名牟。◎盧文弨曰：案今書有牟字。《史記》威王名因齊，《戰國策》亦同。◎俞樾曰：《史記》威王名因齊。田齊諸君無名牟者，惟桓公名午，與牟字相似。牟或午之譌。然齊桓公午與梁惠王又不相值也。「背之」音佩。「刺之」七賜反。

犀首〔公孫衍〕①聞而恥之曰：「君為萬乘之君也，而以匹夫從讎❶！衍請受甲二十萬，為君攻之，虜其人民，係其牛馬❷，使其君內熱發於背。然後拔其國。忌也出走，然後抶其背，折其脊。❸」

❶【疏】犀首，官號也，如今虎賁之類。公家之孫名衍爲此官也。諸侯之國，革車萬乘，故謂之君也。匹夫者，謂無官職夫妻相匹偶也。從讎，猶報讎也。夫君人者，一怒則伏尸流血，今乃令匹夫行刺，單使報讎，非萬乘之事，故可羞。

【釋文】「犀首」魏官名也。司馬云：若今虎牙將軍，公孫衍為此官。元嘉本作齒首。◎慶藩案《戰國策》三鮑注引司馬云：犀首，魏〔官〕②，若今虎牙將軍。視《釋文》較略。「萬乘」繩證反。

❷【疏】將軍孫衍，請專命受鉞，率領甲卒二十萬人，攻其齊城，必當獲勝。於是擄掠百姓，羈係牛馬，（緒）〔敍〕勳酬賞，分布軍人也。

【釋文】「為君」于偽反。下請為君同。

❸【疏】姓田，名忌，齊將也。抶、折，擊也。國破人亡而懷恚怒，故熱氣蘊於心，癰疽發於背也。國既傾拔，獲其主將，於是擊抶其背，打折腰脊，旋師獻凱。不亦快乎！

【釋文】「忌也出走」忌畏而走。或言圍之也。元嘉本忌作亡。「抶」敕一反。《三蒼》云：擊也。郭云：秩，又豬栗反。◎盧文弨曰：舊秩仍作抶，譌。今書內所載音義作秩，姑從之。或疑是柣，亦不訓擊。「折其」之舌反。

【校】①公孫衍三字依疏文及趙諫議本補。②官字依《國策》鮑注補。

季子聞而恥之曰：「築十仞之城，城者既十仞矣，則又壞之，此胥靡之所苦也❶。今兵不起七年矣，此王之基也。衍亂人，不可聽也。❷」

❶【疏】季，姓也；子，（者）〔有〕德之稱；魏之賢臣也。胥靡，徒役人也。季子懷道，不用征伐，聞犀首請兵，羞而進諫。夫七丈之城，用功非少，城就成矣，無事壞之，此乃徒役之人濫遭辛苦。此起譬也。

【釋文】「季子」魏臣。◎俞樾曰：下十字，疑七字之誤。城者既七仞，則雖未十仞而去十仞不遠矣，故壞之為可惜。若既十仞，則直謂之已成可耳，不當言既十仞也。下文曰，今兵不起七年矣，此王之基也，明是以七仞喻七年，其為字誤無疑。「又壞」音怪。

❷【疏】干戈靜息，已經七年，偃武修文，王者洪基，犀首方爲禍亂，不可聽從。

華子聞而醜之曰：「善言伐齊者，亂人也；善言勿伐者，亦亂人也；謂伐之與不伐亂人也者，又亂人也。」❶

❶【疏】華，姓；子，有德〔之〕稱：亦魏之賢臣也。善巧言伐齊者，謂興動干戈，故是禍亂之人，此公孫衍也。善言勿伐者，意在王之洪基，勝於敵國，有所解望，故是亂人，斯季子也。謂伐與不伐亂人者，未能忘言行道，猶以是非爲心，故亦未免爲亂人，此華子自道之辭也。

【釋文】「華子」亦魏臣也。

君曰：「然則若何❶？」

❶【疏】華子遺蕩既深，王不測其所以，故問言旨，意趣如何。

曰：「君求其道而已矣❶！」

❶【疏】夫道清虛淡漠，物我兼忘，故勸求之，庶其寡欲，必能履道，爭奪自消。

惠子聞之而見戴晉人❶。戴晉人曰：「有所謂蝸者，君知之乎？」

❶【疏】戴晉人，梁之賢者也。姓戴，字晉人。惠施聞華子之清言，猶恐魏王之未悟，故引戴晉，庶解所疑。

【釋文】「惠子」惠施也。「而見」賢遍反。下同。「戴晉人」梁國賢人，惠施薦之於魏王。

曰：「然❶。」

❶【注】蝸至微，而有兩角。

【疏】蝸者，蟲名，有類小螺也；俗謂之黃犢，亦謂之蝸牛，有四角。君知之不？曰然，魏王答云：「我識之矣。」

【釋文】「蝸」音瓜，郭音戈。李云：蝸蟲有兩角，俗謂之蝸牛。《三蒼》云：小牛螺也。一云：俗名黃犢。

「有國於蝸之左角者曰觸氏，有國於蝸之右角者曰蠻氏，時相與爭地而戰，伏尸數萬，逐北旬有五日而後反❶。」

❶【注】誠知所爭者若此之細也，則天下無爭矣。

【疏】蝸之兩角，二國存焉。蠻氏〔觸氏〕，頻相戰爭，殺傷既其不少，進退亦復淹時。此起譬也。

【釋文】「數萬」色主反。「逐北」如字，又音佩，軍走曰北。

君曰：「噫！其虛言與❶？」

❶【疏】所言奇譎，不近人情，故發噫嘆，疑其不實也。

【釋文】「曰噫」於其反。「言與」音餘。

曰：「臣請為君實之❶。君以意在四方上下有窮乎❷？」

❶【疏】必謂虛言，請陳實錄。

❷【疏】君以意測四方上下有極不？因斯理物，又質魏侯。

君曰：「無窮❶。」

❶【疏】魏侯答云：「上下四方，竟無窮已。」

曰：「知遊心於無窮，而反在通達之國❶，若存若亡乎❷？」

❶【注】人迹所及爲通達，謂今四海之內也。

❷【疏】人迹所接爲通達也。存，有也。亡，無也。遊心無極之中，又比九州之內，語其大小，可謂如有如無也。

君曰：「然❶。」

❶【注】今自以四海爲大，然計在無窮之中，若有若無也。

【疏】然，猶如此也。謂所陳之語不虛也。

曰：「通達之中有魏❶，於魏中有梁❷，於梁中有王。王與蠻氏，有辯乎❸？」

❶【注】謂魏國在四海之中。

❷【疏】昔在河東，國號爲魏，魏爲強秦所逼，徙都於梁。梁從魏而有，故曰魏中有梁也。

❸【疏】辯，別也。王之一國，處於六合，欲論大小，如有如無。與彼蠻氏，有何差異？此合譬也。

君曰：「无辯❶。」

❶【注】王與蠻氏，俱有限之物耳①。有限，則不問大小，俱不得與無窮者計也，雖復天地共在無窮之中，皆蔑如也。況魏中之梁，梁中之王，而足爭哉！

【疏】自悟己之所爭與蝸角無別也。

【釋文】「雖復」扶又反。

【校】①趙諫議本無耳字。

客出而君惝然若有亡也❶。

❶【注】自悼所爭者細。

【疏】惝然，悵恨貌也。晉人言畢，辭出而行。君覺己非，惝然悵恨；心之悼矣，恍然如失。

【釋文】「惝」音敞。《字林》云：惘也。又吐蕩反。

客出，惠子見。君曰：「客，大人也，聖人不足以當之❶。」

❶【疏】聖人，謂堯舜也。晉人所談，其理弘博，堯舜之行不足以當。

惠子曰：「夫吹筦也，猶有嗃也；吹劍首者，吷而已矣。堯舜，人之所譽也；道堯舜於戴晉人之前，譬猶一吷也。❶」

❶【注】曾不足聞。

【疏】嗃，大聲；吷，小聲也。夫吹竹管，聲猶高大；吹劍環，聲則微小。唐堯俗中所譽，若於晉人之前盛談斯道者，亦何異乎吹劍首聲，曾無足可聞也！

【釋文】「筦」音管。本亦作管。「嗃」許交反，管聲也。《玉篇》呼洛反，又呼教反。《廣雅》云：鳴也。「劍首」司馬云：謂劍環頭小孔也。「吷」音血，又呼悅反。司馬云：吷然如風過。「所譽」音餘。

孔子之楚，舍於蟻丘之漿❶。其鄰有夫妻臣妾登極者，子路曰：「是稯稯何為者邪❷？」

❶【疏】蟻丘，丘名也。漿，賣漿水之家也。仲尼適楚而爲聘使，路旁舍息於賣漿水之家，其家住在丘下，故以丘爲名也。

【釋文】「蟻丘」魚綺反。李云：蟻丘，山名。「之漿」李云：賣漿家。司馬云：謂逆旅舍以菰蔣草覆之也。

❷【疏】極，高也。總總，衆聚也。孔丘應聘，門徒甚多，車馬威儀，驚異常俗，故漿家鄰舍男女羣聚，共登賣漿，觀視仲尼。子路不識，是以怪問。

【釋文】「登極」司馬云：極，屋棟也。升之以觀也。一云：極，平頭屋也。「稯稯」音總，字亦作總。李云：聚貌。本又作稯。一本作稯，初力反。◎盧文弨曰：兩稯字疑有一譌。

仲尼曰：「是聖人僕也❶。是自埋於民❷，自藏於畔❸。其聲銷❹，其志無窮❺，其口雖言，其心未嘗言❻，方且與世違而心不屑與之俱❼。是陸沈者也❽，是其市南宜僚邪❾？」

❶【疏】古者淑人君子，均號聖人，故孔子名宜僚爲聖人也。言臣妾登極聚衆多者，是市南宜僚之僕隸也。

【釋文】「聖人僕」謂懷聖德而隱僕隸也。司馬本僕作樸，謂聖人坏樸也。

❷【注】與民同。

❸【注】進不榮華，退不枯槁。

【疏】混迹泥滓，同塵氓俗，不顯其德，故自埋於民也；進不榮華，退不枯槁，隱顯出處之際，故自藏於畔也。

【釋文】「藏於畔」王云：脩田農之業，是隱藏於壠畔。

❹【注】損①其名也。

【釋文】「銷」音消。司馬云：小也。「捐其」本亦作損。◎盧文弨曰：今書捐作損。

❺【注】規是②生也。

【疏】聲，名也。消，滅也。一榮辱，故毀滅其名；冥至道，故其心無極。

❻【注】所言者皆世言。

【疏】口應人間，心恆凝寂，故不言而言，言未嘗言。

❼【注】心與世異。

【疏】道與俗反，固違於世，虛心無累，不與物同，此心迹俱異也。

【釋文】「不屑」屑，絜也，不絜世也。本或作肯。

❽【注】人中隱者，譬無水而沈也。

【疏】寂寥虛淡，譬無水而沈，謂陸沈也。

【釋文】「陸沈」司馬云：當顯而反隱，如無水而沈也。

❾【疏】姓熊，字宜僚，居於市南，故謂之市南宜僚也。

【校】①趙諫議本損作捐。②趙本規是作視長。

子路請往召之❶。

❶【疏】由聞宜僚陸沈賢士，請往就舍召之。

孔子曰：「已矣❶！彼知丘之著於己也❷，知丘之適楚也，以丘為必使楚王之召已也，彼且以丘為佞人也❸。夫若然者，其於佞人也羞聞其言，而況親見其身乎❹！而何以為存❺？」

❶【疏】已，止也。彼必不來，幸止勿喚。

❷【注】著，明也。

❸【疏】彼，宜僚也。著，明也。知丘明識宜僚是陸沈賢士，又知適楚必向楚王薦召之，如是則用丘爲諂佞之人也。

❹【疏】陸沈之人，率性誠直，其於邪佞，恥聞其言，況自視其形，良非所願。

❺【注】不如舍之以從其志。

【疏】而，汝也。存，在也。匿影銷聲，久當逃避，汝何爲請召，請其猶在？

子路往視之，其室虛矣❶。

❶【注】果逃去也。

【疏】仲由無鑑，不用師言，遂往其家，庶覩盛德。而辭聘情切，宜僚已逃，其屋虛矣。

長梧封人問子牢曰：「君為政焉勿鹵莽，治民焉勿滅裂❶。昔予為禾，耕而鹵莽之，則其實亦鹵莽而報予；芸而滅裂之，其實亦滅裂而報予❷。予來年變齊，深其耕而熟耰之❸，其禾蘩以滋，予終年厭飧❹。」

❶【注】鹵莽滅裂，輕脫末略，不盡其分。

【疏】長梧，地名，其地有長樹之梧，因以名焉。封人，（也）即此地守疆之人。子牢，孔子弟子，姓琴，宋（鄉）〔卿〕也。爲政，行化也。治民，宰割也。鹵莽，不用心也。滅裂，輕薄也。夫民爲邦本，本固則邦寧，唯當用意養人，亦不可輕爾搔擾。封人有道。故戒子牢。

【釋文】「長梧封人」長梧，地名。封人，守封疆之人。「子牢」司馬云：即琴牢，孔子弟子。◎慶藩案琴張，孔子弟子，經傳中無作琴牢子牢者。惟《孔子家語》弟子有琴張。一名牢，字子開，亦字張，衞人也。是琴〔張〕始見於《家語》，其書乃王子雍所僞撰，不足為據。賈逵鄭眾注《左傳》，以琴張為顓孫師。服虔駁之云：子張少孔子四十餘歲，孔子是時四十，知未有子張。趙岐注《孟子》，亦以琴張為子張，云：子張善鼓琴，號曰琴張。（蓋又據《禮記・子張》既除喪數語而附會者也。）尤為不經。琴張子牢，本非一人也，司馬此說非。《漢書・古今人表》作琴牢，亦淺學者據《家語》改之也。如《漢書》有琴牢，則賈鄭服各注早據之以釋牢曰琴張矣。《論語》鄭注、《孟子》趙岐注及《左傳》同。「鹵」音魯。「莽」莫古反，又如字。「滅裂」猶短草也。李云：謂不熟也。郭云：鹵莽滅裂，輕脫末略，不盡其分也。司馬云：鹵莽，猶麤粗也。謂淺耕稀種也。滅裂，斷其草也。◎盧文弨曰：案麤，千奴反；粗，才古反；二字古多連用。如《春秋繁露・俞（予）〔序〕①篇》云：始於麤粗，終於精微。《論衡・正說篇》云：略正題目麤粗之說，以照篇中微妙之文。其他以麤粗連用者亦多，猶麤粗也。有欲改為粗疏者，故正之。

❷【疏】爲禾，猶種禾也。芸，拔草也。耕地不深，鉏治不熟，至秋收時，嘉實不多，皆由疏略，故致斯報也。

【釋文】「芸」音云，除草也。

❸【注】功盡其分，無爲之至②。

【釋文】「變齊」才細反。司馬如字，云：變更也，謂變更所法也。齊，同也。「耰」音憂。司馬云：鋤也。《廣雅》云：推也。《字林》云：摩田器也。

❹【疏】變，改也。耕，治也。耰，芸也。去歲爲田，亟遭飢餒，今年藝植，故改法深耕。耕墾既深，鉏耰又熟，於是禾苗蘩茂。子實滋榮，寬歲足飧，故其宜矣。

【釋文】「猒飡」音孫。本又作飧③。

【校】①序字依《繁露》改。②世德堂本作無所不至，趙諫議本所作爲。③今本作飧。

莊子聞之曰：「今人之治其形，理其心，多有似封人之所謂❶，遁其天，離其性，滅其情，亡其神，以眾為❷。故鹵莽其性者，欲惡之孽，為性萑葦❸蒹葭，始萌以扶吾形❹，尋擢吾性❺；並潰漏發，不擇所出，漂疽疥癰，內熱溲膏是也❻。」

❶【疏】今世之人，澆浮輕薄，馳情欲境，倦而不休，至於治理心形，例如封人所謂。莊周聞此，因而論之。

❷【注】夫遁離滅亡，以眾爲之所致①也。若各至②其極，則何患也。

【疏】逃自然之理，散淳和之性，滅真實之情，失養神之道者，皆以徇逐分外，多滯有爲故也。

【釋文】「離其」力智反。下同。「以眾為」如字。王云：凡事所可為者也。遁離滅亡，皆由眾為。眾為，所謂鹵莽也。司馬本作為僞。

❸【注】萑葦害黍稷，欲惡傷正性。

【疏】萑葦，蘆也。夫欲惡之心，多爲妖孽。萑葦害黍稷，欲惡傷真性，皆由鹵莽浮僞，故致其然也。

【釋文】「欲惡」烏路反。注並同。「之孽」魚列反。「萑」音丸，葦類。「葦」於鬼反，蘆也。

❹【注】形扶疎則神氣傷。

【疏】蒹葭，亦蘆也。夫穢草初萌，尚易除翦，及扶疎盛茂，必害黍稷。亦猶欲心初萌，尚易止息，及其昏溺，戒之在微。故《老子》云，其未兆易謀也。

【釋文】「蒹」古恬反，薕也。「葭」音加，亦蘆也。◎俞樾曰：為性萑葦蒹葭，六字為句。郭於萑葦下出注云，萑葦害禾稷，欲惡傷正性。此失其讀也。始萌以扶吾形，尋擢吾性，尋與始相對為義，尋之言寖尋也。《漢書・郊祀志》寖尋於泰山矣，晉灼曰：尋，遂往之意也。始萌以扶吾形，言其始若足以扶助吾形也；尋擢吾性，言寖尋既久則拔擢吾性也。郭解扶吾形曰，形扶疎則神氣傷，亦為失之。

❺【注】以欲惡引性，不止於當。

【疏】尋，引也。擢，拔也。以欲惡之事誘引其心，遂使拔擢真性，不止於當也。

❻【注】此鹵莽之報也。故治性者，安可以不齊其至分！

【疏】潰漏，人冷瘡也。漂疽，熱毒腫也。癰，亦疽之類也。溲膏，溺精也。耽滯物境，沒溺聲色，故致精神昏亂，形氣虛羸，眾病發動，不擇處所也。

【釋文】「並潰」回內反。「漏發」李云：謂精氣散泄，上潰下漏，不擇所出也。「漂」本亦作瘭。徐敷妙反，又匹招反，一音必招反。「疽」七餘反。瘭疽，謂病瘡膿出也。「疥」音界。「溲」本或作廋，所求反。「膏」司馬云：謂虛勞人尿上生肥白沫也。皆為利欲感動，失其正氣，不如深耕熟耰之有實。「不齊」才細反，又如字。

【校】①世德堂本致作至。②趙諫議本至作致。

柏矩學於老聃，曰：「請之天下遊❶。」

❶【疏】柏，姓；矩，名。懷道之士，老子門人也。請遊行宇內，觀風化，察物情也。

【釋文】「柏矩」有道之人。

老聃曰：「已矣！天下猶是也❶。」

❶【疏】老子止之，不許其往，言天下物情，與此處無別也。

又請之，老聃曰：「汝將何始❶？」

❶【疏】鄭重殷勤，所請不已，方問行李欲先往何邦。

曰：「始於齊❶。」

❶【疏】柏矩魯人，與齊相近，齊人無道，欲先行也。

至齊，見辜人焉，推而強之，解朝服而幕之❶，號天而哭之曰：「子乎子乎！天下有大菑，子獨先離之，曰莫為盜！莫為殺人❷！榮辱立，然後覩所病❸；貨財聚，然後覩所爭❹。今立人之所病，聚人之所爭，窮困人之身使无休時，欲无至此，得乎❺！

❶【疏】游行至齊，以觀風化，忽見罪人，刑戮而死。於是推而強之，令其正臥，解取朝服，幕而覆之。

【釋文】「辜」辜，罪也。李云：謂應死人也。元嘉本作幸人。◎盧文弨曰：幸或是辠之誤。◎俞樾曰：《釋文》，辜，罪也。李云，謂應死人也，此失其義。辜，謂辜磔也。《周官》掌戮殺王之親者辜之，鄭注：辜之言枯也，謂磔之。是其義。《漢景帝紀》改磔曰棄市，顏注：磔，謂張其尸也。是古之辜磔人者，必張其尸於市，故柏矩推而強之，解朝服而幕之也。「強之」其良反。字亦作彊。「朝服」直遙反。「幕」音莫。司馬云：覆也。

❷【注】殺人大菑，謂自此以下事。大菑既有，則雖戒以莫爲，其可得已乎！

【疏】離，罹也。菑，禍也。號叫上天，哀而大哭，愍其枉濫，故重曰子乎。爲盜殺人，世間大禍，子獨何罪，先此遭罹！大菑之條，具列於下。又解：所謂辜人，則朝士是也。言其強相推讓以被朝服，重爲羅網以繼黎元，故告天哭之，明菑由斯起。預張之網，列在下文。◎俞樾曰：子乎子乎，乃歎辭也。《詩綢繆》子兮子兮，毛傳：子兮者，嗟茲也。《管子・小稱篇》嗟茲乎，聖人之言長乎哉！《說苑・貴德篇》曰，嗟茲乎，我窮必矣！竝以嗟茲爲歎辭。說詳《經義述聞》。此云子乎子乎，正與子兮子兮同義。子當讀爲嗞。《釋文》子字不作音，蓋失其義久矣。

【釋文】「號天」戶刀反。「大菑」音哉。「離之」離，著也。

❸【注】各自得則無榮辱，得失紛紜，故榮辱立，榮辱立則夸其所謂辱而跂其所謂榮矣。奔馳乎夸跂之間，非病如何！

【疏】軒冕爲榮，戮恥爲辱，奔馳取舍，非病如何！

❹【注】若以知足爲富，將何爭乎！

【疏】珍寶彌積，馳競斯起。

❺【注】上有所好，則下不能安其本分。

【疏】賞之以軒冕，玩之以珠璣，遂使羣品奔馳，困而不止，欲令各安本分，其可得乎！

【釋文】「所好」呼報反。

古之君人者，以得為在民，以失為在己❶；以正為在民，以枉為在己❷；故一形有失其形者，退而自責❸。今則不然❹。匿為物而愚不識❺，大為難而罪不敢❻，重為任而罰不勝❼，遠其塗而誅不至❽。民知力竭，則以偽繼之❾，日出多偽，士民安取不偽❿！夫力不足則偽，知不足則欺，財不足則盜。盜竊之行，於誰責而可乎？⑪」

❶【注】君莫之失，則民自得矣。

【疏】推功於物，故以得在民；受國不祥，故以失在己。

❷【注】君莫之枉，則民自正。

【疏】無爲任物，正在民也；引過責躬，枉在己也。

❸【注】夫物之形性何爲而失哉？皆由人君撓之以至斯患耳，故自責①。

【疏】夫人受氣不同，稟分斯異，令各任其能，則物皆自得。若有一物失所，虧其形性者，則引過歸己，退而責躬。昔殷湯自翦，千里來霖，是也。

❹【疏】步驟殊時，澆淳異世，故今之馭物者則不復如此也。

❺【注】反其性，匿也；用其性，顯也；故爲物所顯則皆識。

【疏】所作憲章，皆反物性，藏匿罪名，愚妄不識，故罪名者眾也。

【釋文】「匿」女力反。「為物而愚」一本作遇。◎俞樾曰：下文大為難而罪不敢，重為任而罰不勝，遠其塗而誅不至，曰罪，曰罰，曰誅，皆謂加之以刑也。此曰愚，則與下文不一律矣。《釋文》曰：愚，一本作遇。遇疑過字之誤。《廣雅．釋詁》曰：過，責也。因其不識而責之，是謂過不識。《呂覽．適威篇》曰：煩為教而過不識，數為令而非不從，巨為危而罪不敢，重為任而罰不勝。與此文義相似，而正作過不識。高誘注訓過為責，可據以訂此文之誤。過誤為遇，又臆改為愚耳。◎慶藩案愚與遇古通。《晏子春秋．外篇》盛為聲樂以淫愚民，《墨子．非儒篇》愚作遇。《韓子．南面篇》愚贛窳惰之民，宋乾道本愚作遇，《秦策》愚惑與罪人同心，姚本愚作遇。曩謂當從《釋文》作遇之義為長，今案俞氏以為過字之誤，其說更精。過遇二字，古多互譌。本書《漁父篇》今者丘得過也，《釋文》：過或作遇。讓王篇君過而遺先生食，釋文：過本亦作遇。是二字形似互誤之證。「不識」反物性而強令識之。

❻【注】爲物所易則皆敢。

【疏】法既難定，行之不易，故決定違者，斯罪之也。

【釋文】「大為難而罪不敢」王云：凡所施為者，皆用物之所能，則莫不易而敢矣。而故大為艱難，令出不能，物有不敢者，則因罪之。「所易」以豉反。

❼【注】輕其所任則皆勝。

【釋文】「不勝」音升。注同。

❽【注】適其足力則皆至。

【疏】力微事重而責其不勝，路遠期促而罰其後至，皆不可也。

❾【注】將以避誅罰也。

【疏】智力竭盡，不免誅罰，懼罰情急，故繼之以僞。

【釋文】「民知」音智。下同。

❿【注】主日興僞，士民何以得其真乎！

【疏】譎僞之風，日日而出，僞眾如草，於何得真！

⓫【注】當責上也。

【疏】夫知力窮竭，譎僞必生；賦斂益急，貪盜斯起；皆由主上無德，法令滋彰。夫能忘愛釋私，不貴珍寶，當責在上，豈罪下民乎！

【校】①趙諫議本責下有也字。

蘧伯玉行年六十而六十化❶，未嘗不始於是之而卒詘之非也❷，未知今之所謂是之非五十九非也❸。萬物有乎生而莫見其根，有乎出而莫見其門❹。人皆尊其知之所知而莫知恃其知之所不知而後知，可不謂大疑乎❺！已乎已乎！且无所逃❻。此①所謂然與，然乎❼？

❶【注】亦能順世而不係於彼我故也。

【疏】姓蘧，名瑗，字伯玉，衛之賢大夫也。盛德高明，照達空理，故能與日俱新，隨年變化。

【釋文】「蘧」其居反。

❷【注】順物而暢，物情之變然也。

【疏】初履之年，謂之爲是，年既終謝，謂之爲非，一歲之中而是非常出，故始時之是，終紺爲非也。

【釋文】「詘」起勿反。《廣雅》云：曲也。郭音黜。

❸【注】物情之變，未始有極。

【疏】故變爲新，以新爲是；故已謝矣，以故爲非。然則去年之非，於今成是；今年之是，來歲爲非。是知執是執非，滯新執故者，倒置之流也。故容成氏曰，除日無歲，蘧瑗達之，故隨物化也。

❹【注】無根無門，忽爾自然，故莫見也。唯無其生亡其出者，爲能覩其門而測其根也。

【疏】隨變而生，生無根原；任化而出，出無門戶。既曰無根無門，故知無生無出。生出無門，理其如此，何年歲之可像乎！

❺【注】我所不知，物有知之者矣。故用物之知，則無所不知；獨任我知，知甚②寡矣。今不恃物以知，而自尊〔其〕③知，則物不告我，非大疑如何！

【疏】所知者，俗知也；所不知者，真知也。流俗之人，皆尊重分別之知，鋭情取捨，而莫能賴其〔分別〕〔不知〕④之知以照真原，可謂大疑惑之人也。

❻【注】不能用彼，則寄身無地。

【疏】已，止也。夫鋭情取捨，不〔如〕〔知〕休止，必遭禍患，無處逃形。

❼【注】自謂然者，天下未之然也。

【疏】各然其所然，各可其所可，彼我相對，孰是孰非乎？

【釋文】「然與」音餘，又如字。「然乎」言未然。

【校】①此下世德堂本有則字。②世德堂本甚作其。③其字依世德堂本補。④不知依正文改。

仲尼問於大史大弢、伯常騫、狶韋❶曰：「夫衞靈公飲酒湛樂，不聽國家之政；田獵畢弋，不應諸侯之際；其所以為靈公者何邪❷？」

❶【疏】太史，官號也。下三人，皆史官之姓名也。所問之事，次列下文。

【釋文】「大史」音太。「大弢」吐刀反，人名。「伯常騫」起虔反，人名。「狶」本亦作俙，同。虛豈反。又音希，郭音郗，李音熙。「韋」李云：狶韋者，太史官名。

❷【疏】畢，大網也。弋，繩繫箭而射也。庸猥之君，淫聲嗜酒，捕獵禽獸，不聽國政，會盟交際，不赴諸侯。汝等史官，應須定謚，無道如此，何爲謚靈？

【釋文】「湛」丁南反，樂之久也。李常淫反。「樂」音洛。「不應」應對之應。「諸侯之際」司馬云：盟會之事。

大弢曰：「是因是也❶。」

❶【注】靈即是無道之謚也。

【疏】依周公《謚法》：亂而不損曰靈。靈即無道之謚也。此是因其無道，謚之曰靈，故曰是因是也。

伯常騫曰：「夫靈公有妻三人，同濫①而浴❶。史鰌奉御而進所，搏幣而扶翼❷。其慢若彼之甚也，見賢人若此其肅也，是其所以為靈公也❸。」

❶【注】男女同浴，此無禮也。

【釋文】「同濫」徐胡暫反，或力暫反，浴器也。

❷【注】以鰌為賢，而奉御之勞，故搏幣而扶翼之，使其不得終禮，此其所以為肅賢也。幣者，奉御之物。

【疏】濫，浴器也。姓史，字魚，衛之賢大夫也。幣，帛也。又《謚法》：德之精明曰靈。男女同浴，使賢人進御。公見史魚良臣，深懷愧悚，假遣人搏捉幣帛，令扶將羽翼，慰而送之，使不終其禮。敬賢如此，便是明君，故謚為靈，靈則有道之謚。

【釋文】「史鰌」音秋。司馬云：史魚也。「所搏」音博。「弊」郭作幣，帛也。徐扶世反。司馬音蔽，云：引衣裳自蔽。◎盧文弨曰：今書作幣。「而扶翼」司馬云，謂公及浴女相扶翼自隱也。此殊郭義。

❸【注】欲以肅賢補其私慢。靈有二義，(不)〔亦〕②可謂善，故仲尼問焉。

【疏】男女同浴，嬌慢之甚，忽見賢人，頓懷肅敬，用為有道，故謚靈也。

【校】①《闕誤》引張君房本濫作檻。②亦字依覆宋本及王叔岷說改。

狶韋曰：「夫靈公也死，卜葬於故墓不吉，卜葬於沙丘而吉。掘之數仞，得石槨焉，洗而視之，有銘焉，曰：『不馮其子，靈公奪而里①之。』夫靈公之為靈也久矣❶，之二人何足以識之❷！」

❶【注】子，謂蒯聵也。言不馮其子，靈公將奪女處也。夫物皆先有其命，故來事可知也。是以

凡所爲者，不得不爲；凡所不爲者，不可得爲；而愚者以爲之在己，不亦妄乎！

【釋文】「故墓」一本作大墓。「沙丘」地名。「掘之」其月反，又其勿反。「數仞」所主反。「洗而」西禮反。「不馮」音憑。「其子靈公」郭讀絕句。司馬以其子字絕句，云：言子孫不足可憑，故使公得此處為冢也。◎家世父曰：郭象注，子謂蒯聵，非也。石槨有銘，古之葬者謂子孫無能憑依以保其墓，靈公得而奪之。《釋文》一本作奪而埋之，是也。「奪而里」而，汝也。里，居處也。一本作奪而埋之。「蒯」起怪反。「聵」五怪反，蒯聵，衛莊公名。「女處」音汝，下昌慮反。

❷【注】徒識已然之見事耳，未知已然之出於自然也。

【疏】沙丘，地名也，在盟津河北。子，蒯聵也。欲明人之名謚皆定於未兆，非關物情而有升降，故沙丘石槨先有其銘。豈馮蒯聵，方能奪葬！（史）〔㢲〕與常騫，詎能識邪！

【釋文】「之見」賢遍反。

【校】①趙諫議本作埋。

少知問於大①公調❶曰：「何謂丘里之言❷？」

❶【疏】智照狹劣，謂之少知。太，大也。公，正也。道德廣大，公正無私，復能調順羣物，故謂之太公調。假設二人，以論道理。

【釋文】「大公」音泰。下同。

❷【疏】古者十家爲丘，二十家爲里。鄉閭丘里，風俗不同，故假問答以辯之也。

【釋文】「丘里之言」李云：四井為邑，四邑為丘，五家為鄰，五鄰為里。古者鄰里井邑，土風不同，猶今鄉曲各自有方俗，而物不齊同。◎盧文弨曰：舊土作土，今書內音義作士字，從之。

【校】①趙諫議本作太。下同。

大公調曰：「丘里者，合十姓百名而以為風俗也❶，合異以為同，散同以為異。今指馬之百體而不得馬，而馬係於前者，立其百體而謂之馬也。❷是故丘山積卑而為高，江河合水而為大，大人合并而為公❸。是以自外入者，有主而不執❹；由中出者，有正而不距❺。四時殊氣，天不賜，故歲成❻；五官殊職，君不私，故國治❼；文武大人不賜，故德備❽；萬物殊理，道不私，故无名❾。无名故无為，无為而无不為❿。時有終始，世有變化⓫。禍福淳淳⓬，至有所拂者而有所宜⓭；自殉殊面❹，有所正者有所差⓯。比於（太）〔大〕①澤，百材皆度⓰；觀於大山，木石同壇⓱。此之謂丘里之言⓲。」

❶【疏】采其十姓，取其百名，合而論之，以爲風俗也。

【釋文】「十姓百名」一姓為十人，十姓為百名，則有異有同，故合散以定之。

❷【疏】如采丘里之言以爲風俗，斯合異以爲同也；一人設教，隨方順物，斯散同以爲異也。亦猶指馬百體，頭尾腰脊，無復是馬，此散同以爲異也；而係於前見有馬，此合異以爲同也。

❸【注】無私於天下，則天下之風一也。

【疏】積土石以成丘山，聚細流以成江海，亦猶聖人無心，隨物施教，故能并合八方，均一天下，華夷共履，遐邇無私。

【釋文】「積卑」如字，又音婢。「合水」一本作合流。◎俞樾曰：水乃小字之誤。卑高小大，相對為文。「合并而為公」合羣小之稱以為至公之一也。

❹【疏】自，從也。謂聖人之教，從外以入，從中而出，隨順物情，故居主竟無所執也。

❺【注】自外入者，大人之化也；由中出者，民物之性也。性各得正，故民無違心；化必至公，故主無所執。所以能合丘里而并天下，一萬物而夷羣異也。

【疏】由，亦從也。謂萬物黔黎，各有正性，率心而出，稟受皇風，既合物情，故順而不距。

❻【注】殊氣自有，故能常有，若本無之而由天賜，則有時而廢。

【疏】賜，與也。夫春暄夏暑，秋涼冬寒，稟之自然，故歲敍成立，若由天與之，則有時而廢矣。

【釋文】「天不賜」賜，與也。

❼【注】殊職自有其才，故任之耳，非私而與之。

【疏】五官，謂古者法五行置官也。春官秋官，各有司職，君王玄默，委任無私，故致宇內清夷，國家寧泰也。

【釋文】「國治」直吏反。

❽【注】文者自文，武者自武，非大人所賜也，若由賜而能，則有時而闕矣。豈唯文武，凡性皆

然。

【疏】文相武將，量才授職，各任其能，非聖與也。無私於物，故道德圓備。

❾【疏】夫羣物不同，率性差異，或巢居穴處，走地飛空，而亭之毒之，咸能自濟，物各得理，故無功也。

❿【注】名止於實，故無爲；實各自爲，故無不爲。

【疏】功歸於物，故爲無爲，不執此〔無〕〔爲〕而無不爲。

⓫【注】故無心者斯順。

【疏】時，謂四敍遞代循環。世，謂人事遷貿不定。

⓬【注】流行反覆。

【疏】淳淳，流行貌。夫天時寒暑，流謝不常，人情禍福，何能久定！故《老經》云，禍兮福所倚，福兮禍所伏也。

【釋文】「淳淳」如字。王云：流動流貌。◎盧文弨曰：兩流字疑衍其一。「反覆」芳服反。

⓭【注】於此爲戾，於彼或以爲宜。

【疏】拂，戾也。夫物情向背，蓋無定準，故於此乖戾者，或於彼爲宜，是以達道之人不執逆順也。

【釋文】「所拂」扶弗反，戾也。又音弗，又音弼。

⓮【注】各自信其所是，不能離也。

【疏】殉，逐也。面，向也。夫彼此是非，紛然固執，故各逐己見而所向不同也。

【釋文】「自殉殊面」《廣雅》云：面，向也。謂心各不同而自殉焉。殊向自殉，是非天隔，故有所正者亦有所差。「離也」力智反。

⑮【注】正於此者，或差於彼。

【疏】於此爲正定者，或於彼〔爲〕差〔耶〕〔邪〕，此明物情顛倒，殊向而然也。◎家世父曰：禍福淳淳，任之以無心，雖有拂於人而自得所宜，自殉殊面，強之以異趣，名爲正之而實已兩差矣。

⑯【注】無棄材也。

【疏】比，譬也。度，量也。夫廣大皋澤，林籟極多，隨材量用，必無棄擲。大人取物，其義亦然。

【釋文】「比于大澤」本亦作宅。◎盧文弨曰：今書于作於。「百材皆度」度，居也。雖別區異所，〔同以〕②大澤為居；雖木石異端，同以大山為壇。此可以當丘里之言也。

⑰【注】合異以爲同也。

【疏】壇，基也。石有巨小，木有粗細，共聚大山而爲基本，此合異以爲同也。

⑱【注】言於丘里，則天下可知。

【疏】總結前義也。

【校】①大字依世德堂本改。②同以二字依下句補。

少知曰：「然則謂之道，足乎❶？」

❶【疏】以道爲名，名道於理，謂不足乎？欲明至道無名，故發斯問。

大公調曰：「不然。今計物之數，不止於萬，而期曰萬物者，以數之多者號而讀之也。❶是故天地者，形之大者也；陰陽者，氣之大①者也；道者為之公❷。因其大以號而讀之則可也❸，已有之矣，乃將得比哉❹！則若以斯辯，譬猶狗馬，其不及遠矣❺。」

❶【注】夫有數之物，猶不止於萬，況無數之數，謂道而足耶！

【疏】期，限也。號，語也。夫有形之物，物乃無窮，今世人語之，限曰萬物者，此舉其大經爲言也。亦猶虛道妙理，本自無名，據其功用，強名爲道，名於理未足也。

【釋文】「而讀」李云：讀，猶語也。

❷【注】物得以通，通物無私，而強字之曰道。

【疏】天覆地載，陰陽生育，故形氣之中最大者也。天道能通萬物，亭毒蒼生，施化無私，故謂之公也。

【釋文】「強字」巨丈反。

❸【注】所謂道可道也。

【疏】大通有物，生化羣品，語其始本，實曰無名，因其功號，讀亦可也。

❹【注】名已有矣，故乃將無可得而比耶！

【疏】因其功用，已有道名，不得將此有名比於無名之理。以斯比擬，去之迢遞。

❺【注】今名之辯無，不及遠矣，故謂道猶未足也；必在乎無名無言之域而後至焉，雖有名，故莫之比也。

【疏】夫獨以狗馬二獸語而相比者，非直大小有殊，亦乃貴賤斯別也。今以有名之道比無名之理者，非直粗妙不同，亦深淺斯異，故不及遠也。

【校】①《闕誤》引劉得一本大作廣。

少知曰：「四方之內，六合之裏，萬物之所生惡起❶？」

❶【注】問此者，或謂道能生之。

【疏】六合之內，天地之間，萬物動植，從何生起？少知發問，欲辯其原。

【釋文】「惡起」音烏。

大公調曰：「陰陽相照相蓋相治，四時相代相生相殺❶，欲惡去就於是橋起，雌雄片合於是庸有❷。安危相易，禍福相生，緩急相摩，聚散以成❸。此名實之可紀，精微之可志也❹。隨序之相理，橋運之相使，窮則反，終則始。此物之所有❺，言之所盡，知之所至，極物而已❻。覩道之人，不隨其所廢，不原其所起❼，此議之所止❽。」

❶【注】言此皆其自爾，非無所生。

【疏】夫三光相照，二儀相蓋，風雨相治，炎涼相代，春夏相生，秋冬相殺，豈關情慮，物理自然也。◎俞樾曰：蓋當讀爲害。《爾雅·釋言》：蓋，割裂也，《釋文》曰：蓋，舍人本作害。是蓋害古字通。陰陽或相害，或相治，猶下句云四時相代相生相殺也。

❷【注】凡此事故云爲趨舍，近起於陰陽之相照，四時之相代也。

【疏】矯，起貌也。庸，常也。順則就而欲，逆則惡而去。言物在陰陽造化之中，蘊斯情慮，開杜交合，以此爲常也。

【釋文】「欲惡」烏路反。「橋起」居表反。下同。又音羔。王云：高勁，言所起之勁疾也。「片合」音判，又如字。

❸【疏】夫逢泰則安，遇否則危，危則爲禍，安則爲福，緩者爲壽，急者爲夭，散則爲死，聚則爲生。凡此數事，出乎造物相摩而成，其猶四敍變易遷貿，豈關情慮哉！

❹【注】過此以往，至於自然。自然之故，誰知所以也！

【疏】誌，記也。夫陰陽之內，天地之間，爲實有名，故可綱可紀。假令精微，猶可言記，至於重玄妙理，超絕形名，故不可以言象求也。

❺【注】皆物之所有，自然而然耳，非無能有之也。

【疏】夫四序循環，更相治理，五行運動，遞相驅役，物極則反，終而復始。物之所有，理盡於斯。

【釋文】「隨序」謂變化相隨，有次序也。序，或作原，一本作享。「橋運之相使」橋運，謂相橋代頓至，次序以相通理，橋運以相制使也。

❻【注】物表無所復有，故言知不過極物也。

【疏】夫真理玄妙，絕於言知。若以言詮辯，運知思慮，適可極於有物而已，固未能造於玄玄之境。

【釋文】「所復」扶又反。

❼【注】廢起皆自爾，無所原隨也。

❽【注】極於自爾，故無所議。

【疏】覩，見也。隨，逐也。夫見道之人，玄悟之士，凝神物表，寂照環中，體萬境皆玄，四生非有，豈復留情物物而推逐廢起之所由乎！所謂（之）言語道斷，議論休止者也。

少知曰：「季真之莫為，接子之或使，二家之議，孰正於其情，孰偏於其理❶？」

❶【注】季真曰，道莫爲也。接子曰，道或使。或使者，有使物之功也。

【疏】季真接子，並齊之賢人，俱遊稷下，故託二賢明於理。莫，無也。使，爲也。季真以無爲爲道，接子謂道有（爲）使物之功，各執一家，未爲通論。今少知問此以定臧否，於素情妙理誰正誰偏者也。

【釋文】「季真接子」李云：二賢人。◎俞樾曰：《尚書・微子篇》殷其勿或亂正四方，《多士篇》時予乃或言，《枚傳》並曰：或，有也。《禮記・祭義篇》庶或饗之，《孟子・公孫丑篇》夫既或治之，鄭趙注並曰：或，有也。此云季真之莫為，接子之或使，或與莫為對文。莫，無也；或，有也。《周易・益》上九，莫益之，或擊之，亦以莫或相對。◎慶藩案接子，《漢書・古今人表》作捷子。接捷字異而義同。《爾雅》接捷也，郭璞曰：捷，謂相接續也。（《公羊春秋》莊十二年宋萬弒其君接，僖三十年鄭伯接卒，《左穀》皆作捷。）又案《史記・孟子荀卿列傳・索隱》云：接子，古箸書者之名號。「孰偏」音遍，徐音篇。

大公調曰：「雞鳴狗吠，是人之所知；雖有大知，不能以言讀其所自化，又不能以意其所將為❶。斯而析之，精至於无倫，大至於不可圍❷，或之使，莫之為，未免於物而終以為過❸。或使則實❹，莫為則虛❺。有名有實，是物之居❻；无名无實，在物之虛❼。可言可意，言而愈疏❽。未生不可忌❾，已死不可徂①❿。死生非遠也，理不可覩⓫。或之使，莫之為，疑之所假⓬。吾觀之本，其往无窮；吾求之末，其來无止。无窮无止，言之无也，與物同理；⓭或使莫為，言之本也，與物終始⓮。道不可有，有不可无⓯。道之為名，所假而行⓰。或使莫為，在物一曲，夫胡為於大方⓱？言而足，則終日言而盡道⓲；言而不足，則終日言而盡物⓳。道物之極，言默不足以載⓴；非言非默，議有所②極㉑。」

❶【注】物有自然，非爲之所能也。由斯而觀，季真之言當也。

【疏】夫目見耳聞，雞鳴狗吠，出乎造化，愚智同知。故雖大聖至知，不能用意測其所爲，不能用言道其所以，自然鳴吠，豈道使之然！是知接子之言，於理未當。

【釋文】「吠」符廢反。「大知」音智。

❷【注】皆不爲而自爾。

【疏】假令精微之物無有」倫緒，粗大之物不可圍量，用此道理推而析之，未有一法非自然獨化者也。

❸【注】物有相使，亦皆自爾，故莫之爲者，未爲非物也。凡物云云，皆由莫爲而過去③。

【疏】不合於道，故未免於物；各滯一邊，故卒爲過患也。

❹【注】實自使之。

【疏】滯有〔爲〕〔故〕也。

❺【注】無使之也。

【疏】溺無故也。

❻【注】指名實之所在。

❼【注】物之所在，其實至虛。

【疏】夫情苟滯於有，則所在皆物也；情苟尙無，則所在皆虛也；是知有無在心，不在乎境。

❽【注】故求之於言意之表而後至焉。

【疏】夫可以言詮，可以意察者，去道彌疏遠也。故當求之於言意之表而後至焉。

⑨【注】突然自生，制不由我，我不能禁。

⑩【注】忽然自死，吾不能違。

【疏】忌，禁也。阻，礙也。突然而生，不可禁忌，忽然而死，有何礙阻！唯當隨變任化，所在而安。字亦有作沮者，怨也。處順而死，故不怨喪也。

【釋文】「不可徂」一本作阻。

⑪【注】近在身中，猶莫見其自爾而欲憂之。

【疏】勞息聚散，近在一身，其理窈冥，愚人不見。

⑫【注】此二者，世所至疑也。

【疏】有無二執，非達者之心，疑惑之人情偏，乃爲議論之也。

⑬【注】物理無窮，故知言無窮，然後與物同理也。

【疏】本，過去也。末，未來也。過去已往，生化無窮，莫測根原，焉可意致！假令盛談無有，既其偏滯未免於物，故與物同於一理也。

⑭【注】恆不爲而自使然也。

【疏】本，猶始。各執一邊以爲根本者，猶未免於本末也，故與有物同於始，斯離於物也。

⑮【注】道故不能使有，而有者常自然也。

【疏】夫至道不絕，非有非無，故執有執無，二俱不可也。

⑯【注】物所由而行，故假名之曰道。

【疏】道大無名，強名曰道，假此名教，〔動〕〔勤〕而行之也。

⑰【注】舉一隅便可知。

【疏】胡，何也。方，道也。或使莫爲，未階虛妙，斯乃俗中一物，偏曲之人，何足以造重玄，語乎大道？

⑱【注】求道於言意之表則足。

⑲【注】不能忘言而存意則不足。

【疏】足，圓徧也。不足，偏滯也。苟能忘言會理，故曰言未嘗言，盡合玄道也。如其執言不能契理，既乖虛通之道，故盡是滯礙之物也。

⑳【注】夫道物之極，常莫爲而自爾，不在言與不言。

【疏】道物極處，非道非物，故言默不能盡載之。

㉑【注】極於自爾，非言默而議（之）④也。

【疏】默非默，議非議，唯當索之於四句之外，而後造於衆妙之門也。

【校】①趙諫議本徂作阻。②世德堂本有所作其有。③趙本去下有所字。④之字依世德堂本刪。

莊子集釋 卷九上

雜篇 外物第二十六❶

❶【釋文】以義名篇。

外物不可必❶，故龍逢誅，比干戮，箕子狂，惡來死，桀紂亡❷。人主莫不欲其臣之忠，而忠未必信，故伍員流于江，萇弘死于蜀，藏其血三年而化為碧❸。人親莫不欲其子之孝，而孝未必愛，故孝己憂而曾參悲④。木與木相摩則然，金與火相守則流❺。陰陽錯行，則天地大絯，於是乎有雷有霆，水中有火，乃焚大槐❻。有甚憂兩陷而无所逃❼，螴蜳不得成❽，心若縣於天地之間❾，慰暋①沈屯❿，利害相摩，生火甚多⓫，眾人焚和⓬，月固不勝火⓭，於是乎有僓然而道盡⓮。

❶【疏】域心執固，謂必然也。夫人間事物，參差萬緒，惟安大順，則所在虛通，若其逆物執情，必遭禍害。

【釋文】「外物」王云：夫忘懷於我者，固無對於天下，然後外物無所用必焉。若乃有所執為者，諒亦無時而妙矣。◎盧文弨曰：宋本必作心。◎慶藩案《文選》嵇叔夜《養生論注》引司馬云：物，事也。忠孝，內也，外事咸不信受也。《釋文》闕。

❷【注】善惡之所致，俱不可必也。

【疏】龍逢比干，《外篇》已解。箕子，殷紂之庶叔也，忠諫不從，懼紂之害，所以佯狂，亦終不免殺戮。惡來，紂之佞臣，畢志從紂，所以俱亡。

❸【注】精誠之至。

【疏】碧，玉也。子胥萇弘，《外篇》已釋。而言流江者，忠諫夫差，夫差殺之，取馬皮作袋，爲鴟鳥之形，盛伍員屍，浮之江水，故云流於江。萇弘遭譖，被放歸蜀，自恨忠而遭譖，遂刳腸而死。蜀人感之，以匱盛其血，三年而化爲碧玉，乃精誠之至也。

【釋文】「而化為碧」《呂氏春秋》藏其血三年，化為碧玉。◎慶藩案《太平御覽》八百九引司馬云：萇弘忠而流，故其血不朽而化為碧。《釋文》闕。

❹【注】是以至人無心而應物，唯變所適。

【疏】孝己，殷高宗之子也。遭後母之難，憂苦而死。而曾參至孝，而父母憎之，常遭父母打，鄰乎死地，故悲泣也。夫父子天性，君臣義重，而至忠至孝，尚有不愛不知，況乎世事萬塗，而可必固者！唯當忘懷物我，適可全身遠害。

【釋文】「孝己」李云：殷高宗之太子。「曾參」李云：曾參至孝，為父所憎，嘗見絕糧而後蘇。

❺【疏】夫木生火，火剋金，五行之氣，自然之理，故木摩木則火生，火守金則金爍。是以誠心

執固而必於外物者，爍滅之敗。◎俞樾曰：《淮南子·原道篇》亦云兩木相摩而然。然兩木相摩，未見其然。下句云金與火相守則流，疑此句亦當作木與火。下文云，水中有火，乃焚大槐，又云，利害相摩，生火甚多，衆人焚和，月固不勝火。是此章多言火，益知此文之當爲木與火矣。蓋木金二物皆畏火，故舉以爲言，見火之爲害大也。

❻【注】所謂錯行。

【疏】水中有火，電也。乃焚大槐，霹靂也。陰陽錯亂，不順五行，故雷霆擊怒，驚駭萬物。人乖和氣，敗損亦然。

【釋文】「大絯」音駭，又音該，又胡待反。「水中有火乃焚大槐」司馬云，水中有火，謂電也。焚，謂霹靂時燒大樹也。◎家世父曰：天地之大用，水火而已矣。水，陽也，而用陰；火，陰也，而用陽。人生陰陽之用，喜怒憂樂，愛惡生死，相爭相靡，猶水火也。兩陷者，水火之橫溢者也。螴當作蝀。《爾雅·釋天》：螮蝀，虹也。螴蜳，猶言虹蜺。《淮南·說山訓》天二氣則成虹。二氣者，陰陽之相薄者也。相薄而兩相爭勝，則虹蜺亦不得成。人心水火之爭，陽常舒而徐進，陰常慘而暴施。凡不平於心，皆陰氣之發也，故曰生火甚多。坎為月，月者，水氣之（積）〔精〕也，體陽而用陰也。火生而水不能勝之，所以兩陷而無所逃也。

❼【注】苟不能忘形，則隨形所遭而陷於憂樂，左右無宜也。

【疏】不能虛志而忘形，域心執固，是以馳情於榮辱二境，陷溺於憂樂二邊，無處逃形。

【釋文】「兩陷」司馬云：兩，謂心與膽也。陷，破也。畏雷霆甚憂，心膽破陷也。「憂樂」音洛。

❽【注】矜之愈重，則所在爲難，莫知②所守，故不得成。
【疏】螴蜳，猶怵惕也。不能忘情，（忘）〔妄〕懷矜惜，故雖勞形怵慮而卒無所成。
【釋文】「螴」郭音陳，又楮允反，徐敕盡反。「蜳」郭音惇，又杜允反，徐敕轉反，李餘準反。司馬云：螴蜳，讀曰忡融，言怖畏之氣，忡融兩溢，不安定也。
❾【注】所希跂者高而闊也。
【疏】心徇有爲，高而且遠，馳情逐物，通乎宇宙。
【釋文】「若縣」音玄。
❿【注】非清夷平暢也。
【疏】遂心則慰喜，乖意則㬭悶，遇境則沈溺，觸物則屯邅，既非清夷，豈是平暢！
【釋文】「慰㬭」武巾反。李音㬭，又音泯。慰，鬱也。㬭，悶也。「沈屯」張倫反。司馬云，沈，深也。屯，難也。
⓫【注】內熱故也。
【疏】夫利者必有害，蟬鵲是也。纓纏於利害之間，內心恆熱，故生火多矣。
⓬【注】眾人而遺利則和，若利害存懷，則其和焚也。
【疏】焚，燒也。眾人，猶俗人也，不能守分無爲，而每馳心利害，內熱如火，故燒焰中和之性。
⓭【注】大而闇則多累，小而明則知分。

【疏】月雖大而光圓，火雖小而明照。（諭）〔喻〕志大而多貪，不如小心守分。

⑭【注】唯儻然無矜，遺形自得，道乃盡也。

【疏】儻然，放任不矜之貌。忘情利害，淡爾不矜，虛玄道理，乃盡於此也。

【釋文】「儻」音頹，又呼懷反。郭云：順也。

【校】①瞀原誤瞀，依世德堂本改。下《釋文》同。②世德堂本知作之。

莊周家貧，故往貸粟於監河侯❶。監河侯曰：「諾。我將得邑金，將貸子三百金，可乎？」❷

❶【疏】監河侯，魏文侯也。莊子高素，不事有爲，家業既貧，故來貸粟。

【釋文】「貸粟」音特，或一音他得反。「監河侯」古銜反。《說苑》作魏文侯。

❷【疏】諾，許也。銅鐵之類，皆名爲金，此非黃金也。待我歲終，得百姓租賦封邑之物乃貸子。

【釋文】「將貸」他代反。

莊周忿然作色曰：「周昨來，有中道而呼者。周顧視車轍中，有鮒魚焉。周問之曰：『鮒魚來！子何為者邪？』對曰：『我，東海之波臣也。君豈有斗升之水而活我哉？』❶周曰：『諾。我且南遊①吳越之王，激西江之水而迎子，可乎！』❷鮒魚忿然作色曰：『吾失我常與，我无所處。吾得斗升之水然活耳，君乃言此，曾不如早索我於枯魚之肆！❸』」

❶【疏】波浪小臣，困於車轍，君頗有水以相救乎？

【釋文】「而呼」火故反。「鮒」音附。《廣雅》云：鰿也。鰿，音迹。「波臣」司馬云：謂波蕩之臣。

❷【疏】西江，蜀江也。江水至多，北流者眾，惟蜀江從西來，故謂之西江是也。

【釋文】「激西」古狄反。

❸【注】此言當理無小，苟其不當，雖大何益。

【疏】索，求。肆，市。常行海水鮒魚，波浪失於常處，升斗之水，可以全生，乃激西江，非所宜也。既其不救斯須，不如求我於乾魚之肆。此言事無大小，時有機宜，苟不逗機，雖大無益也。

【釋文】「早索」所白反。「枯魚」李云：猶乾魚也。

【校】①《闕誤》引張君房本遊下有說字。

任公子為大鉤巨緇，五十犗以為餌❶，蹲乎會稽，投竿東海❷，旦旦而釣，期年不得魚。已而大魚食之，牽巨鉤錎，沒而下（騖）〔鶩〕①，揚而奮鬐，白波若山，海水震蕩，聲侔鬼神，憚赫千里。❸任公子得若魚，離而腊之，自制河以東，蒼梧已北，莫不厭若魚者❹。已而後世輇才諷說之徒，皆驚而相告也❺。夫揭竿累，趣②灌瀆，守鯢鮒，其於得大魚難矣❻，飾小說以干縣令，其於大達亦遠矣❼，是以未嘗聞任氏之風俗，其不可與經於世亦遠矣❽。

❶【疏】任，國名，任國之公子。巨，大也。緇，黑繩也。犗，犍牛也。餌，鉤頭肉。既爲巨鉤，故用大繩，懸五十頭牛以爲餌。

【釋文】「任公子」如字，下同。李云：任，國名。「大鉤」本亦作釣。◎盧文弨曰：釣，舊譌約，宋本同，今改正。「巨緇」司馬云：大黑綸也。「犗」郭古邁反，云：犍牛也。徐音界。《說文》云：騬牛也。司馬云：犧牛也。騬，音繩。犍，紀言反。◎盧文弨曰：舊無牛字，據《說文》增。「為餌」音二。

❷【疏】號爲巨鉤，朞年不得魚。蹲，踞也；踞，坐也，踞其山。

【釋文】「蹲」音存。「會」古外反。「稽」古兮反。會稽，山名，今為郡也。

❸【疏】朞年之外有大魚吞鉤，於是牽鉤陷沒，馳（鶩）〔騖〕而下，揚其頭尾，奮其鱗鬐，遂使白浪如山，洪波際日。

【釋文】「期年」本亦作朞，同。音基。言必久其事。後乃能感也。「錎沒」音陷。《字林》：猶陷字也。「鶩揚」徐音務一本作鶩。「鬐」徐（來）〔求〕③夷反。李音須。「憚」〔徒〕丹（末）反。◎慶藩案憚，古皆訓為畏難。（見《論語・學而篇》朱注，《秦策》高注。）此言憚赫，憚者，盛威之名也。《賈子・解縣篇》陛下威憚大信，（信與伸同。）亦此憚字之義。盛威為憚，盛怒亦為憚。《大雅・桑柔篇》逢天僤怒是也。僤與憚同。（見王氏《讀書雜志》。）「赫」火百反。「千里」言千里皆懼。

❹【疏】若魚，海神也。淛，浙江也。蒼梧，山名，在嶺南，舜葬之所。海神肉多，分爲脯腊，自五嶺已北，三湘已東皆厭之。

【釋文】「若魚」司馬云：大魚名若，海神也。或云：若魚，猶言此魚。「而腊」音昔。「制河」諸設反。依字應作浙。《漢書音義》音逝。河亦江也，北人名水皆曰河。浙江，今在餘杭郡，後漢以為吳會分界。司馬云：浙江，今在會稽錢塘。◎慶藩案制河之制，《釋文》諸設反，字當作浙，謂浙水以東也。古制聲與浙同。《論語・顏淵篇》片言可以折獄者，鄭注曰：魯讀折為制。《書・呂刑》制以刑，《墨子・尚同篇》制作折。

❺【疏】末代季葉，才智輕浮，諷誦詞說，不敦玄道，聞得大魚，驚而相語。輇字有作輇字者，輇，量也。

【釋文】「輇」七全反，又（視）〔硯〕專反，又音權。李云：輇，量人也，本或作軨。軨，小也。本又或作輕。「諷說」方鳳反。

❻【疏】累，細繩也。鯢鮒，小魚也。擔揭細小之竿繩，趨走溉灌之溝瀆，適得鯢鮒，難獲大魚也。

【釋文】「揭」其列其謁二反。「竿累」劣彼反，謂次足不得並足也。本亦作纍。司馬（云）力追反，云：綸也。「趣」本又作趨，同。七須反。「灌瀆」司馬云：溉灌之瀆。「守鯢」五兮反。「鮒」音附，又音蒲。本亦作蒲。李云：鯢鮒，皆小魚也。

❼【疏】干，求也。縣，高也。夫修飾小行，矜持言說，以求高名令（問）〔聞〕者，必不能大

通於至道。字作縣（字）〔者〕，古懸字多不著心。

❽【注】此言志趣不同，故經世之宜，小大各有所適也。

【疏】人間世道，夷險不常，自非懷豁虛通，未可以治亂，若矜名飾行，去之遠矣。

【校】①鷟字依世德堂本改。趙諫議本作鷩。②趙本趣作趨。③求字依世德堂本改。下徒末二字及硯字同。

儒以詩禮發冢。大儒臚傳曰：「東方作矣，事之何若？」❶

❶【疏】大儒，碩儒，謂大博士。從上傳語告下曰臚。臚，傳也。東方作，謂天曙日光起。儒弟子發冢爲盜，恐天時曙，故催告之，問其如何將事。

【釋文】「臚」力於反，一音盧。蘇林注《漢書》云：上傳語告下曰臚。臚，猶行也。「傳」治戀反，又丈專反。向云：從上語下曰臚傳。一音張戀反，遽也。「東方作矣」司馬云：謂日出也。

小儒曰：「未解裙襦，口中有珠❶。《詩》固有之曰：『青青之麥，生於陵陂。生不布施，死何含珠為❷！』接其鬢，壓①其顪，儒以金椎控其頤，徐別其頰，无傷口中珠❸！」

❶【疏】小儒，弟子也。死人裙衣猶未解脫，捫其口中，知其有寶珠。

【釋文】「襦」而朱反。

❷【疏】此是逸詩，久遭刪削。凡貴人葬者，口多含珠，故誦《青青之詩》刺之。

【釋文】「青青之麥」司馬云：此逸詩，刺死人也。「陵陂」彼宜反。「布施」始豉反。

❸【注】詩禮者，先王之陳迹也，苟非其人，道不虛行，故夫儒者乃有用之爲姦，則迹不足恃②也。

【疏】接，撮也。擪，按也。顪，口也。控，打也。撮其鬢，按其口，鐵錐打，仍恐損珠，故安徐分別之。是以田恆資仁義以竊齊，儒生誦詩禮以發冢，由是觀之，聖迹不足賴。

【釋文】「壓」本亦作擪，同。乃協反。郭於琰反，又敕頰反。《字林》云：擪，一指按也。「其顪」本亦作噦，許穢反。司馬云：頤下毛也。「金椎」直追反。◎王念孫曰：儒以金椎控其頤，《藝文類聚》寶玉部引此，儒作而，是也。而，汝也。自未解裙襦以下，皆小儒答大儒之詞。言汝以金椎控其頤，徐別其頰，無傷其口中之珠也。而儒聲相近，上文又多儒字，故而誤作儒。「控」苦江反。「徐別」彼列反。

【校】①趙諫議本壓作擪。②世德堂本恃作持。

老萊子之弟子出①薪，遇仲尼，反以告❶，曰：「有人於彼，脩上而趨下❷，末僂而後耳❸，視若營四海❹，不知其誰氏之子❺。」

❶【疏】老萊子，楚之賢人隱者也，常隱蒙山，楚王知其賢，遣使召爲相。其妻采樵歸，見門前有車馬迹。妻問其故，老萊曰：「楚王召我爲相。」妻曰：「受人有者，必爲人所制，而之不能爲人制也。」妻遂捨而去。老萊隨之，夫負妻戴，逃於江南，莫知所之。出取薪者，采樵也。既見孔

子，歸告其師。

【釋文】「老萊子」楚人也。「出薪」出採薪也。

❷【注】長上而促下也。

【釋文】「趨下」音促。李云：下短也。

❸【注】耳卻近後而上僂。

【釋文】「末僂」李云：末上，謂頭前也，又謂背膂也。「後耳」司馬云：耳卻後。「卻近」附近之近。

❹【注】視之儡然，似營他人事者。

【釋文】「視若營四海」夫勞形役智以應世務，失其自然者也。故堯有亢龍之喻，舜有卷僂之談，周公類之走狼，仲尼比之逸狗，豈不或信哉！「儡」律悲反，舊魚鬼反，又魚威反。

❺【疏】脩，長也。趨，短（也）。末，肩背也。所見之士，下短上長，肩背傴僂，耳卻近後，瞻視高遠，所作悤悤，觀其儀容，似營天下，未知（子）之（子）族姓是誰。怪其異常，故發斯問。

【校】①《闕誤》引張君房本出下有拾字。

老萊子曰：「是丘也。召而來❶。」

❶【疏】魯人孔丘，汝宜喚取。

仲尼至。曰：「丘！去汝躬矜與汝容知，斯為君子矣❶。」

❶【注】謂仲尼能遺形去知，故以爲君子。

【疏】躬，身也。孔丘既至，老萊（未）〔謂〕語，宜遣汝身之躬飾，忘爾容貌心知，如此之時，可爲君子。

【釋文】「去」起呂反。注同。「而」本又作女。◎盧文弨曰：今書而作汝。「躬矜」躬矜，（為）〔謂〕身矜脩善行。「容知」音智。容智，謂飾智為容好。

仲尼揖而退❶，蹙然改容而問曰：「業可得進乎❷？」

❶【注】受其言也。

【疏】敬受其言，揖讓而退。

❷【注】設問之，令老萊明其不可進。

【疏】蹙然，驚恐貌。謂仲尼所學聖迹業行，可得脩進，爲世用（可）不？

【釋文】「蹙然」子六反。「業可得進乎」問可行仁義於世乎。「令老」力成反。

老萊子曰：「夫不忍一世之傷而驁萬世之患❶，抑固窶邪❷，亡其略弗及邪❸？惠以歡為驁，終身之醜❹，中民之行①進焉耳❺，相引以名，相結以隱❻。與其譽堯而非桀，不如兩忘而閉其所譽❼。反无非傷也，動无非邪也❽。聖人躊躇以興事，以每成功❾。奈何哉其載焉終矜②爾❿！」

❶【注】一世爲之，則其迹萬世爲患，故不可輕也。

【疏】夫聖智仁義，救一時之傷；後執爲姦，成萬世之禍。恃聖迹而驕謷，則陳恆之徒是也。亦有作驁（音）者，云使萬代驅驁不息，亦是奔馳之義也。

【釋文】「而驁」本亦作敖，同。五報反。下同。下或作驁。

❷【疏】固執聖迹，抑揚從己，失於本性，故窮窶。

【釋文】「窶」其矩反。

❸【注】直任之，則民性不窶而皆自有，略無弗及之事也。

【疏】亡失本性，忽略生崖，故不及於真道。◎家世父曰：不忍一世之傷而貽萬世之患，自以爲能經營天下也，而不知其心無所蓄備也。夫無所蓄備之謂窶矣，其智略又弗及也。郭象云，直任之則民性不窶而皆自有，略無弗及之事，似失莊子本意。◎慶藩案亡讀如無。亡其，轉語也。《史記·范雎蔡澤列傳》：亡其言臣者賤不可用乎？（《索隱》：亡，猶輕蔑也，義不可通。）《呂氏春秋·愛類篇》亡其不得宋且不義猶攻之乎？《韓策》又亡其行子之術而廢子之謁乎？是凡言亡其，皆轉語詞也。

❹【注】惠之而歡者，無惠則醜矣。然惠不可長，故一惠終身醜也。

【疏】夫以施惠爲歡者，惠不可徧，故謷慢者多矣。是以用惠取人，適爲怨府，故終身醜辱。

❺【注】言其易進，則不可妄惠之。

【釋文】「之行」下孟反。「其易」以豉反。

❻【注】隱，括；進③之謂也。

【疏】夫上智下愚，其性難改，中庸之人，易爲進退。故聞堯之美，相引慕以利名，聞桀之惡，則結之以隱匿。

【釋文】「相結以隱」郭云：隱，括也。李云：隱，病患也。雖相引以名聲，是相結以病患。◎俞樾曰：李云，隱，病患也。然病患非所以相結。郭注曰，隱，括；進之謂也。然隱括所以正曲木，亦非所以相結也。隱當訓為私。《呂氏春秋．圜道篇》分定則下不相隱，高注曰：隱，私也。《文選．赭白馬賦》恩隱周渥，李善引《國語》注曰：隱，私也。相結以隱，謂相結以恩私。舊說皆非。

❼【注】閉者，閉塞。

【疏】贊譽堯之善道，非毀桀之惡迹，以此奔馳，失性多矣，故不如善惡兩忘，閉塞毀譽，則物性全矣。

【釋文】「譽堯」音餘。「而閉」一本文注並作門。

❽【注】順之則全，靜之則正。

【疏】夫反於物性，無不傷損，擾動心靈，皆非正法。

【釋文】「反无非傷也」反，逆於理。「動无非邪也」似嗟反。動矜於是也。

❾【注】事不遠本，故其功每成。

【疏】躊躇從容，聖人無心，應機而動，興起事業，恆自從容，不逆物情，故其功每說。

【釋文】「聖人躊」音疇。「躇」直居反。「以興事以每成功」每者，每有成功也。躊躇者，從容也。從容興事，雖有成功，聖人不存，猶致弊迹，流毒百世。況動矜善行而載之不已哉！「不遠」于萬反。

⑩【注】矜不可載，故遺而弗有也。

【疏】奈何，猶如何也。如何執仁義之迹，擾撓物心，運載矜莊，終身不替！此是老萊詆訶夫子之詞也。◎家世父曰：反，猶撥亂世而反之正。有所反則必有傷，有所動則必爲邪。其反也，矜心之挾以爭也；其動也，矜心之載以出也。聽其自化，則無傷矣；無爲而無不爲，則非邪矣。

【校】①《闕誤》引張成二本行下俱有易字。②唐寫本矜上無終字。③趙諫議本括進作恬退。

宋元君夜半而夢人被髮闚阿門❶，曰：「予自宰路之淵，予為清江使河伯之所，漁者余且得予❷。」

❶【疏】宋國君，謚曰元，即宋元君也。阿，曲也，謂阿旁曲室之門。

【釋文】「宋元君」李云：元公也。案元公名佐，平（之）公〔之〕子。「阿門」司馬云：阿，屋曲簷也。

❷【疏】自，從也。宰路，江畔淵名。姓余，名且，捕魚之人也。

【釋文】「宰路」李云：淵名，龜所居。「予為」如字，又于偽反。「使河」所吏反。「漁者」音魚。「余」音預。「且」子餘反。姓余，名且也。◎俞樾曰：《史記・龜筴傳》作豫且。◎慶藩案豫預字同。

元君覺，使人占之，曰：「此神龜也。」

君曰：「漁者有余且乎？」

左右曰：「有。」

君曰：「令余且會朝❶。」

❶【疏】命，召也。召令赴朝，問其所得。

【釋文】「覺」古孝反。「令」力成反。「會朝」直遙反。下同。

明日，余且朝。君曰：「漁何得？」

對曰：「且之網得白龜焉，其圓五尺。」

君曰：「獻若之龜。」

龜至，君再欲殺之，再欲活之，心疑，卜之，曰：「殺龜以卜吉❶。」乃刳龜，七十二鑽而無遺筴❷。

❶【疏】心疑猶預，殺活再三，乃殺吉，遂刳龜也卜之。

❷【疏】筭計前後，鑽之凡經七十二，筭計吉凶，曾不失中。

【釋文】「刳」口孤反。「鑽」左端反，又左亂反。◎慶藩案《文選》郭景純《江賦注》引司馬云：鑽，命卜，以所卜事而灼之。（《釋文》闕）。「遺筴」初革反。

仲尼曰：「神龜能見夢於元君，而不能避余且之網；知能七十二鑽而无遺筴，不能避刳腸之患。如是，則知有所困，神有所不及也。❶雖有至知，萬人謀之❷。

魚不畏網而畏鵜鶘❸。去小知而大知明❹，去善而自善矣❺。嬰兒生无石師而能言，與能言者處也❻。」

❶【注】神知之不足恃也如是，夫唯靜然居其所能而不營於外者爲全。

【疏】夫神智，不足恃也。是故至人之處世，忘形神智慮，與枯木同其不華，將死灰均其寂（魄）〔泊〕，任物冥於造化，是以孔丘大聖，因而議之。

【釋文】「見夢」賢遍反。「知能」音智，下及注同。「知有所困」一本作知有所不同。

❷【注】不用其知而用衆謀。

【釋文】「至知」音智。下、注皆同。

❸【注】網無情，故得魚。

【疏】網無情而得魚，（諭）〔喻〕聖人無心，故天下歸之。

【釋文】「鵜」徒兮反。「鶘」鵜鶘，水鳥也，一名淘河。

❹【注】小知自私，大知任物。

【疏】小知取捨於心，大知無分別。遺閒奪之情，故無分別，則大知光明也。

【釋文】「去小」起呂反。下、注同。

❺【注】去善則善無所慕，善無所慕，則善者不矯而自善也。

【疏】遺矜尚之小心，合自然之大善，故前文云，離道以善，險德以行，又《老經》云，天下皆知善之爲善，斯不善已。

【釋文】「不矯」居表反。

❻【注】汎然無習而自能者，非跂而學彼也。

【疏】夫嬰兒之性，其不假師匠，年漸長大而自然能言者，非有心學之，與父母同處，率其本性，自然能言。是知世間萬物，非由運知，學而成之也。

【釋文】「石師」石者，匠名也。謂無人為師匠教之者也。一本作所師，又作碩師。

惠子謂莊子曰：「子言无用❶。」

❶【疏】莊子，通人也。空有並照，其言弘博，不契俗心，是以惠施譏爲無用。

莊子曰：「知无用而始可與言用矣❶。天地非不廣且大也，人之所用容足耳。然則廁足而墊之致黃泉，人尚有用乎？」惠子曰：「无用。」❷

❶【疏】夫有用則同於夭折，無用則全其〔生〕崖，故知無用始可語其用。

❷【疏】墊，掘也。夫六合之內，廣大無最於地，人之所用，不過容足，若使側足之外，掘至黃泉，人則戰慄不得行動。是知有用之物，假無用成功。

【釋文】「廁足」音側，又音測。「墊」丁念反。司馬崔云：下也。木又作塹，七念反，掘也。「致黃泉」致，至也。本亦作至。

莊子曰：「然則无用之為用也亦明矣❶。」

❶【注】聖應其內，當事而發；己言其外，以暢事情。情暢則事通，外明則內用，相須之理然也。

【疏】直置容足，不可得行，必借餘地，方能運用腳足，無用之理分明，故（取）《老子》云，有之以爲利，無之以爲用。

莊子曰：「人有能遊，且得不遊乎？人而不能遊，且得遊乎❶？夫流遁之志，決絕之行，噫，其非至知厚德之任與❷！覆墜而不反，火馳而不顧❸，雖相與為君臣，時也，易世而无以相賤❹。故曰①至人不留行焉❺。

❶【注】性之所能，不得不爲也；性所不能，不得強爲；故聖人唯莫之制，則同焉皆得而不知所以得也。

【疏】夫人稟性不同，所用各異，自有聞言如影響，自有智昏菽麥。故性之能者，不得不由性；性之無者，不可強涉；各守其分，則物皆不喪。

【釋文】「得強」其丈反。

❷【注】非至厚則①莫能任其志行而信其殊能也。

【疏】流蕩逐物，逃遯不反，果決絕滅，因而不移，此之志行，極愚極鄙，豈是至妙真知深厚道德之所任用！莊子之意，謂其如此。

【釋文】「之行」下孟反。注同。「任與」音餘。

❸【注】人之所好，不避是非，死生以之。

【疏】愚迷之類，執志（慤）〔確〕然，雖復家被覆沒，身遭顛墜，亦不知悔反，馳逐物情，急如煙火，而不知回顧，流遁決絕，遂至於斯耳。

【釋文】「覆墜」直類反。「所好」呼報反。

❹【注】所以爲大齊同③。

【疏】夫時所賢者爲君，才不應世者爲臣，如舜禹應時相代爲君臣也。故世遭革易，不可以爲臣爲君而相賤輕。流遁之徒，不知此事。

❺【注】唯所遇而因之，故能與化俱。

【疏】夫世有興廢，隨而行之，是故達人曾無留滯。

【校】①唐寫本無曰字。②趙諫議本無則字。③世德堂本作所以爲人齊同。趙本作所以爲人齊齊，同也。

夫尊古而卑今，學者之流也❶。且以狶韋氏之流觀今之世，夫孰能不波❷，唯至人乃①能遊於世而不僻❸，順人而不失己❹。彼教不學❺，承意不彼❻。

❶【注】古無所尊，今無所卑，而學者尊古而卑今，失其原矣。

【疏】夫步驟殊時，澆淳異世，古今情事，變化不同，而乃貴古賤今，深乖遠鑒，適滋爲學小見，豈曰清通！

❷【注】隨時因物，乃平泯也。

【疏】狶韋，三皇已前帝號也。以玄古之風御於今代，澆淳既章，誰能不波蕩而不失其性乎！斯由尊古卑今之弊也。

❸【注】當時應務，所在爲正②。

【釋文】「狶」虛豈反。「不波」波，高下貌。

【釋文】「不僻」匹亦反。

❹【注】本無我，我何失焉！

❺【注】教因彼性，故非學也。

❻【注】彼意自然，故承而用之，則夫萬物各全其我。

【疏】獨有至德之人，順時而化彼，非學心而本性具足，不由學致也。承意不彼者，稟承教意以導性，而真道素圓，不彼教也。

【校】①唐寫本無乃字。②趙諫議本正作政。

目徹為明，耳徹為聰，鼻徹為顫，口徹為甘，心徹為知，知徹為德❶。凡道不欲壅，壅則哽，哽而不止則跈❷，跈則眾害生❷。物之有知者恃息❹，其不殷，非天之罪❺。天之穿之，日夜无降❻，人則顧塞其竇❼。胞有重閬❽，心有天遊❾。室无空虛，則婦姑勃谿❿；心无天遊，則六鑿相攘⓫。大林①丘山之善於人也，亦神者不勝②⑫。

❶【疏】徹，通也。顫者，辛臭之事也。夫六根無壅，故徹；聰明不蕩於外，故爲德也。

【釋文】「顫」舒延反。

❷【注】當通而塞，則理有不泄而相騰踐也。

【釋文】「哽」庚猛反，塞也。「跈」女展反。郭云：踐也。《廣雅》云：履也，止也。本或作蹍，同。◎王念孫曰：郭注，當通而塞，則理有不泄而相騰踐也。《釋文》，跈，女展反。《廣雅》云：履也。止也。本或作蹍，同。案踐履與壅塞，二義不相比附。郭云理有不泄而相騰踐，所謂曲說者也；本或作蹍，亦非也。今案跈讀為抮。抮，戾也。言哽塞而不止，則相乖戾，相乖戾則眾害生也。《廣雅》曰：抮、盭也。（盭與戾同。）《方言》曰：軫，戾也。郭璞曰：相了戾也。《孟子·告子篇》紾兄之臂而奪之食，趙岐曰：紾，戾也。此云哽而不止則跈，義並與抮同。

❸【注】生，起也。

❹【注】凡根生者無知，亦不恃息也。

【疏】天生六根，廢一不可。耳聞眼見，鼻臭心知，爲於分內，雖用無咎。若乃目滯桑中之色，耳淫濮上之聲，鼻滋蘭麝之香，心用無窮之境，則天理滅矣，豈請徹哉！故六根窮徹，則氣息通而生理全。

❺【注】殷，當也。夫息不由知，由知然後失當，失當而後不通，故知恃息，息不恃知也。然知欲之用，制之由人，非不得已之符也。

【疏】殷，當也。或縱恣六根，馳逐前境；或竅穴哽塞，以害生崖；通蹍二徒，皆不當理。斯並人情之罪也，非天然之辜。

【釋文】「不殷」如字，一音於靳反。

❻【注】通理有常運。

【疏】降，止也。自然之理，穿通萬物，自晝及夜，未嘗止息。◎家世父曰：物之有知恃息，息者氣也，而氣有厚薄純雜，天不能強而同之。《爾雅·釋言》：殷，齊，中也。齊一則中矣，其不能齊，天之無如何者也。而天既授之以百骸九竅而使之自運焉，授之以心思而使之自化焉，務開通而已。《說文》：穿，通也。恢恢乎有餘地以自存則通矣。《玉篇》：降，伏也。言積氣之運無停伏也。郭象注，殷，當也。誤。◎俞樾曰：降，當作痒，即癃之籀文。《素問·宣明五氣篇》膀胱不利為癃，又《五常政大論篇》其病癃閟。日夜無痒，謂不癃閟也。

❼【注】無情任天，竇乃開。

【疏】竇，孔也。流俗之人，反於天理，壅塞根竅，滯溺不通。

【釋文】「其竇」音豆。

❽【注】閬，空曠也。

【疏】閬，空也。言人腹內空虛，故容藏胃，藏胃空虛，故通氣液。

【釋文】「胞」普交反，腹中胎。「有重」直龍反。「閬」音浪。郭云：空曠也。

❾【注】遊，不係也。

【疏】虛空，故自然之道遊其中。

⑩【注】爭處也。

【疏】勃谿，爭鬬也。屋室不空，則不容受，故婦姑爭處，無復尊卑。

【釋文】「勃谿」音奚。勃，爭也。谿，空也。司馬云：勃谿，反戾也。無虛空以容其私，則反戾共鬬爭也。

⑪【注】攘，逆。

【疏】鑿，孔也。攘，(則)逆也。自然之道，不遊其心，則六根逆，不順於理。

【釋文】「六鑿」在報反。「相攘」如羊反。郭云：逆也。司馬云：謂六情攘奪。◎慶藩案《荀子·哀公篇》注引司馬云：六情相攘奪。較《釋文》多一相字。

⑫【注】自然之理，有寄物而通也。

【疏】自然之理，有寄物而通者也。◎家世父曰：大林丘山之善於人，言所以樂乎大林丘山，爲廣大容萬物之生也。《說文》：神，天神引出萬物者也。徐鍇曰：申即引也。神者不勝，言發生萬物，不可勝窮也。

【校】①《闕誤》引張文二本林俱作楙。②唐寫本勝下有也字。

德溢乎名❶，名溢乎暴❷，謀稽乎誸❸，知出乎爭❹，柴生乎守❺，官事果乎眾宜❻。春雨日時，草木怒生，銚鎒於是乎始脩❼，草木之到植者過半而不知其然❽。

❶【注】夫名高則利深，故脩德者過其當。

【疏】溢，深也。仁義五德，所以行之過多者，爲尚名好勝故也。

❷【注】夫禁暴則名美於德。

【疏】暴，殘害也。夫名者爭之器，名既過者，必更相賊害。《內篇》云：名者相軋者也。◎家世父曰：《說文》：暴，晞也。《孟子》暴之於民而民受之，《荀子·富國篇》聲名足以暴炙之，皆表暴之意。德溢乎名，言德所以洋溢，名爲之也；名溢乎暴，言名所以洋溢，表暴以成之也。五句並同一意。郭象云，禁暴則名美於德，恐誤。

❸【注】謑，急也，急而後考其謀。

【疏】稽，考也。謑，急也。急難之事，然後校謀計。

【釋文】「謑」音賢。郭音玄，急也。向本作弦，云：堅正也。

❹【注】平往則無用知。

【疏】夫運心知以出境，則爭鬬斯至。

❺【注】柴，塞也。

【疏】柴，塞也。守，執也。域情執固而所造不通。

【釋文】「柴」柴，積也。郭云：塞也。

❻【注】衆之所宜者不一，故官事立也。

【疏】夫置官府，設事條者，須順於衆人之宜便，若求逆之，則禍亂生。◎俞樾曰：《論語·子路篇》行必果，《皇侃義疏》曰：果，成也。衆有所宜而後官事以成，故曰官事果乎衆宜。

❼【注】夫事物之生皆有由。

【疏】銚，耜之類也。鎒，鋤也。青春時節，時雨之日，凡百草木，萌動而生，於是農具方始脩理。此明順時而動，不逆物情也。

【釋文】「銚」七遙反，削也。能有所穿削也。又他堯反。「鎒」乃豆反。似鋤，田具也。

❽【注】夫事由理發，故不覺①。

【疏】植，生也。銚鎒既脩，芸除萑葦，幸逢春日，鋤罷到生，良由時節使然，不可以人情均度。是知制法立教，必須順時。

【釋文】「到植」時力反，又音值，立也。本亦作置。司馬云：鋤拔反之更生者曰到植。◎盧文弨曰：到，古倒字。

【校】①趙諫議本覺作齊。

靜然可以補病❶，眥媙可以休①老❷，寧可以止遽❸。雖然，若是，勞者之務也，非佚者之所未嘗過而問焉❹。聖人之所以駴天下，神人未嘗過而問焉❺；賢人所以駴世，聖人未嘗過而問焉❻；君子所以駴國，賢人未嘗過而問焉❼；小人所以合時，君子未嘗過而問焉❽。演門有親死者，以善毀爵為官師，其黨人毀而死者半❾。堯與許由天下，許由逃之；湯與務光，務光怒之，❿紀他聞之，帥弟子而踆於窾水，諸侯弔之，三年，申徒狄因以踣河⓫。荃②者所以在魚，得魚而忘荃；蹄者所以在兔，得兔而忘蹄⓬；言者所以在意，得意而忘言⓭。吾安得夫忘言之人而與之言哉⓮！」

❶【注】非不病也。

【疏】適有煩躁之病者，簡靜可以療之。

❷【注】非不老也。

【疏】剪齊髮鬢，滅③狀貌也。衰老之容，以此而沐浴。

【釋文】「眥」子斯反，徐子智反。亦作揃，子淺反。《三蒼》云：揃，猶翦也。《玉篇》云：滅也。◎慶藩案蕭該《漢書音義》引司馬云：眥，視也。《釋文》闕。「媙」本亦作搣，音滅。又武齊反。《字林》云：枇也。枇，音千米反。◎盧文弨曰：舊米作未，今從宋本。◎家世父曰：《釋文》眥媙可以休老，媙，本亦作搣。《廣韻》：搣，按也，摩也。似謂以兩手按摩目眥，然與上下二句文義不類。眥媙，當謂左右眥不能流盼，可以閉目養神，故曰休老。又案媙與搣通，眥，目厓也，眥媙，猶云目陷。

❸【注】非不遽也。

【疏】遽，疾速也。夫心性怱迫者，安靜可以止之。

❹【注】若是猶有勞，故佚者超然不顧。

【疏】夫止遽以寧，瘵躁以靜者，（以）對治之術，斯乃小學之人，勞役神智之事務也，豈是體道之士，閒逸之人，不勞不病之心乎！風采清高，故未嘗暫過而顧問焉。

【釋文】「非佚」音逸。

❺【注】神人即聖人也，聖言其外，神言其內。

【疏】駭，驚也。神者，不測之號；聖者，顯迹之名；爲其垂教動人，故不過問。

【釋文】「以駴」戶楷反。王云：謂改百姓之視聽也。徐音戒，謂上不問下也。

❻【疏】證空爲賢，並照爲聖，從深望淺，故不問之。

❼【疏】何以人物君子故駭動諸侯之國，賢人捨有，故不問。

❽【注】趨步各有分，高下各有等。

【疏】夫趨世小人，苟合一時，如田恆之徒，無足可貴，故淑人君子鄙而不顧也。

❾【注】慕賞而孝，去真遠矣，斯尙賢之過也。

【疏】〔演門〕，東門也。亦有作寅者，隨字讀之。東門之孝，出自內心，形容外毀，惟宋君嘉其至孝，遂加爵而命爲卿。鄉黨之人，聞其因孝而貴，於是強哭詐毀，矯性僞情，因而死者，其數半矣。

【釋文】「演門」以善反。宋城門名。

❿【疏】堯知由賢，禪以九五，洒耳辭退，逃避箕山。湯與務光，務光不受，訶罵瞋怒，遠之林籟。斯皆率其本性，腥臊榮祿，非關矯僞以慕聲名。

⓫【注】其波蕩傷性，遂至於此。

【疏】姓申徒，名狄；姓紀，名佗；並隱者。聞湯讓務光，恐其及己，與弟子蹲踞水旁。諸侯聞之，重其廉素，時往弔慰，恐其沈没。狄聞斯事，慕其高名，遂赴長河，自溺而死。波蕩失性，遂至於斯矣。

【釋文】「紀他」徒何反。「而踆」音存。《字林》云：古蹲字。徐七旬反，又音尊。「窾水」音款，又音科。司馬云：水名。「弔之」司馬云，恐其自沈，故弔之。「踣」徐芳附反，普豆反。《字林》云：僵也。李云：頓也。郭薄杯反。◎盧文弨曰：二音之間，當有又字。下似此者不盡出。

⑫【疏】筌，魚笱也，以竹爲之，故字從竹。亦有從草者，（意）蓀（筌）〔荃〕也，香草也，可以餌魚，置香於柴木蘆葦之中以取魚也。蹄，兔罝也，亦兔（彊）〔弶〕④也，以繫係兔腳，故謂之蹄。此二事，譬也。

【釋文】「荃」七全反，崔音孫，香草也，可以餌魚。或云：積柴水中，使魚依而食焉。一云：魚笱也。◎盧文弨曰：案如或所云，是潛也。見《詩・周頌》。「蹄」大兮反，兔罝也。又云：兔弶也，係其腳，故曰蹄也。罥音古縣反。弶，音巨亮反。

⑬【疏】此合（諭）〔喻〕也。意，妙理也。夫得魚兔本因筌蹄，而筌蹄實異魚兔，亦（由）〔猶〕玄理假於言說，言說實非玄理。魚兔得而筌蹄忘，玄理明而名言絶。

⑭【注】至於兩聖無意，乃都無所言也。

【疏】夫忘言得理，目擊道存，其人實稀，故有斯難也。

【釋文】「得夫」音符。

【校】①《闕誤》引張君房本休作沐，高山寺本同。②趙諫議本作筌，下同。③劉文典《補正》

云：當作媙。④弶字依《釋文》改。

雜篇 寓言第二十七❶

❶【釋文】以義名篇。

寓言十九❶，重言十七❷，巵言日出，和以天倪❸。

❶【注】寄之他人，則十言而九見信。

【疏】寓，寄也。世人愚迷，妄爲猜忌，聞道己說，則起嫌疑，寄之他人，則十言而信九矣。故鴻蒙、雲將、肩吾、連叔之類，皆寓言耳。

【釋文】「寓言十九」寓，寄也。以人不信己，故託之他人，十言而九見信也。

❷【注】世之所重，則十言而七見信。

【疏】重言，長老鄉閭尊重者也。老人之言，猶十信其七也。

【釋文】「重言」謂為人所重者之言也。◎家世父曰：重，當為直容切。《廣韻》：重，複也。莊生之文，注焉而不窮，引焉而不竭者是也。郭云世之所重，作柱用切者，誤。

❸【注】夫巵，滿則傾，空則仰，非持故也。況之於言，因物隨變，唯彼之從，故曰日出。日

出，謂日新也，日新則盡其自然之分，自然之分盡則和也。

【疏】卮，酒器也。日出，猶日新也。天倪，自然之分也。和，合也。夫卮滿則傾，卮空則仰，空滿任物，傾仰隨人。無心之言，即卮言也，是以不言，言而無係傾仰，乃合於自然之分也。又解：卮，支也。支離其言，言無的當，故謂之卮言耳。

【釋文】「卮言」字又作巵，音支。《字略》云：卮，圓酒器也。李起宜反。王云：夫卮器，滿即傾，空則仰，隨物而變，非執一守故者也；施之於言，而隨人從變，已無常主者也。司馬云：謂支離無首尾言也。◎盧文弨曰：卮，舊作巵。案《說文》作卮，下從卩，今多省作巵。若作巵，則不必云又作矣。「天倪」音宜，徐音詣。

寓言十九，藉外論之❶。親父不為其子媒。親父譽之，不若非其父者也❷；非吾罪也，人之罪也❸。與己同則應，不與己同則反❹；同於己為是之，異於己為非之❺。

❶【注】言出於己，俗多不受，故借外耳。肩吾連叔之類，皆所借者①也。

【疏】藉，假也，所以寄之(也)〔他〕人。十言九信者，爲假託外人論說之也。

【釋文】「藉」郭云：藉，借也。李云：因也。

❷【注】父之譽子，誠多不信，然時有信者，輒以常嫌見疑，故借外論也。

【疏】媒，媾合也。父談其子，人多不信，別人譽之，信者多矣。

【釋文】「譽之」音餘。注同。

❸【注】己雖信，而懷常疑者猶不受，寄之彼人則信之，人之聽有斯累也。

【疏】吾，父也。非父談子不實，而聽者妄起嫌疑，致不信之過也。

❹【注】互相非也。

【疏】夫俗人顛倒，妄爲（藏）〔臧〕否，與己同見則應而爲是，與己不同則反而非之。

❺【注】三異同處，而二異訟其所取，是必於不訟者俱異耳，而獨信其所是，非借外如何！

【疏】夫迷執同異，妄見是非，同異既空，是非滅矣。

【校】①世德堂本借下無者字。

重言十七，所以已言也，是為耆艾❶。年先矣，而无經緯本末以期年耆①者，是非先也❷。人而无以先人，无人道也；人而无人道，是之謂陳人❸。

❶【注】以其耆艾，故俗共重之，雖使言不借外，猶十信其七。

【疏】耆艾，壽考者之稱也。已自言之，不藉於外，爲是長老，故重而信之，流俗之人，有斯迷妄也。

❷【注】年在物先耳，其餘本末，無以待人，則非所以先也。期，待也。

【釋文】「耆艾」五蓋反。

【疏】期，待也。上下爲經，傍通曰緯。言此人直（置）〔是〕以年老居先，亦無本末之智，故待以耆宿之禮，非關道德可先也。◎家世父曰：已言者，已前言之而復言也。《爾雅・釋詁》：耆艾，長也。艾，歷也。郭璞注：長者多更歷。《釋名》：六十曰耆，耆，指也，指事使人也。是耆艾而先人之義。經緯本末，所以先人，人亦以是期之。重言之不倦，提撕警惕，人道（如）〔於〕是乎存。

❸【注】直是陳久之人耳，而俗便共信之，此俗之所以爲安故而習常也。

【疏】無禮義以先人，無人倫之道也，直是陳久之人，故重之耳。世俗無識，一至於斯。

【校】①高山寺本年耆二字作來。

卮言日出，和以天倪，因以曼衍，所以窮年❶。不言則齊❷，齊與言不齊❸，言與齊不齊也❹，故曰①无言❺。言无言，終身言，未嘗不言❻；終身不言，未嘗不言❼。有自也而可，有自也而不可；有自也而然，有自也而不然。❽惡乎然？然於然。惡乎不然？不然於不然。惡乎可？可於可。惡乎不可？不可於不可。❾物固有所然，物固有所可❿，无物不然，无物不可⓫。非卮言日出，和以天倪，孰得其久⓬！萬物皆種也，以不同形相禪⓭，始卒若環⓮，莫得其倫⓯，是謂天均。天均者天倪也⓰。

❶【注】夫自然有分而是非無主，無主則曼衍矣，誰能定之哉！故曠然無懷，因而任之，所以各終其天年。

【疏】曼衍，無心也。隨日新之變轉，合天然之倪分，故能因循萬有，接物無心；所以窮造化之天年，極生涯之遐壽也。

【釋文】「曼衍」以戰反。

❷【疏】夫理處無言，言則乖當，故直置不言而物自均等也。◎家世父曰：不言則齊，謂與爲巵言，曼衍以窮年，猶之不言也。巵言之言，隨乎言而言之，隨乎不言而言之；有言而固無言，無言而固非無言，是之謂天倪。

❸【疏】齊，不言也。不言與言，既其不一，故不齊也。

❹【注】付之於物而就用其言，則彼此是非，居然自齊。若不能因彼而立言以齊之，則我與萬物復不齊耳。

【釋文】「復不」扶又反。下同。

❺【注】言彼所言，故雖有言而我竟不言也。

【疏】夫以言遣言，言則無盡，縱加百非，亦未偕妙。唯當凝照聖人，智冥動寂，出處默語，其致一焉，故能無言則言，言則無言也，豈有言與不言之別，齊與不齊之異乎！故曰言無言也。

❻【注】雖出吾口，皆彼言耳。

❼【注】據出我口。

【疏】此復解前言無言義。

❽【疏】夫各執自見，故有可有然。自他既空，然可斯泯。

⑨【注】自，由也。由彼我之情偏，故有可不可。

【疏】惡乎，猶於何也。自他並空，物我俱幻，於何處而有可不可？於何處〔而〕②有然不然？以此推窮，然可自息。斯復解前有自而然可義也。

【釋文】「惡乎」音烏。下同。

⑩【注】各自然，各自可。

⑪【注】統而言之，則無可無不可，無可無不可而至也。

【疏】夫俗中之物，倒置之徒，於無然而固然，於不可而執可也。

⑫【注】夫唯言隨物制而任其天然之分者，能無夭落。

【疏】自非隨日新之變，達天然之理者，誰能證長生久視之道乎！言得之者之至也。

⑬【注】雖變化相代，原其氣則一。

【疏】禪，代也。夫物云云，稟之造化，受氣一種而形質不同，運運遷流而更相代謝。

【釋文】「皆種」章勇反。

⑭【注】於今爲始者，於昨已復爲卒也。

【疏】物之遷貿，譬彼循環，死去生來，終而復始。此出禪代之狀也。

⑮【注】理自爾，故莫得。

【疏】倫，理也。尋索變化之道，竟無理之可致也。

⑯【注】夫均齊者豈妄哉？皆天然之分。

【疏】均，齊也。此總結以前一章之（是）〔義〕，謂天然齊等之道，即（以）〔此〕齊均之道，亦名自然之分也。◎家世父曰：言相生猶萬物之相禪也。萬物有種，生發至於無窮，而不能執一形以相禪。言有種而推衍至於無窮，不能執一言以爲始。始卒無有端倪，是之（爲）〔謂〕天均。

【校】①高山寺本曰下有言字。②而字依上句補。

莊子謂惠子曰：「孔子行年六十而六十化❶，始時所是，卒而非之❷，未知今之所謂是之非五十九非也❸。」

❶【注】與時俱也①。

【疏】夫運運不停，新新流謝，是以行年六十而與年俱變者也。然莊惠相逢，好談玄道，故遠稱尼父以顯變化之方。

❷【注】時變則俗情亦變，乘物以遊心者，豈異於俗哉！

❸【注】變者不停，是不可常。

【疏】夫人之壽命，依年而數，年既不定，數豈有耶！是以去年之是，於今非矣。故知今年之是，還是去歲之非；今歲之非，既是來年之是。故容成氏曰，除日無歲也。

【校】①趙諫議本也作化。

惠子曰：「孔子勤志服知也❶。」

❶【注】謂孔子勤志服膺而後知，非能任其自化也。此明惠子不及聖人之韻遠矣。

也。

【疏】服，用也。惠施未達，抑度孔子，謂其勵志勤行，用心學道，故至斯智，非自然任化者也。

莊子曰：「孔子謝之矣，而其未之嘗言❶。孔子云：『夫受才乎大本，復靈以生❷。』鳴而當律，言而當法❸，利義陳乎前，而好惡是非直服人之口而已矣❹。使人乃以心服，而不敢蘁立，定天下之定❺。已乎已乎！吾且不得及彼乎❻！」

❶【注】謝變化之自爾，非知力之所爲，故隨時任物而不造言也。

【疏】謝，代也。而，汝也。未，無也。言尼父於勤服之心久已代謝，汝宜復靈，無復浪言也。

❷【注】若役其才知而不復其本靈，其生亡矣。

【疏】夫人稟受才智於大道妙本，復於靈命以盡生涯，豈得勤志役心，乖於造物！此是莊子述孔丘之語訶抵惠施也。

【釋文】「才知」音智。

❸【注】鳴者，律之所生；言者，法之所出；而法律者，衆之所爲，聖人就用之耳，故無不當，而未之嘗言，未之嘗爲也。

【疏】鳴，聲也。中也。尼父聖人，與陰陽合德，故風韻中於鍾律，言教考於模範也哉！

❹【注】服，用也。我無言也，我之所言，直用人之口耳，好惡是非利義之陳，未始出吾口也。

【疏】仁義利害，好惡是非，逗彼前機，應時陳說，雖復言出於口而隨前人，即是用衆人之口矣。

【釋文】「而好」呼報反。注同。「惡」烏路反。注同。

❺【注】口所以宣心，既用衆人之口，則衆人之心用矣，我順衆心，則衆心信矣，誰敢逆立哉！吾因天下之自定而定之，又何爲乎！

【疏】隨衆所宜，用其心智，教既隨物，物以順之，如草從風，不敢逆立，因其本靜，隨性定之，故定天下之定也。

【釋文】「蘁」音悟，又五各反，逆也。

❻【注】因而乘之，故無不及。

【疏】已，止也。彼，孔子也。重勗惠子，止而勿言，吾徒庸淺，不能逮及。此是莊子歎美宣尼之言。

曾子再仕而心再化❶，曰：「吾及親仕，三釜而心樂；後仕，三千鍾而①不洎，吾心悲❷。」

❶【疏】姓曾，名參，孔子弟子。再仕之義，列在下文。

❷【注】洎，及也。

【疏】六斗四升曰釜，六斛四斗曰鍾。洎，及也。曾參至孝，求祿養親，故前仕親在，祿雖少而歡樂；後仕親沒，祿雖多而悲悼；所謂再化，以悲樂易心，爲不及養親故也。

【釋文】「三釜」《小爾雅》云：六斗四升曰釜。「心樂」音洛。下注同。「不洎」其器反。

【校】①世德堂本無而字。

弟子問於仲尼曰：「若參者，可謂无所縣其罪乎❶？」

❶【注】縣，係也。謂參仕以爲親，無係祿之罪也。

【疏】縣，係也。門人之中，無的姓諱，當是四科十哲之流也。曾參仁孝，爲親求祿，雖復悲樂，應無係罪。門人疑此，咨問仲尼也。

【釋文】「參」所金反。「无所縣」音玄。下同。「其罪乎」縣，係也。心再化於祿，所存者親也。雖係祿而無係於罪也。「以為」于偽反。

曰：「既已縣矣❶。夫无所縣者，可以有哀乎❷？彼視三釜三千鍾，如觀①雀蚊虻相過乎前也❸。」

❶【注】係於祿以養也。

【釋文】「以養」羊尚反。下同。

❷【注】夫養親以適，不問其具。若能無係，則不以貴賤經懷，而平和怡暢，盡色養之宜矣。

【疏】夫孝子事親，務在於適，無論祿之厚薄，盡於色養而已，故有庸賃而稱孝子，三仕猶爲不孝。參既心存哀樂，得無係祿之罪乎！夫唯無係者，故當無哀樂也。

❸【注】彼，謂無係也。夫無係者，視榮祿若蚊虻鳥雀之在前而過去耳，豈有哀樂於其間哉！

【疏】彼，謂無係之人也。鳥雀大，以諭千鍾，蚊虻小，以此三釜。達道之人，無心係祿，千鍾三釜，不覺少多。猶如鳥雀蚊虻相與飛過於前矣，決然而已，豈係之哉！

【釋文】「如鸛」本亦作觀，同。古亂反。◎盧文弨曰：今書作觀。「蚊」音文。「虻」孟庚反。司馬云：觀雀飛疾，與蚊相過，忽然不覺也。王云：鸛蚊取大小相縣，以喻三釜三千鍾之多少。元嘉本作如鸛蚊，無虻字。◎俞樾曰：雀字衍文也。《釋文》云，元嘉本作如鸛蚊，無虻字。則陸氏所據本尚未衍雀字，故元嘉本作鸛蚊。陸氏但言其無虻字，不言其無雀字也。惟鸛與蚊虻，一鳥一蟲，取喻不倫。王云，謂取大小相縣，以喻三釜三千鍾之多少。此不然也。夫至人之視物，一吷而已，豈屑屑於三釜三千鍾之多寡，而必分別其為鸛為蚊乎！今案《釋文》云，鸛本作觀。疑是古本如此。其文蓋曰，彼視三釜三千鍾，如觀蚊虻相過乎前也。《淮南子·俶真篇》毀譽之於己，猶蚊虻之一過也。義與此同。因觀誤作鸛，則鸛蚊虻三字不倫，乃有刪一虻字，使蚊與鸛兩文相稱者，元嘉本是也；又有增一雀字，使鸛雀與蚊虻兩文相稱者，今本是也。皆非《莊子》之舊矣。

【校】①趙諫議本觀作鸛。《闕誤》同，引張君房本云：鸛雀作觀鳥雀。

顏成子游謂東郭子綦曰：「自吾聞子之言，一年而野❶，二年而從❷，三年而通❸，四年而物❹，五年而來❺，六年而鬼入❻，七年而天成❼，八年而不知死，不知生❽，九年而大妙❾。

❶【注】外權利也。

【疏】居在郭東，號曰東郭，猶是《齊物篇》中南郭子綦也。子游，子綦弟子也。野，質樸也。聞道一年，學心未熟，稍能樸素，去浮華耳。

【釋文】「子綦」音其。

❷【注】不自專也。

【疏】順於俗也。

❸【注】通彼我也。

【疏】不滯境也。

❹【注】與物同也。

【疏】與物同也。

❺【注】自得也。

【疏】爲眾歸也。

❻【注】外形骸也。

【疏】神會理物。

❼【注】無所復爲。

【疏】合自然成。

【釋文】「所復」扶又反。

❽【注】所遇皆適而安。

【疏】智冥造物，神合自然，故不覺死生聚散之異也。

❾【注】妙，善也。善惡同，故無往而不冥。此言久聞道，知天籟之自然，將忽然自忘，則穢累日去以至於盡耳。

【疏】妙，精微也。聞道日久，學心漸著，故能超四句，絕百非，義極重玄，理窮衆妙，知照弘博，故稱大也。

【釋文】「天籟」力帶反。

生有為，死也❶。勸公，以其①死也，有自也❷；而生陽也，无自也❸。而果然乎❹？惡乎其所適？惡乎其所不適❺？天有曆數，地有人據，吾惡乎求之❻？莫知其所終，若之何其无命也❼？莫知其所始，若之何其有命也❽？有以相應也，若之何其无鬼邪❾？无以相應也，若之何其有鬼邪❿？」

❶【注】生而有爲則喪其生。

【疏】處生人道，沈溺有爲，適歸死滅也。

【釋文】「則喪」息浪反。

❷【注】自，由也。由有爲，故死；由私其生，故有爲。今所以勸公者，以其死之由私耳。

【疏】公，平也。自，由也。所以人生（也）〔而〕動之死地者，（猶）〔由〕私愛其生，不能公正，故勸導也。

❸【注】夫生之陽，遂以其絕迹無爲而忽然獨爾，非有由也。

【疏】感於陽氣而有此生，既無所由從，故不足私也。

❹【疏】果，決定也。陽氣生物，決定如此。

❺【注】然而果然，故無適無不適而後皆適，皆適而至也。

【疏】夫氣聚爲生，生不足樂；氣散爲死，死不足哀；生死既齊，哀樂斯泯。故於何處而可適，於何處而不可適乎？所在皆適耳。

【釋文】「惡乎」音烏。下同。

❻【注】皆已自足。

【疏】夫星曆度數，玄象麗天；九州四極，人物依據；造化之中，悉皆具足，吾於何處分外求之也？

【釋文】「天有曆」一本作天有曆數。

❼【注】理必自終，不由於知，非命如何？

【疏】夫天地晝夜，人物死生，尋其根由，莫知終始。時來運去，非命如何！其無命者，言有命也。

❽【注】不知其所以然而然，謂之命，似若有意也，故又遣命之名以明其自爾，而後命理全也。

【疏】夫死去生來，猶春秋冬夏，既無終始，豈其命乎？其有命者，言無命也。此又遣（其）

〔有〕命也。

⑨【注】理必有應，若有神靈以致之也。

【疏】鬼，神識也。夫耳眼應於聲色，心智應於物境，義同影響，豈無靈乎，其無鬼者，言其有之也。

⑩【注】理自相應，相應不由於故也，則雖相應而無靈也。

【疏】夫人睡中，則不知外物，雖有眼耳，則不應色聲。若其有靈，如何不應？其有鬼者，言其無也。此又遣其有也。

【校】①《闕誤》引張君房本其下有私字。

眾罔兩問於景①曰：「若向也俯而今也仰，向也括〔撮〕②而今也被髮，向也坐而今也起，向也行而今也止，何也❶？」

❶【疏】罔兩，影外微陰也。斯寓言者也。若，汝也。俯，低頭也。撮，束髮也。汝坐起行止，唯形是從，以此測量，必因形乃有。言不待，厥理未詳。設此問答，以彰獨化耳。

【釋文】「景」音影，又如字。本或作影。◎盧文弨曰：影子係陶弘景所撰，非古字。「也括」古活反。司馬云：謂括髮也。「被髮」皮寄反。

【校】①趙諫議本景作影，下同。②撮字依成疏及《闕誤》引張君房本補。

景曰：「搜搜①也，奚稍問也❶！予有而不知其所以❷。予，蜩甲也，蛇蛻也，

似之而非也❸。火與日，吾屯也；陰與夜，吾代也❹。彼吾所以有待邪❺？而況乎以〔无〕②有待者乎❻！彼來則我與之來，彼往則我與之往，彼強陽則我與之強陽。強陽者又何以有問乎❼！」

❶【注】運動自爾，無所稍問。

【疏】叟叟，無心運動之貌也。奚，何也。景答云：我運動無心，蕭條自得，無所可待，獨化而生，汝無所知，何勞見問也？

【釋文】「搜搜」本又作叟，同。素口反，又素刀反，又音蕭。向云：動貌。

❷【注】自爾，故不知所以。

【疏】予，我也。我所有行止，率乎造物，皆不知所以，悉莫辯其然爾，豈有待哉！

❸【注】影似形而非形。

【疏】蜩甲，蟬殼也。蛇蛻，皮也。夫蠐螬變化而爲蟬，蛇從皮內而蛻出者，皆不自覺知也。而蠐螬滅於前，蟬自生於後，非因蠐螬而有蟬，蟬亦不待蠐螬而生也。蛇皮之義，亦復如之。是知一切萬有，無相因待，悉皆獨化，僉曰自然。故影云：我之因待，同蛇蛻蜩甲，似形有而實非待形者也。

【釋文】「蜩甲」音條。司馬云：蜩甲，蟬蛻皮也。「蛇蛻」音帨，又吐臥反，又始銳反。

❹【疏】屯，聚也。代，謝也。有火有日，影即屯聚，逢夜逢陰，影便代謝。若其（同）〔因〕形有影，故當不待火日。陰夜有形而無影，將知影必不待形，而獨化之理彰也。

【釋文】「吾屯」徒門反，聚也。◎慶藩案《文選》謝靈運《游南亭詩注》引司馬云：屯，聚也。火日明而影見，故曰吾聚也；陰闇則影不見，故曰吾代也。夜代，謂使得休息也。《釋文》闕。

❺【疏】吾所以有待者，火日也。必其不形，火日亦不能生影也，故影亦不待於火日也。

❻【注】推而極之，則今之（所謂）③有待者（率）〔卒〕④（至）於無待，而獨化之理彰（矣）⑤。

【疏】況乎有待者形也，必無火日，形亦不能生影，不待形也。夫形之生也，不用火日，影之生也，豈待形乎！故以火日況之，則知影不待形明矣。形影尚不相待，而況他物乎！是知一切萬法，悉皆獨化也。◎家世父曰：火日出而景生焉，陰夜而景潛焉。屯（向）〔者〕，草木之始生也；代者，更也，替也，有相替者而吾固休也。景之與形相待也，又待火日而動，待陰夜而休。彼吾所以相待，又有待也。有待，故不爲物先，待焉而即應，故亦與物〔無〕忤。景之隨形，各肖其人之情態，虛而與之委蛇，此莊生應世之大旨也。

❼【注】直自強陽運動，相隨往來耳，無意，不可問也。

【疏】彼者，形也。強陽，運動之貌也。夫往來運動，形影共時，既無因待，咸資獨化。獨化之理，妙絕名言，名言問答，其具之矣。

【校】①趙諫議本搜作叟。②无字依郭注及《闕誤》引張君房本補。③所謂二字依趙本刪。④卒字依趙本改。⑤至字矣字依趙本刪。

陽子居南之沛，老聃西遊於秦，邀於郊，至於梁而遇老子❶。老子中道仰天而歎曰：「始以汝為可教，今不可也❷。」

❶【疏】姓楊，名朱，字子居。之，往也。沛，彭城，今徐州是也。邀，遇也。梁國，今汴州也。楊朱南邁，老子西遊，邂逅逢於梁宋之地，適於郊野而與之言。

【釋文】「陽子居」姓楊，名朱，字子居。「之沛」音貝。「邀」古堯反，要也，遇也。《玉篇》云：求也，抄也，遮也。

❷【疏】昔逢楊子，謂有道心；今見矜夸，知其難教。嫌其異俗，是以傷嗟也。

陽子居不答❶。至舍，進盥漱巾櫛，脫屨戶外，膝行而前❷曰：「向者弟子欲請夫子，夫子行不閒，是以不敢。今閒矣，請問其過。❸」

❶【疏】自覺己非，默然悚愧。

❷【疏】盥，洒也。櫛，梳也。屆逆旅之舍，至止息之所，於是進水漱洒，執持巾櫛，肘行膝步，盡禮虔恭，殷勤請益，庶蒙鍼艾也。

【釋文】「盥」音管。《小爾雅》云：澡也，洒也。「漱」所又反。「巾櫛」莊乙反。

❸【疏】向被抵訶，欲請其過，正逢行李，未有閒庸。今至主人，清閒無事，庶聞責旨，以助將來也。

【釋文】「不閒」音閑。下同。一音如字。

老子曰：「而睢睢盱盱，而誰與居❶？大白若辱，盛德若不足❷。」

❶【注】睢睢盱盱，跋扈之貌。人將畏難而疏遠。

【疏】睢盱，躁急威權之貌也。而，汝也。跋扈威勢，矜莊燿物，物皆哀悼，誰將汝居處乎？

【釋文】「睢睢」郭呼維反，徐許圭反。「盱盱」香于反，又許吳反，又音虛。《廣雅》云：睢睢盱盱，元氣也。而，汝也。言汝與元氣合德，去其矜驕，誰復能同此心？解異郭義。「跋」步末反。「畏難」乃旦反。「疏遠」于萬反。

❷【疏】夫人廉潔貞清者，猶如汙辱也；盛德圓滿者，猶如不足也。此是老子引《道德經》以戒子居也。

陽子居蹵然變容曰：「敬聞命矣❶！」

❶【疏】蹵然，慚悚也。既承教旨，驚懼更深，稽首虔恭，敬奉尊命也。

【釋文】「蹵」子六反。

其往也，舍者迎將，其家公執席，妻執巾櫛，舍者避席，煬者避竈❶。其反也，舍者與之爭席矣❷。

❶【注】尊形自異，故憚而避之也。

【疏】將，送也。家公，主人公也。煬，然火也。楊朱往沛，正事威容，舍息逆旅，主人迎送，夫執氈席，妻捉梳巾，先坐之人避席而走，然火之者不敢當竈，威勢動物，一至於斯矣。

【釋文】「家公」李云：主人公也。一讀舍者迎將其家為句。「煬」羊尚反，又音羊向反，炊也。

❷【注】去其夸矜故也。

【疏】從沛反歸，已蒙教戒，除其容飾，遣其矜夸，混迹同塵，和光順俗，於是舍息之人與爭席而坐矣。

【釋文】「去其」起呂反。

莊子集釋　卷九下

雜篇　讓王第二十八❶

❶【釋文】以事名篇。

堯以天下讓許由，許由不受。又讓於子州支父，子州支父曰：「以我為天子，猶之可也。雖然，我適有幽憂之病，方且治之，未暇治天下也。」❶夫天下至重也，而不以害其生，又況他物乎❷！唯无以天下為者，可以託天下也❸。

❶【疏】堯許事迹，具載《內篇》。姓子，名州，字支父，懷道之人，隱者也。堯知其賢，讓以帝位。以我爲帝，亦當能以爲事，故言猶之可也。幽，深也。憂，勞也。言我滯竟幽深，固心憂勞，且欲脩身，庶令合道，未有閒暇緝理萬機也。

【釋文】「子州支父」音甫。李云：支父，字也，即支伯也。「幽憂之病」王云：謂其病深固也。

❷【疏】夫位登九五，威跨萬乘，人倫尊重，莫甚於此，尚不以斯榮貴損害生涯，況乎他外事物，何能介意也！

❸【疏】夫忘天下者，無以天下爲也，唯此之人，可以委託於天下也。

舜讓天下於子州支伯。子州支伯曰：「予適有幽憂之病，方且治之，未暇治天下也❶。」故天下大器也，而不以易生，此有道者之所以異乎俗者也❷。

❶【疏】舜之事迹，具在《內篇》。支伯，猶支父也。◎俞樾曰：《漢書·古今人表》有子州支父，無支伯，則支父支伯是一人也。

❷【疏】夫帝王之位，重大之器也，而不以此貴易奪其生，自非有道，孰能如是！故異於流俗之行也。

舜以天下讓善卷，善卷曰：「余立於宇宙之中，冬日衣皮毛，夏日衣葛絺；春耕種，形足以勞動；秋收斂，身足以休食；日出而作，日入而息，逍遙於天地之間而心意自得。吾何以天下為哉❶！悲夫，子之不知余也！」遂不受。於是去而入深山，莫知其處。❷

❶【疏】姓善，名卷，隱者也。處於六合，順於四時，自得天地之間，逍遙塵垢之外，道在其中，故不用天下。

【釋文】「善卷」卷勉反，居阮反，又音眷。李云，姓善，名卷。◎俞樾曰：《呂覽·下賢篇》作善綣。「衣皮」於既反。下同。

❷【疏】古人淳樸，喚帝爲子。恨舜不識野情，所以悲歎。

【釋文】「其處」昌慮反。

舜以天下讓其友石戶之農，石戶之農曰：「捲捲乎后之為人，葆力之士也❶！」以舜之德為未至也，於是夫負妻戴，攜子以入於海，終身不反也❷。

❶【疏】戶字亦有作后者，隨字讀之。石戶，地名也。農，人也。今江南喚人作農。此則舜之友人也。葆，牢固也。言舜心志堅固，〔筋〕力勤苦。腰背捲捲，不得歸休，以此勤勞，翻來見讓，故不受也。

【釋文】「石戶」本亦作后。「之農」李云：石戶，地名。農，農人也。「捲捲」音權，郭音眷，用力貌。「葆力」亦保，字亦作保。

❷【疏】古人荷物，多用頭戴，如今高麗猶有此風。以舜德化，未爲至極，故攜妻子，不踐其土，入於大海州島之中，往而不返也。

【釋文】「以入於海」司馬云：凡言入者，皆居其海島之上與其曲隈中也。

大王亶父居邠，狄人攻之❶；事之以皮帛而不受，事之以犬馬而不受，事之以珠玉而不受，狄人之所求者土地也。大王亶父曰：「與人之兄居而殺其弟，與人之父居而殺其子，吾不忍也。子皆勉居矣！為吾臣與為狄人臣奚以異！❷且吾聞之，不以所用養害所養。」因杖筴而去之。民相連而從之，遂成國於岐山之下。❸夫大王亶父，可謂能尊生矣。能尊生者，雖貴富不以養傷身，雖貧賤不以利累形。今

世之人居高官尊爵者，皆重失之，見利輕亡其身，豈不惑哉！❹

❶**【疏】**亶父，王季之父，文王之祖也。邠，地名。狄人，獫狁也。國鄰戎虜，故爲狄人攻伐。

【釋文】「大王」音太。下同。「亶」丁但反。「父」音甫。下同。「邠」筆貧反，徐甫巾反。

❷**【疏】**事，奉也。勉，勵也。奚，何。狄人貪殘，意在土地，我不忍傷殺，汝勉力居之。

❸**【疏】**用養，土地也。所養，百姓也。本用地以養人，今殺人以存地，故不可也。因拄杖而去，民相連續，遂有國於岐陽。

【釋文】「不以所用養害所養」地，所以養人也。今爭以殺人，是以地害人也。人為地養，故不以地故害人也。「因杖」直亮反。「筴」初革反。「相連」力展反。司馬云：連，讀曰輦。「岐山」其宜反，或祁支反。

❹**【疏】**夫亂世澆僞，人心浮淺，徇於軒冕以喪其身，逐於財利以殞其命，不知輕重，深成迷惑也。

【釋文】「不以養傷身不以利累形」王云：富貴有養，而不以（味）〔昧〕①養傷身，貧賤無利，而不以求利累形也。

【校】①昧字依《釋文》原本改。

越人三世弒其君，王子搜患之，逃乎丹穴。而越國無君，求王子搜不得，從之丹穴。王子搜不肯出，越人薰之以艾。乘以王①輿❶。王子搜援綏登車，仰天而呼

曰：「君乎君乎！獨不可以舍我乎！」王子搜非惡為君也，惡為君之患也。若王子搜者，可謂不以國傷生矣，此固越人之所欲得為君也❷。

❶【疏】搜，王子名也。丹穴，南山洞也。玉輿，君之車輦也。亦有作王字者，隨字讀之，所謂玉輅也。越國之人，頻殺君主，王子怖懼，逃之洞穴，呼召不出，以艾薰之。既請爲君，故乘以玉輅。

【釋文】「弒其」音試。「王子搜」素羔反，又悉遘反，又邀遘②反。李云：王子名。《淮南子》作翳。◎俞樾曰：《釋文》云：搜，《淮南子》作翳。然翳之前無三世弒君之事。《史記・越世家・索隱》以搜為翳之子無顓。據《竹書紀年》，翳為其子所弒，越人殺其子，立無余，又見弒而立無顓。是無顓以前三君皆不善終，則王子搜是無顓之異名無疑矣。《淮南子》蓋傳聞之誤，當據《索隱》訂正。「丹穴」《爾雅》云：南戴日為丹穴。「以艾」五蓋反。「王輿」一本作玉輿。

❷【疏】援，引也。綏，車上繩也。辭不獲免，長歎登車，非惡爲君，恐爲禍患。以其重生輕位，故可屈而爲君也。

【釋文】「援」音爰。「而呼」火故反。本或作歎。「以舍」音捨。「非惡」烏路反。下及下章真惡同。

【校】①趙諫議本王作玉。②邀遘疑悉邀之誤。

韓魏相與爭侵地。子華子見昭僖侯，昭僖侯有憂色❶。子華子曰：「今使天下書銘於君之前，書之言曰：『左手攫之則右手廢，右手攫之則左手廢，然而攫之者必有天下。』君能①攫之乎❷？」

❶【疏】僖侯，韓國之君也。華子，魏之賢人也。韓魏相鄰，爭侵境土，干戈既動，勝負未知，怵惕居懷，故有憂色。

【釋文】「子華子」司馬云：魏人也。◎俞樾曰：《呂覽・貴生篇》引子華子曰：全生為上，虧生次之，死次之，迫生為下。又《誣徒篇》引子華子曰：王者樂其所以王，亡者樂其所以亡。高注並云：子華子，古體道人。《知度》、《審為》兩篇注同。「昭僖侯」司馬云：韓侯。◎俞樾曰：韓有昭侯，有僖王，無昭僖侯。

❷【疏】銘，書記也。攫，捉取也。廢，斬去之也。假且書一銘記投之於前，左手取銘則斬去右手，右手取銘則斬去左手，然取銘者必得天下，君取之不？（以）取〔以〕譬（諭）〔喻〕，借問韓侯也。

【釋文】「攫」俱碧俱縛二反，又史虢反。李云：取也。◎盧文弨曰：舊作俱碧反，俱縛反，或又史虢反。譌。今皆從宋本改正。「廢」李云：棄也。司馬云：病也。一云：攫者，援書銘；廢者，斬右手。

【校】①高山寺本君下無能字。

昭僖侯曰：「寡人不攫也❶。」

❶【疏】答云：不能斬兩臂而取六合也。

子華子曰：「甚善❶！自是觀之，兩臂重於天下也，身亦重於兩臂。韓之輕於天下亦遠矣❷，今之所爭者，其輕於韓又遠。君固愁身傷生以憂戚不得也❸！」

❶【疏】歎君之言，甚當於理。

❷【疏】自，從也。於此言而觀察之，則一身重於兩臂，兩臂重於天下，天下又重於韓，韓之與天下，輕重（之）〔亦〕①遠矣。

❸【疏】所爭者疆畔之間，故於韓輕重遠矣，而必固憂愁，傷形損性，恐其不得，豈不惑哉！

【釋文】「其輕於韓又遠」絕句。

【校】①亦字依正文改。

僖侯曰：「善哉！教寡人者眾矣，未嘗得聞此言也。」子華子可謂知輕重矣❶。

❶【疏】頓悟其言，歎之奇妙也。

魯君聞顏闔得道之人也，使人以幣先焉❶。顏闔守陋閭，苴布之衣而自飯牛❷。魯君之使者至，顏闔自對之。使者曰：「此顏闔之家與？」顏闔對曰：「此闔之家也。」使者致幣，顏闔對曰：「恐聽者①謬而遺使者罪，不若審之。」使者還，反審之，復來求之，則不得已。❸故若顏闔者，真惡富貴也。

❶【疏】魯侯，魯哀公，或云，魯定公也。姓顏，名闔，魯人，隱者也。幣，帛也。聞顏闔得清廉之道，欲召之爲相，故遣使人賫持幣帛，先通其意。

【釋文】「魯君」一本作魯侯。李云：哀公也。

❷【疏】苴布，子麻布也。飯，飼也。居疏陋之閭巷，著粗惡之布衣，身自飯牛，足明貧儉。

【釋文】「苴」音麤。徐七餘反。李云：有子麻也。本或作麤，非也。「飯牛」符晚反。

❸【疏】遺，與也。不欲（授）〔受〕幣，致此矯詞以欺使者。◎俞樾曰：上者字衍文。恐聽謬而遺使者罪，恐其以誤聽得罪也。聽即使者聽之，非聽者一人，使者一人也。《呂氏春秋‧貴生篇》正作恐聽繆而遺使者罪。

【釋文】「之使」所吏反。下及下章同。「家與」音餘。「而遺」唯季反。下皆同。「復來」音服，或音扶又反。下章皆同。

【校】①《闕誤》引張君房本者作□。

故曰，道之真以治身，其緒餘以為國家，其土苴以治天下。由此觀之，帝王之功，聖人之餘事也，非所以完身養生也❶。今世俗之君子，多危身棄生以殉物，豈不悲哉！凡聖人之動作也，必察其所以之與其所以為❷。今且①有人於此，以隨侯之珠彈千仞之雀，世必笑之。是何也？則其所用者重而所要者輕也。夫生者，豈特隨侯之重哉！❸

❶【疏】緒，殘也。土，糞也。苴，草也。夫用真道以持身者，必以國家爲殘餘之事，將天下同於草土者也。

【釋文】「緒餘」並如字。徐上音奢，下以嗟反。司馬李云：緒者，殘也，謂殘餘也。◎慶藩案《文選》司馬子長《報任少卿書注》引司馬云：緒，餘也。視《釋文》較略。「土」敕雅反，又片賈行賈二反，又音如字。「苴」側雅反，又知雅反。司馬云：土苴，如糞草也。李云：土苴，糟魄也，皆不真物也。一云：土苴，無心之貌。

❷【疏】殉，逐也。察世人之所適往，觀黎庶之所云爲，然後動作而應之也。

【釋文】「必察其所以之」王云，聖人真以持身，餘以為國，故其動作必察之焉。所以之者，謂德所加之方也。所為者，謂所以待物也。動作如此，不必察也。

❸【疏】隨國近濮水，濮水出寶珠，即是靈蛇所銜以報恩，隨侯所得者，故謂之隨侯之珠也。夫雀高千仞，以珠彈之，所求者輕，所用者重，傷生殉物，其義亦然也。

【釋文】「所要」一遙反。◎俞樾曰：隨侯下當有珠字。若無珠字，文義不足。《呂氏春秋·貴生篇》作夫生豈特隨侯珠之重也哉，當據補。

【校】①高山寺本今下無且字。

子列子窮，容貌有飢色。客有言之於鄭子陽者曰：「列禦寇，蓋有道之士也，居君之國而窮，君无乃為不好士乎？」❶鄭子陽即令官遺之粟。子列子見使者，再拜而辭❷。

❶【疏】子陽，鄭相也。禦寇，鄭人也，有道而窮。子陽不好賢士，遠游之客譏刺子陽。

【釋文】「子陽」鄭相。「不好」呼報反。

❷【疏】命召主倉之官，令與之粟。禦寇清高，辭謝不受也。

【釋文】「即令」力呈反。

使者去，子列子入，其妻望之而拊心曰：「妾聞為有道者之妻子，皆得佚樂，今有飢色。君過而遺先生食，先生不受，豈不命邪①！❶」

❶【疏】與粟不受，天命貧窮，嗟惋拊心，責夫罪過。故知禦寇之妻，不及老萊之婦遠矣。

【釋文】「拊心」徐音撫。「得佚」音逸。「樂」音洛。「君過」古臥反。本亦作遇。

【疏】①高山寺本豈不命邪作豈非命也哉。

子列子笑謂之曰：「君非自知我也。以人之言而遺我粟，至其罪我也又且以人之言，此吾所以不受也。」其卒，民果作難而殺子陽❶。

❶【疏】子陽嚴酷，人多怨之。左右有誤折子陽弓者，恐必得罪，因國人逐猘狗，遂殺子陽也。

【釋文】「作難」乃旦反。下章同。「殺子陽」子陽嚴酷，罪者無赦。舍人折弓，畏子陽怒責，因國人逐猘狗而殺子陽。◎俞樾曰：子陽事見《呂覽・適威篇》、《淮南・氾論訓》。至《史記・鄭世家》則云，繻公二十五年，鄭公殺其相子陽。二十七年，子陽之黨共弒繻公駘，又與諸書不同。

楚昭王失國，屠羊說走而從於昭王❶。昭王反國，將賞從者，及屠羊說。屠羊說曰：「大王失國，說失屠羊；大王反國，說亦反屠羊。臣之爵祿已復矣，又何賞之有！」

❶【疏】昭王，名軫，平王之子也。伍奢伍尚遭平王誅戮，子胥奔吳而耕於野，後至吳王闔閭之世，請兵伐楚，遂破楚入郢以雪父之讎。其時昭王窘急，棄走奔隨，又奔於鄭。有屠羊賤人名說，從王奔走。奔走之由，置在下文。

【釋文】「楚昭王」名軫，平王子。「屠羊說」音悅，或如字。

王曰：「強之！」

屠羊說曰：「大王失國，非臣之罪，故不敢伏其誅；大王反國，非臣之功，故不敢當其賞。」

王曰：「見之！」

屠羊說曰：「楚國之法，必有重賞大功而後得見，今臣之知不足以存國而勇不足以死寇。吳軍入郢，說畏難而避寇，非故隨大王也。今大王欲廢法毀約而見說，此非臣之所以聞於天下也。」

王謂司馬子綦曰：「屠羊說居處卑賤而陳義甚高，子綦為我延之以三旌之位❶。」

❶【疏】三旍，三公也。亦有作珪字者，謂三卿皆執珪，故謂三卿爲珪也。◎俞樾曰：子綦爲我延之以三旍之位句，此昭王自與司馬子綦言，當稱子，不當稱子綦。綦子衍文。

【釋文】「從者」才用反。「強之」其丈反。「見之」賢遍反，下同。「之知」音智。「入郢」以井反。「毀約」如字。徐於妙反。「而見」如字，亦賢遍反。「為我」于偽反。「三旍」三公位也。司馬本作三珪，云：謂諸侯之三卿皆執珪也。◎慶藩案《白帖》、《御覽》二百二十八，並引司馬本三旍作三珪，云：諸侯三卿，皆執三珪。與《釋文》小異。

屠羊說曰：「夫三旍之位，吾知其貴於屠羊之肆也；萬鍾之祿，吾知其富於屠羊之利也；然豈可以貪爵祿而使吾君有妄施之名乎❶！說不敢當，願復反吾屠羊之肆。」遂不受也。

❶【釋文】《妄施》如字，又始豉反。

原憲居魯，環堵之室，茨以生草；蓬戶不完，桑以為樞；而甕牖二室，褐以為塞；上漏下溼，匡坐而弦①❶。

❶【疏】原憲，孔子弟子，姓原，名思，字憲也。周環各一堵，謂之環堵，猶方丈之室也。以草蓋屋，謂之茨也。褐，粗衣也。匡，正也。原憲家貧，室唯環堵，仍以草覆舍，桑條爲樞，蓬作門扉，破甕爲牖，夫妻二人各居一室，逢雨溼而弦歌自娛，知命安貧，所以然也。

【釋文】「茨」徐疾私反。李云：蓋屋也。◎慶藩案生草，《新序·節士篇》作生蒿，蒿亦草也。生者，謂新生未乾之草，即牽蘿補屋之意也。「蓬戶」織蓬為戶。「桑以為樞」尺朱反。司馬云：屈桑條為戶樞也。「甕牖」音酉。司馬云：破甕為牖。「二室」司馬云：夫妻各一室。「褐」下葛反，郭音葛，字或作（褐）〔楬〕。「為塞」悉代反。司馬云：以褐衣塞牖也。「匡坐而弦」司馬云：匡，正也。案弦謂弦歌。

【校】①《闕誤》引張君房本弦下有歌字。②褐字依《釋文》原本及世德堂本改。

子貢乘大馬，中紺而表素，軒車不容巷，往見原憲❶。原憲華冠縰履，杖藜而應門❷。

❶【疏】子貢，孔子弟子，名賜，能言語，好榮華。其軒蓋是白素，（裹）〔裏〕為紺色，車馬高大，故巷道不容也。

【釋文】「中紺」古暗反。李云：紺為中衣，加素為表。

❷【疏】縰，躡也。以華皮爲冠，用藜藋爲杖，貧無僕使，故自應門也。

【釋文】「華冠」胡化反。以華木皮為冠。◎慶藩案華，（樗）〔樺〕①也。《說文》：（樗）〔樺〕木也，以其皮裹松脂，讀若華。或作檴。《玉篇》：檴（樗）〔樺〕，並胡霸胡郭二切。字通作華。司馬相如《上林賦》華楓枰櫨，張揖曰：華皮可以為索。「縰履」所倚反，或所買反。本或作縰。并下曳縰同。《三蒼解詁》作躧，云：躡也。《聲類》或作屣。韋昭蘇寄反。《通俗文》云：履不著跟曰屣。司馬本作躧。李云：縰履，謂履無跟也。王云：體之能躡舉而曳之也。履，或作屨。「杖藜」以藜為杖也。司馬本作扶杖也。「應門」自對門也。

【校】①榑字依段氏《說文》改。

子貢曰：「嘻！先生何病？」

原憲應之曰：「憲聞之，无財謂之貧，學而不能行謂之病。今憲，貧也，非病也。」子貢逡巡而有愧色❶。

❶【疏】嘻，笑聲也。逡巡，卻退貌也。以儉繫奢，故懷慙愧之色。

【釋文】「嘻」許其反。「逡巡」七旬反。

原憲笑曰：「夫希世而行，比周而友，學以為人，教以為己，仁義之慝，輿馬之飾，憲不忍為也❶。」

❶【疏】慝，姦惡也。飾，莊嚴也。夫趨世候時，希望富貴，周旋親比，以結朋黨，自求名譽，學以爲人，多覓束脩，教以爲己，託仁義以爲姦慝，飾車馬以衒矜夸，君子恥之，不忍爲之也。

【釋文】「希世而行」司馬云：希，望也。所行常顧世譽而動，故曰希世而行。「比周」毗志反。「為人」于偽反。下為己同。「教以為己」學當為己，教當為人，今反不然也。「仁義之慝」吐得反，惡也。司馬云：謂依託仁義為姦惡。

曾子居衞，縕袍无表，顏色腫噲，手足胼胝❶。三日不舉火，十年不製衣，正冠而纓絕，捉衿而肘見，納屨而踵決❷。曳縰而歌《商頌》，聲滿天地，若出金石。天子不得臣，諸侯不得友❸。故養志者忘形，養形者忘利，致道者忘心矣❹。

❶【疏】以麻緼袍絮，復無表裏也。腫噲，猶剝錯也。每自力作，故生胼胝。

【釋文】「緼袍」紆紛反。司馬云：謂麻緼為絮，《論語》云衣敝緼袍是也。「種」本亦作腫，章勇反。◎盧文弨曰：今書作腫。「噲」古外反，徐古活反。司馬云：種噲，剝錯也。王云：盈虛不常之貌。◎慶藩案《釋文》引司馬云，種噲，剝錯也。王云，盈虛不常之貌。據《說文》：噲，咽也；一曰嚵，噲也。疑字當為癐，病甚也。通作殨，腫決曰殨。《說文》：瘣，病也，一曰腫旁出。噲殨瘣，並一聲之轉。「胼」薄田反。「胝」竹尼反。

❷【疏】守分清虛，家業窮窶，三日不營熟食，十年不製新衣，纓爛正冠而纓斷，袖破捉衿而肘見，履敗納之而（根）〔跟〕後決也。

【釋文】「肘」竹久反。「見」賢遍反。

❸【疏】（響）〔嚮〕歌《商頌》（響）〔嚮〕，韻叶宮商，察其詞理，雅符天地，聲氣清虛，又諧金石，風調高素，超絕人倫，故不與天子爲臣，不與諸侯爲友也。

❹【疏】夫君子賢人，不以形挫志；攝衛之士，不以利傷生；得道之人，（志）〔忘〕心知之術也。

孔子謂顏回曰：「回，來！家貧居卑，胡不仕乎？」

顏回對曰：「不願仕。回有郭外之田五十畝，足以給飦粥；郭內之田十畝，足以為絲麻；鼓琴足以自娛，所學夫子之道者足以自樂也。回不願仕。」

孔子愀然變容曰：「善哉回之意！丘聞之，『知足者不以利①自累也，審自得者失之而不懼，行修於內者无位而不怍。』丘誦之久矣，今於回而後見之，是丘之得也。」❶

❶【疏】飦，糜也。怍，羞也。夫自得之士，不以得喪駭心；內修之人，豈復羞慙無位！孔子誦之，其來已久，今勸回仕，豈非失言！因回反照，故言丘得之矣。

【釋文】「飦」之然反。字或作饘。《廣雅》云：糜也。一云：紀言反。《家語》云：厚粥。一音干，謂干餅。◎盧文弨曰：餅，舊譌餅，今改正。「粥」之六反，又音育。「自樂」音洛。「愀」七小反，徐在九反，又七了子了二反，又資酉反。李音秋，又七遙反。一本作欣。◎盧文弨曰：舊作七了反，子了反，今改正。下七遙反，舊脫七字，亦補正。「行修」下孟反。「不怍」在洛反。《爾雅》云：慙也。又音昨。

【校】①《闕誤》引江南李氏本利作羨。

中山公子牟謂瞻子曰：「身在江海之上，心居乎魏闕之下，奈何❶？」

❶【疏】瞻子，魏之賢人也。魏公子名牟，封中山，故曰中山公子牟也。公子有嘉遁之情而無高蹈之德，故身在江海上而隱遁，心思魏闕下之榮華，既見賢人，借問其術也。

【釋文】「公子牟」司馬云：魏之公子，封中山，名牟。「瞻子」賢人也。淮南作詹。「魏闕」《淮南》作巍。司馬本同，云：巍，讀曰魏。象魏觀闕，人君門也，言心存榮貴。許慎云：天子兩觀也。◎盧文弨曰：案今《淮南》亦作魏。

瞻子曰：「重生。重生則利輕❶。」

❶【疏】重於生道，則輕於榮利，榮利既輕，則不思魏闕。

【釋文】「重生」李云：重存生之道者，則名利輕，輕則易絕矣。此人身居江海，心貪榮利，故以此戒之。

中山公子牟曰：「雖知之，未能自①勝也❶。」

❶【疏】雖知重於生道，未能勝於情欲。

【釋文】「能勝」音升。下同。

【校】①世德堂本無自字。

瞻子曰：「不能自勝則從，神无惡乎❶？不能自勝而強不從者，此之謂重傷。重傷①之人，无壽類矣。❷。」

❶【疏】若不勝於情欲，則宜從順心神，亦不勞妄生嫌惡也。

【釋文】「不能自勝則從」絕句。一讀至神字絕句。◎俞樾曰：《釋文》曰，不能自勝則從絕句，此讀是也。又曰：一讀至神字絕句，則失之。《呂氏春秋・審為篇》亦載此事，作不能自勝則縱之，神無惡乎？《文子・下德篇》、《淮南子・道應篇》并疊從之二字，作從之從之，則從神之不當連讀明矣。又案從，《呂氏春秋》作縱，則當讀子用反，而《釋文》無音，亦失之。「无惡」如字。又烏路反。「乎」絕句。一讀連下不能自勝為句。

❷【疏】情既不勝，強生抑挫，情欲已損，抑又乖心，故名重傷也。如此之人，自然夭折，故不得與壽考者爲儔類也。

【釋文】「重傷」直用反。下同。◎俞樾曰：重傷，猶再傷也。不能自勝，則已傷矣；又強制之而不使縱，是再傷也。故曰此之謂重傷。《呂氏春秋・審為篇》高誘注曰：重讀復重之重。是也。《釋文》音直用反，非是。

【校】①趙諫議本無此重傷二字。

魏牟，萬乘之公子也，其隱巖穴也，難為於布衣之士；雖未至乎道，可謂有其意矣❶。

❶【疏】夫大國王孫，生而榮貴，遂能巖棲谷隱，身履艱辛，雖未階乎玄道，而有清高之志，足以激貪勵俗也。

【釋文】「萬乘」繩證反。

孔子窮於陳蔡之間，七日不火食，藜羹不糝，顏色甚憊，而弦歌於室❶。顏回

擇①菜，子路子貢相與言曰：「夫子再逐於魯，削迹於衛，伐樹於宋，窮於商周，圍於陳蔡，殺夫子者无罪，藉夫子者无禁。弦歌鼓琴，未嘗絕音，君子之无恥也若此乎？❷」

❶【疏】陳蔡之事，《外篇》已解。既遭飢餒，營無火食，藜菜之羹，不加米糝，顏色衰憊而歌樂自娛，達道聖人，不以爲事也。

【釋文】「不火食」元嘉本無火字。「不糝」素感反。「甚憊」皮拜反。

❷【疏】仕於魯而被放，游於衞而削迹，講於宋樹下而司馬桓魋欲殺夫子，憎其坐處，遂伐其樹。故欲殺夫子，當無罪咎，淩藉之者，應無禁忌。由賜未達，故發斯言。

【釋文】「伐樹於宋」孔子之宋，與弟子習禮大樹下，宋司馬桓魋欲殺孔子，伐其樹，孔子遂行。「藉」藉，毀也。又云：淩藉也。一云：蹵也。或云：係也。

【注】①趙諫議本擇作釋。

顏回无以應，入告孔子。孔子推琴喟然而歎曰：「由與賜，細人也。召而來，吾語之。」

子路子貢入。子路曰：「如此者可謂窮矣！」❶

❶【疏】喟然，嗟歎貌。由與賜，細碎之人也。命召將來，告之善道。如斯困苦，豈不窮乎！

【釋文】「喟」去愧反，又苦怪反。「語之」魚據反。

孔子曰：「是何言也！君子通於道之謂通，窮於道之謂窮。今丘抱仁義之道以遭亂世之患，其何窮之為！故內省而不窮於道，臨難而不失其德，天寒既至，霜雪①既降，吾是以知松柏之茂也②。陳蔡之隘，於丘其幸乎！」❶

❶【疏】夫歲寒別木，處窮知士，因難顯德，可謂幸矣。◎慶藩案何窮之爲，爲，猶謂也。古謂爲二字義通。《呂氏春秋·慎人篇》作何窮之謂。《呂氏春秋·精諭篇》胡爲不可，《淮南》《原道》、《道應篇》作胡謂不可。《漢書·高帝紀》酈食其爲里監門，《史記》爲作謂，皆其證。（案《左傳》一之謂甚，《韓詩外傳》王欲用何謂辭之，《新序·雜事篇》何謂至於此也，謂字並與爲同義。）

【釋文】「臨難」乃旦反。◎俞樾曰：天乃大字之誤。《國語·魯語》大寒降，韋昭注曰：謂季冬建丑之月，大寒之後也。若作天寒既至，失其義矣。《呂氏春秋·慎人篇》亦載此事，正作大寒。「之隘」音厄，又於懈反。

【校】①趙諫議本雪作露。②《闕誤》引江南《古藏》本茂也下有桓公得之莒，文公得之曹，越王得之會稽十六字。

孔子削然反琴而弦歌，子路扢然執干而舞❶。子貢曰：「吾不知天之高也，地之下也。」

❶【疏】削然，取琴聲也。扢然，奮勇貌也。既師資領悟，彼此歡娛也。

【釋文】「削然」如字。李云：反琴聲。亦作梢，音消。◎盧文弨曰：宋本梢作俏。「扢」許訖反，又巨乙反，魚乙反。李云：奮舞貌。司馬云：喜貌。「執干」干，楯也。

古之得道者，窮亦樂，通亦樂。所樂非窮通也，道德①於此，則窮通為寒暑風雨之序矣。❶故許由娛②於潁陽而共伯得乎共首③❷。

❶【疏】夫陰陽天地有四序寒溫，人處其中，何能無窮通否泰耶！故得道之人，處窮通而常樂，譬之風雨，何足介懷乎！

【釋文】「亦樂」音洛，下同。◎俞樾曰：德當作得。《呂覽・慎人篇》作道得於此，則窮達一也，為寒暑風雨之序矣。疑此文窮通下，亦當有一也二字，而今奪之。

❷【疏】共伯，名和，周王之孫也，懷道抱德，食封於共。厲王之難，天子曠絕，諸侯知共伯賢，請立爲王，共伯不聽，辭不獲免，遂即王位。一十四年，天下大旱，舍屋生火，卜曰：厲王爲祟。遂廢共伯而立宣王。共伯退歸，還食本邑，立之不喜，廢之不怨，逍遙於丘首之山。丘首山，今在河內。潁陽，地名，在襄陽，未爲定地名也。故許由娛樂於潁水，共伯得志於首山也。

【釋文】「虞於潁陽」《廣雅》云：虞，安也。安於潁陽。一本作娛④。娛，樂也。「共伯」音恭，下同。「得乎共首」司馬云：共伯名和，脩其行，好賢人，諸侯皆以為賢。周厲王之難，天子曠絕，諸侯皆請以為天子，共伯不聽，即干王位。十四年，大旱屋焚，卜於太陽，兆曰：厲王為祟。召公乃立宣王。共伯復歸於宗，逍遙得意共山之首。共丘山，今在河內共縣西。《魯連子》云：共伯後歸於國，得意共山之首。《紀年》云：共伯和即干王位。孟康注《漢書·古今人表》，以為入為三公。本或作丘首。◎盧文弨曰：案今《蜀書》作攝行天子事。◎慶藩案《路史發揮二》注引司馬云：共伯和脩行而好賢。厲王之難，天子曠絕，諸侯知共伯賢，立為天子。共伯不聽，弗獲免，遂即王位。一十四年，天下大旱，舍屋焚，卜於太陽，兆曰：厲王為祟。召公乃立宣王。共伯還歸於宗，逍遙得意於共丘山之首。與《釋文》小異。◎藩又案《釋文》引司馬云，共伯逍遙得意於共山之首，而不詳共山屬某所，疑共首即共頭也。《荀子·儒效篇》至共頭而山隧，楊倞注：共，河內縣名，共頭蓋共縣之山名。盧云：共頭即《莊子》之共首。《呂氏春秋·誠廉篇》亦作共頭。此首字亦當為頭之誤。（頭從頁，頁即首字也。古頭首字通用。）

【校】①高山寺本德作得。②《闕誤》引江南《古藏》本娱作虞。③《闕誤》引江南《古藏》本得乎共首作得志乎丘首。趙諫議本共作丘。④今本作娱。

舜以天下讓其友北人无擇，北人无擇曰：「異哉后之為人也，居於畎畝之中而遊堯之門！不若是而已，又欲以其辱行漫我。吾羞見之。」因自投清泠之淵❶。

❶【注】孔子曰：士志於仁者，有殺身以成仁，無求生以害仁。夫志尚清遐，高風邈世，與夫貪利沒命者，故有天地之降也。

【疏】北方之人，名曰無擇，舜之友人也。后，君也。壟上曰畝，下曰畎。清泠淵，在南陽西崿縣界。舜耕於歷山，長於壟畝，游堯門闕，受堯禪讓，其事迹豈不如是乎？又欲將恥辱之行汙漫於我。以此羞慙，遂投清泠也。◎俞樾曰：《廣韻・二十五德》北字注：古有北人無擇。則北人是複姓。《漢書・古今人表》作北人亡擇。

【釋文】「畎」古犬反。「畝」司馬云：壟上曰畝，壟中曰畎。◎盧文弨曰：畝字俗，《說文》作晦，亦作畞為正。「辱行」下孟反。下章同。「漫我」武諫反，徐武畔反。下章同，「清泠」音零。「之淵」《山海經》云：在江南。一云：在南陽郡西崿山下。

湯將伐桀，因卞隨而謀，卞隨曰：「非吾事也。」湯曰：「孰可？」曰：「吾不知也。」湯又因瞀①光而謀，瞀光曰：「非吾事也。」

【校】①趙諫議本作務，下同。

湯曰：「孰可？」曰：「吾不知也。」湯曰：「伊尹何如？」曰：「強力忍垢，吾不知其他也。」❶

❶【疏】姓卞，名隨，姓務，名光，並懷道之人，隱者也。湯知其賢，因之謀議。既非隱者之務，故答以不知。姓伊，名尹，字贄，佐世之賢人也。忍，耐也。垢，恥辱也。既欲阻兵，應須強

力之士；方將弑主，亦藉耐羞之人；他外之能，吾不知也。

【釋文】「瞀光」音務，又莫豆反。本或作務。「強力」李云：阻兵須力。◎盧文弨曰：舊阻譌徂，今改正。「忍垢」司馬云：垢，辱也。李云：弑君須忍垢也。

湯遂與伊尹謀伐桀，剋之，以讓卞隨。卞隨辭曰：「后之伐桀也謀乎我，必以我為賊也；勝桀而讓我，必〔以〕①我為貪也。吾生乎亂世，而无道之人再來漫我以其辱行，吾不忍數聞也。」乃自投（稠）〔椆〕②水而死。❶

❶【疏】漫，汙也。稠水，在潁川郡界。字又作椆。

【釋文】「數聞」音朔。「（稠）〔椆〕水」直留反。本又作桐水。徐音同，又徒董反，又音封。本又作稠。司馬本作洞，云：洞水在潁川。一云：在范陽郡界。

【校】①以字依世德堂本補。②椆字依世德堂本及《釋文》原本改。下《釋文》同。

湯又讓瞀光曰：「知者謀之，武者遂之，仁者居之，古之道也。吾子胡不立乎？」

瞀光辭曰：「廢上，非義也；殺民，非仁也；人犯其難，我享其利，非廉也❶。吾聞之曰，非其義者，不受其祿，无道之世，不踐其土。況尊我乎！吾不忍久見也。」乃負石而自沈於廬水❷。

❶【疏】享，受也。廢上，謂放桀也。殺民，謂征戰也。〔人〕①犯其難，謂遭誅戮也。我享其

利，謂受祿也。

【釋文】「知者」音智。「其難」乃旦反。

❷【注】舊說曰：如卞隨務光者，其視天下也若六合之外，人所不能察也。斯則謬矣。夫輕天下者，不得有所重也，苟無所重，則無死地矣。以天下為六合之外，故當付之堯舜湯武耳。淡然無係，故（汎）〔汎〕②然從眾，得失無槩於懷，何自投之為哉！若二子者，可以為殉名慕高矣，未可謂外天下也③。

【疏】盧水，在遼西北平郡界也。

【釋文】「盧水」音閭。司馬本作盧水，在遼東西界。一云在北平郡界。「淡然」徒暫反。「无槩」古代反。

【校】①人字依正文補。②汎字依世德堂本改。③趙諫議本無也字。

昔周之興，有士二人處於孤竹，曰伯夷叔齊。二人相謂曰：「吾聞西方有人，似有道者，試往觀焉❶。」至於岐陽，武王聞之，使叔旦往見之，與①盟曰：「加富二等，就官一列。」血牲而埋之❷。

❶【疏】孤竹，國名，在遼西。伯夷叔齊，兄弟讓位，聞文王有道，故往觀之。夷齊事迹，《外篇》已解矣。

【釋文】「孤竹」司馬云：孤竹國，在遼東令支縣界。伯夷叔齊，其君之二子也。令，音郎定反。

支，音巨移反。

❷【疏】岐陽是岐山之陽，文王所都之地，今扶風是也。周公名旦，是武王之弟，故曰叔旦也。其時文王已崩，武王登極，將欲伐紂，招慰賢良，故令周公與其盟誓，加祿二級，授官一列，仍牲血釁其盟書，埋之壇下也。

【釋文】「血牲」一本作殺牲。司馬本作血之以牲。

【校】①世德堂本與下有之字。

二人相視而笑曰：「嘻，異哉！此非吾所謂道也。昔者神農之有天下也，時祀盡敬而不祈喜①；其於人也，忠信盡治而无求焉❶。樂與政為政，樂與治為治，不以人之壞自成也，不以人之卑自高也，不以遭時自利也❷。今周見殷之亂而遽為政，上謀而下②行貨，阻兵而保威，割牲而盟以為信，揚行以說眾，殺伐以要利，是推亂以易暴也❸。吾聞古之士，遭治世不避其任，遇亂世不為苟存。今天下闇，（周）〔殷〕③德衰，其並乎周以塗吾身也，不如避之以絜吾行。」二子北至於首陽之山，遂餓而死焉。若伯夷叔齊者，其於富貴也，苟可得已，則必不賴。高節戾行，獨樂其志，不事於世，此二士之節也。❹

❶【疏】祈，求也。喜，福也。神農之世，淳樸未殘，四時祭祀，盡於恭敬，其百姓忠誠信實，緝理而已，無所求焉。

【釋文】「嘻」許其反，一音於其反。「祈喜」如字。徐許記反。◎俞樾曰：喜當作禧。《爾雅・釋詁》：禧，福也。不祈禧者，不祈福也。《呂氏春秋・誠廉篇》作時祀盡敬而不祈福也，與此字異義同。「盡治」直吏反。

❷【疏】爲政順事，百姓緝理，從於物情，終不幸人之災以爲己福，願人之險以爲己利也。

❸【疏】遽，速也。速爲治政，彰紂之虐，謀謨行貨以保兵威，顯物行說以化黎庶，可謂推周之亂以易殷之暴也。◎王念孫曰：上謀而下行貨，下字後人所加也。上與尚同。上謀而行貨，阻兵而保威，句法正相對。後人誤讀上爲上下之上，故加下字耳。《呂氏春秋・誠廉篇》正作上謀而行貨，阻兵而保威。

【釋文】「揚行」下孟反。下吾行、戾行同。「以說」音悅。「以要」一遙反。

❹【注】《論語》曰：伯夷叔齊餓于首陽之下，不言其死也。而此云死焉，亦欲明其守餓以終，未必餓死也。此篇大意，以起高讓遠退之風。故被其風者，雖貪冒之人，乘天衢，入紫庭，猶時慨然中路而歎，況其凡乎！故夷許之徒，足以當稷契，對伊呂矣。夫居山谷而弘天下者，雖不俱爲聖佐，不猶高於蒙埃塵者乎！其事雖難爲，然其風少弊，故可遺也。曰：夷許之弊安在？曰：許由之弊，使人飾讓以求進，遂至乎之噲也；伯夷之風，使暴虐之君得肆其毒而莫之敢亢也；伊呂之弊，使天下貪冒之雄敢行篡逆；唯聖人無迹，故無弊也。若以伊呂爲聖人之迹，則伯夷叔齊亦聖人之迹也；若以伯夷叔齊非聖人之迹邪？則伊呂之事亦非聖〔人〕④矣。夫聖人因物之自行，故無迹。然則所謂聖者，我本無迹，故物得其迹，迹得而強名聖，則聖者乃無迹之名也。

【疏】塗，汙也。若與周並存，恐汙吾行，不如逃避，餓死於首山。首山在蒲州城南近河是也。

【釋文】「故被」皮義反。「貪冒」亡北反，或亡報反。下同。「稷契」息列反。「之噲」音快。「篡」初患反。唐云：或曰：《讓王》之篇，其章多重生，而務光二三子自投於水，何也？答曰：《莊書》之興，存乎反本，反本之由，先於去榮；是以明《讓王》之一篇，標傲世之逸志，旨在不降以厲俗，無厚身以全生。所以時有重生之辭者，亦歸棄榮之意耳，深於塵務之為弊也。其次者，雖復被褐啜粥，保身而已。其全道尚高而超俗自逸，寧投身於清泠，終不屈於世累也。此舊集音有，聊復錄之，於義無當也。

【校】①高山寺本作熹。②高山寺本無下字。③殷字依高山寺本及《闕誤》引江南《古藏》本李氏本改。④人字依趙諫議本補。

雜篇　盜跖第二十九❶

❶【釋文】以人名篇。

孔子與柳下季為友，柳下季之弟，名曰盜跖。盜跖從卒九千人，橫行天下，侵暴諸侯，穴室樞①戶，驅人牛馬，取人婦女，貪得忘親，不顧父母兄弟，不祭先

祖。所過之邑，大國守城，小國入保，萬民苦之。❶

❶【疏】姓展，名禽，字季，食采柳下，故謂之柳下季。亦言居柳樹之下，故以爲號。展禽是魯莊公時，孔子相去百餘歲，而言友者，葢寓言也。跖者，禽之弟名也，常爲巨盜，故名盜跖。穿穴屋室，解脫門樞，而取人牛馬也。亦有作空字、驅字者。保，小城也。爲害既巨，故百姓困之。

【釋文】「孔子與柳子季為友」柳下惠姓展，名獲，字季禽。一云：子子禽，居柳下而施德惠。一云：惠，謚也。一云：柳下，邑名。案《左傳》云，展禽是魯僖公時人，至孔子生八十餘年，若至子路之死百五六十歲，不得為友，是寄言也。「盜跖」之石反。李奇注《漢書》云：跖，秦之大盜也。◎俞樾曰：《史記·伯夷傳正義》又云，蹠者，黄帝時大盜之名。是跖之為何時人，竟無定說。孔子與柳下惠不同時，柳下惠與盜跖亦不同時，讀者勿以寓言為實也。「從」才用反。「卒」尊忽反。下同。「樞戶」尺朱反，徐苦溝反。司馬云：破人戶樞而取物也。「入保」鄭注《禮記》曰：小城曰保。

【校】①《闕誤》引劉得一本樞作摳。

孔子謂柳下季曰：「夫為人父者，必能詔其子；為人兄者，必能教其弟。若父不能詔其子，兄不能教其弟，則无貴父子兄弟之親矣。今先生，世之才士也，弟為盜跖，為天下害，而弗能教也，丘竊為先生羞之。丘請為先生往說之。」

柳下季曰：「先生言為人父者必能詔其子，為人兄者必能教其弟，若子不聽父之詔，弟不受兄之教，雖今先生之辯，將奈之何哉！且跖之為人也，心如涌泉，意如飄風，強足以距①敵，辯足以飾非，順其心則喜，逆其心則怒，易辱人以言。先生必无往。」

孔子不聽，顏回為馭，子貢為右，往見盜跖。盜跖乃方休卒徒②大③山之陽，膾人肝而餔之❶。孔子下車而前，見謁者曰：「魯人孔丘，聞將軍高義，敬再拜謁者。」

❶【疏】餔，食也。子貢驂乘，在車之右也。

【釋文】「能詔」如字，教也。「竊為」于偽反。下請為、為我、竊為、使為皆同。「說之」始銳反。「飄風」婢遙反，徐扶遙反。「易辱」以豉反。「大山」音太。「膾」古外反。「餔」布吳反，徐甫吳反。《字林》云：日申時食也。

【校】①世德堂本距作拒。②《闕誤》引江南《古藏》本徒下有於字。③趙諫議本大作太，《闕誤》同。

謁者入通，盜跖聞之大怒，目如明星，髮上指冠，曰：「此夫魯國之巧偽人孔丘非邪？為我告之：『爾作言造語，妄稱文武❶，冠枝木之冠，帶死牛之脅❷，多辭繆說？不耕而食，不織而衣，搖脣鼓舌，擅生是非，以迷天下之主，使天下學士不反其本，妄作孝弟①而徼倖於封侯富貴者也❸。子之罪大極重，疾走歸！不然，我將以子肝益晝餔②之膳！』」

❶【疏】言孔子憲章文武，祖述堯舜，刊定禮樂，遺迹將來也。

【釋文】「髮上」時掌反。「此夫」音符，又如字。

❷【疏】脅，肋也。言尼父所戴冕，浮華雕飾，華葉繁茂，有類樹枝。又將牛皮用爲革帶，既闊且堅，又如牛肋也。

【釋文】「冠」古亂反。「枝木之冠」如字。司馬云：冠多華飾，如木之枝繁。「帶死牛之脅」許劫反。司馬云：取牛皮為大革帶。

❸【疏】僥倖，冀望也。夫作孝弟，序人倫，意在乎富貴封侯者也。故歷聘不已，接輿有鳳兮之譏；棄本滯迹，師金致芻狗之誚也。

【釋文】「繆說」音謬。「孝弟」音悌。本亦作悌。「而僥」古堯反。◎俞樾曰：極當作殛。《爾雅·釋言》：殛，誅也。言罪大而誅重也。極殛古字通。《書·洪範篇》鯀則殛死，《多士篇》大罰殛之，僖二十八年《左傳》明神殛之，昭七年《傳》昔堯殛鯀於羽山，《釋文》並曰：殛，本作極。

【校】①趙諫議本弟作悌。②趙本餔作脯。

孔子復通曰：「丘得幸①於季，願望履幕下❶。」

❶【疏】言丘幸其得與賢兄朋友，不敢正覩儀容，願履帳幕之下。亦有作綦字者。綦，履迹也。願履綦迹，猶看足下。

【釋文】「復通」扶又反，下同。「願望履幕下」司馬本幕作綦，云：言視不敢望跖面，望履結而還也。

【校】①趙諫議本幸下有然字。

謁者復通，盜跖曰：「使來前！」孔子趨而進，避席反走，再拜盜跖。盜跖大怒，兩展其足，案劍瞋目，聲如乳虎，曰：「丘來前！若所言，順吾意則生，逆吾心則死。」❶

❶【疏】趨，疾行也。反走，卻退。兩展其足，伸兩腳也。

【釋文】「反走」小卻行也。◎慶藩案《文選》謝靈運《〔從〕斤〔行〕〔竹〕澗越嶺溪行注》引司馬云：展，申也。《釋文》闕。「瞋」赤真反，徐赤夷反。《廣雅》云：張也。「如乳」如樹反。

孔子曰：「丘聞之，凡天下①有三德：生而長大，美好无雙，少長貴賤見而皆說之，此上德也；知維天地，能辯諸物，此中德也；勇悍果敢，聚眾率兵，此下德也。凡人有此一德者，足以南面稱孤矣。今將軍兼此三者，身長八尺二寸，面目有光，脣如激丹，齒如齊貝，音中黃鍾，而名曰盜跖，丘竊為將軍恥不取焉❶。將軍有意聽臣，臣請南使吳越，北使齊魯，東使宋衞，西使晉楚，使為將軍造大城數百里，立數十萬戶之邑，尊將軍為諸侯，與天下更始，罷兵休卒，收養昆弟，共祭先祖。此聖人才士之行，而天下之願也。」

❶【疏】激，明也。貝，珠也。黃鍾，六律聲也。

【釋文】「少長」詩召反，下丁丈反。「皆說」音悅。下同。「知維」音智。「勇悍」戶旦反。「激丹」古歷反。司馬云：明也。「齊貝」一本作含貝。「音中」丁仲反。「南使」所吏反。下三字同。「數百」所主反。下同。「罷兵」如字。徐扶彼反。「共祭」音恭。「之行」下孟反。下同。

【校】①張君房本有人字。

盜跖大怒曰：「丘來前！夫可規以利而可諫以言者，皆愚陋恆民之謂耳。今長大美好，人見而悅之者，此吾父母之遺德也。丘雖不吾譽，吾獨不自知邪？且吾聞之，好面譽人者，亦好背而毀之。今丘告我以大城眾民，是欲規我以利而恆民畜我也，安可久長也❶！城之大者，莫大乎天下矣。堯舜有天下，子孫无置錐之地❷；湯武立為天子，而後世絕滅；非以其利大故邪❸？

❶【疏】言大城眾民，不可長久也。

【釋文】「恆民」一本作順民。後亦爾。「吾譽」音餘。下同。「好面」呼報反。下同。「背」音佩。下同。

❷【疏】堯讓舜，不授丹朱，舜讓禹而商均不嗣，故無置錐之地也。

❸【疏】殷湯周武，總統萬機，後世子孫，咸遭篡弒，豈非四海利重所以致之！

且吾聞之，古者禽獸多而人少，於是民皆巢居以避之，晝拾橡栗，暮栖木上，故命之曰有巢氏之民。古者民不知衣服，夏多積薪，冬則煬之，故命之曰知生之民。神農之世，臥則居居，起則于于❶，民知其母，不知其父，與麋鹿共處，耕而食，織而衣，无有相害之心，此至德之隆也。然而黃帝不能致德，與蚩尤戰於涿鹿之野，流血百里❷。堯舜作，立羣臣❸，湯放其主❹，武王殺紂❺。自是之後，以強陵弱，以眾暴寡。湯武以來，皆亂人之徒也❻。

❶【疏】居居，安靜之容。于于，自得之貌。

【釋文】「橡」音象。「煬」羊亮反。◎慶藩案于于，廣大之意也。《方言》：于，大也。《禮・文王世子》于其身以善其君，鄭注曰：于讀為迂。迂，猶廣也，大也。《檀弓》于則于，《正義》亦訓于為廣大。于于，重言也。

❷【疏】至，致也。蚩尤，諸侯也。涿鹿，地名，今幽州涿郡是也。蚩尤造五兵，與黃帝戰，故流血百里也。

【釋文】「蚩尤」神農時諸侯，始造兵者也。神農之後，第八帝曰榆罔。世蚩尤氏強，與榆罔爭王，逐榆罔。榆罔與黃帝合謀，擊殺蚩尤。《漢書音義》云：蚩尤，古之天子。一曰庶人貪者。「涿鹿」音卓。本又作濁。司馬云：涿鹿，地名，故城今在上谷郡西南八十里。

❸【疏】置百官也。

❹【疏】放桀於南巢也。

❺【疏】朝歌之戰。

【釋文】「武王殺」音試。下同。

❻【疏】征伐篡弑，湯武最甚。

今子脩文武之道，掌天下之辯，以教後世❶，縫衣淺帶，矯言偽行，以迷惑天下之主，而欲求富貴焉，盜莫大於子。天下何故不謂子為盜丘，而乃謂我為盜跖？❷

❶【疏】孔子憲章文武，辯說仁義，爲後世之教也。

❷【疏】制縫掖之衣，淺薄之帶，矯飾言行，誑惑諸侯，其爲賊害，甚爲盜跖。

【釋文】「摓衣」本又作縫，扶恭反，徐扶公反，又音馮。◎盧文弨曰：今書作縫衣。◎慶藩案摓衣淺帶，向秀注曰：儒服寬而長大。（見《列子・黃帝篇》注。）《釋文》摓，又作縫。縫衣，大衣也。或作逢，《書・洪範》子孫其逢吉，馬注曰：逢，大也。《禮・儒行》逢掖之衣，鄭注：逢，猶大也。《荀子・非十二子篇》其衣逢，《儒效篇》逢衣淺帶，楊注並曰：逢，大也。亦省作綘，《墨子・公孟篇》：綘衣博袍。綘博，皆大也。（《集韻》：縫，或省作綘。《漢丹陽太守郭旻碑》彌綘袞口，綘即縫字。）「淺帶」縫帶使淺狹。「矯言」紀表反。

子以甘辭說子路而使從之，使子路去其危冠，解其長劍，而受教於子，天下皆曰孔丘能止暴禁非❶。其卒之也，子路欲殺衛君而事不成，身菹於衛東門之上，是子教之不至也❷。

❶【疏】高危之冠，長大之劍，勇者之服也。既伏膺孔氏，故解去之。

【釋文】「說子路」始銳反，又如字。「去其」起呂反。「危冠」李云：危，高也。子路好勇，冠似雄雞形，背負豭（牛）〔斗〕①，用表己強也。◎盧文弨曰：今書音義作豭斗，案《史記》作佩豭豚。

❷【疏】仲由疾惡情深，殺衞君蒯聵，事既不逮，身遭菹醢，盜跖故以此相譏也。

【釋文】「其卒」子恤反。「身菹」莊居反。

【校】①斗字依世德堂本及《釋文考證》改。

子自謂才士聖人邪？則再逐於魯，削跡於衞，窮於齊，圍於陳蔡，不容身於天下。子教子路菹此患，上无以為身，下无以為人，子之道豈足貴邪？世之所高，莫若黃帝，黃帝尚不能全德，而戰涿鹿之野，流血百里。堯不慈❶，舜不孝❷，禹偏枯❸，湯放其主，武王伐紂，文王拘羑里❹。此六①子者，世之所高也，孰論之，皆以利惑其真而強反其情性，其行乃甚可羞也❺。

❶【疏】謂不與丹朱天下。

【釋文】「以為」于偽反，下同。「堯不慈」不授子也。

❷【疏】為父所疾也。

❸【疏】治水勤勞，風櫛雨沐，致偏枯之疾，半身不遂也。

❹【疏】羑里，殷獄名。文王遭紂之難，戹於囹圄，凡經七年，方得免脫。

【釋文】「文王拘羑里」紂之二十年，囚文王。

❺【疏】六子者，謂黃帝堯舜禹湯文王也。皆以利於萬乘，是以迷於真道而不反於自然，故可恥也。

【釋文】「而強」其丈反。「可羞」如字。本又作惡，烏路反。

【校】①《闕誤》引江南《古藏》本六作七。

世之所謂賢士，伯夷叔齊。伯夷叔齊①辭孤竹之君而餓死於首陽之山，骨肉不葬。鮑焦飾行非世，抱木而死。❶申徒狄諫而不聽，負石自投於河，為魚鱉所食❷。介子推至忠也，自割其股以食文公，文公後背之，子推怒而去，抱木而燔死❸。尾生與女子期於梁下，女子不來，水至不去，抱梁柱而死。此六②子者，无異於磔犬流豕操瓢而乞者，皆離③名輕死，不念本養壽命者也❹。

❶【疏】二人窮死首山，復無子胤收葬也。姓鮑，名焦，周時隱者也。飾行非世，廉潔自守，荷擔採樵，拾橡充食，故無子胤，不臣天子，不友諸侯。子貢遇之，謂之曰：「吾聞非其政者不履其地，汙其君者不受其利。今子履其地，食其利，其可乎？」鮑焦曰：「吾聞廉士重進而輕退，賢人易愧而輕死。」遂抱木立枯焉。

❷【疏】申徒自沈，前篇已釋。諫而不聽，未詳所據。崔嘉雖解，無的諫辭。

【釋文】「負石自投於河」申徒狄將投於河，崔嘉止之曰：「吾聞聖人仁士民父母，若濡足故，不救溺人，可乎？」申徒狄曰：「不然。昔桀殺龍逢，紂殺比干，而亡天下；吳殺子胥，陳殺泄治，而滅其國。非聖人不仁，不用故也。」遂沈河而死。

❸【疏】晉文公重耳也，遭驪姬之難，出奔他國，在路困乏，推割股肉以飴之。公後還三日，封於從者，遂忘子推。子推作《龍蛇之歌》，書其營門，怒而逃。公後慙謝，追子推於介山。子推隱避，公因放火燒山，庶其走出。火至，子推遂抱樹而焚死焉。

【釋文】「以食」音嗣。「燔死」音煩，燒也。◎慶藩案《左傳》：介之推不言祿，祿亦弗及。又曰：晉侯求之不得，以綿上為之田，曰：「以志吾過，且旌善人。」《呂覽》曰：介推負釜蓋簦，終身不見。《史記》曰：使人召之則亡。聞其入綿上山中，於是環綿上之山中而封之，以為介推田，號曰介山。偏查經傳，并無介推燔死之事。自屈子為立枯之說，（《楚辭・九章惜往日》：介子推而立枯兮。）莊生有燔死之文，（《容齋三筆》云始自《新序》，非也。）而東方朔《七諫》、《漢書・丙吉傳》皆承其誤。今當以《左傳》《呂覽》正之。

❹【疏】六子者，謂伯夷叔齊鮑焦申徒介推尾生。言此六人，不合玄道，矯情飾行，苟異俗中，用此聲名，傳之後世。亦何異乎張磔死狗，流在水中，貧病之人，操瓢乞告！此閒人物，不許見聞，六子之行，事同於此，皆爲重名輕死，不念歸本養生，壽盡天命者也。豕字有作死字者，乞字有作走字者，隨字讀之。豕，豬也。

【釋文】「尾生」一本作微生。《戰國策》作尾生高，高誘以為魯人。「磔」竹客反。《廣雅》云：張也。「操」七曹反。「瓢」婢遙反。「而乞者」李云：言上四人不得其死，猶豬狗乞兒流轉溝中者也。乞，或作走。「離名」力智反。「念本」本，或作卒。

【校】①世德堂本伯夷叔齊四字不重。②《闕誤》六作四，引江南《古藏》本云：四作六。③《闕誤》引張君房本離作利。

世之所謂忠臣者，莫若王子比干伍子胥。子胥沈江，比干剖心，此二子者，世謂忠臣也，然卒為天下笑。❶自上觀之，至于子胥比干，皆不足貴也。

❶【疏】爲達道者之所嗤也。

【釋文】「剖心」普口反。

丘之所以說我者，若告我以鬼事，則我不能知也；若告我以人事者，不過此矣，皆吾所聞知也。

今吾告子以人之情，目欲視色，耳欲聽聲，口欲察味，志氣欲盈❶。人上壽百歲，中壽八十，下壽六十，除病瘦死喪憂患，其中開口而笑者，一月之中不過四五日而已矣。天與地无窮，人死者有時，操有時之具而託於无窮之閒，忽然无異騏驥之馳過隙也❷。不能說其志意，養其壽命者，皆非通道者也。

丘之所言，皆吾之所棄也，亟去走歸，无復言之！子之道，狂狂汲汲①，詐巧虛偽事也，非可以全真也，奚足論哉❸！」

❶【疏】夫目視耳聽，口察志盈，率性而動，稟之造物，豈矯情而爲之哉？分內爲之，道在其中矣。

【釋文】「以說」如字，又始銳反。

❷【疏】夫天長地久，窮境稍賒，人之死生，時限迫促。以有限之身，寄無窮之境，何異乎騏驥馳走過隙穴也！

【釋文】「上壽」音受，又如字。下同。「瘦」色又反。◎王念孫曰：《釋文》，瘦，色又反。案瘦當為瘐，字之誤也。瘐，亦病也。病瘐為一類，死喪為一類，憂患為一類。瘐字本作瘉。《爾雅》曰：瘉，病也。《小雅・正月篇》胡俾我瘉，《毛傳》與《爾雅》同。《漢書・宣帝紀》今繫者或以掠辜若飢寒瘐死獄中，蘇林曰：瘐，病也，囚徒病，律名為瘐。師古曰：瘐，音庾，字或作瘉。《王子侯表》曰：富侯龍下獄（庾）〔瘐〕②死。

❷【疏】亟，急也。狂狂，失性也。伋伋，不足也。夫聖迹之道，仁義之行，譬彼蘧廬，方茲芻狗，執而不遣，惟增其弊。狂狂失真，伋伋不足，虛僞之事，何足論哉！

【釋文】「能說」音悅。「亟去」紀力反，急也。本或作極。「无復」扶又反。「狂狂」如字，又九況反。「汲汲」本亦作伋，音急，又音及。「詐巧」苦孝反，又如字。

【校】①趙諫議本作伋伋。②瘐字依《漢書》改。

孔子再拜趨，出門上車，執轡三失，目芒然无見，色若死灰，據軾低頭，不能出氣。歸到魯東門外，適遇柳下季。柳下季曰：「今者闕然數日不見，車馬有行色，得微往見跖邪？」❶

❶【疏】軾，車前橫木，憑之而坐者也。盜跖英雄，盛談物理，孔子慴懼，遂至於斯。微，無也。

【釋文】「上車」時掌反。「三失」息暫反，又如字。「芒然」莫剛反。「有行」如字。

孔子仰天而歎曰：「然❶。」

❶【疏】然，如此也。

柳下季曰：「跖得无逆汝意若前乎？」孔子曰：「然❶。丘所謂无病而自灸也，疾走料虎頭，編虎須，幾不免虎口哉❷！」

❶【疏】若前乎者，則是篇首柳下云：「逆其心則怒，無乃逆汝意如我前言乎？」孔子答云：「實如所言也。」

❷【注】此篇寄明因眾之所欲亡而亡之，雖王紂可去也；不因眾而獨用己，雖盜跖不可御也。

【疏】幾，近也。夫料觸虎頭而編虎須者，近遭於虎食之也，今仲尼往說盜跖，履其危險，不異於斯也。而言此章大意，排擯聖迹，嗤鄙名利，是以排聖迹則訶責堯舜，鄙名利則輕忽夷齊，故寄孔跖以摸之意也。即郭注意，失之遠矣。

【釋文】「自灸」久又反。「疾走料」音聊。「扁虎」音鞭，又蒲顯反，徐扶顯反。本或作編，音同。「頷」一本作料頭編虎須。◎盧文弨曰：今書作編虎須。舊亦作須，今從宋本作頷。「幾不」音祈。

「可去」起呂反。

子張問於滿苟得曰：「盍不為行❶？无行則不信，不信則不任，不任則不利。故觀之名，計之利，而義真是也。❷若棄名利，反之於心，則夫士之為行，不可一日不為乎❸！」

❶【疏】子張，孔子弟子也，姓顓孫，名師，字子張，行聖迹之人也。姓滿，名苟得，假託爲姓名，曰苟且貪得以滿其心，求利之人也。盍，何不也。何不爲仁義之行乎？勸其捨求名利也。

【釋文】「滿苟得」人姓名。「盍」胡臘反。「為行」下孟反。下、注同。盍，何不也。勸何不為德行。

❷【疏】若不行仁義之行則不被信用，不被信用則無職任，無職任則無利祿。故有行則有名，有名則有利，觀察計當，仁義真是好事，宜行之也。

❸【疏】反，乖逆也。若棄名利，則乖逆我心，故士之立身，不可一日不行仁義。

滿苟得曰：「无恥者富，多信者顯。夫名利之大者，幾在无恥而信。故觀之名，計之利，而信真是也。❶若棄名利，反之於心，則夫士之為行，抱其天乎❷！」

❶【疏】多信，猶多言也。夫識廉知讓則貧，無恥貪殘則富；謙柔靜退則沈，多言夸伐則顯。故觀名計利，而莫先於多言，多言則是名利之本也。

❷【疏】抱，守也。天，自然也。夫脩道之士，立身爲行，棄擲名利，乃乖俗心，抱守天真，翻合虛玄之道也。

子張曰：「昔者桀紂貴為天子，富有天下，今謂臧聚曰，汝行如桀紂，則有怍色①，有不服之心者，小人所賤也。仲尼墨翟，窮為匹夫，今謂宰相曰，子行如仲尼墨翟，則變容易色稱不足者，士誠貴也。❶故勢為天子，未必貴也；窮為匹夫，未必賤也；貴賤之分，在行之美惡❷。」

❶【疏】桀紂孔墨，並釋於前。臧，謂臧獲也。聚，謂擊竊，即盜賊小人也。以臧獲比（夫）〔天〕子，則慚怍而不服；以宰相比匹夫，則變容而歡慰；故知所貴在行，不在乎位。

【釋文】「臧聚」司馬云：謂臧獲盜濫竊聚之人。「有怍」音昨。「宰相」息亮反。下相而同。

❷【疏】此復釋前義也。

【校】①高山寺本作則作色，《闕誤》引張君房本作則有作色。

滿苟得曰：「小盜者拘，大盜者為諸侯，諸侯之門，義士存焉。昔者桓公小白殺兄入嫂而管仲為臣，田成子常殺君竊國而孔子受幣。論則賤之，行則下之，則是言行之情悖戰於胸中也，不亦拂乎！❶故《書》曰：『孰惡孰美？成者為首，不成者為尾。』❷」

❶【疏】悖，逆也。拂，戾也。齊桓公名小白，殺其兄子糾，納其嫂焉。管仲賢人，臣而輔之，

卒能九合諸侯，一匡天下。田成子常殺齊簡公，孔子沐浴而朝，受其幣帛。夫殺兄入嫂，弑君竊國，人倫之惡莫甚於斯，而夷吾爲臣，尼父受幣。言議則以爲鄙賤，情行則下而事之，豈非戰爭於心胸，言行相反戾耶？

【釋文】「入嫂」先早反。司馬云：以嫂為室家。「為臣」臣，或作相。「殺君」申志反。「論則」力頓反。「悖戰」布內反。「亦拂」扶弗反。

❷【疏】成者爲首，君而事之；不成者爲尾，非而毀之。以此而言，只論成與不成，豈關行（以）〔與〕無行，故不知美惡的在誰也。所引之書，並遭燒滅，今並無本也。

子張曰：「子不為行，即將疏戚无倫，貴賤无義，長幼无序；五紀六位，將何以為別乎❶？」

❶【疏】戚，親也。倫，理也。五紀，祖父也，身子孫也，亦言金木水火土五行也，仁義禮智信五德也。六位，君臣父子夫婦也，亦言父母兄弟夫妻。子張云：「若不行仁義之行，則親疏無理，貴賤無義，長幼無次敍，五紀六位無可分別也。」

【釋文】「長幼」丁丈反。「五紀」司馬云：歲、日、月、星辰、曆數。「六位」君、臣、父、子、夫、婦。◎俞樾曰：五紀，司馬云歲日月星辰曆數，然與疏戚貴賤長幼之義不相應，殆非也。今案五紀即五倫也，六位即六紀也。《白虎通・三綱六紀篇》曰：六紀者，謂諸父、兄弟、族人、諸舅、師長、朋友也。此皆所以為疏戚貴賤長幼之別。不曰五倫而曰五紀，不曰六紀而曰六位，古人之語異耳。《家語・入官篇》羣僕之倫也，王肅注曰：倫，紀也。然則倫紀得通稱矣。「為別」彼列反。下同。

滿苟得曰：「堯殺長子，舜流母弟，疏戚有倫乎❶？湯放桀，武王殺紂，貴賤有義乎❷？王季為適，周公殺兄，長幼有序乎❶？儒者偽辭，墨者兼愛，五紀六位將有別乎❹？

❶【疏】堯廢長子丹朱，不與天位，（又）〔故〕①言殺也。舜封同母弟象於有庳之國，令天下吏治其國，收納貢稅，故言流放也。廢子流弟，何有親疏之理乎？

【釋文】「堯殺長子」崔云：堯殺長子考監明。「舜流母弟」弟，謂象也。流，放也。《孟子》云：舜封象於有庳，不得有為於其國，天子使吏治其國，而（封）納〔其〕②貢稅焉。故謂之放也。

❷【疏】殷湯放夏桀於南巢，周武殺殷紂於汲郡，君臣貴賤，其義安在？

❸【疏】王季，周大王之庶子季歷，即文王之父也。太伯仲雍讓位不立，故以小兒季歷爲適。管蔡，周公之兄，泣而誅之，故云殺（之）〔兄〕③。廢適立庶，弟殺其兄，尊卑長幼，有次序乎？

【釋文】「為適」丁歷反。

❹【疏】夫儒者多言，強爲名位；墨者兼愛，周普無私；五紀六位，有何分別？

【校】①故字依下文改。②納其依《孟子》及世德堂本改。③兄字依正文改。

且子正為名，我正為利。名利之實，不順於理，不監於道。❶吾日①與子訟於无約曰：『小人殉財，君子殉名。其所以變其情，易其性，則異矣；乃至於棄其所為而殉其所不為，則一也。❷』故曰，无為小人，反殉而天；无為君子，從天之理❸。若枉若直，相而天極；面觀四方，與時消息❹。若是若非，執而圓機；獨成而意，與道徘徊❺。无轉而行，无成而義，將失而所為❻。无赴而富，无殉而成，將棄而天❼。

❶【疏】監，明也，見也。子張心之所爲，正在於名；苟得心之所爲，正在於利。且名利二途，皆非真實，既乖至理，豈明見於玄道！

【釋文】「且子正為名」假設之辭也。為，音于偽反。下為利同。「不監」本亦作鑑，同。

❷【疏】訟，謂論說也。約，謂契誓也。棄其所爲，捨己；殉其所不爲，逐物也。夫殉利謂之小人，殉名謂之君子，名利不同，所殉一也。子張苟得，皆共談玄言於無爲之理，敦於莫逆之契也。

【釋文】「吾日」人實反。「无約」如字。徐於妙反。

❸【疏】而，爾也。既不逐利，又不殉名，故能率性歸根，合於自然之道也。

❹【疏】相，助也。無問枉直，順自然之道，觀照四方，隨四時而消息。

❺【疏】徘徊，猶轉變意也。圓機，猶環中也。執於環中之道以應是非，用於獨化之心以成其意，故能冥其虛通之理，轉變無窮者也。

❻【疏】所爲，真性也。無轉汝志，爲聖迹之行；無成爾心，學仁義之道；捨己效他，將喪爾真性也。◎王念孫曰：無轉而行，轉讀爲專。《山木篇》云，一龍一蛇，與時俱化，而無肯專爲。即此所謂無專而行也。此承上文與時消息，與道徘徊而言，言當隨時順道而不可專行仁義。若專而

行，成而義，則將失其所爲矣。故下文云，正其言，必其行，故服其殃，離其患也。必其行，即此所謂專而行也。《秋水篇》無一而行，與道參差。一亦專也。無專而行，猶言無一而行也。專與轉，古字通。又通作摶。《史記・吳王濞傳》燕王摶胡眾入蕭關，《索隱》曰：摶，音專，謂專統領胡兵也。《漢書》摶作轉。

❼【疏】莫奔赴於富貴，無殉逐於成功。必赴必殉，則背於天然之性也。

【校】①《闕誤》引張君房本日作昔。

比干剖心，子胥抉眼，忠之禍也❶；直躬證父，尾生溺死，信之患也❷；鮑子立乾，申①子不自理，廉之害也❸；孔子不見母，匡子不見父，義之失也❹。此上世之所傳，下世之所語，以為士者正其言，必其行，故服其殃，離其患也❺。」

❶【疏】比干忠諫於紂，紂云，聞聖人之心有九竅，遂剖其心而視之。子胥忠諫夫差，夫差殺之，子胥曰：「吾死後，抉眼縣於吳門東以觀越之滅吳也。」斯皆至忠而遭其禍也。

【釋文】「抉眼」烏穴反。

❷【疏】躬父盜羊，而子證之。尾生以女子爲期，抱梁而死。此皆守信而致其患也。

❸【疏】鮑焦廉貞，遭子貢譏之，抱樹立乾而死。申子，晉獻公太子申生也，遭麗姬之難，枉被讒謗，不自申理，自縊而死矣。

【釋文】「鮑子立乾」司馬云：鮑子，名焦，周末人，汙時君不仕，採蔬而食。子貢見之，謂曰：

「何為不仕食祿?」答曰:「無可仕者。」子貢曰:「汙時君不食其祿,惡其政不踐其土。今子惡其君,處其土,食其蔬,何志行之相違乎?」鮑焦遂棄其蔬而餓死。《韓詩外傳》同。又云:槁洛水之上也。「勝子②自理」一本理作俚。本又作申子自埋。或云:謂申徒狄抱甕之河也。一本作申子不自理,謂申生也。

④【疏】孔子滯耽聖迹,歷國應聘,其母臨終,孔子不見。姓匡,名章,齊人也,諫諍其父,其父不從,被父憎嫌,遂游他邑,亦耽仁義,學讀忘歸,其父臨終而章不見。此皆滯溺仁義,有斯過矣。

【釋文】「孔子不見母」李云:未聞。「匡子不見父」司馬云:匡子,名章,齊人,諫其父,為父所逐,終身不見父。案此事見《孟子》。◎盧文弨曰:疑父母二字當互易。

⑤【注】此章言尙③行則行矯,貴士則士僞,故蔑行賤士以全其內,然後行高而士貴耳。

【疏】自比干已下,匡子已上,皆爲忠信廉貞而遭其禍,斯皆古昔相傳,下世語之也。是以忠誠之士,廉信之人,正其言以諫君,必其行以事主,莫不遭罹其患,服從其殃,爲道之人深宜戒慎也。

【釋文】「所傳」丈專反。

【校】①世德堂本申作勝,《釋文》亦作勝。②世德堂本子下有不字。③趙本尙作上。

无足問於知和曰:「人卒未有不興名就利者。彼富則人歸之,歸則下之,下則

貴之。夫見下貴者，所以長生安體樂意之道也。今子獨无意焉，知不足邪，意知而力不能行邪，故推正不忘邪？」❶

❶【疏】無足，謂貪婪之人，不止足者也。知和，謂體知中和之道，守分清廉之人也。假設二人以明貪廉之禍福也。無足云：「世人卒竟未有不興起名譽而從就利祿者。若財富則人歸湊之，歸湊則謙下而尊貴之。夫得人謙下尊貴者，則說其情，適其性，體質安而長壽矣。子獨無貪富貴之意乎？爲運知〔不〕足不求邪？爲心意能知，力不能行，故推於正理，志念不忘，以遣貪求之心而不取邪？」

【釋文】「无足」一本作無知。「則下」遐嫁反。下同。「樂意」音洛。下同。「知不」音智。下知謀同。◎慶藩案意，語詞也，讀若抑。抑意古字通。《論語・學而篇》抑與之與，《漢石經》抑作意。《墨子・明鬼篇》豈女為之與，意鮑為之與。皆其證。「故推正不忘邪」〔疏〕忘，或作妄，言君臣但推尋正道不忘，故不用富貴邪？為智力不足，故不用邪？

知和曰：「今夫此人以為與己同時而生，同鄉而處者，以為夫絕俗過世之士焉；是專无主正，所以覽古今之時，是非之分也，與俗化❶。世去至重，棄至尊，以為其所為也；此其所以論長生安體樂意之道，不亦遠乎❷！慘怛之疾，恬愉之安，不監於體；怵惕之恐，欣懽之喜，不監於心❸；知為為而不知所以為，是以貴為天子，富有天下，而不免於患也❹。」

❶【疏】此人，謂富貴之人也。俗人，謂無知，貪利情切，與貴人同時而生，共富人同鄉而住者，猶將己爲超絕流俗，過越世人；況己之自享於富貴乎！斯乃專愚之人，內心無主，不履正道，不覺古今之時代，不察是非之涯分，而與塵俗紛競，隨末而遷化者也，豈能識禍福之歸趣者哉！

【釋文】「過世之士焉」言人心易動，但人與賢人俱生，便自謂過於世人，況親自為富貴者乎！

❷【疏】至重，生也。至尊，道也。流俗之人，捐生背道，其所爲每事如斯，其於長生之道，去之遠矣。

❸【疏】慘怛，悲也。恬愉，樂也。夫悲樂喜懼者，並身外之事也，故不能監明於聖質，照入於心靈，而愚者妄爲之也。

【釋文】「慘」七感反。「怛」丹曷反。「之恐」丘勇反。

❹【疏】爲爲者，有爲也；所以爲者，無爲也。但知爲於有爲，不知爲之所以出自無爲也。如斯之人，雖貴總萬機，富贍四海，而不免於怵惕等患也。

无足曰：「夫富之於人，无所不利，窮美究埶，至人之所不得逮，賢①人之所不能及❶，俠人之勇力而以為威強，秉人之知謀以為明察，因人之德以為賢良，非享國而嚴若君父❷。且夫聲色滋味權勢之於人，心不待學而樂之，體不待象而安之❸。夫欲惡避就，固不待師，此人之性也。天下雖非我，孰能辭之！❹」

❶【疏】窮，盡也。夫能窮天下善美，盡人間威勢者，其惟富貴乎！故至德之人，賢哲之士，亦

不能遠及也。

【釋文】「窮美」窮，猶盡也。「究埶」音勢。本亦作勢。一音藝，究竟也。

❷【疏】夫富貴之人，人多依附，故勇者爲之捍，智者爲之謀，德者爲之助，雖不臨享邦國，而威嚴有同君父焉，斯皆財利致其然矣。

【釋文】「俠人」音協。

❸【疏】夫耳悅於聲，眼愛於色，口嗛於味，威權形勢以適其情者，不待教學而心悅樂，豈服法象而身安呼？蓋性之然耳。

❹【疏】夫欲之則就，惡之則避，斯乃人物之常情，不待師教而後爲之〔哉〕〔者〕，故天下雖非無足，誰獨辯辭於此事者也！

【釋文】「欲惡」烏路反。

【校】①世德堂本賢作聖。

知和曰：「知者之為，故動以百姓，不違其度，是以足而不爭，无以為故不求❶。不足故求之，爭四處而不自以為貪；有餘故辭之，棄天下而不自以為廉❷。廉貪之實，非以迫外也，反監之度❸。勢為天子而不以貴驕人，富有天下而不以財戲人。計其患，慮其反，以為害於性，故辭而不受也，非以要名譽也。❹堯舜為帝而雍，非仁天下也，不以美害生也；善卷許由得帝而不受，非虛辭讓也，不以事害己。此皆就其利，辭其害，而天下稱賢焉，則可以有之，彼非以興名譽也。❺」

❶【疏】夫知慧之人，虛懷應物，故能施爲舉動，以百姓心爲心，百姓順之，亦不違其法度也。內心至之，所以不爭，無用無爲，故不求不覺也。

❷【疏】四處，猶四方也。夫凡聖區分，貪廉斯隔，是以爭貪四方，馳騁八極，不自覺其貪婪，棄捨萬乘，辭於九五，而不自覺其廉儉。

❸【疏】監，照也。夫廉貪實性，非過迫於外物也，而反照於內心，各稟度量不同也。

❹【疏】夫不以高貴爲驕矜，不以錢財爲娛玩者，計其災患，憂慮傷害於真性故也。是以辭大寶而不受，非謂要求名譽者也。

【釋文】「要名」一遙反。

❺【疏】雍，和也。夫唐虞之化，宇內和平者，非有情於仁惠，不以美麗害生也；善卷許由被禪而不受，非是矯情於辭讓，不以世事害己也。斯皆就其長生之利，辭其簒弒之害，故天下稱其賢能，則可謂有此避害之心，實無彼興名之意。

无足曰：「必持其名，苦體絕甘，約養以持生，則亦①久病長阨而不死者也❶。」

❶【疏】必固將欲修進名譽，苦其形體，絕其甘美，窮約攝養，矜持其生者，亦何異乎久病固疾，長阨不死，雖生之日，猶死之年！此無足之辭，以難知和也。

【釋文】「長阸」音厄，又烏賣反。

【校】①《闕誤》引江南《古藏》本亦下有猶字。

知和曰：「平為福，有餘為害者，物莫不然，而財其甚者也❶。今富人，耳營鐘鼓筦①籥之聲，口嗛於芻豢醪醴之味，以感其意，遺忘其業，可謂亂矣❷；侅溺於馮氣，若負重行而上（也）〔阪〕②，可謂苦矣❷；貪財而取慰③，貪權而取竭，靜居則溺，體澤則馮，可謂疾矣❹；為欲富就利，故滿若堵耳而不知避，且馮而不舍，可謂辱矣❺；財積而无用，服膺而不舍，滿心戚醮，求益而不止，可謂憂矣❻；內則疑刦請之賊，外則畏寇盜之害，內周樓疏，外不敢獨行，可謂畏矣❼。此六者，天下之至害也，皆遺忘而不知察，及其患至，求盡性竭財，單以反一日之无故而不可得也❽。故觀之名則不見，求之利則不得，繚意體而爭此，不亦惑乎❾！」

❶【疏】夫平等被其福善，有餘招其禍害者，天理自然也。物皆如是，而財最甚也。

❷【疏】嗛，稱適也。管籥，簫笛之流也。夫富室之人，恣情淫勃，口爽醪醴，耳聒宮商，取捨滑心，觸類感動。性之昏爽，事業忘焉，無所覺知，豈非亂也！

【釋文】「筦」音管。本亦作管。「籥」音藥。一本筦籥作壎篪。「口嗛」苦簟反。◎慶藩案嗛，快也。《說文》：嗛，口有所（快與）〔銜也〕④。《趙策》膳啗之嗛於魏，齊桓公夜半不嗛易牙，高注並曰：嗛，快也。《荀子・榮辱篇》彼臭之而無嗛於鼻，楊倞讀嗛為慊，云厭也。失之。「醪」力刀反。

❸【疏】馮氣，猶憤懣也。夫貪欲既多，勞役困弊，心中侅塞，沈溺憤懣，猶如負重上阪而行。此之委頓，豈非苦困也哉！

【釋文】「侅溺」徐音礙，五代反，又戶該反。飲食至咽為侅。一云：偏也。◎家世父曰：《釋文》飲食至咽為侅，未免強以意通之。《說文》：奇侅，非常也。揚子《方言》：非常曰侅事。侅溺，猶言沈溺之深也。「於馮氣」馮，音憤，憤滿也。下同。言憤畜不通之氣也。◎王念孫曰：《釋文》曰，馮氣，馮音憤，憤滿也。言憤畜不通之氣也。案馮氣，盛氣也。昭五年《左傳》今君奮焉震電馮怒，杜注曰：馮，盛也。《楚辭・離騷》馮不厭乎求索，王注曰：馮，滿也，楚人名滿曰馮。是馮為盛滿之義，無煩改讀為憤也。「而上」時掌反。

❹【疏】貪取財寶以慰其心，誘諂威權以竭情慮，安靜閒居則其體沈溺，體氣悅澤則憤懣斯生，動靜困苦，豈非疾也！

【釋文】「取慰」慰亦作畏。◎慶藩案慰當與蔚通。《淮南・俶真篇》五藏無蔚氣，高注曰：蔚，病也。《繆稱篇》侏儒瞽師，人之困慰者也，高注曰：慰，病也。是蔚慰二字，古訓通用。

❺【疏】堵，牆也。夫欲富就利，情同壑壁，譬彼堵牆，版築滿盈，心中憤懣，貪婪不舍，不知避害，豈非恥辱耶！

【釋文】「不舍」音捨。下同。

❻【疏】戚醮，煩惱也。夫積而不散，馮而不舍，貪求無足，煩惱盈懷，（慼）〔權〕而論之，豈

非憂患！◎慶藩案服膺而不舍，即上文馮而不舍之義。服膺即憑也。《文選・漢高祖功臣頌》有馮膺而尙缺。（《文選》膺誤作應。李善注誤以爲憑依瑞應，失之。古應與膺同聲通用。《康誥》應保殷民，《周誥》膺保民德，《詩・閟宮篇》戎狄是膺，《史〔記〕建元以來侯者年表》膺作應。《孟子・滕文公篇》戎狄是膺，《音義》曰：丁本膺作應。）服膺之爲憑膺，猶伏軾之爲憑軾，（《史記・酈生傳》伏軾下齊七十餘城，《漢書》作馮軾。）伏琴〔之〕爲憑琴，（《史記・魏世家》中期憑琴，《索隱》曰：《春秋後語》作伏琴。）茵伏〔之〕爲茵憑也。（《史記・酷吏傳》未嘗敢均茵伏，《漢書》作茵馮。）「戚醮」在遙反。李云，顦顇也。又音子妙反。

❼【疏】疑，恐也。請，求也。匹夫無罪，懷璧其罪，故在家則恐求財盜賊之災，外行則畏寇盜濫竊之害。是以舍院周回，起疏窗樓，敞出內外，來往怖懼，不敢獨行。如此艱辛，豈非畏哉！

【釋文】「疑刦」許業反，又曲業反。「內周樓疏」李云：重樓內匝，疏軒外通，謂設備守具。

❽【疏】六者，謂亂苦疾辱憂畏也。殫，盡也。天下至害，遺忘不察，及其巨盜忽至，性命惙然，平生貪求，一朝頓盡，所有財寶，當時並罄，欲反一日貧素，其可得之乎！

【釋文】「財單」音丹。本或作蘄，音祁。◎家世父曰：《釋文》單本作蘄，音祁，今案《釋文》非也。單當作（為）亶。《史記・曆書》單閼，崔駰注：單閼，一作亶安。單亶字通。《漢書》但字多作亶。《賈誼傳》非亶倒懸而已，《揚雄傳》亶費精神於此。《說文》：但，裼也。是但自為袒而亶為但。單以反一日之無故，猶言但以反一日之無故。《玉篇》：單，一也。一，猶單獨也，與但字義亦近。

❾【注】此章言知足者常足。

【疏】繚，纏繞也。巨盜既至，身非己有，當爾之際，豈見有名利耶！而流俗之夫，倒置之甚，情纏繞於名利，心決絕於爭求，以此而言，豈非大惑之甚也！

【釋文】「繚」音了，又魚弔反。理也。

【校】①趙諫議本筦作管。②阪字依成疏改。《闕誤》引張君房本作坂，與阪同。③張君房本慰作辱。④銜也二字依《國策》高注改。

莊子集釋 卷十上

雜篇 說劍第三十❶

❶【釋文】以事名篇。

昔趙文王喜劍，劍士夾門而客三千餘人，日夜相擊於前，死傷者歲百餘人，好之不厭。如是三年，國衰，諸侯謀之。❶

❶【疏】趙惠王，名何，趙武靈王之子也。好擊劍之士，養客三千，好無厭足。其國衰敝，故諸侯知其無道，共相謀議，欲將伐之也。

【釋文】「趙文王」司馬云：惠文王也，名何，武靈王子，後莊子三百五十年。《洞紀》云：周赧王十七年，趙惠文王之元年。一云：案《長曆》推惠文王與莊子相值，恐彪之言誤。「喜劍」許紀反。下同。「夾門」郭李音協，又古洽反。「好之」呼報反。下同。「无厭」於鹽反，又於豔反。◎盧文弨曰：今書作不厭。

太子悝患之，募左右曰：「孰能說王之意止劍士者，賜之千金。」左右曰：「莊

子當能。」❶

❶【疏】悝，趙太子名也。厭患其父喜好干戈，故欲千金以募說士。莊子大賢，當能止劍也。

【釋文】「悝」苦回反，太子名。◎俞樾曰：惠文王之後為孝成王丹，則此太子蓋不立。「募」音慕，又音務。「說王」如字，解也。又音悅。

太子乃使人以千金奉莊子。莊子弗受，與使者俱，往見太子曰：「太子何以教周，賜周千金？」

太子曰：「聞夫子明聖，謹奉千金以幣從者。夫子弗受，悝尚①何敢言！」❶

❶【疏】欲教我何事，乃賜千金？既見金多，故問。太子曰：「聞（莊）〔夫〕子賢哲聖明故，所以贈（于）〔千〕金以充從（車）〔者〕之幣帛也。」

【釋文】「與使」所吏反。「以幣從」才用反。一本作以幣從者。◎盧文弨曰：舊者訛軍，今改正。今書有者字。

【校】①《闕誤》引張君房本尚作當。

莊子曰：「聞太子所欲用周者，欲絕王之喜好也。使臣上說大王而逆王意，下不當太子，則身刑而死，周尚安所事金乎？使臣上說大王，下當太子，趙國何求而不得也！」

太子曰：「然。吾王所見，唯劍士也。」

莊子曰：「諾。周善為劍。」

太子曰：「然吾王所見劍士，皆蓬頭突鬢垂冠，曼胡之纓，短後之衣，瞋目而語難，王乃說之。今夫子必儒服而見王，事必大逆。❶」

❶【疏】髮亂如蓬，鬢毛突出，鐵爲冠，垂下露面。曼胡之纓，謂屯項抹額也。短後之衣，便於武事。瞋目怒眼，勇者之容，憤然賁胸，故語聲難澁。斯劍士之形服也。

【釋文】「上說」如字，又始銳反。下同。「蓬」步公反。本或作縫，同。「頭」蓬頭，謂著兜鉾也。有毛，故如蓬。「突鬢」必刃反。司馬本作賓，云：賓讀為鬢。「垂冠」將欲鬪，故冠低傾也。「曼胡」莫干反。司馬云：曼胡之纓，謂麤纓無文理也。「短後之衣」為便於事也。「瞋目」赤夷赤真二反。「語難」如字。艱難也；勇士憤氣積於心胸，言不流利也。又乃旦反，既怒而語，為人所畏難。司馬云：說相擊也。「乃說」音悅。下大說同。

莊子曰：「請治劍服。」治劍服三日，乃見太子。太子乃與見王，王脫白刃待之。莊子入殿門不趨，見王不拜。❶王曰：「子欲何以教寡人，使太子先❷？」

❶【疏】夫自得者，內無懼心，故不趨走也。

【釋文】「與見」賢遍反。下劍見同。又如字。「王脫」一本作說，同。土活反。

❷【疏】汝欲用何術以教諫於我，而使太子先言於我乎？

曰：「臣聞大王喜劍，故以劍見王。」

王曰：「子之劍何能禁制？」

曰：「臣之劍，十步一人，千里不留行。」

王大悅之，曰：「天下无敵矣！」❶

❶【疏】其劍十步殺一人，一去千里，行不留住，銳快如是，寧有敵乎！

【釋文】「千里不留行」司馬云：十步與一人相擊，輒殺之，故千里不留於行也。◎俞樾曰：十步之內，輒殺一人，則歷千里之遠，所殺多矣，而劍鋒不缺，所當無撓者，是謂十步一人，千里不留行，極言其劍之利也。行以劍言，非以人言，下文所謂行以秋冬是也。司馬云，十步與一人相擊輒殺之，故千里不留於行也。未得其義。

莊子曰：「夫為劍者，示之以虛，開之以利，後之以發，先之以至。願得試之❶。」

❶【疏】夫爲劍者道也，是以忘己虛心，開通利物，感而後應，機照物先，莊子之用劍也。

王曰：「夫子休就舍，待命令①設戲請夫子❶。」

❶【疏】詞旨清遠，感動王心，故令休息，屈就館舍，待設劍戲，然後邀延也。

【校】①張君房本無令字。

王乃校劍士七日，死傷者六十餘人，得五六人，使奉劍於殿下，乃召莊子。王曰：「今日試使士敦劍❶。」

❶【疏】敦，斷也。試陳劍士，使考校敦斷以定勝劣。

【釋文】「乃校」司馬云：考校取其勝者也。校，本或作教。「士敦」如字。司馬云：敦，斷也，試使用劍相擊斷截也。一音丁回反。◎家世父曰：《釋文》引司馬云，敦，斷也，試使用劍相擊截斷也。《邶風詩箋》王事敦我，敦，猶投擲也。《魯頌詩箋》敦商之旅，敦，治也。敦劍即治劍之意。《說文》：敦，怒也，一曰誰何也。誰何，猶言莫我何，亦即兩相比較之意。兩相比較，故怒也。

莊子曰：「望之久矣❶。」

❶【疏】企望日久，請早試之。

王曰：「夫子所御杖，長短何如？」

曰：「臣之所奉皆可。❶然臣有三劍，唯王所用，請先言而後試。」

❶【疏】御，用也。謂莊實可擊劍，故問之。

【釋文】「御杖」直亮反。「所奉」司馬本作所奏。

王曰：「願聞三劍。」

曰：「有天子劍，有諸侯劍，有庶人劍①。」

【校】①高山寺本三劍字上均有之字。

王曰：「天子之劍何如？」

曰：「天子之劍，以燕谿石城為鋒，齊岱為鍔❶，晉魏①為脊，周宋為鐔❷，韓魏②為夾❸；包以四夷，裹以四時❹；繞以渤海，帶以常山❺；制以五行，論以刑德❻；開以陰陽，持以春夏，行以秋冬❼。此劍，直之无前，舉之无上，案之无下，運之无旁，上決浮雲，下絕地紀。此劍一用，匡諸侯，天下服矣❽。此天子之劍也。」

❶【疏】鋒，劍端也。鍔，刃也。燕谿，在燕國，石城，塞外山；此地居北，以為劍鋒。齊國岱岳在東，為劍刃也。

【釋文】「燕」音煙。「谿」燕谿，地名，在燕國。「石城」在塞外。「鍔」五各反。司馬云：劍刃也。一云：劍稜也。

❷【疏】鐔，環也。晉魏二國近乎趙地，故以為脊也。周宋二國近南，故以為環也。

【釋文】「鐔」音淫。《三蒼》云：徒感反，劍口也。徐徒南反，又徒各反，謂劍鐶也。司馬云：劍珥也。

❸【疏】鋏，把也。韓魏二國在趙之西，故以為把也。

【釋文】「為夾」古協反。司馬云：把也。一本作鋏，同。一云：鐔，從稜向背；鋏，從稜向刃也。

❹【疏】懷四夷以道德，順四時以生化。

【釋文】「裹以」音果。

❺【疏】渤海，滄洲也。常山，北岳也。造化之中，以山海鎮其地也。

❻【疏】五行，金木水火土。刑，刑罰；德，德化也。以此五行，匡制寰宇，論其刑德，以御羣生。

❼【疏】夫陰陽開闢，春夏維持，秋冬肅殺，自然之道也。

【釋文】「行以秋冬」隨天道以行止也。

❽【疏】夫以道爲劍，則無所不包，故上下旁通，莫能礙者；浮雲地紀，豈足言哉！既以造化爲功，故無不服也。

【校】①②高山寺本魏作衞。

文王芒然自失❶，曰：「諸侯之劍何如？」

❶【疏】夫才小聞大，不相承領，故芒然若涉海，失其所謂，類魏惠王之聞韶樂也。

【釋文】「芒然」莫剛反。

曰：「諸侯之劍，以知勇士為鋒，以清廉士為鍔，以賢良士為脊，以忠聖士為鐔，以豪桀士為夾❶。此劍，直之亦无前，舉之亦无上，案之亦无下，運之亦无旁；上法圓天以順三光，下法方地以順四時，中和民意以安四鄉❶。此劍一用，如雷霆之震也，四封之內，無不賓服而聽從君命者矣。此諸侯之劍也❷。」

❶【疏】四鄉，猶四方也。夫能法象天地而知萬物之情，謂諸侯所以爲異也。但能依用此劍而御於邦國，亦宇內無敵。

❷【疏】《易》以震卦爲諸侯，故雷霆爲諸侯之劍也。

【校】①趙諫議本賢良作賢聖，世德堂本及趙本忠聖作忠勝，世德堂本豪桀作豪傑。

王曰：「庶人之劍何如？」曰：「庶人之劍，蓬頭突鬢垂冠，曼胡之纓，短後之衣，瞋目而語難。相擊於前，上斬頸領，下決肝肺。此庶人之劍，无異於鬭雞，一旦命已絕矣，无所用於國事。今大王有天子之位而好庶人之劍，臣竊為大王薄之。」❶

❶【疏】莊子雄辯，冠絕古今，故能說化趙王，去其所好，而結會旨歸，在於此矣。

【釋文】「肝肺」芳廢反。「竊為」于偽反。

王乃牽而上殿。宰人上食，王三環之❶。莊子曰：「大王安坐定氣，劍事已畢奏矣。」

❶【疏】環，繞也。王覺己非，深懷慙惡，命莊子上殿以展愧情，繞食三周，不能安坐，氣急心懣，豈復能飧乎！

【釋文】「而上」時掌反。下同。「三環」如字。又音患，繞也。聞義而愧，繞（饒）〔饌〕①三周，不能坐食。

【校】①饌字依世德堂本改。

於是文王不出宮三月，劍士皆服斃其處也①❶。

❶【疏】不復受賞，故恨而致死也。

【釋文】「服斃」婢世反。司馬云：忿不見禮，皆自殺也。

【校】①高山寺本及卷子本服斃其處也並作伏斃其處矣。

雜篇 漁父第三十一❶

❶【釋文】以人名篇。

孔子遊乎緇帷之林，休坐乎杏壇之上。弟子讀書，孔子絃歌鼓琴，奏曲未半❶。

❶【疏】緇，黑也。尼父游行天下，讀講詩書，時於江濱，休息林籟。其林鬱茂，蔽日陰沈，布葉垂條，又如帷幕，故謂之緇帷之林也。壇，澤中之高處也。其處多杏，謂之杏壇也。琴者，和也，可以和心養性，故奏之。

【釋文】「緇帷」司馬云：黑林名也。本或作惟。「杏壇」司馬云：澤中高處也。李云：壇名。

有漁父者，下船而來，須①眉交②白，被髮揄袂，行原以上，距陸而止，左手據膝，右手持頤以聽。曲終而招子貢子路，二人俱對❶。

❶【疏】漁父，越相范蠡也；輔佐越王句踐，平吳事訖，乃乘扁舟，游三江五湖，變易姓名，號曰漁父，即屈原所逢者也。既而汎海至齊，號曰鴟夷子；至魯，號曰白珪先生；至陶，號曰朱公。晦迹韜光，隨時變化，仍遺大夫種書云。揄，揮也。袂，袖也。原，高平也。距，至也。鬚眉交白，壽者之容；散髮無冠，野人之貌。於是遙望平原，以手揮袂，至於高陸，維舟而止，（拓）〔托〕頤抱膝，以聽琴歌也。

【釋文】「有漁父者」音甫，取魚父也。一云是范蠡。元嘉本作有漁者父，則如字。「須眉」本亦作鬚眉。「交白」如字。李云：俱也。一本作皎。「揄」音遙，又音俞，又褚由反，謂垂手衣內而行也。李音投，投，揮也。又士由反。「袂」面世反，李音芮。「以上」時掌反。「距陸」李云：距，至也。

【校】①趙諫議本須作鬚。②《闕誤》引張君房本交作皎。

客指孔子曰：「彼何為者也❶？」

❶【疏】詢問仲尼是何爵命之人。

子路對曰：「魯之君子也❶。」

❶【疏】答云是魯國賢人君子也。

客問其族。子路對曰：「族孔氏❶。」

❶【疏】問其氏族，答云姓孔。

客曰：「孔氏者何治也❶？」

❶【疏】又問孔氏以何法術脩理其身。

子路未應，子貢對曰：「孔氏者，性服忠信，身行仁義，飾禮樂，選人倫，上以忠於世主，下以化於齊民，將以利天下。此孔氏之所治也。❶」

❶【疏】率姓謙和，服行聖迹，修飾禮樂，簡選人倫，忠誠事君，化物齊等，將欲利羣品，此孔氏之心乎！

【釋文】「飾禮」如字。本又作飭，音敕。「下以化齊民」李云：齊，等也。許慎云：齊等之民也。如淳云：齊民，猶平民。元嘉本作化於齊民後。〔句如〕〔向本〕①無於字。

【校】①世德堂本句作向，如應爲本字之誤。

又問曰：「有土之君與？」

子貢曰：「非也。」

「侯王之佐與？」

子貢曰：「非也。」❶

❶【疏】爲是有茅土五等之君？爲是王侯輔佐卿相乎？皆答云非也。

【釋文】「君與」音餘。下同。

客乃笑而還，行言曰：「仁則仁矣，恐不免其身；苦心勞形以危其真。嗚呼，遠哉其分於道也！❶」

❶【疏】夫勞苦心形，危忘真性，偏行仁愛者，去本迢遞而分離於玄道也，是以嗤笑徘徊，嗚呼歎之也。

【釋文】「以危」危，或作偽。「其分」如字。本又作介，音界。司馬云：離也。◎慶藩案分《釋文》作介，音界，是也。隸書介作分，俗書分作分，二形相似，往往溷亂。莊三十年《穀梁傳》周之分子也，《釋文》：分，本作介。《漢書・杜周傳》執進退之分，師古注：分，或作介。是其證。◎藩又案界與介古字通。《漢書・揚雄傳》界〔溼〕〔涇〕①陽抵穰侯而代之，《文選》界作介。《史記・晉世家》號曰介山，《續漢書・郡國志》作界山。《春秋繁露・立元神〔碑〕〔篇〕》②介障險阻，《淮南・覽冥篇》介作界。

【校】①涇字依《漢書》改。②篇字依《春秋繁露》改。

子貢還，報孔子。孔子推琴而起曰：「其聖人與！」乃下求之，至於澤畔，方將杖拏而引其船，顧見孔子，還鄉而立。孔子反走，再拜而進。❶

❶【疏】拏，橈也。反走前進，是虔敬之容也。

【釋文】「杖」直亮反。「挐」女居反。司馬云：橈也，音餘。「鄉而」香亮反。或作嚮，同。

客曰：「子將何求？」

孔子曰：「曩者先生有緒言而去，丘不肖，未知所謂，竊待①於下風，幸聞咳唾之音以卒相丘也❶！」

❶【疏】曩，向也。緒言，餘論也。卒，終也。相，助也。向者先生有清言餘論，丘不敏，未識所由之故。竊聽下風，庶承謦欬，卒用此言，助丘不逮。

【釋文】「緒言」猶先言也。◎俞樾曰：《楚辭・九章》款秋冬之緒風，王注曰：緒，餘也。《讓王篇》曰：其緒餘以為國家，是緒與餘同義。緒言者，餘言也。先生之言未畢而去，是有不盡之言，故曰緒言。《釋文》曰：猶先言也。非是。「竊待」待，或作侍。「咳」苦代反。「唾」吐臥反。「相丘」息亮反。

【校】①《闕誤》引張君房本待作侍。

客曰：「嘻！甚矣子之好學也！」

孔子再拜而起曰：「丘少而脩學，以至於今，六十九歲矣，无所得聞至教，敢不虛心！」❶

❶【疏】嘻，笑聲也。丘少年已來，脩學仁義，逮乎耆艾，未聞至道，所以恭謹虔恪虛心矣。

【釋文】「曰嘻」香其反。「之好」呼報反。下同。「丘少」詩召反。下同。

客曰：「同類相徒，同聲相應，固天之理也。吾請釋吾之所有而經子之所以❶。子之所以者，人事也。天子諸侯大夫庶人，此四者自正，治之美也，四者離位而亂莫大焉。官治其職，人憂①其事，乃无所陵❷。故田荒室露，衣食不足，徵賦不屬，妻妾不和，長少无序，庶人之憂也❸；能不勝任，官事不治，行不清白，羣下荒怠，功美不有，爵祿不持，大夫之憂也❹；廷②无忠臣，國家昏亂，工③技不巧，貢職不美，春秋後倫，不順天子，諸侯之憂也❺；陰陽不和，寒暑不時，以傷庶物，諸侯暴亂，擅相攘伐，以殘民人，禮樂不節，財用窮匱，人倫不飭，百姓淫亂，天子有司之憂也❻。今子既上无君侯有司之勢而下无大臣職事之官，而擅飾禮樂，選人倫，以化齊民，不④泰多事乎❼！

❶【疏】夫虎嘯風馳，龍興雲布，自然之理也，固其然乎！是以漁父大賢，宣尼至聖，賢聖相感，斯同聲相應也。故釋吾之所有方外之道，經營子之所以方內之業也。

【釋文】「而經子之所以」經，經營也。司馬云：經，理也。

❷【疏】陵，亦亂也。夫人倫之事，抑乃多端，切要而言，無過此四者。若四者守位，乃教治盛美，若上下相冒，則亂莫大焉。是以百官各司其職，庶人自憂其務，不相陵亂，斯不易之道者也。

【釋文】「正治」直吏反。下官事不治同。

❸【疏】田畝荒蕪，屋室漏露，追徵賦稅，不相係屬，妻妾既失尊卑，長幼曾無次序，庶人之憂患也。◎慶藩案荒露，謂荒蕪敗露。《方言》曰：露，敗也。古本或作路，路露古通用。《淮南・臣

道篇》路亶者也，王念孫曰：路亶，猶羸僫也。亦通作潞。《秦策》士民潞病，高注云：潞，羸也。皆與敗義相近。《孟子·滕文公篇》是率天下而路也，趙注云：是導率天下之人以羸路也。「不屬」音燭。「長少」丁丈反。後遇長同。

❹【疏】職任不勝，物務不理，百姓荒亂，四民不勤，大夫之憂也。

【釋文】「不勝」音升。「行不」下孟反。

❺【疏】陪臣不忠，苞茅不貢，春秋盟會，落朋倫之後，五等之憂也。

【釋文】「工技」其綺反。◎盧文弨曰：今書作國技。「貢職」職，或作賦。「春秋後倫」朝覲不及等比也。

❻【疏】攘，除也。陰陽不調，日時愆度，兵戈荐起，萬物夭傷，三公九卿之憂也。

【釋文】「不飭」音敕。

❼【疏】上非天子諸侯，下非宰輔卿相，而擅修飾禮樂，選擇人倫，教化蒼生，正齊羣物，乃是多事之人。

【釋文】「不泰」本又作大，音同。徐敕佐反。後同。

【校】①高山寺本憂作處。②高山寺本廷作朝。③世德堂本工作國，此蓋依《釋文》改。④高山寺本不下有亦字。

且人有八疵，事有四患，不可不察也。非其事而事之，謂之摠❶；莫之顧而進之，謂之佞❷；希意道言，謂之諂❸；不擇是非而言，謂之諛❹；好言人之惡，謂之讒❺；析交離親，謂之賊❻；稱譽詐偽以敗惡①人，謂之慝❼；不擇善否，兩容頰②適，偷拔其所欲，謂之險❽。此八疵者，外以亂人，內以傷身，君子不友，明君不臣❾。所謂四患者：好經大事，變更易常，以挂功名，謂之叨❿；專知擅事，侵人自用，謂之貪⓫；見過不更，聞諫愈甚，謂之很⓬；人同於己則可，不同於己③，雖善不善，謂之矜⓭。此四患也。能去八疵，无行四患，而始可教已。」

❶**【疏】**摠，濫也。非是己事而強知之，謂之叨濫也。

【釋文】「八疵」祀知反。「之摠」李云：謂監也。

❷**【疏】**強進忠言，人不采顧，謂之佞也。

❸**【疏】**希望前人意氣而導達其言，斯諂也。

【釋文】「道言」音導。

❹**【疏】**苟且順物，不簡是非，謂之諛也。

❺**【疏】**聞人之過，好揚敗之。

❻**【疏】**人有親情交故，輒欲離而析之，斯賊害也。

❼**【疏】**與己親者，雖惡而（舉）〔譽〕④；與己疏者，雖善而毀；以斯詐僞，好敗傷人，可謂姦慝之人也。

【釋文】「稱譽」音餘。「以敗」補邁反。「惡人」烏路反。下同。「之慝」他得反。

❽【疏】否，惡也。善惡二邊，兩皆容納，和顏悅色，偷拔其意之所欲，隨而佞之，斯險詖之人也。

【釋文】「善否」悲美反，惡也。又方九反。「兩容頰適」善惡皆容，顏貌調適也。頰，或作顏。

❾【疏】外則惑亂於百姓，內側傷敗於一身，是以君子不與爲友朋，明君不將爲臣佐也。

❿【疏】伺候安危，經營大事，變改之際，建立功名，謂叨濫之人也。

【釋文】「以挂」音卦，別也。又音圭。「之叨」吐刀反。

⓫【疏】事己獨擅，自用陵人，謂之貪也。

⓬【疏】有過不改，聞諫彌增，很戾之人。

【釋文】「很」胡懇反。◎慶藩案《說文》：很，言不聽從也。《逸周書・謚法篇》愎很遂過者曰刺。《荀子・成相篇》愎很遂過不肯悔。

⓭【疏】物同乎己，雖惡而善，物異乎己，雖善而惡，謂之矜夸之人。

【釋文】「能去」起呂反。

【校】①《闕誤》引張君房本惡作德。②趙諫議本頰作顏，高山寺本《道藏》本並同。③高山寺本已下有則字。④譽字依劉文典《補正》本改。

孔子愀然而歎，再拜而起曰：「丘再逐於魯，削迹於衛，伐樹於宋，圍於陳蔡。丘不知所失，而離此四謗者何也？」❶

❶【疏】愀然，慙竦貌也。罹（離），遭也。丘無罪失而遭罹四謗。未悟前旨，故發此疑。

【釋文】「愀然」在九反，又七小反。

客悽然變容曰：「甚矣子之難悟也！人有畏影惡迹而去之走者，舉足愈數而迹愈多，走愈疾而影不離身①，自以為尚遲，疾走不休，絕力而死。不知處陰以休影，處靜以息迹，愚亦甚矣！子審仁義之間，察同異之際，觀動靜之變，適受與之度，理好惡之情，和喜怒之節，而幾於不免矣❶。謹脩而身，慎守其真，還以物與人，則无所累矣❷。今不脩之身而求之人②，不亦外乎❸！」

❶【疏】留停仁義之間以招門徒，伺察同異之際以候機宜，觀動靜之變，睎其僥倖，適受與之度，望著功名，理好惡之情，而是非堅執，和喜怒之節，用爲達道，以己誨人，矜矯天性，近於不免也。

【釋文】「難語」魚據反。下同。本或作悟。◎盧文弨曰：今書作難悟。「愈數」音朔。「不離」力智反。

❷【疏】謹慎形體，修守真性，所有功名，還歸人物，則物我俱全，故無患累也。

❸【疏】不能脩其身而求之他人者，豈非疏外乎！

【校】①高山寺本離下無身字。②高山寺本作今不脩身而求之於人。

孔子愀然❶曰：「請問何謂真？」

❶【疏】自竦也。

客曰：「真者，精誠之至也。不精不誠，不能動人❶。故強哭者雖悲①不哀，強怒者雖嚴不威，強親者雖笑不和。真悲无聲而哀，真怒未發②而威，真親未③笑而和。真在內者，神動於外，是所以貴真也。其用於人理也，事親則慈孝，事君則忠貞，飲酒則歡樂，處喪則悲哀。❷忠貞以功為主，飲酒以樂為主，處喪以哀為主，事親以適為主，功成之美，无一其迹矣❸。事親以適，不論④所以矣；飲酒以樂，不選其具矣；處喪以哀，无問其禮矣❹。禮者，世俗之所為也；真者，所以受於天也，自然不可易也❺。故聖人法天貴真，不拘於俗❻。愚者反此。不能法天而恤於人，不知貴真，祿祿而受變於俗，故不足❼。惜哉，子之蚤湛於人⑤偽而晚聞大道也❽！」

❶【疏】夫真者不僞，精者不雜，誠者不矯也。故矯情僞性者，不能動於人也。

❷【疏】夫道無不在，所在皆通，故施於人倫，有此四事。〔四事〕之義，（以）〔具〕列下文。

【釋文】「故強」其丈反。下同。「歡樂」音洛。下同。

❸【疏】貞者，事之幹也。故以功績爲主；飲酒陶蕩性情，故以樂爲主。是以功在其美，故不可一其事迹也。

❹【疏】此覆釋前四義者也。

❺【疏】節文之禮，世俗爲之，真實之性，稟乎大素，自然而然，故不可改易也。

❻【疏】法效自然，寶貴真道，故不拘束於俗禮也。

❼【疏】恤，憂也。祿祿，貴貌也。愚迷之人，反於聖行，不能法自然而造適，貴道德而逍遙，翻復溺人事而憂慮，滯囂塵而遷貿，徇物無厭，故心恆不足也。

【釋文】「祿祿」如字，又音錄，謂形見為禮也。司馬云：錄，領錄也。◎慶藩案祿司馬本作錄。《文選》劉公幹《雜詩注》引司馬云：領（祿）〔錄〕⑥也。領上無（祿）〔錄〕字，與《釋文》異。

❽【疏】惜孔子之雄才，久迷情於聖迹，耽人間之浮僞，不早聞於玄道。

【釋文】「蚤」音早。字亦作早。「湛」丁南反，下同。

【校】①高山寺本悲作疾。②又未發作不嚴。③又未作不。④又論下有其字。⑤世德堂本無人字。⑥兩錄字依文選改。

孔子又再拜而起曰：「今者丘得遇也，若天幸然。先生不①羞而比之服役，而身教之。敢問舍所在，請因受業而卒學大道。」❶

❶【疏】尼父喜歡，自嗟慶幸，得逢漁父，欣若登天。必其不恥訓誨，尋當服勤驅役，庶爲門人，身稟教授，問舍所在，終學大道。

【釋文】「丘得過也」謂得過失也。過，或作遇②。◎慶藩案《釋文》過或作遇者是也。遇過形似，致易互訛，說見前。「而比」如字，謂親見比數也。又毗志反。

【校】①高山寺本不下有爲字。②今書作遇。

客曰：「吾聞之，可與往者與之，至於妙道；不可與往者，不知其道，慎勿與之，身乃无咎❶。子勉之！吾去子矣，吾去子矣！」乃刺船而去，延緣葦間❷。

❶【疏】從迷適悟爲往也。妙道，真本也。知，分別也，若逢上智之士，可與言於妙本，若遇下根之人，不可語其玄極，觀機吐照，方乃無疵。

❷【疏】戒約孔子，令其勉勵。延緣止蘆葦之間。重言去子，殷勤訓勗也。

【釋文】「乃刺」七亦反。

顏淵還車，子路授綏，孔子不顧，待水波定，不聞拏音而後敢乘❶。

❶【疏】仲尼既見異人告以至道，故仰之彌甚，喜懼交懷，門人授綏，猶不顧盼，船遠波定，不聞橈響，方敢乘車。

【釋文】「波定」李云：謂戰如波也。案謂船行故水波，去遠則波定。

子路旁車而問曰：「由得為役久矣，未嘗見夫子遇人如此其威也。萬乘之主，千乘之君，見夫子未嘗不分庭伉禮，夫子猶有倨敖之容。今漁父杖拏逆立，而夫子曲要磬折，言拜而應，得无太甚乎？門人皆怪夫子矣，漁人何以得此乎？❶」

❶【疏】天子萬乘，諸侯千乘。伉，對也。分處庭中，相對設禮，位望相似，無階降也。仲尼遇

天子諸侯，尙懷倨傲，一逢漁父，盡禮曲腰，并受言詞，必拜而應，漁父威嚴，遂至於此。孔丘重方外之道，子路是方內之人，故致驚疑，旁車而問也。

【釋文】「旁車」步浪反。「萬乘」繩證反。下同。「倨」音據。「敖」五報反。「曲要」一遙反。「磬折」之設反。

孔子伏軾而歎曰：「甚矣由之難化也！湛於禮義有間矣，而樸鄙之心至今未去❶。進，吾語汝！夫遇長不敬，失禮也；見賢①不尊，不仁也。彼非至人，不能下人，下人不精，不得其真，故長傷身。惜哉！不仁之於人也，禍莫大焉，而由獨擅之。❷且道者，萬物之所由也，庶物失之者死，得之者生，為事逆之則敗，順之則成。故道之所在，聖人尊之。今漁父之於道，可謂有矣，吾敢不敬乎！❸」

❶【疏】湛著禮義，時間固久，嗟其鄙拙，故憑軾歎之也。

【釋文】「湛於」湛，或作其。

❷【疏】召由令前，示其進趨。夫遇長老不敬，則失於禮儀；見可貴不尊，則心無仁愛。若非至德之人，則不能使人謙下；謙下或不精誠，則不造於玄極。不仁不愛，乃禍敗之基。惜哉仲由，專擅於此也！

【釋文】「下人」遐嫁反。下及注同。

❸【注】此篇言無江海而閒者，能下江海之士也。夫孔子之所放任，豈直漁父而已哉？將周流六

虛，旁通無外，蠉動之類，咸得盡其所懷，而窮理致命，（因）〔固〕②所以爲至人之道也。

【疏】由，從也。庶，眾也。夫道生萬物，則謂之道，故知眾庶從道而生。是以順而得者則生而成，逆而失者則死而敗，物無貴賤，道在則尊。漁父既其懷道，孔子何能不敬耶！

【釋文】「而閒」音閑。「蠉」如兗反。

【校】①高山寺本賢作貴。②固字依世德堂本改。

雜篇 列禦寇第三十二❶

❶【釋文】以人名篇。或無列字。

列禦寇之齊，中道而反，遇伯昏瞀人❶。伯昏瞀人曰：「奚方而反❷？」

❶【疏】伯昏，楚之賢士，號曰伯昏瞀人，隱者之徒也。禦寇既師壺子，又事伯昏，方欲適齊，行於化道，自驚行淺，中路而還，適逢瞀人，問其所以。

【釋文】「瞀人」音茂，又音務。

❷【疏】方，道也。奚，何也。汝行何道？欲往何方？問其所由中塗反意也。

【釋文】「奚方」李云：方，道也。

曰：「吾驚焉❶。」

❶【疏】自覺己非，驚懼而反。此略答前問意。

【釋文】「吾驚焉」李云：見人感己即遠驚也。◎盧文弨曰：舊感作惑，訛。今書《音義》作見人感己即違道，故驚也。此似有脫誤。

曰：「惡乎驚❶？」

❶【疏】重問禦寇於何事迹而起驚心。

【釋文】「惡乎」音烏。

曰：「吾嘗食於十𩟄❶，而五𩟄先饋❷。」

❶【注】賣漿之家。

【釋文】「十𩟄」子祥反。本亦作漿。司馬云：𩟄讀曰漿，十家並賣漿也。

❷【注】言其敬己。

【疏】饋，遺也。十漿，謂有十家賣漿飲也。列子因行渴，於逆旅十家賣飲，而五家先遺，覩其容觀，競起（驚）〔敬〕②心，未能冥混，是以驚懼也。

【釋文】「五𩟄先饋」饋，遺也，謂十家中五家先見遺。王云，皆先饋進於己。

【校】①趙諫議本𩟄作漿，下同。②敬字依注文改。

伯昏瞀人曰：「若是，則汝何為驚已❶？」

❶【疏】更問驚由，庶陳己失。

曰：「夫內誠不解❶，形諜成光❷，以外鎮人心❸，使人輕乎貴老❹，而𩐳其所患❺。夫饕人特為食羹之貨，〔無〕①多餘之贏，其為利也薄，其為權也輕，而猶若是❻，而況於萬乘之主乎❼！身勞於國而知盡於事，彼將任我以事而效我以功，吾是以驚❻。」

❶【注】外自矜飾。

【疏】自覺內心實智，未能懸解，爲物所敬，是以驚而歸。

【釋文】「不解」音蟹。司馬音懈。

❷【注】舉動便辟而成光儀也。

【釋文】「形諜」徒協反。郭云：便辟也。《說文》云：閒也。「成光」司馬云：形諜於衷，成光華也。「便辟」婢亦反。

❸【注】其內實不足以服物。

【疏】諜，便辟貌也。鎮，服也。儀容便辟，動成光華，用此外形，鎮服人物。

❹【注】若鎮物由乎內實，則使人貴老之情篤也。

【釋文】「貴老」謂重禦寇過於老人。

❺【注】言以美形動物，則所患亂生也。

【疏】鳖，亂也。未能混俗同塵而爲物標杓，使人敬貴於己而輕老人，良恐禍患方亂生矣。

【釋文】「而鳖」子兮反，亂也。◎盧文弨曰：舊作鳖，訛。今改正。卷內同。②

❻【注】權輕利薄，可③無求於人。

【釋文】「為食」音嗣。「贏」音盈。

❼【疏】特，獨也。贏，利也。夫賣漿之人，獨有羹食爲貨，所盈之物，蓋亦不多。爲利既薄，權亦非重，尚能敬己，競走獻漿，況在君王，權高利厚，奔馳尊貴，不亦宜乎！

【釋文】「萬乘」繩證反。

❽【注】夫君人者，位總萬機，威跨四海，故躬疲倦於邦國，心盡慮於世事，則思賢若渴以代己勞，必將任我以物務而驗我以功績，徇外喪內，逐僞忘真。驚之所由，具陳如是也。

【釋文】「而效」如字。本又作校，古孝反。

【校】①無字依《闕誤》引江南《古藏》本及文如海張君房本補，據成《疏》亦當有無字。②鳖，鳖，《說文》作鳖。③趙諫議本無可字。

伯昏瞀人曰：「善哉觀乎❶！女處己①，人將保女矣❷！」

❶【疏】汝能觀察己身，審知得喪，嘉其自覺，故歎善哉。

❷【注】苟不遺形，則所在見保。保者，聚守之謂也。

【疏】保，守也。汝安處己身，不能忘我，猶顯形德，爲物所歸，門人請益，聚守之矣。

【釋文】「保女」司馬云：保，附也。

【校】①《闕誤》引江南《古藏》本及李氏本俱音紀。

无幾何而往，則戶外之屨滿矣❶。伯昏瞀人北面而立，敦杖蹙之乎頤，立有間，不言而出❷。

❶【疏】無幾何，謂無多時也。俄頃之間，伯昏往禦寇之所，適見脫屨戶外，跣足升堂，請益者多矣。

【釋文】「無幾」居豈反。

❷【疏】敦，豎也。以杖柱頤，聽其言說，倚立閒久，忘言而歸也。

【釋文】「郭杖」音頓。司馬云：豎也。「蹙之」子六反。

賓者以告列子，列子提屨，跣而走，暨乎門，曰：「先生既來，曾不發藥乎❶？」

❶【疏】賓者，謂通賓客人也。禦寇聞師久立，不言而歸，於是竦息慙惕，不暇納屨，跣足馳走，至門而（反）〔及〕。高人既來，庶蒙鍼艾，不嘗開發藥石，遺棄而還。誠心欽渴，有此固請也。

【釋文】「賓者」本亦作儐，同。必刃反。謂通客之人。「跣而」先典反。「暨乎」其器反。「發藥」

如字。司馬本作廢，云：置也。◎慶藩案發，司馬作廢。發廢，古同聲通用字。《爾雅》：廢，稅，舍也。《方言》：發，稅，舍車也。是發與廢同。《漢書·貨殖傳》子贛發貯鬻（則）〔財〕曹魯之間，《史記》作廢著。（徐廣曰：著，讀音如貯。）《荀子·禮論篇》大昏之未發齊也，《史記·禮書》發作廢。《史記·扁鵲傳》色廢脈亂，徐廣曰：一作發。皆其例。

曰：「已矣，吾固告汝曰人將保汝，果保汝矣❶。非汝能使人保汝，而汝不能使人无保汝也❷，而焉用之感豫出異也❸！必且有感，搖而本才①，又无謂也❹。與汝遊者又莫汝告也，彼所小言，盡人毒也❺。莫覺莫悟，何相孰也❻！巧者勞而知者憂，无能者无所求，飽食而敖遊，汎若不繫之舟，虛而敖遊者也❼。」

❶【疏】已，止也。我已於先固告汝，汝不能韜光晦迹，必爲物所歸依。今果見汝門人滿室，吾昔語汝，諒非虛言。宜止所請，無勞辭費。◎慶藩案保汝，謂依汝也。僖二年《左傳》保於逆旅，杜注：保，依也。《史記·周本紀》百姓懷之，多從而保歸焉。保歸，謂依歸也。司馬訓保爲附，附亦依也。王逸注《七諫》曰：依，保也。

❷【注】任平而化，則無感無求，無感無求，乃不相保。

【疏】顯迹於外，故爲人保之；未能忘德，故不能無守也。

❸【注】先物施惠，惠不因彼，豫出則異也。

【疏】而，汝也。焉，何也。夫物我兩忘，亦何須物來感己！必有機來，感而後應，不勞預出異端，先物施惠。

【釋文】「而焉」於虔反。

❹【注】必將有感，則與本性動也。

【疏】搖，動也。必固有感迫而後起，率其本性，搖而應之，滅迹匿端，有何稱謂也！

【釋文】「搖而本才」一本才作性。◎家世父曰：《釋文》，一本才作性。郭象注，必將有感，則與本性動也。感者人心，所感之〔者〕又出於感人心之心。《爾雅・釋詁》：搖，作也。搖而本才，謂舍其本心之自然而作而致之。「又无謂也」動搖本才以致求者，又非道德之謂也。

❺【注】細巧入人爲小言。

【疏】共汝同遊，行解相類，唯事浮辯細巧之言，佞媚於人，盡爲鴆毒，詎能用道以告汝也！

【釋文】「小言」言不入道，故曰小言。「人毒」以其多患，故曰人毒。

❻【疏】孰，誰也。彼此迷塗，無能覺，無能悟，何誰獨曉以相告乎？

【釋文】「莫覺莫悟何相孰也」彼不敢告汝，汝又不自覺，何期相孰哉！王云：小言為毒，曾無告語也。孰，誰也。謂誰相親愛者。既無告語，此不相親愛之至也。◎家世父曰：《釋文》引王云：孰，誰也，謂誰相親愛也。疑《莊子》本旨在蠲親愛之意。《說文》：孰，食餘也。孰食曰孰，假借為詳審之義。《漢書本紀》其孰計之，《賈誼傳》日夜念此至孰也，《鄒陽傳》願大王孰察之，顏師古注：孰，審也。言莫之覺悟而終不自審也。

❼【注】夫無其能者，唯聖人耳。過此以下，至於昆蟲，未有自忘其能而任衆人者也。

【疏】夫物未嘗爲，無用憂勞，而必以智巧困弊。唯聖人汎然無係，泊爾忘心，譬彼虛舟，任運逍遙。

【釋文】「而知」音智。「食而」一本作飽食而。「敖遊」本又作遨，五刀反。下同。「汎若」芳劍反。

【校】①趙諫議本作性，依郭注及成疏似均作性。

鄭人緩也呻吟裘氏之地❶。祇三年而緩為儒❷，河潤九里，澤及三族，使其弟墨❸。儒墨相與辯，其父助翟❹。十年而緩自殺。其父夢之曰：「使而子為墨者予也。闔胡①嘗視其良，既為秋柏之實矣❺？」

❶【注】呻吟，吟詠之謂。

【釋文】「緩也」司馬云：緩，名也。「呻」音申，謂吟詠學問之聲也。崔云：呻，誦也。本或作呻吟。「裘氏」地名。崔云：裘，儒服也。「之地」崔本作之地蛇，云：地蛇者，山田茶種也。◎盧文弨曰：宋本茶字空。

❷【注】祇，適也。

【疏】呻吟，詠讀也。裘氏，地名也。祇，適也。鄭人名緩，於裘地學問，適經三年而成儒道。

【釋文】「祇」音支。郭李云：適也。言適三年而成也。司馬云：巨移反，謂神祇祐之也。

❸【疏】三族，謂父母妻族也。能使弟成於墨教也。

【釋文】「河潤九里」河從乾位來，乾，陽數九也。「使其弟墨」謂使緩弟翟成墨也。

❹【注】翟，緩弟名。

【疏】翟，緩弟名也。儒則憲章文武，祖述堯舜，甚固吝，好多言。墨乃遵於禹道，勤儉好施。儒墨塗別，志尚不同，各執是非，互相爭辯，父黨小兒，遂助於翟矣。

❺【注】緩怨其父之助弟，故感激自殺，死而見夢，謂己既能自化爲儒，又化弟令墨，弟由己化而不能順己，己以良師而便怨死，精誠之至，故爲秋柏之實。

【疏】闔，何不也。秋柏，勁木也。父既助翟，而緩恨之，經由十年，感激自殺，仍見夢於父，以申怨言云：「使汝子爲墨者，我之功力也。何不看視我爲賢良之師而更朋助弟？我怨恨之甚，化爲異物秋柏子實，生於墓上。」亦有作垠字者，垠，冢也。云：「汝何不看我冢上，已化爲秋柏之木而生實也？」

【釋文】「闔胡嘗視其良」闔，語助也。胡，何也。良者，良人，斥緩也。言何不試視緩墓上，已化為秋柏之實。良或作埌，音浪，冢也。◎俞樾曰：《釋文》曰，良者良人，謂緩也。此與下句之義不屬。又云，良或作埌，冢也。此說近之。埌，猶壙也。壙埌本疊韻字，《應帝王篇》以處壙埌之野是也。故壙亦得謂之埌。《管子・度地篇》郭外為之土閬，閬與埌同。《外物篇》胞有重閬，郭注曰：閬，空曠也。其義亦相近。「而見」賢遍反。「令墨」力呈反。

【校】①《闕誤》引文成李三本胡俱作□。

夫造物者之報人也，不報其人而報其人之天❶。彼故使彼❷。夫人以己為有以異於人以賤其親❸，齊人之井飲者相捽也。故曰今之世皆緩也❹。自是，有德者以不知也，而況有道者乎❺！古者謂之遁天之刑❻。

❶【注】自此以下，莊子辭也。夫積習之功爲報，報其性，不報其爲也。然則學習之功，成性而已，豈爲之哉！

【疏】造物者，自然之洪鑪也，而造物者無物也，能造化萬物，故謂之造物也。夫物之智能，稟乎造化，非由從師而學成也。故假於學習，輔道自然，報其天性，不報人功也。是知翟有墨性，不從緩得。緩言我教，不亦繆乎！

❷【注】彼有彼性，故使習彼。

【疏】彼翟（先）者〔先〕有墨性，故成墨，若率性索無，學終不成也。豈唯墨翟，庶物皆然。

❸【注】言緩自美其儒，謂己能有積學之功，不知其性之自然也。夫有功以賤物者，不避其親也，無其身以平（往）〔性〕①者，貴賤不失其倫也。

【疏】言緩自恃於己有學植之功，異於常人，故輕賤其親而汝於父也。人之迷滯，而至於斯乎！

❹【注】夫穿井所以通泉，吟詠所以通性。無泉則無所穿，無性則無所詠，而世皆忘其泉性之自然，徒識穿詠之末功，因欲矜而有之，不亦妄乎！

【疏】夫土下有泉，人各有性，天也；穿之成井，學以成術者，人也。嗟乎！世人迷妄之甚，徒知穿學之末事，不悟泉性之自然，而矜之以爲己功者，故世皆緩之流也。齊人穿鑿得井，行李汲而飲之，井主護水，捽頭而休，莊生聞之，故引爲〔諭〕〔喻〕。

【釋文】「相捽」才骨反。言穿井之人，為己有造泉之功而捽飲者，不知泉之天然也。喻緩不知翟天然之墨而忿之。捽，一音子晦反。

❺【注】觀緩之謬以爲學，父故能任其自爾而知，故無爲其間也。

【疏】觀緩之迷，以爲己誠有德之人，從是之後，忘知任物，不復自矜，況體道之人，豈視其功耶！

【釋文】「不知」音智，注同。◎家世父曰：彼故使彼，彼者，儒墨也。有儒墨矣，因而有儒墨之辯立。夫儒墨之名，所以使之辯也。既成乎儒墨之辯，則貴其同己者而賤其異己者，因其親也亦賤之，執其所辯之異而忘其受於天性之同也。知儒墨之為德以自是其德，謂之不知德。所謂德者，可而可之，然而然之。所謂道者，無物不可，無物不然。◎俞樾曰：自是二字絕句。若緩之自美其儒，是自是也。有德者已不知有此，有道者更無論矣。故曰有德者以不知也，而況有道者乎！以讀為已。郭注所說，殊未明了。「學父」本或作久。

❻【注】仍自然之能以爲己功者，逃天者也，故刑戮及之。

【疏】不知物性自爾，矜爲己功者，逃遁天然之理也。既乖造化，故刑戮及之。

【釋文】「仍自」而證反。本又作認，同。

【校】①性字依世德堂本改。

聖人安其所安，不安其所不安❶；衆人安其所不安，不安其所安❷。

❶【注】夫聖人無安無不安，順百姓之心也。

【疏】安，任也。任羣生之性，不引物從己，性之無者，不強安之，故所以爲聖人也。

❷【注】所安相與異，故所以爲衆人也。

【疏】學己所不能，安其所不安也；不安其素分，不安其所安也。

莊子曰：「知道易，勿言難❶。知而不言，所以之天也；知而言之，所以之人也❷；古之①人，天而不人❸。」

❶【疏】玄道窅冥，言象斯絕，運知則易，忘言實難。

【釋文】「道易」以豉反。

❷【疏】妙悟玄道，無法可言，故詣於自然之境，雖知至極而猶存言辯，斯未離於人倫矣。

❸【注】知雖落天地，未嘗開言以引物也，應其至分而已。

【疏】復古真人，知道之士，天然淳素，無復人情。

【釋文】「知雖」音智。「應其」如字，當也。

【校】①《闕誤》引張君房本人上有至字。

朱泙漫學屠龍於支離益，單千金之家，三年技成而无所用其巧❶。

❶【注】事在於適，無貴於遠功。

【疏】姓朱，名泙漫。姓支離，名益。殫，盡也。罄千金之產，學殺龍之術，伏膺三歲，其道方成，技雖巧妙，卒爲無用。屠龍之事，於世稍稀，欲明處涉人間，貴在適中，苟不當機，雖大無益也。

【釋文】「朱泙」李音平，郭敷音反。徐敷耕反。◎慶藩案《文選》張景陽《七命注》引司馬云：泙，普彭反。《釋文》闕。「漫」末旦反，又末干反。司馬云：朱泙漫，支離益，皆人姓名。◎慶藩案《文選》張景陽《七命注》引司馬云：朱，姓也；泙漫，名也。益，人名也。與《釋文》小異。◎俞樾曰：支離，複姓，說在《人間世篇》。朱泙，亦複姓。《廣韻・十虞》朱字注：《莊子》有朱泙漫，郭注：朱泙，姓也。今象注無此文。「屠」音徒。「單」音丹，盡也。「千金之家」如字。本亦作賈，又作價，皆音嫁。「三」絕句。崔云：用千金者三也。一本作三年，則上句至家絕。◎盧文弨曰：今書作三年。「技成」其綺反。

聖人以必不必，故无兵❶；眾人以不必必之，故多兵❷；順於兵，故行有求❸。兵，恃之則亡❹。

❶【注】理難必然，猶不必之，斯至順矣，兵其安有！

【疏】達道之士，隨逐物情，理雖必然，猶不固執，故無交爭也。

❷【注】理雖未必，抑而必之，各必其所見，則乖逆生也。

【疏】庸庶之類，妄爲封執，理不必爾而固必之，既忤物情，則多乖矣。

❸【注】物各順性則足，足則無求。

【疏】心有貪求，故任於執固之情也。

【釋文】「慎於兵」慎或作順。◎盧文弨曰：今書慎作順。

❹【注】不得已而用之以恬惔①爲上者，未之亡也。

【疏】不能大順羣命，而好乖逆物情者，則幾亡吾寶矣。

【釋文】「恬」徒謙反。「惔」徒暫反。本亦作淡。

【校】①趙諫議本惔作淡。

小夫之知，不離苞苴竿牘❶，敝精神乎蹇淺❷，而欲兼濟道①物，太一形虛。若是者，迷惑於宇宙，形累不知太初。❸彼至人者，歸精神乎无始而甘冥②乎无何有之鄉❹。水流乎无形，發泄乎太清❺。悲哉乎！汝為知在毫毛❻，而不知大寧❼！

❶【注】苞苴以遺，竿牘以問，遺問之具，小知所殉。

【疏】小夫，猶匹夫也。苞苴，香草也。竿牘，竹簡也。夫搴芳草以相贈，折簡牘以相問者，斯蓋俗中細務，固非丈夫之所忍爲。

【釋文】「之知」音智。注及下為知同。「不離」力智反。「苞苴」子餘反。司馬云：苞苴，有苞裹也。「竿」音干。「牘」音獨。司馬云：謂竹簡為書，以相問遺，脩意氣也。「以遺」唯季反。下同。

❷【注】昏於小務，所得者淺。

【疏】好爲遺問，徇於小務，可謂勞精神於跛蹇淺薄之事，不能遊虛涉遠矣。

【釋文】「敝精神」郭婢世反，一音必世反。

❸【注】小夫之知，而欲兼濟導物，經虛涉遠，志大神敝，形爲之累，則迷惑而失致也。

【疏】以蹇淺之知，而欲兼濟羣物，導達羣生，望得虛空其形，合太一之玄道者，終不可也。此人迷於古今，形累於六合，何能照知太初之妙理耶！

【釋文】「道物」音導。注同。◎盧文弨曰：今書作導物。

❹【疏】無始，妙本也。無何有之鄉，道境也。至德之人，動而常寂，雖復兼濟道物，而神凝无始，故能和光混俗而恆寢道鄉也。

【釋文】「甘冥」如字。本亦作瞑。又音眠。◎俞樾曰：《釋文》，冥如字。又云本亦作瞑，又音眠，當從之。瞑眠，古今字。《文選·養生論》達旦不瞑，李善注曰：瞑，古眠字。是也。甘瞑即甘眠。《徐无鬼篇》孫叔敖甘寢秉羽而郢人投兵，司馬云：言叔敖願安寢恬臥以養德於廟堂之上，折衝於千里之外。此云甘瞑，彼云甘寢，其義一也，並謂安寢恬臥也。《釋文》讀冥如字，失之。《淮南子·俶真篇》曰，甘瞑於溷澖之域，即本之此。

❺【注】泊然無爲而任其天行也。

【疏】無以順物，如水流行，隨時適變，不字形迹。迹不離本，故雖應動，恆發泄於太清之極也。

【釋文】「發泄」息列反。徐以世反。「泊然」步各反。

❻【注】爲知所得者細。

【釋文】「悲哉乎」一本作悲哉悲哉。「為」于偽反。

❼【注】任性大寧而至。

【疏】苞苴竿牘，何異毫毛！如斯運智，深可悲歎。精神淺薄，詎知乎至寂之道耶！

【校】①趙諫議本作導。②趙本作瞑。

宋人有曹商者，為宋王使秦。其往也，得車數乘；王說之，益車百乘。❶反於宋，見莊子曰：「夫處窮閭阨巷，困窘織屨，槁項黃馘者，商之所短也；一悟萬乘之主而從車百乘者，商之所長也❷。」

❶【疏】姓曹，名商，宋人也。爲宋偃王使秦，應對得所，秦王愛之，遂賜車百乘。乘，駟馬也。

【釋文】「宋王」司馬云：偃王也。「使秦」所吏反。「數」所主反。「乘」繩證反。下同。「王說」音悅。

❷【疏】窘，急也。言貧窮困急，織屨以自供，頸項枯槁而顑頷，頭面黃瘦而馘厲，當爾之際，是商之所短也。一使強秦，遂使秦王驚悟，遺車百乘者，是商之智數長也。以此自多，矜夸莊子

也。

【釋文】「阨」於懈反。◎慶藩案《廣雅》：閭，居也。古謂里中道為巷，亦謂所居之宅為巷。《廣雅》：衖，凥也。（凥，今通作居。）衖巷，古字通。閭巷皆居也。故窮閭或曰窮巷。「窘」與隕反，又巨韻反。「槁」苦老反，又袪矯反。本亦作矯，居表反。「項」李云：槁項，羸瘦貌。司馬云：項槁立也。「黃馘」古獲反，徐況璧反。《爾雅》云：獲也。司馬云：謂面黃熟也。◎俞樾曰：馘者，俘馘也，非所施於此。馘疑㾊之叚字。《說文·疒部》，㾊，頭痛也。黃㾊，謂頭痛而色黃。

莊子曰：「秦王有病召醫，破癕潰痤者得車一乘，舐痔者得車五乘，所治愈下，得車愈多。子豈治其痔邪，何得車之多也？子行矣！❶」

❶【注】夫事下然後功高，功高然後祿重，故高遠恬淡者遺榮也。

【疏】癕，痒熱毒腫也。痔，下漏病也。莊生風神俊悟，志尚清遠，既而縱此奇辯以挫曹商。故郭注云，夫事下然後功高，功高然後祿重，高遠恬淡者遺榮也。

【釋文】「秦王」司馬云：惠王也。「痤」徂禾反。「舐」字又作秕，食紙反。「痔」治紀反。「愈下」本亦作俞，同。

魯哀公問乎顏闔曰：「吾以仲尼為貞幹，國其有瘳乎❶？」

❶【疏】言仲尼有忠貞幹濟之德，欲命爲卿相，魯邦亂病庶瘳差矣。

【釋文】「瘳」敕由反。

曰：「殆哉圾①乎仲尼❶！方且飾羽而畫❷，從事華辭，以支為旨❸，忍性以視民而不知不信❹，受乎心，宰乎神，夫何足以上民❺！彼宜女與❻？予頤與❼？誤而可矣❽。今使民離實學偽，非所以視民也，為後世慮，不若休之❾。難治也❿。」

❶【注】圾，危也。夫至人以民靜爲安。今一爲貞幹，則遺高迹於萬世，令飾競於仁義而彫畫其毛彩，百姓既危，至人亦無以爲安也。

【疏】殆，近也。圾，危也。以貞幹迹率物，物既失性，仲尼何以安也！

【釋文】「汲」魚及反，又五臘反，危也。「令飾」力呈反。下同。

❷【注】凡言方且，皆謂後世，（將然）〔從事〕①飾畫，非任真也。

【疏】方將貞幹輔相魯廷，萬代奔逐，修飾羽儀，喪其真性也。

❸【注】將令後世之從事者無實，而意趣橫出也。

【疏】聖迹既彰，令從政任事，情僞辭華，析派分流爲意旨也。

❹【注】後世人君，將慕仲尼之遐軌，而遂忍性自矯僞以臨民，上下相習，遂不自知也。

【疏】後代人君，慕仲尼遐軌，安忍情性，用之臨人，上下相習，矯僞黔黎，而不知已無信實也。以華僞之迹教示蒼生，稟承心靈，宰割真性，用此居人之上，何足稱哉！

【釋文】「以視」音示。下同。

❺【注】今以上民，則後世百姓非直外形從之而已，乃以心神受而用之，不能復自得於體中也。

【疏】後代百姓，非直外形從之，乃以心神受而用之，不能復自得之性，以此居民上，何足可安哉！

【釋文】「能復」扶又反。

❻【注】彼，百姓也。女，哀公也。彼與女各自有所宜，相效則失真，此即今之見驗。

【疏】彼，百姓也。女，哀公也。百姓與汝各有所宜，若將汝所宜與百姓，不可也。

【釋文】「女與」音餘，又如字。下頤與同。「之見」賢遍反。

❼【注】效彼非所以養己也。

【疏】予，我也。頤，養也。我與百姓怡養不同，譬如魚鳥，升沈各異，若以汝所養衞物，物我俱失也。

❽【注】正不可也。

【疏】以貞幹之迹錯誤行之，正不可也。◎家世父曰：彼宜汝與，言仲尼之道果有宜於汝者乎？予頤與，言將待我以養者乎？《周易·序卦》曰：頤者，養也。以爲宜與而待養之，若謂國可以有瘳則誤矣，意以哀公之所云可者誤也。

❾【注】明不謂當時也。

【疏】離實性，學僞法，不可教示黎民，慮後世荒亂，不如休止也。

【釋文】「離實」力智反。

❿【注】治〔不〕〔之〕③則僞，故聖人不治也。

【疏】捨己效物，聖人不治也。

【校】①趙諫議本世德堂本圾作汲，注同。《釋文》亦作汲。②從事二字依世德堂本改。③之字依世德堂本改。

施于人而不忘，非天布也❶。商賈不齒❷，雖以事①齒之，神者弗齒❸。

❶【注】布而識之，非芻狗萬物也。

【疏】二儀布生萬物，豈（責）〔貴〕恩也！

【釋文】「施於」始豉反。下注同。「而識」如字，又申志反。

❷【注】況士君子乎！

【疏】夫能施求報，商客尙不齒理，況君子士人乎！

【釋文】「商賈」音古。

❸【注】要能施惠，故於事不得不齒，以其不忘，故心神忽之。此百姓之大情也。

【疏】施而不忘，未合天道。能施恩惠，於物事不得不齒，爲責求報，心神輕忽不錄，百姓之情也。事之者，性情也。

【校】①世德堂本事作士。

為外刑者，金與木也❶；為內刑者，動與過也❷。宵人之離外刑者，金木訊①之❸；離內刑者，陰陽食之❹。夫免乎外內之刑者，唯真人能之❺。

❶【注】金，謂刀鋸斧鉞；木，謂捶楚桎梏。

【釋文】「鋸」音據。「戉」音越。◎盧文弨曰：今書作鉞。「捶」之蘂反。「桎」之實反。「梏」古毒反。

❷【注】靜而當，則外內②無刑。

❸【注】不由明坦之塗者，謂之宵人。

【疏】宵，闇夜也。離，羅也。訊，問也。闇惑之人，羅於憲網，身遭枷杻斧鉞之刑也。

【釋文】「宵人」王云：非明正之徒，謂之宵夜之人也。◎俞樾曰：郭注曰，不由明坦之塗者，謂之宵人。《釋文》引王注云，非明正之徒，謂之宵夜之人也。皆望文生義，未為確詁。宵人，猶小人也。《禮記·學記篇》宵雅肄三，鄭注曰：宵之言小也，習《小雅》之三，謂《鹿鳴》、《四牡》、《皇皇者華》也。然則宵人為小人，猶《宵雅》為《小雅》矣。字亦作肖，《方言》曰：（宵）〔肖〕③，小也。《史記·太史公自序》申呂肖矣，徐廣曰：肖，音痟。痟猶衰微，義亦相近。《文選》江文通《雜體詩》宵人重恩光，李善注引《春秋演孔圖》曰：宵人之世多飢寒。宋均曰：宵，猶小也。此說得之。「（訊）〔訙〕之」本又作訊，音信，問也。◎盧文弨曰：《說文》有訊無訙，訙俗字。

❹【注】動而過分，則性氣傷於內，金木訊於外也。

【疏】若不止分，則內結寒暑，陰陽殘食之也。

❺【注】自非真人，未有能止其分者，故必外內受刑，但不問大小耳。

【疏】心若死灰，內不滑靈府，（也）④形同槁木，外不挂桎梏，唯真人哉！

【校】①世德堂本作訙，《釋文》同。②世德堂本外內作內外。③肖字依《方言》改。④也字依下句刪。

孔子曰：「凡人心險於山川，難於知天；天猶有春秋冬夏旦暮之期，人者厚貌深情❶。故有貌愿而益，有長若不肖❸，有順①懁而達❸，有堅而縵，有緩而釬❹。故其就義若渴者，其去義若熱❺。故君子遠使之而觀其忠，近使之而觀其敬❻，煩使之而觀其能❼，卒然問焉而觀其知❽，急與之期而觀其信❾，委之以財而觀其仁❿，告之以危而觀其節⓫，醉之以酒而觀其側，雜之以處而觀其色⓬。九徵至，不肖人得矣⓭。」

❶【疏】人心難知，甚於山川，過於蒼昊。厚深之狀，列在下文。

❷【疏】愿，慤真也。不肖，不似也。人有形如慤真，而心益虛浮也；有心實長者，形如不肖也。

【釋文】「愿」音願。《廣雅》云：謹慤也。◎俞樾曰：益當作溢。溢之言驕溢也。《荀子・不苟篇》以驕溢人，是也。謹愿與驕溢，義正相反。「有長」丁丈反。「若不肖」外如長者，內不似也。

❸【疏】懁，急也。形順躁急而心達理也。

【釋文】「有順」王作慎。「懁」音環，又許沿反，徐音絹。《三蒼》云：急腹也。王云：研辨也，外慎研辨，常務質訥。◎盧文弨曰：今書《音義》作音儇，兩研字俱作堅。

❹【注】言人情貌之反有如此者。

【疏】縵，緩也。銒，急也。自有形如堅固而實散縵，亦有外形寬緩心內躁急也。

【釋文】「縵」武半反，又武諫反。李云：內實堅，外如縵也。「銒」胡旦反，又音干，急也。一云：情貌相反。◎俞樾曰：縵者，慢之叚字；銒者，悍之叚字。堅強而又惰慢，紓緩而又桀悍，故為情貌相反也。

❺【注】但爲難知耳，未爲殊無迹。

【疏】人有就仁義如渴思水，捨仁義若熱逃火，雖復難知，未爲無迹。〔徵〕②驗具列下文也。

❻【疏】遠使忠佞斯彰，咫步敬慢立明者也。

❼【疏】煩極任使，察其〔彼〕〔技〕能。

❽【疏】卒問近對，觀其愿智。

【釋文】「卒然」寸忽反。「其知」音智。

❾【疏】忽卒與期，觀信契也。

❿【疏】仁者不貪。

⓫【疏】告危亡，驗節操。

⓬【疏】至人酒不能昏法則，男女參居，貞操不易。

【釋文】「其側」側，不正也。一云：謂醉者喜傾側冠也。王云：側，謂凡為不正也。側，或作則。◎俞樾曰：《釋文》曰，側，不正也。一云，謂醉者喜傾側冠也。王云，側，謂凡為不正也。然上文觀其忠、觀其敬云云，所觀者皆舉美德言之，此獨觀其不正，則不倫矣。諸說皆非也。其云側或作則，當從之。則者，法則也。《國語・周（書）〔語〕》③曰：威儀有則。既醉之後，威儀反反，威儀佖佖，是無則矣，故曰醉之以酒而觀其則。《周書・官人篇》作醉之酒以觀其恭，與此（意）〔文〕語意相近。《大戴禮・文王官人篇》作醉之以觀其不失也，不失即謂不失法則也。◎家世父曰：《釋文》，側，不正也。一云：謂醉者喜傾側冠也。是舊（序）〔本〕皆作醉之以酒以觀其側。側，當為則。《詩》曰：飲酒孔嘉，維其令儀。所謂則也。

⑬【注】君子易觀，不肖難明。然視其所以，觀其所由，察其所安，搜之有塗，亦可知也。

【疏】九事徵驗，小人君子，厚貌深情，必無所避。

【釋文】「易觀」以豉反。「搜之」所求反。

【校】①《闕誤》引江南《古藏》本順作慎。②徵字依下文補。③語字及下文字依《諸子平議》改。

正考父一命而傴，再命而僂，三命而俯，循牆而走，孰敢不軌❶！如而夫者，一命而呂鉅，再命而於車上儛，三命而名諸父，孰協唐許❷！

❶【注】言人不敢以不軌之事侮之。

【疏】考，成也。父，大也。有考成大德而履正道，故號正考父，則孔子十代祖宋大夫也。士一命，大夫二命，卿三命也。傴曲循牆，並敬容極恭，卑退若此，誰敢將不軌之事而侮之也！

【釋文】「正考父」音甫。宋湣公之玄孫，弗父何之曾孫。「而傴」紆矩反。「而僂」力矩反。「三命」公士一命，大夫再命，卿三命。

❷【注】而夫，謂凡夫也。唐，謂堯也；許，謂許由也。言而夫與考父者，誰同於唐許之事也。

【疏】而夫，鄙夫也。諸父，伯叔也。凡夫篤競軒冕，一命則呂鉅夸華，再命則援綏作舞，三命善識自高，下呼伯叔之名。然考父謙夸各異，格量勝劣，誰同唐堯許由無爲禪讓之風哉！

【釋文】「而夫」郭云：凡夫也。「呂鉅」矯貌。◎家世父曰：《釋文》，呂鉅，矯貌。疑此不當為矯。《方言》：㚕、呂，長也；東齊白㚕，宋魯曰呂。《説文》：鉅，大剛也。亦通作巨，大也。呂鉅，謂自高大，當為矜張之意，云矯，非也。「孰協唐許」協，同也。唐，唐堯；許，許由：皆崇讓者也。言考父與而夫，誰同於唐許也。◎盧文弨曰：舊作協同也，今從宋本。◎家世父曰：郭象注，唐謂堯，許謂許由；言而夫與考父，誰同於唐許之事。今按孰協唐許與孰敢不軌對文，言如而夫者，誰知比同於唐許哉！郭注誤。

賊莫大乎德有心❶而心有睫❷，及其有睫也而內視，內視而敗矣❸。凶德有五，中德為首❹。何謂中德？中德也者，有以自好也而吡其所不為者也❺。

❶【注】有心於爲德，非真德也。夫真德者，忽然自得而不知所以（德）〔得〕①也。

【疏】役智勞慮，有心爲德，此賊害之甚也。

❷【注】率心爲德，猶之可耳；役心於眉睫之間，則僞已甚矣。

【釋文】「睫」音接。◎俞樾曰：郭注曰，役心於眉睫之間，則偽已甚矣。然正文言心有睫，非役心於眉睫之謂，郭注非也。心有睫，謂以心為睫也。人於目之所不接，而以意度之，謂其如是，是心有睫也。聖人不逆詐，不意不信，豈如是乎？故曰賊莫大乎德有心而心有睫。下文曰，及其有睫也而內視，內視而敗矣。然則心有睫正內視之謂。內視者，非謂收視返聽也，謂不以目視而以心視也。後世儒者執一理以斷天下事，近乎心有睫矣。

❸【注】乃欲探射幽隱，以深爲事，則心與事俱敗矣。

【疏】率心爲役，用心神於眼睫，緣慮逐境，不知休止，致危敗甚矣。

【釋文】「探射」食亦反。

❹【疏】謂心耳眼舌鼻也。曰此五根，禍因此（德）〔得〕，謂凶德也。五根禍主，中德爲（無）心也。

❺【注】吡，訾也。夫自是而非彼，則攻之者非一，故爲凶首也。若中無自好之情，則恣萬物之所是，所是各不自失，則天下皆思奉之矣。

【疏】吡，訾也。用心中所好者自以爲是，不同己爲者訾而非之。以心中自是爲得，故曰中德。

【釋文】「自好」呼報反。注同。「吡」匹爾反，又芳爾反。郭云：訾也。「訾也」子爾反。「皆思奉之矣」本或作皆畢事也。

【校】①得字依道藏本改。

窮有八極，達有三必，形有六府❶。美髯長大壯麗勇敢，八者俱過人也，因以是窮❷。緣循，偃佒，困畏不若人，三者俱通達❸。知慧外通❹，勇動多怨❺，仁義多責①❻。達生之情者傀❼，達於知者肖②❽；達大命者隨❾，達小命者遭❿。

❶【疏】八極三必窮達，猶人身有六府也。列下文矣。

❷【注】窮於受役也。然天下未曾窮於所短，而恆以所長自困。

【疏】美，恣媚也。髯，髭鬚也。長，高也。大，粗大也。壯，多力；麗，妍華；勇，猛；敢，果決也。蘊此八事，超過常人，（愛）〔受〕③役既多，因以窮困也。

【釋文】「美髯」人鹽反。「未曾」才能反。

❸【注】緣循，杖物而行者也。偃佒，不能俯執者也。困畏，怯弱者也。此三者既不以事見任，乃將接佐之，故必達也。

【疏】循，順也，緣物順他，不能自立也。偃佒，仰首不能俯執也。困畏，困苦〔怯〕懼也。有此三事不如恆人，所在通達也。

【釋文】「偃佒」於丈反。本亦作央，同。偃佒，守分歸一也。◎家世父曰，郭注，偃佒，不能俯執者。《釋文》，偃佒，守分歸一也。疑偃佒當為偃仰，猶言俯仰從人也。《大雅》顒顒卬卬，《韓詩外傳》作顒顒盎盎。央卬亦一聲之轉。◎慶藩案緣循偃佒，緣，緣飾也。（見《晏子春秋・內篇問下》。）循，因循也。偃，矢志也。佒當作詇。詇，早知也。（見《說文》詇字注。）「杖物」直亮反。

❹【注】通外則以無崖傷其內也。

【疏】自持智慧照物，外通塵境也。

【釋文】「知慧」音智。

❺【注】怯而靜，乃厚其身耳。

【疏】雄健躁擾，必招釁隙。

【釋文】「乃厚其身耳」元嘉本厚作後。一本作乃後恆無怨也。

❻【注】天下皆望其愛，然愛之則有不周矣，故多責。

【疏】仁義則不周，必有多責也。

❼【注】傀然，大恬解之貌也。

【釋文】「傀」郭、徐呼懷反。《字林》公回反，云：偉也。「恬解」音蟹。

【疏】注云：肖，釋散也；傀，恬解也。達悟之崖，真性虛照，傀然縣解，無係戀也。

❽【注】肖，釋散也。

【釋文】「於知」音智。「者肖」音消。郭云：釋散也。◎王念孫曰：郭象曰，傀然，大恬解之貌；肖，釋散也。案郭以傀為大，是也，以肖為釋散則非。《方言》曰：肖，小也。（《廣雅》同。）肖與傀正相反，言任天則大，任智則小也。肖，猶宵也。《學記．宵雅》肄三，鄭注曰：宵之言小也。宵肖古同聲，故《漢書．刑法志》肖字通作宵。《史記．太史公自序》申呂肖矣，徐廣曰：肖，音痟。痟猶衰微，義亦相近也。◎慶藩案肖司馬作胥。《文選》謝靈運《初（發）〔去〕④郡詩注》引司馬云：傀讀曰瑰，瑰，大也；情在故曰大也。胥，多智也。謝靈運《齋中讀書詩注》（江文通《雜體詩注》並⑤）又引云：傀，大也，情在無，故曰大。《釋文》闕。

❾【注】泯然與化俱也。

【疏】大命，大年。假如彭祖壽考，隨而順之，亦不厭其長久，以爲勞苦也。

❿【注】每在節上住乃悟也。

【疏】小命，小年也。遭，遇也。如殤子促齡，所遇斯適，曾不介懷耳。

【校】①《闕誤》引劉得一本責下有六者所以相刑也七字。②《道藏》本肖作消。③受字依注文改。④去字依文選改。⑤江文通等八字，因《雜體詩注》無此文，刪。

人有見宋王者，錫車十乘，以其十乘驕穉莊子❶。

❶【疏】錫，與也。穉，後也。宋襄王時，有庸瑣之人游宋，安說宋王，錫車十乘，用此驕炫，排莊周於己後，自矜物先也。

【釋文】「十乘」繩證反。下同。「驕穉」直吏反，又池夷反。李云：自驕而穉莊子也。◎盧文弨曰：今書作穉。◎慶藩案穉亦驕也。（《集韻》：穉，陳尼切，自驕矜貌。）《管子・軍令篇》工以雕文刻鏤相穉，尹知章注：穉，驕也。王引之《經義述聞》云，《詩載馳篇》衆穉且（在）〔狂〕①，謂既驕且狂也。

【校】①狂字依《毛詩》改。

莊子曰：「河上有家貧恃緯蕭而食者，其子沒於淵，得千金之珠。其父謂其子

曰：『取石來鍛之！夫大金之珠，必在九重之淵而驪龍頷下，子能得珠者，必遭其睡也。使驪龍而寤，子尚奚微之有哉！』❶今宋國之深，非直九重之淵也；宋王之猛，非直驪龍也；子能得車者，必遭其睡也。使宋王而寤，子為齏粉夫！❷」

❶【疏】葦，蘆也。蕭，蒿也。家貧織蘆蒿爲薄，賣以供食。鍛，椎也。驪，黑龍也，頷下有千金之珠也。譬識得車之人也。

【釋文】「緯蕭」如字。緯，織也。蕭，荻蒿也。織蕭以為畚而賣之。本或作葦，音同。◎慶藩案《文選》顏延年《陶徵士誄注》引司馬云：蕭，蒿也，織蒿為薄。《北堂書鈔．簾部》、《太平御覽》七百並引云：蕭，蒿也，織緝（《御覽》作緯。）蒿為薄簾也。《御覽》九百九十七又引云：蕭，蒿也，緯，織也，織蒿為箔。《釋文》闕。「鍛之」丁亂反，謂槌破之。◎盧文弨曰：鍛，舊從（段）〔叚〕，訛，今改正。「九重」直龍反。「驪龍」力馳反。驪龍，黑龍也。「頷下」戶感反。

❷【注】夫取富貴，必順乎民望也，若挾奇說，乘天衢，以嬰人主之心者，明主之所不受也。故如有所譽，必有所試，於斯民不違，僉曰舉之，以合萬夫之望者，此三代所以直道而行之也。

【疏】懷忠貞以感人主者，必〔得〕非常之賞。而用左道，使其說佞媚君王，僥倖於富貴者，故有驕穉之容。亦何異遭驪龍睡得珠耶！餘詳注意。

【釋文】「齏」子兮反。《說文》作䪡。「粉夫」音符。「若挾」戶牒反。「僉曰」七潛反。

或聘於莊子❶。莊子應其使曰：「子見夫犧牛乎❷？衣以文繡，食以芻叔①，及

其牽而入於大廟，雖欲為孤犢，其可得乎❸！」

❶【疏】寓言，不明聘人姓氏族，故言或也。

❷【疏】犧，養也。君王預前三月養牛祭宗廟曰犧也。

【釋文】「其使」所吏反。

❸【注】樂生者畏犧而辭聘，髑髏聞生而矉蹙，此死生之情異而各自當也。

【疏】芻，草也。菽，豆也。犧養豐（贍）〔贍〕，臨祭日求爲孤犢不可得也。況祿食之人，例多夭折，嘉遁之士，方足全生。莊子清高，笑彼名利。

【釋文】「衣以」於既反。「食以」音嗣。「芻叔」初俱反。芻，草也。叔，大豆也。「大廟」音太。「髑」音獨。「髏」音樓。「矉」毗人反。「蹙」子六反。

【校】①趙諫議本叔作菽。

莊子將死，弟子欲厚葬之。莊子曰：「吾以天地為棺槨，以日月為連璧，星辰為珠璣，萬物為齎送。吾葬具豈不備邪？何以如此！❶」

❶【疏】莊子妙達玄道，逆旅形骸，故棺槨天地，鑪冶兩儀，珠璣星辰，變化三景，資送備矣。門人厚葬，深乖造物也。

【釋文】「珠璣」音祈，又音機。一音其既反。「齎」音資。本或作濟，子詣反。

弟子曰：「吾恐烏鳶之食夫子也。」

莊子曰：「在上為烏鳶食，在下為螻蟻食，奪彼與此，何其偏也❶！」

❶【疏】鳶，鴟也。門人荷師主深恩也，將欲厚葬，避其烏鳶，豈知厚葬還遭螻蟻！情好所奪，偏私之也。

【釋文】「鳶」以全反。「螻」音樓。「義」魚綺反。

以不平平，其平也不平❶；以不徵徵，其徵也不徵❷。明者唯為之使❸，神者徵之❹。夫明之不勝神也久矣❺，而愚者恃其所見入於人，其功外也，不亦悲乎❻！

❶【注】以一家之平平萬物，未若任萬物之自平也。

【疏】無情與奪，委任均平，此真平也。若運情慮，均平萬物，（若）〔方〕欲起心，已不平矣。

❷【注】徵，應也。不因萬物之自應而欲以其所見應之，則必有不合矣。

【疏】聖人無心，有感則應，此真應也，若有心應物，不能應也。徵，應也。

❸【注】夫執其所見，受使多矣，安能使物哉！

【疏】自炫其明，情應於務，爲物驅使，何能役人也！

❹【注】唯任神然後能至順，故無往不應也。

【疏】神者無心，寂然不動，能無不應也。

❺【注】明之所及，不過於形骸也，至順則無遠近幽深，皆各自得。

【疏】明則有心應務，爲物驅役，神乃無心，應感無方。有心不及無心，存應不及忘應，格量可知也。

❻【注】夫至順則用發於彼而以藏於物，若恃其所見，執其自是，雖欲入人，其功外矣①。

【疏】夫忘懷應物者，爲而不恃，功成不居。愚惑之徒，自執其用，叨人功績，歸入己身，雖欲矜伐，其功外矣。迷〔忘〕〔妄〕如此，深可悲哉！

【校】①世德堂本作其功之外也。

莊子集釋　卷十下

雜篇　天下第三十三❶

❶【釋文】以義名篇。

天下之治方術者多矣，皆以其有為不可加矣❶。古之所謂道術者，果惡乎在❷？曰：「无乎不在❸。」曰：「神何由降？明何由出❹？」「聖有所生，王有所成❺，皆原於一❻。」

❶【注】爲其所①有爲，則真爲也，爲其真爲，則無爲矣，又何加焉！

【疏】方，道也。自軒頊已下，迄于堯舜，治道藝術，方法甚多，皆隨有物之情，順其所爲之性，任羣品之動植，曾不加之於分表，是以雖教不教，雖爲不爲矣。

❷【疏】上古三皇所行道術，隨物任化，淳朴無爲，此之方法，定在何處？假設疑問，發明深理也。

【釋文】「惡乎」音烏。

❸【疏】答曰：無爲玄道，所在有之，自古及今，無處不徧。

❹【注】神明由事感而後降出。

【疏】神者，妙物之名；明者，智周爲義。若使虛通聖道，今古有之，亦何勞彼神人顯茲明智，制體作樂以導物乎？

❺【疏】夫虛凝玄道，物感所以誕生，聖帝明王，功成所以降迹，豈徒然哉！

❻【注】使物各復其根，抱一而已，無飾於外，斯聖王所以生成也。

【疏】原，本也。一，道。雖復降靈接物，混迹和光，應物不離真常，抱一而歸本者也。

【校】①趙諫議本其所作以其。

不離於宗，謂之天人。不離於精，謂之神人。不離於真，謂之至人。以天為宗，以德為本，以道為門，兆於變化，謂之聖人。❶以仁為恩，以義為理，以禮為行，以樂為和，薰然慈仁，謂之君子❷。以法為分，以名為表，以參為驗，以稽為決，其數一二三四是也❸，百官以此相齒，以事為常❹，以衣食為主，蕃息畜藏❺，老弱孤寡為意①，皆有以養，民之理也❻。

❶【注】凡此四名，一人耳，所自言之異。

【疏】冥宗契本，謂之自然。淳粹不雜，謂之神妙。嶷然不假，謂之至極。以自然爲宗，上德爲本，玄道爲門，觀於機兆，隨物變化者，謂之聖人。已上四人，只是一耳，隨其功用，故有四名也。

【釋文】「不離」力智反。下注不離、離性、下章離於同。「兆於」本或作逃。

❷【注】此四（者）〔名〕②之粗迹，而賢人君子之所服膺也。

【疏】布仁惠爲恩澤，施義理以裁非，運節文爲行首，動樂音以和性，慈照光乎九有，仁風扇乎八方，譬蘭蕙芳馨，香氣薰於遐邇，可謂賢矣。

【釋文】「為行」下孟反。章內同。「薰然」許云反，溫和貌。崔云：以慈仁為馨聞也。「之粗」七奴反。卷內皆同。

❸【疏】稽，考也。操，執也。法定其分，名表其實，操驗其行，考決其能。一二三四，既名法等是也。

【釋文】「以參」本又作操，同。七曹反，宜也。「以稽」音雞，考也。

❹【疏】自堯舜已下，置立百官，用此四法更相齒次，君臣物務，遂以爲常，所謂彝倫也。

❺【疏】夫事之不可廢者，耕織也；聖人之不可廢者，衣食也。故國以民爲本，民以食爲天，是以蕃滋生息，畜積藏儲者，皆養民之法。

【釋文】「蕃息」音煩。「畜」敕六反，又許六反。「藏」如字，又才浪反。

❻【注】民理既然，故聖賢不逆。

【校】①高山寺本無爲意二字。②名字依趙諫議本改。

古之人其備乎❶！配神明，醇天地，育萬物，和天下❷，澤及百姓，明於本數，係於末度❸，六通四辟①，小大精粗，其運无乎不在❹。其明而在數度者，舊法世傳之史尚多有之❺。其在於《詩》《書》《禮》《樂》者，鄒魯之士搢紳先生多能明之❻。詩以道志，《書》以道事，《禮》以道行，《樂》以道和，《易》以道陰陽，《春秋》以道名分❼。其數散於天下而設於中國者，百家之學時或稱而道之❽。

❶【注】古之人即向之四名也。

【疏】養老哀弱，矜孤恤寡，五帝已下，備有之焉。

❷【疏】配，合也。夫聖帝無心，因循品物，故能合神明之妙理，同天地之精醇，育宇內之黎元，和域中之羣有。

❸【注】本數明，故末〔度〕②不離。

【釋文】「醇」順倫反。

【疏】本數，仁義也。末度，名法也。夫聖心慈育，恩覃黎庶，故能明仁義以崇本，係〔法〕名〔法〕以救末。◎家世父曰：天人、神人、至人、聖人、君子，所從悟入不同，而稽之名法度數，以求養民之理，則固不能離棄萬物，以不與民生爲緣；故曰明〔乎〕〔於〕本數，係於末度。莊子自〔明〕著書之旨而微發其意如此。

❹【注】所以爲備。

【疏】〔闢〕〔辟〕，法也。大則兩儀，小則羣物，精則神智，粗則形像，通六合以遨遊，法四時而變化，隨機運動，無所不在也。

【釋文】「四辟」婢亦反。本又作闢。

❺【注】其在數度而可明者，雖多有之，已疏外也。

【疏】史者，《春秋》《尚書》，皆古史也。數度者，仁義名法等也。古舊相傳，顯明在世者，史傳書籍，尚多有之。

❻【注】能明其迹耳，豈所以迹哉！

【疏】鄒，邑名也。魯，國號也。搢，笏也，亦插也。紳，大帶也。先生，儒士也。言仁義名法布在《六經》者，鄒魯之地儒服之人能明之也。

【釋文】「鄒」莊由反，孔子父所封邑。

❼【疏】道，達也，通也。夫《詩》道情志，《書》道世事，《禮》道心行，《樂》道和適，《易》明卦兆，通達陰陽，《春秋》褒貶，定其名分。

【釋文】「道志」音導。下以道皆同。「名分」扶問反。

❽【注】皆道古人之陳迹耳，尚復不能常稱。

【疏】《六經》之迹，散在區中，風教所覃，不過華壤。百家諸子，依稀五德，時復稱說，不能大同也。

【釋文】「尚復」扶又反。下章不復同。

【校】①趙諫議本辟作闢。②度字依王叔岷說補。

天下大亂❶，賢聖不明❷，道德不一❸，天下多得一❹察焉以自好❺。譬如耳目鼻口，皆有所明，不能相通❻。猶百①家眾技也，皆有所長，時有所用❼。雖然，不該不偏，一曲之士也❽。判天地之美，析萬物之理❾，察古人之全，寡能備於天地之美，稱神明之容❿。是故內聖外王之道，闇而不明，鬱而不發⓫，天下之人各為其所欲焉以自為方。悲夫，百家往而不反，必不合矣！⓬後世之學者，不幸不見天地之純，古人之大體⓭，道術將為天下裂⓮。

❶【注】用其迹而無統故也。

【疏】執守陳迹，故不升平。

❷【注】能明其迹，又未易也。

【疏】韜光晦迹。

【釋文】「未易」以豉反。

❸【注】百家穿鑿。

【疏】法教多端。

❹【注】各信其偏見而不能都舉。

【疏】宇內學人，各滯所執，偏得一術，豈能弘通！

【釋文】「得一」偏得一術。

❺【注】夫聖人統百姓之大情而因爲之制，故百姓寄情於所統而自忘其好惡，故與一世而得淡漠

焉。亂則反之，人恣其近好，家用典法，故國異政，家殊俗。

【疏】不能恬淡虛忘，而每運心思察，隨其情好而爲教方。

【釋文】「自好」呼報反。注及下同。◎王念孫曰：郭象斷天下多得一為句。《釋文》曰，得一，偏得一術。案天下多得一察焉以自好，當作一句讀。下文云，天下之人各為其所欲焉以自為方，句法正與此同。一察，謂察其一端而不知其全體。下文云，譬如耳目鼻口，皆有所明，不能相通，即所謂一察也。若以一字上屬為句，察字下屬為句，則文不成義矣。◎俞樾曰：郭注斷天下多得一為句，《釋文》曰，得一，偏得一術。王氏念孫謂天下多得一察焉以自好當作一句讀，一察，謂察其一端而不知其全體。今案郭讀文不成義，當從王讀。惟以一察為察其一端，義亦未安。察當讀為際，一際，猶一邊也。《廣雅·釋詁》，際、邊並訓方，是際與邊同義。得其一際，即得其一邊，正不知全體之謂。察際並從祭聲，古音相同，故得通用耳。下文云，不該不偏，一曲之士也，一際與一曲，其義相近。◎家世父曰：一察，謂察見其一端，據之以為道而因而好之。舊注以天下多得一為句，誤。「好惡」烏路反。「淡」本又作澹，徒暫反。「漠」音莫。

❻**【疏】**夫目能視色，不能聽聲；鼻能聞香，不能辨味，各有所主，故不能相通也。

❼**【注】**所長不同，不得常用。

【疏】夫《六經》五德，百家諸書，其於救世，各有所長，既未中道，故時有所廢，猶如鼻口有所不通也。

【釋文】「眾技」其綺反。

❽【注】故未足備任也。

【疏】雖復各有所長，而未能該通周徧，斯乃偏僻之士，滯一之人，非圓通合變者也。

【釋文】「不徧」音遍。

❾【注】各用其一曲，故析判。

【疏】一曲之人，各執偏僻，雖著方術，不能會道，故分散兩儀淳和之美，離析萬物虛通之理也。

❿【注】況一曲者乎！

【疏】觀察古昔全德之人，猶(解)〔鮮〕能備兩儀之亭毒，稱神明之容貌，況一曲之人乎！

【釋文】「稱神」尺證反。下章同。

⓫【注】全人難遇故也。

【疏】玄聖素王，內也。飛龍九五，外也。既而百家競起，各私所見，是非殽亂，彼我紛紜，遂使出處之道，闇塞而不明，鬱閉而不泄也。

⓬【疏】心之所欲，執而爲之，即此欲心而爲方術，一往逐物，曾不反本，欲求合理，其可得也！既乖物情，深可悲歎！

⓭【注】大體各歸根抱一，則天地之純也。

【疏】幸，遇也。天地之純，無爲也；古人大體，朴素也。言後世之人，屬斯澆季，不見無爲之道，不遇淳朴之世。

⑭【注】裂，分離也。道術流弊，遂各奮其方，或以主物，則物離性以從其上而性命喪矣。

【疏】裂，分離也。儒墨名法，百家馳騖，各私所見，咸率己情，道術紛紜，更相倍譎，遂使蒼生措心無所，分離物性，實此之由也。◎慶藩案裂，依字當作列。《說文》：列，分解也。《易》《艮》九二列其夤，《管子・五輔篇》、《曾子・天圓篇》瘞大袂列。古分解字皆作列。《說文》：裂，繒餘也。義各不同。今分列字皆作裂，而列但為行列字矣。

【釋文】「哀矣」如字。本或作喪，息浪反。◎盧文弨曰：今書作喪矣。

【校】①世德堂本百作有。

不侈於後世，不靡於萬物，不暉於數度❶，以繩墨自矯❷而備世之急❸，古之道術有在於是者。墨翟禽滑釐聞其風而說之，為之大過，已之大循①❹。作為《非樂》，命之曰《節用》；生不歌，死无服❺。墨子氾愛兼利而非鬬❻，其道不怒❼；又好學而博，不異❽，不與先王同❾，毀古之禮樂❿。

❶【注】勤儉則瘁，故不暉也。

【疏】侈，奢也。靡，麗也。暉，明也。教於後世，不許奢華，物我窮儉，未（常）〔嘗〕綺麗，既乖物性，教法不行，故（於）先王典禮不得顯明於世也。

【釋文】「不侈」尺紙反，又尺氏反。「不暉」如字。崔本作渾。「則瘁」在醉反。

❷【注】矯，厲也。

【疏】𫓧，厲也。用仁義爲繩墨，以勉厲其志行也。

【釋文】「自𫓧」居表反。

❸【注】勤而儉則財有餘，故②急有備。

【疏】世急者，謂陽九百六水火之災也。勤儉節用，儲積財物，以備世之凶災急難也。

❹【注】不復度衆所能也。

【疏】循，順也。古之道術，禹治洪水，勤儉枯槁，其迹尚在，故言有在於是者。姓禽，字滑釐，墨翟弟子也。墨翟（循）〔滑〕③釐，性好勤儉，聞禹風教，深悅愛之，務爲此道，勤苦過甚，適周己身自順，未堪教被於人矣。

【釋文】「墨翟」宋大夫，尚儉素。「禽滑」音骨，又戶八反。「釐」力之反，又音熙。禽滑釐，墨翟弟子也。不順五帝三王之樂，嫌其奢。「而說」音悅。下注同，後聞風而說皆同。「大過」音太，舊敕佐反。後大過、大多、大少倣此。「大順」順，或作循。◎慶藩案循，或作順。《說文》：循，順行也。鄭注《尚書·中候》曰：循，順。《書大傳》三正若循連環，《白虎通義》引此，循作順。順與循，古同聲而通用也。「度衆」徒各反。

❺【疏】《非樂》《節用》，是《墨子》二篇書名也。生不歌，故非樂，死無服，故節用，謂無衣衾棺槨等資葬之服，言其窮儉惜費也。

【釋文】「非樂節用」墨子二篇名。

❻【注】夫物不足，則以鬭爲是，今墨子令百姓皆勤儉各有餘，故以鬭爲非也。

【疏】普氾兼愛，利益羣生，使各自足，故無鬬爭，以鬬爲（之）非也。

【釋文】「氾」芳劍反。「愛兼利」化同己儉為氾愛兼利。「令百」力呈反。下同。

❼【注】但自刻也。

【疏】克己勤儉，故不怨怒於物也。

❽【注】既自以爲是，則欲令萬物皆同乎己也。

【疏】墨子又好學，博通墳典，己既勤儉，欲物同之也。

❾【注】先王則忞其羣異，然後同焉皆得而不知所以得也。

❿【注】嫌其侈靡。

【疏】禮則節文隆殺，樂則鐘鼓羽毛，嫌其侈靡奢華，所以毀棄不用。

【校】①世德堂本循作順。②世德堂本故作而。③滑字依覆宋本改。

黃帝有《咸池》，堯有《大章》，舜有《大韶》，禹有《大夏》，湯有《大濩》，文王有辟雍之樂，武王周公作《武》❶。古之喪禮，貴賤有儀，上下有等，天子棺槨七重，諸侯五重，大夫三重，士再重❷。今墨子獨生不歌，死不服，桐棺三寸而无槨，以為法式。以此教人，恐不愛人；以此自行，固不愛己。❸未①敗墨子道❹，雖然，歌而非歌，哭而非哭，樂而非樂，是果類乎❺？其生也勤，其死也薄，其道大觳❻；使人憂，使人悲，其行難為也，恐其不可以為聖人之道❼，反天下之

心，天下不堪。墨子雖獨能任，奈天下何！離於天下，其去王也遠矣。❽

❶【疏】已上是五帝三王樂名也。

【釋文】「有夏」戶雅反。◎盧文弨曰：今書作有《大夏》。下《有濩》亦作有《大濩》。「有濩」音護。「有辟」音壁。「作《武》」《武》，樂名。

❷【疏】自天王已下，至于士庶，皆有儀法，悉有等級，斯古之禮也。

【釋文】「七重」直龍反。下同。

❸【注】物皆以任力稱情爲愛，今以勤儉爲法而爲之大過，雖欲饒天下，更非所以爲愛也。

【疏】師於禹迹，勤儉過分，上則乖於三王，下則逆於萬民，故生死勤窮，不能養於外物，形容枯槁，未可愛於己身也。

❹【注】但非道德。

【疏】未，無也。翟性尹老之意也。

【釋文】「未敗」敗，或作毀。「墨子」是一家之正，故不可以為敗也。崔云：未壞其道。

❺【注】雖獨成墨而不類萬物之情。

【疏】夫生歌死哭，人倫之常理；凶哀吉樂，世物之大情。今乃反此，故非徒類矣。

【釋文】「非歌」生應歌，而墨以歌為非也。「樂而」音洛。下及注同。◎家世父曰：墨子之意，主於節用。其《非樂篇》言厚措斂乎萬民，以為犬鍾鳴鼓，琴瑟竽笙，言今王公大人為樂，虧奪民衣食之時，虧奪民衣食之財，其三篇言其樂逾繁，其治逾寡。莊子亦辯其非樂薄葬，而歸本於節用，言墨子之道所以未敗，今之歌固非歌，今之哭固非哭，今之樂固非樂，其與墨子之言，果類乎，果非類乎？故以下但著其勤苦之實，以明墨子之本旨。

❻【注】觳，無潤也。

【疏】觳，無潤也。生則勤苦身心，死則資葬儉薄，其爲道乾觳無潤也。

【釋文】「觳」郭苦角反。徐戶角反。郭李皆云：無潤也。◎家世父曰：《爾雅·釋詁》觳，盡也。《管子·地員篇》淖而不肕，剛而不觳；其下土三十物，又次曰五觳。觳者，薄也。《史記·始皇本紀》雖監門之養，不觳於此矣，言不薄於此也。墨子之道，自處以薄。郭象注觳無潤也，解似迂曲。

❼【注】夫聖人之道，悅以使民，民得性之所樂則悅，悅則天下無難矣。

【疏】夫聖人之道，得百姓之歡心，今乃使物憂悲，行之難久，又無潤澤，故不可以教世也。

【釋文】「其行」下孟反。下注以成其行同。

❽【注】王者必合天下之懽心而與物俱往也。

【疏】夫王天下者，必須虛心志己，大順羣生，今乃毀皇王之法，反黔首之性，其於主物，不亦遠乎！

【釋文】「能任」音任。

【校】①趙諫議本未作末。

墨子稱道曰：「昔①禹之湮洪水，決江河而通四夷九州也，名山②三百，支川三千，小者无數❶。禹親自操橐③耜而九雜④天下之川❷；腓无胈，脛无毛，沐甚雨，櫛疾風⑤，置萬國。禹大聖也而形勞天下也如此❸。」使後世之墨者，多以裘褐為衣，以跂蹻為服，日夜不休，以自苦為極❹，曰：「不能如此，非禹之道也，不足謂墨❺。」

❶【疏】湮，塞也。昔堯遭洪水，命禹治水，寘塞隄防，通決川瀆，救百六之災，以播種九穀也。

【釋文】「煙洪水」音因，又音煙，塞也，沒也。掘地而注之海，使水由地下也。引禹之儉同己之道。◎盧文弨曰：舊儉譌險，今改正。◎俞樾曰：名山當作名川，字之誤也。名川支川，猶言大水小水。下文曰禹親自操橐耜而九雜天下之川，可見此文專以川言，不當言山也。若但言支川而不言名川，則是舉流而遺其原，於文為不備矣。襄十一年《左傳》曰名山名川，是山川並得言名，學者多見名山，尟見名川，故誤改之耳。《呂氏春秋．始覽篇》、《淮南子．墬形篇》並曰名川六百。◎慶藩案名川，大川也。禮禮器因名山升中於天，鄭注：名，猶大也。高注淮南墬形篇亦曰：名山，大（川）〔山〕也。《王制》言名山大川，《月令》言大山名源，其義一也。《魯語》取名魚，韋注：名魚，大魚也。《秦策》路之一名都，高注：名，大也。（《魏策》大都數百，名都數十也。）此皆訓名為大之證。「支川」本或作支流。

❷【疏】橐，盛土器也。耜，掘土具也。禹捉耜掘地，操橐負土，躬自辛苦以導川原，於是舟檝往來，九州雜易。又解：古者字少，以滌爲盪，川爲原，凡經九度，言九雜也。又本作鳩者，言鳩

雜川谷以導江河也。

【釋文】「自操」七曹反。「槀」舊古考反，崔郭音託，字則應作橐。崔云：囊也。司馬云：盛土器也。「耜」音似。釋名：耜，似也，似齒斷物。《三蒼》云：耒頭鐵也。崔云：梩也。司馬云：盛水器也。「而九」音鳩。本亦作鳩，聚也。「雜」本或作朵，音同。崔云：所治非一，故曰雜也。◎家世父曰：《釋文》，九亦作鳩，聚也。雜，本或作朵，崔云，所治非一，故曰雜也。《玉篇》：雜，同也。《廣韻》：雜，集也。《書序》決九州，言雜匯諸川之水，使同會於大川，故曰九雜天下之川。

❸【注】墨子徒見禹之形勞耳，未覩其性之適也。

【疏】通導百川，安置萬國，閭啓之泣，無暇暫看，三過其門，不得看子。賴驟雨而洒髮，假疾風而梳頭，勤苦執勞，形容毀悴，遂使腓股無肉，膝脛無毛。禹之大聖，尚自艱辛，況我凡庸，而不勤苦！

【釋文】「腓」音肥，又符畏反。「无胈」步葛反，又甫物反，又符蓋反。「脛」刑定反。「甚雨」如字。崔本甚作湛，音淫。◎盧文弨曰：今書作沐甚風櫛疾雨。此以甚雨在櫛字上，當本是沐甚雨櫛疾風，文義較順。《淮南・脩務篇》云：禹沐浴霪雨，櫛扶風，可以為證。《淮南》浴字乃衍文。李善注《文選・和王著作八公山詩》引《淮南》作沐淫雨，櫛疾風。◎慶藩案崔本甚作湛，是也。湛與淫同。《論衡・明雩篇》久雨為湛，湛即淫也。《太史公自序》帝辛湛湎，揚雄《光祿勳箴》桀紂淫雨。淫湛義同，字亦相通。《攷工記》（㡆）〔㡃〕⑥氏淫之以蜃，杜子春云：淫當為湛。《淮南・脩務篇》正作禹沐淫雨。（《禮・檀弓》門人後，雨甚。古書中少言甚雨者。）《淮南・覽冥篇》東風而酒湛溢，湛溢即淫溢，謂酒得東風加長也。《春秋繁露・同類相動篇》水得夜長數分，東風而酒湛溢，皆其證。「櫛」側筆反。

❹【注】謂自苦爲盡理之法。

【疏】裘褐，粗衣也。木曰跂，草曰蹻也。後世墨者，翟之弟子也。裘褐跂蹻，儉也。日夜不休，力也。用此自苦，爲理之妙極也。

【釋文】「裘褐」戶葛反。「跂」其逆反。「蹻」紀略反。李云：麻曰屩，木曰屐。屐與跂同，屩與蹻同。一云：鞋類也。一音居玉反，以藉鞋下也。

❺【注】非其時而守其道，所以爲墨也。

【疏】墨者，禹之陳迹也。故不能苦勤，乖於禹道者，不可謂之墨也。

【校】①世德堂本昔下有者字。②趙諫議本山作川，與俞說合。③世德堂本橐作槖。④《闕誤》引江南《古藏》本及李本雜俱作滌。⑤世德堂本風雨二字互易。趙諫議本與《釋文》同。⑥㡛字依《攷工記》改。

相里勤之弟子五侯之徒，南方之墨者苦獲、已齒、鄧陵子之屬，俱誦《墨經》，而倍譎不同，相謂別墨❶；以堅白同異之辯相訾，以觭偶不仵之辭相應；以巨子為聖人❷，皆願為之尸❸，冀得為其後世，至今不決❹。

❶【注】必其各守所見，則所在無通，故於墨之中又相與別也。

【疏】姓相里，名勤，南方之墨師也。苦獲五侯之屬，並是學墨人也。譎，異也。俱誦《墨經》而更相倍異，相呼爲別墨。

【釋文】「相」息亮反。「里勤」司馬云：墨師也。姓相里，名勤。◎俞樾曰：《韓非子・顯學篇》有相里氏之墨，有相夫氏之墨，有（鄉）〔鄧〕①陵氏之墨。「苦獲已齒」李云：二人姓字也。「而倍」郭音佩，又裴罪反。「譎」古穴反。崔云：決也。◎慶藩案倍譎，諸書多作倍僪，或作背譎，（《呂氏春秋・明理篇》日有倍僪，高注：日旁之危氣也，在兩旁反出為倍，在上反出為僪。《淮南・覽冥篇》臣心乖則背譎見於天。）皆背鐍之借字。《漢書・天文志》暈適背穴，孟康曰：背，形如北字也。（案《吳語》韋昭注：北，古之背字。《說文》：北，乖也，從二人相背。則日兩旁氣外向者為背，形與北相似，故孟康云背如北。）穴，讀作鐍，其形如（半）〔玉〕②鐍也。如淳曰：凡氣在〔日〕③上，（日）為冠為戴，在旁直對為珥，在旁如半環，向日為抱，向外為背，有氣刺日為鐍，鐍，抉傷也。今案背鐍皆外向之名，莊子蓋喻各泥一見，二人相背耳。以氣刺日為鐍，失之。

❷【注】巨子最能辨其所是以成其行。

【疏】訾，毀也。巨，大也。獨唱曰觭，音奇。對辯曰偶。仵，倫次也。言鄧陵之徒，（然）〔雖〕蹈墨術，堅執堅白，各炫己能，合異爲同，析同爲異；或獨唱而寡和，或賓主而往來，以有無是非之辯相毀，用無倫次之辭相應，勤儉甚者，號爲聖人。

【釋文】「相訾」音紫。「以觭」紀宜反，又音寄。「不仵」音誤。徐音五。仵，同也。「巨子」向崔本作鉅。向云：墨家號其道理成者為鉅子，若儒家之碩儒。

❸【注】尸者，主也。

❹【注】爲欲係巨子之業也。

【疏】咸願爲師主，庶傳業將來，對爭勝負不能決定也。

【校】①鄧字依《諸子平議》改。②玉字依《漢書注》改。③日上依《漢書注》改。

墨翟禽滑釐之意則是❶，其行則非也❷。將使後世之墨者，必自苦以腓无胈脛无毛相進而已矣❸。亂之上也❹，治之下也❺。雖然，墨子真天下之好①也❻，將求之不得也❼，雖枯槁不舍也❽。才士也夫❾！

❶【注】意在不侈靡而備世之急，斯所以爲是。

❷【注】爲之太過故也。

【疏】意在救物，所以是也；勤儉太過，所以非也。

❸【疏】進，過也。後世學徒，執墨陳迹，精苦自勵，意在過人也。

❹【注】亂莫大於逆物而傷性也。

❺【注】任衆適性爲上，今墨反之，故爲下。

【疏】墨子之道，逆物傷性，故是治化之下術，荒亂之上首也。

【釋文】「治之」直吏反。

❻【注】爲其真好重聖賢不逆也，但不可以教人。

【釋文】「之好」呼報反，注同。◎俞樾曰：真天下之好，謂其真好天下也，即所謂墨子兼愛也。下文曰將求之不得也，雖枯槁不舍也，此求字即心誠求之之求。求之不得，雖枯槁不舍，即所謂摩頂放踵，利天下為之也。郭注未得。「為其」于偽反。

❼【注】無輩。

❽【注】所以爲真好也。

【疏】宇內好儉，一人而已，求其輩類，竟不能得。顛頓如此，終不休廢，率性真好，非矯爲也。

【釋文】「枯槁」苦老反。「不舍也」音捨。下章同。

❾【注】非有德也。

【疏】夫，歎也。逆物傷性，誠非聖賢，亦勤儉救世才能之士耳。

【校】①高山寺古鈔本好下有者字。

不累於俗，不飾於物，不苟於人，不忮於衆❶，願天下之安寧以活民命，人我之養畢足而止❷，以此白心，古之道術有在於是者❸。宋鈃尹文聞其風而悅之❹，作為華山之冠以自表❺，接萬物以別宥為始❻；語心之容，命之曰心之行❼，以聏合驩，以調海內❽，請欲置之以為主❾。見侮不辱❿，救民之鬭，禁攻寢兵，救世之戰⓫。以此周行天下，上說下教，雖天下不取，強聒而不舍者也⓬，故曰上下見厭而強見也⑬。

❶【注】忮，逆也。

【疏】於俗無患累，於物無矯飾，於人無苟且，於衆無逆忮，立於名行以養蒼生也。

【釋文】「忮」之豉反，逆也。司馬崔云：害也。《字書》云：很也。又音支，韋昭音洎。

❷【注】不敢望有餘也。

❸【疏】每願宇內清夷，濟活黔首，物我儉素，止分知足，以此教迹，清白其心，古術有在，相傳不替矣。

【釋文】「白心」崔云，明白其心也。白，或作任。

❹【疏】姓宋，名鈃；姓尹，名文；並齊宣王時人，同遊稷下。宋著書一篇，尹著書二篇，咸師於黔〔首〕而爲之名也。性與教合，故聞風悅愛。

【釋文】「宋鈃」音形。徐胡冷反，郭音堅。「尹文」崔云：齊宣王時人，著書一篇。◎俞樾曰：《列子·周穆王篇》老成子學玄於尹文先生，未知即其人否。《漢書·藝文志·尹文子》一篇，在名家。師古曰：劉向云，與宋鈃俱遊稷下。

❺【注】華山上下均平。

【疏】華山，其形如削，上下均平，而宋尹立志清高，故爲冠以表德之異。

【釋文】「華山之冠」華山上下均平，作冠象之，表己心均平也。

❻【注】不欲令相犯錯。

【疏】宥，區域也。始，本也。置立名教，應接人間，而區別萬有，用斯爲本也。

【釋文】「以別」彼列反，又如字。「宥為始」始，首也。崔云：以別善惡，宥不及也。

❼【疏】命，名也。發語吐辭，每令心容萬物，即名此容受而爲心行。

❽【注】強以其道聏令合，調令和也。

【釋文】「聏」崔本作眲，音而，郭音餌。司馬云：色厚貌。崔郭王云：和也。眲和萬物，物合則歡矣。一云：調也。「合驩」以道化物，和而調之，合意則歡。◎家世父曰：以眲合驩，諸本或作聏，《莊子闕誤》引作胹。《說文·肉部》：胹，爛也。《方言》：胹，孰也。以胹合驩，即軟孰之意。《太玄經》耎其中，耎其膝，耎其哇，司馬光《集注》：耎字與軟同。亦正此意。《闕誤》作胹字者是也。「強以」其丈反。下皆同。「令合」力呈反。下同。

❾【注】二子請得若此者立以爲物主也。

【疏】聏，和也。用斯名教和調四海，庶令同合以得驩心，置立此人以爲物主也。

❿【注】其於以活民爲急也。

⓫【注】所謂聏調。

【疏】寢，息也。防禁攻伐，止息干戈，意在調和，不許戰鬬，假令欺侮，不以爲辱，意在救世，所以然也。

⓬【注】聏調之理然也。

【疏】用斯教迹，行化九州，上說君王，下教百姓，雖復物不敢用，而強勸喧聒，不自廢舍也。

【釋文】「上說」音悅，又如字。「下教」上，謂國主也。悅上之教下也。一云：說，猶教也。上教教下也。「聒」古活反，謂強聒其耳而語之也。

⑬【注】所謂不辱。

【疏】雖復物皆厭賤，猶自強見勸他，所謂被人輕侮而不恥辱也。

【釋文】「見厭」於豔反，徐於贍反。

雖然，其為人太多，其自為太少❶；曰：「請欲固置五升之飯足矣❷，先生恐不得飽，弟子雖飢，不忘天下❸。」日夜不休，曰：「我必得活哉❹！」圖傲乎救世之士哉❺！曰：「君子不為苛察❻，不以身假物❼，」以為无益於天下者，明之不如已也❽，以禁攻寢兵為外❾，以情欲寡淺為內❿，其小大精粗，其行適至是而止⓫。

❶【注】不因其自化而強以慰之，則其功太重也。

【疏】夫達道聖賢，感而後應，先存諸己，後存諸人。今乃勤強勸人，被厭不已，當身枯槁，豈非自爲太少乎！

【釋文】「為人」于偽反。下自為同。

❷【注】斯明自爲之太少也。

❸【注】宋鈃尹文稱天下爲先生，自稱爲弟子也。

【疏】宋尹稱黔首爲先生，自謂爲弟子，先物後己故也。坦然之迹，意在勤儉，置五升之飯，爲一日之食，唯恐百姓之飢，不慮己身之餓，不忘天下，以此爲心，勤儉故養蒼生也，用斯作法，晝夜不息矣。

❹【注】謂民（亦）〔必〕①當報己也。

❺【注】揮斥高大之貌。

【疏】圖傲，高大之貌也。言其強力忍垢，接濟黎元，雖未合道，可謂救世之人也。

【釋文】「圖傲」五報反。

❻【注】務寬恕也。

【疏】夫賢人君子，恕己寬容，終不用取捨之心苟且伺察於物也。

【釋文】「苛察」音河。一本作苟。◎慶藩案苛一本作苟，非也。古書從句從可之字，往往因隸變而譌，苛作苟，亦形似之誤也。《漢巴郡太守張納碑》犴無拘紲之人，拘作抲，朐忍蠻夷，朐作胢。《冀州從事郭君碑》凋柯霜榮，柯字作枸，《說文》抲字解引《酒誥》曰盡執抲，今本抲作拘。《攷工記》妢胡之笴，注：故書笴為笱，杜子春云：笱當作笴。《管子・五輔篇》上彌殘苛而無解舍，苛，今本譌作苟。皆其明證。

❼【注】必自出其力也。

【疏】立身求己，不必假物以成名也。

❽【注】所以爲救世之士也。

【疏】已，止也。若心勞形，乖道逆物，既無益於宇內，明不如止而勿行。

❾【疏】爲利他，外行也。

❿【疏】爲自利，內行也。

⓫【注】未能經虛涉曠。

【疏】自利利他，內外兩行，雖復大小有異，精粗稍殊，而立趨維綱，不過適是而已矣。

【釋文】「其行」下孟反，又如字。

【校】①必字依趙諫議本改。

公而不當①，易而无私，決然无主❶，趣物而不兩❷，不顧於慮，不謀於知，於物无擇，與之俱往❸，古之道術有在於是者❹。彭蒙田駢慎到聞其風而悅之❺，齊萬物以為首，曰：「天能覆之而不能載之，地能載之而不能覆之，大道能包之而不能辯之，知萬物皆有所可，有所不可，故曰選則不偏❻，教則不至❼，道則无遺者矣❽。」

❶【注】各自任也。

【疏】公正而不阿黨，平易而無偏私，依理斷決，無的主宰，所謂法者，其在於斯。

【釋文】「不當」丁浪反。崔本作黨，云：至公無黨也。◎盧文弨曰：作不黨是。「易而」以豉反。

❷【注】物得所趣，故一。

【疏】意在理趣而於物無二也。

❸【疏】依理用法，不顧前後，斷決正直，無所懼慮，亦不運知，法外謀謨，守法而往，酷而無擇。

【釋文】「於知」音智。下棄知同。

❹【疏】自五帝已來，有以法爲政術者，故有可尚之迹而猶在乎世。

❺【疏】姓彭，名蒙；姓田，名駢；姓慎，名到；並齊之隱士，俱游稷下，各著書數篇。性與法合，故聞風悅愛也。◎俞樾曰：據下文，彭蒙當是田駢之師。《意林》引《尹文子》有彭蒙曰：雉兔在野，衆皆逐之，分未定也；雞豕滿市，莫有志者，分定故也。

【釋文】「田駢」薄田反。齊人也，遊稷下，著書十五篇。《慎子》云：名廣。◎俞樾曰：《漢書・藝文志》道家田子二十五篇，名駢，齊人，遊稷下，號天口〔駢〕②。《呂覽・不二篇》陳駢貴齊，即田駢也。《淮南・人間篇》唐子短陳駢子於齊威王云云，即田駢之事實，亦可見貴齊之一端矣。

❻【注】都用乃周。

【疏】夫天覆地載，各有所能，大道包容，未嘗辯說。故知萬物有可不可，隨其性分，但當任之，若欲揀選，必不周偏也。

【釋文】「不偏」音遍。

❼【注】性其性乃至。

【釋文】「不至」一本作不王。

❽【疏】(異)〔萬〕物不同，稟性各異，以此教彼，良非至極，若率至玄道，則物皆自得而無遺失矣。

【釋文】「无遺」如字。本又作貴。

【校】①趙諫議本當作黨。②駢字依《漢書》補。

是故慎到棄知去己而緣不得已，泠汰於物以為道理❶，曰知不知，將薄知而後鄰傷之者也❷，謑髁无任而笑天下之尚賢也❸，縱脫无行而非天下之大聖①❹，椎拍輐斷，與物宛轉❺，舍是與非，苟可以免❻，不師知慮，不知前後❼，魏然而已矣❽。推而後行，曳而後往❾，若飄風之還，若羽之旋，若磨石之隧，全而无非，動靜无過，未嘗有罪❿。是何故⓫？夫无知之物，无建己之患，无用知之累，動靜不離於理，是以終身无譽⓬。故曰至於若无知之物而已，无用賢聖⓭，夫塊不失道⓮。豪桀相與笑之曰：「慎到之道，非生人之行而至死人之理⓯，適得怪焉⓰。」

❶【注】泠汰，猶聽放也。

【疏】泠汰，猶揀鍊也。息慮棄知，忘身去己，機不得已，感而後應，揀鍊是非，據法斷決，慎到守此，用爲道理。◎俞樾曰：《史記·孟荀列傳》慎到，趙任，著《十二論》。《漢書·藝文志》法家有《慎子》四十二篇，名到，先申韓，申韓稱之。

【釋文】「去己」起呂反。章內注同。「泠」音零。「汰」音泰，徐徒蓋反。郭云：泠汰，猶聽放也。一云：泠汰，猶沙汰也，謂沙汰使之泠然也；皆洽汰之歸於一，以此為道理也。或音裔，又音替。

❷【注】謂知力淺，不知任其自然，故薄之而（後）〔又〕鄰傷（也）〔焉〕②。

【疏】鄰，近也。夫知則有所不知，故薄淺其知；雖復薄知而未能都忘，故猶近傷於理。

❸【注】不肯當其任而任夫眾人，眾人各自能，則無爲橫復尙賢也。

【疏】謑髁，不定貌也。隨物順情，無的任用，物各自得，不尙賢能，故笑之也。

【釋文】「謑」胡啟反，又音奚，又苦迷反。《說文》云：恥也。五米反。「髁」戶寡反，郭勘禍反；謑髁，訛倪不正貌。王云：謂謹刻也。◎家世父曰：《說文》：謑詬，恥也。謑，一作謨。賈誼《治安策》，謨詬無節。髁，髀骨也。髁，通作跨。《廣韻》：跨，同踝。《釋名》：踝，〔确也〕，居足〔兩〕旁磽确〔然也〕③，亦因其形踝踝然也。謑髁，謂堅确能忍恥辱。《釋文》：謑髁，訛倪不正貌。王云，謹刻也。均未免望文生義。「无任」無所施任也。王云，雖謹刻於法，而猶能不自任以事，事不與眾共之，則無為尚賢，所以笑也。「橫復」扶又反。

❹【注】欲壞其迹，使物不殉。

【疏】縱恣脫略，不爲仁義之德行，忘遺陳迹，故非宇內之聖人也。

【釋文】「无行」下孟反。下人之行同。

❺【注】法家雖妙，猶有椎拍，故未泯台。

【疏】椎拍，笞撻也。輐斷，行刑也。宛轉，變化也。復能打拍刑戮，而隨順時代，故能與物變化而不固執之者也。

【釋文】「椎」直追反。「拍」普百反。「輐」五管反，又胡亂反，又五亂反。徐胡管反，圓也。「斷」丁管反，又丁亂反，方也。王云，椎拍輐斷，皆刑截者所用。◎家世父曰：《釋文》：輐，圓也。王云，椎拍輐斷，皆刑截者所用。疑王說非也。輐斷即下文魭斷，郭象云：魭斷，無圭角也。《說文》：椎，擊也。拍，拊也。言擊拊之而已，不用攻刺；魭斷之而已，不用鋒稜；所以處制事物而與為宛轉也。

❻【疏】不固執是非，苟且免於當世之為也。

❼【注】不能知是之與非，前之與後，暋目恣性，苟免當時之患也。

【疏】不師其成心，不運用知慮，亦不瞻前顧後，（人）〔矯〕性（為）〔偽〕情，直舉弘綱，順物而已。

【釋文】「不師知」音智。

❽【注】任性獨立。

【疏】魏然，不動之貌也。雖復處俗同塵，而魏然獨立也。

【釋文】「魏然」魚威反，李五回反。

❾【注】所謂緣於不得已。

【疏】推而曳之，緣不得已，感而後應，非先唱也。

❿【疏】磨，磑也。隧，轉也。如飄風之回，如落羽之旋，若磑石之轉。三者無心，故能全得，是以無是無非，無罪無過，無情任物，故致然也。

【釋文】「若飄」婢遙反，一音必遙反。《爾雅》云：回風為飄。「之還」音旋，一音環。「若磨」末佐反，又如字。「石之隧」首遂，回也。徐絕句，一讀至全字絕句。「全而无非」磨石所剴，麤細全在人，言德全無見非責時，言其無心也。

⑪【疏】假設疑問以顯其能。

⑫【注】患生於譽，譽生於有建。

【疏】夫物莫不耽滯身己，建立功名，運用心知，沒溺前境。今磨礚等，行藏任物，動靜無心，恆居妙理，患累斯絕，是以終於天命，無咎無譽也。

【釋文】「不離」力智反。

⑬【注】唯聖人然後能去知與故，循天之理，故愚知處宜，貴賤當位，賢不肖襲情，而云無用聖賢，所以爲不知道也。

⑭【注】欲令去知如土塊也。亦爲凡物云云，皆無緣得道，道非徧物也。

【疏】貴尚無知，情同瓦石，無用賢聖，闇若夜游，遂如土塊，名爲得理。愼到之惑，其例如斯。

【釋文】「夫塊」苦對反，或苦猥反。「欲令」力呈反。

⑮【注】夫去知任性，然後神明洞照，所以爲賢聖也。而云土塊乃不失道，人若土塊，非死如何！豪桀所以笑也。

【疏】夫得道賢聖，照物無心，德合二儀，明齊三景。今乃以土塊爲道，與死何殊！既無神用，非生人之行也。是以英儒贍聞，玄通豪桀，知其乖理，故嗤笑之。

⑯【注】未合至道，故爲詭怪。

【疏】不合至道者，適爲其怪也。

【校】①古鈔卷子本聖下有也字。②又焉二字依世德堂本改。③確也等五字依《釋名》原文補。

田駢亦然，學於彭蒙，得不教焉❶。彭蒙之師曰：「古之道人，至於莫之是莫之非而已矣❷。其風窢然，惡可而言❸？」常反人，不見①觀❹，而不免於魭斷❺。其所謂道非道，而所言之韙不免於非❻。彭蒙田駢慎到不知道❼。雖然，概乎皆嘗有聞者也❽。

❶【注】得自任之道也。

【疏】田駢慎到，稟業彭蒙，縱任放誕，無所教也。

❷【注】所謂齊萬物以爲首。

❸【注】逆風所動之聲。

【疏】窢然，迅速貌也。古者道人，虛懷忘我，指爲天地，無復是非，風教窢然，隨時過去，何可留其聖迹，執而言之也。

【釋文】「窢」字亦作罭，又作閾，況逼反，又火麥反。向郭云：逆風聲。「惡可」音烏。

❹【注】不順民望。

【疏】未能大順羣品，而每逆忤人心，亦不能致蒼生之稱其瞻望也。

【釋文】「不見觀」一本作不聚觀。

❺【注】雖立法而鯇斷無圭角也。

【疏】鯇斷，無圭角貌也。雖復立法施化，而未能大齊萬物，故不免於鯇斷也。

【釋文】「於鯇」五管反，又五亂反。「斷」丁管反。郭云：鯇斷，無圭角也。一本無斷字。

❻【注】韙，是也。

【疏】韙，是也。慎到所謂爲道者非正道也，所言爲是者不是也，故不免於非也。

【釋文】「韙」于鬼反，是也。

❼【注】道無所不在，而云土塊乃不失道，所以爲不知。

【疏】雖復習尙虛忘，以無心爲道，而未得圓照，故不知也。

❽【注】但不至也。

【疏】彭蒙之類，雖未體真，而志尙〔無〕知，略有梗概，更相師祖，皆有稟承，非獨臆斷，故嘗有聞之也。

【釋文】「概乎」古愛反。

【校】①趙諫議本見作聚。

以本為精，以物為粗❶，以有積為不足❷，澹然獨與神明居，古之道術有在於是者❸。關尹老聃聞其風而悅之❹，建之以常無有❺，主之以太一❻，以濡弱謙下為表，以空虛不毀萬物為實❼。

❶【疏】本，無也。物，有也。用無爲妙，道爲精，用有爲事，物爲粗。

❷【注】寄之天下，乃有餘也。

❸【疏】貪而儲積，心常不足，知足止分，故清廉虛淡，絕待獨立而精神，道無不在，自古有之也。

【釋文】「澹然」徒暫反。

❹【疏】姓尹，名熹，字公度，周平王時函谷關令，故（爲）〔謂〕之關尹也。姓李，名耳，字伯陽，外字老聃，即尹熹之師老子也。師資唱和，與理相應，故聞無爲之風而悅愛之也。

【釋文】「關尹」關令尹喜也。或云：尹喜字公度。「老聃」他甘反，即老子也。為喜著書十九篇。

◎俞樾曰：《漢書・藝文志》道家有《關尹子》九篇，注云：名喜，為關吏。或以尹喜為姓名，失之。又按《釋文》云：老子為喜著書十九篇。考《老子》一書，《漢志》有《鄰氏經傳》四篇、《傅氏經》說三十七篇、《徐氏經說》六篇，未聞有十九篇之說。《呂覽・不二篇》關尹貴清，高注：關尹，關正也，名喜，作《道書》九篇，能相風角，知將有神人而老子到，喜說之，請著《上至經》五千言。《上至經》之名，他書所未見也。

❺【注】夫無有何所能建？建之以常無有，則明有物之自建也。

❻【注】自天地以及羣物，皆各自得而已，不兼他飾，斯非主之以太一耶！

【疏】太者廣大之名，一以不二爲稱。言大道曠蕩，無不制圍，括囊萬有，通而爲一，故謂之太一也。建立言教，每以凝常無物爲宗，悟其指歸，以虛通太一爲主。斯蓋好儉以勞形質，未可以教他人，亦無勞敗其道術也。

❼【疏】表，外也。以柔弱謙和爲權智外行，以空惠圓明爲實智內德也。

【釋文】「以濡」如兗反，一音儒。「謙下」遐嫁反。

關尹曰：「在己无居❶，形物自著❷。其動若水，其靜若鏡，其應若響❸。芴乎若亡，寂乎若清，同焉者和，得焉者失❹。未嘗先人而常隨人❺。」

❶【注】物來則應，應而不藏，故功隨物去。

【疏】成功弗居，推功於物，用此在己而修其身也。

❷【注】不自是而委萬物，故物形各自彰著。

【疏】委任萬物，不伐其功，故彼之形性各自彰者也。

❸【注】常無情也。

【疏】動若水流，靜如懸鏡，其逗機也似響應聲，動靜無心，神用故速。

【釋文】「若響」許丈反。

❹【注】常全者不知所得也。

【疏】芴，忽也。亡，無也。夫道非有非無，不清不濁，故闇忽似無，體非無也，靜寂如清也。是已同靡清濁，和蒼生之淺見也，遂以此清虛無爲而爲德者，斯喪道矣。

【釋文】「芴」音忽。

❺【疏】和而不唱也。

老聃曰：「知其雄，守其雌，為天下谿；知其白，守其辱，為天下谷❶。」人皆取先，己獨取後❷，曰受天下之垢❸；人皆取實❹，己獨取虛❺，无藏也故有餘❻，巋然而有餘❼。其行身也，徐而不費❽，无為也而笑巧❾；人皆求福，己獨曲全❿，曰苟免於咎⓫。以深為根⓬，以約為紀⓭，曰堅則毀矣⓮，銳則挫矣⓯。常寬容①於物⓰，不削於人⓱，可謂②至極。

❶【注】物各自守其分，則靜默而已，無雄白也。夫雄白者，非尚勝自顯者耶？尚勝自顯，豈非逐知過分以殆其生耶？故古人不隨無崖之知，守其分內而已，故其性全。其性全，然後能及天下；能及天下，然後歸之如谿谷也③。

【疏】夫英雄俊傑，進躁所以夭年；雌柔謙下，退靜所以長久。是以去彼顯白之榮華，取此韜光之屈辱，斯乃學道之樞機，故爲宇內之谿谷也。而谿谷俱是川壑，但谿小而谷大，故重言耳。

【釋文】「谿」苦兮反。

❷【注】不與萬物爭鋒，然後天下樂推而不厭，故後其身。

【疏】俗人皆尙勝趨先，大聖獨謙卑處後，故《道經》云，後其身而身先（故）也。

❸【注】雌辱後下之類，皆物之所謂垢。

【疏】退身居後，推物在先，斯受垢辱之者。

【釋文】「之垢」音茍。

❹【注】唯知有之以爲利，未知無之以爲用。

【疏】貪資貨也。

❺【注】守沖泊以待羣實。

【疏】守沖寂也。

【釋文】「沖泊」步各反。

❻【注】付萬物使各自守，故不患其少。

【疏】藏，積也。知足守分，散而不積，故有餘。

❼【注】獨立自足之謂。

【疏】巋然，獨立之謂也。言清廉潔己，在物至稀，獨有聖人無心而已。

【釋文】「巋」去軌反，又去類反。本或作魏。

❽【注】因民所利而行之，隨四時而成之，常與道理俱，故無疾無費也。

【疏】費，損也。夫達道之人，無近恩惠，食苟簡之田，立不貸之圃，從容閒雅，終不損己爲（於）物耳，以此爲行而養其身也。

【釋文】「不費」芳味反。

❾【注】巧者有爲，以傷神器之自成，故無爲者，因其自生，任其自成，萬物各得自爲。蜘蛛猶能結網，則人人自有所能矣，無貴於工倕也。

【疏】率性而動，淳朴無爲，嗤彼俗人，機心巧僞也。

【釋文】「蜘」音知。「蛛」音誅。「工倕」音垂。

❿【注】委順至理則常全，故無所求福，福已足。

⓫【注】隨物，故物不得咎也。

【疏】咎，禍也。俗人愚迷，所爲封執，但知求福，不能慮禍。唯大聖虛懷，委曲隨物，保全生道，且免災殃。

⓬【注】（理）〔埋〕④根於大初之極，不可謂之淺也。

【釋文】「大初」音泰。

⓭【注】去甚泰也。

【疏】以深玄爲德之本根，以儉約爲行之綱紀。

【釋文】「去甚」起呂反。

⓮【注】夫至順則雖金石無堅也，迕逆則雖水氣無軟⑤也。至順則全，迕逆則毀，斯正理也。

【釋文】「迕逆」五故反。「无軟」如兖反，本或作濡，音同。◎盧文弨曰：今書作无耎。

⓯【注】進躁無崖爲銳。

【疏】毀損堅剛之行，挫止貪銳之心，故《道經》云挫其銳。

【釋文】「挫」作臥反。

⑯【注】各守其分，則自容有餘。

⑰【注】全其性也。

【疏】退己謙和，故寬容於物；知足守分，故不侵削於人也。

【校】①高山寺本無容字。②高山寺本作雖未，《闕誤》同，云：江南《古藏》本及文李二本俱作可謂至極。③趙諫議本無也字。④埋字依宋本改。⑤世德堂本軟作耎。

關尹老聃乎！古之博大真人哉❶！

❶【疏】關尹老子，古之大聖，窮微極妙，冥真合道；教則浩蕩而弘博，理則廣大而深玄，莊子庶幾，故有斯嘆也。

芴①漠无形，變化无常❶，死與生與，天地並與，神明往與❷！芒乎何之，忽乎何適❸，萬物畢羅，莫足以歸❹，古之道術有在於是者。莊周聞其風而悅之，以謬悠之說，荒唐之言，无端崖之辭，時恣縱而不儻②，不以觭見之也❺。以天下為沈濁，不可與莊語❻，以卮言為曼衍，以重言為真，以寓言為廣❼。獨與天地精神往來而不敖倪於萬物❽，不譴是非❾，以與世俗處❿。其書雖瓌瑋而連犿无傷也⓫。其辭雖參差而諔詭可觀⓬。彼其充實不可以已⓭，上與造物者遊，而下與外死生无終始者為友⓮。其於本也，弘大而辟，深閎而肆，其於宗也，可謂稠③適而上遂矣

⑮。雖然，其應於化而解於物也⑯，其理不竭，其來不蛻⑰，芒乎昧乎，未之盡者⑱。

❶【注】隨物也。

【疏】妙本無形，故寂漠也；迹隨物化，故無常也。

【釋文】「芴」元嘉本作寂。「漠」音莫。

❷【注】任化也。

【疏】以死生爲晝夜，故將二儀並也；隨造化而轉變，故共神明往矣。

【釋文】「死與」音餘。下同。

❸【注】無意趣也。

【疏】委自然而變化，隨芒忽而遨遊，既無情於去取，亦任命而之適。

【釋文】「芒乎」莫剛反。下同。

❹【注】故都任置。

【疏】包羅庶物，囊括宇內，未嘗離道，何處歸根。

❺【注】不急欲使物見其意。

【疏】謬，虛也。悠，遠也。荒唐，廣〔天〕〔大〕也。恣縱，猶放任也。觭，不偶也。而莊子應世挺生，冥契玄道，故能致虛遠深弘之說，無涯無緒之談，隨時放任而不偏黨，和氣混俗，未嘗觭介也。

【釋文】「謬悠」謂若忘於情實者也。「荒唐」謂廣大無域畔者也。◎慶藩案無端崖，猶無垠鄂也。

《淮南・原道篇》無垠鄂之門，許注垠鄂（鍔）（案引注鄂誤鍔。）云：端崖也。（見《文選》張衡《西京賦注》。）高注：無形狀也。《說文・土部》：垠，地垠也。《楚辭》王《注》：垠，岸崖也。《文選・甘泉賦》李善注：（郭）（鄂），垠堮也。「而儻」丁蕩反。徐敕蕩反。◎盧文弨曰：今書時恣縱而不儻有不字。「觭」音羈，徐起宜反。

❻【注】累於形名，以莊語爲狂而不信，故不與也。

【疏】莊語，猶大言也。宇內黔黎，沈滯闇濁，咸溺於小辯，未可與說大言也。

【釋文】「莊語」並如字。郭云：莊，莊周也。一云：莊，（端）④正也。一本作壯，側亮反，（端）大也。◎慶藩案莊壯，古音義通用。《逸周書・謚法篇》兵甲亟作曰莊，叡圉克服曰莊，勝敵志強曰莊，死於原野曰莊，屢征殺伐曰莊。莊之言壯也。《楚辭・遠游》精粹而始壯，與行鄉陽為韻。《詩・鄘風君子偕老》箋顏色之莊，《釋文》：莊，本又作壯。《禮・檀弓》衞有太史曰柳莊，《漢書・古今人表》作柳壯。天下不可與莊語，《釋文》：莊，一本作壯。皆其明證。

❼【疏】卮言，不定也。曼衍，無心也。重，尊老也。寓，寄也。夫卮滿則傾，卮空則仰，故以卮器以況至言。而耆艾之談，體多真實，寄之他人，其理深廣，則鴻蒙雲將海若之徒是也。

【釋文】「以卮」音支。

❽【注】其言通至理，正當萬物之性命。

【疏】敖倪，猶驕矜也。抱真精之智，運不測之神，寄迹域中，生來死往，謙和順物，固不驕矜。

【釋文】「不敖」五報反。「倪」音詣。

⑨【注】己無是非，故恣物（兩）〔而〕⑤行。

【釋文】「不譴」遣戰反。

⑩【注】形羣於物。

【疏】譴，責也。是非無主，不可窮責，故能混世揚波，處於塵俗也。

⑪【注】還與物合，故無傷也。

【疏】瓌瑋，弘壯也。連犿，和混也。莊子之書，其旨高遠，言猶涉俗，故合物而無傷。

【釋文】「瓌」古回反。「瑋」瓌瑋，奇特也。「連犿」本亦作抃，同。芳袁反。又音獾，又敷晚反。李云：皆宛轉貌。一云：相從之貌，謂與物相從不違，故無傷也。

⑫【注】不唯應當時之務，故參差。

【疏】參差者，或虛或實，不一其言也。諔詭，猶滑稽也。雖寓言託事，時代參差，而諔詭滑稽，甚可觀閱也。

【釋文】「參」初林反。注同。「差」初宜反。「諔」尺叔反。

⑬【注】多所有也。

【疏】已，止也。彼所著書，辭清理遠，括囊無實，富贍無窮，故不止極也。

⑭【疏】乘變化而遨遊，交自然而爲友，故能混同生死，冥一始終。本妙迹粗，故言上下。

⑮【疏】闢，開也。弘，大也。閎，亦大也。肆，申也。遂，達也。言至本深大，申暢開通，真

宗調適，上達玄道也。

【釋文】「而辟」婢亦反。「深閎」音宏。「稠適」稠，音調。本亦作調。

⓰【疏】言此《莊書》，雖復諔詭，而應機變化，解釋物情，莫之先也。

⓱【疏】蛻，脫捨也。妙理虛玄，應無窮竭，而機來感己，終不蛻而捨之也。

【釋文】「不蛻」音悅，徐始銳反，又敕外反。

⓲【注】莊子通以平意說己，與說他人無異也，案其辭明爲汪汪然，禹（亦）〔拜〕⑥昌言，亦何嫌乎此也！

【疏】芒昧，猶窈冥也。言莊子之書，窈窕深遠，芒昧恍忽，視聽無辯，若以言象徵求，未窮其趣也。

【釋文】「汪汪」烏黃反。

【校】①趙諫議本芴作寂。②趙本儻作黨。③趙本稠作調。④端字依世德堂本及《釋文》原本移上。⑤而字依世德堂本改。⑥拜字依世德堂本改。

惠施多方，其書五車，其道舛駁，其言也①不中❶。厤②物之意❷，曰：「至大无外，謂之大一；至小无內，謂之小一❸。无厚，不可積也，其大千里❹。天與地卑，山與澤平⑤。日方中方睨，物方生方死❻。大同而與小同異，此之謂小同異❼；萬物畢同畢異，此之謂大同異❽。南方无窮而有窮❾，今日適越而昔來❿。連環可解也⑪。我知天下③之中央，燕之北越之南是也⑫。汜愛萬物，天地一體也⑬。」

❶【疏】舛，差殊也。駁，雜揉也。既多方術，書有五車，道理殊雜而不純，言辭雖辯而無當也。

【釋文】「惠施」施，惠子名。「五車」尺蛇反，又音居。「舛」川兗反，徐尺允反。「駁」邦角反。◎慶藩案司馬作踳駁。《文選》左太沖《魏都賦注》引司馬云：踳讀曰舛；舛，乖也；駁，色雜不同也。《釋文》闕。◎藩又案舛駁，當作踳駁。又（引司馬此注）作踳馳。《淮南・俶真篇》二者代謝舛馳。《說山篇》分流舛馳。（《玉篇》引作僢馳。）《氾論篇》見聞舛馳於外。《法言敍》曰，諸子各以其知舛馳。是其證。（舛踳僢，字異而義同。）「不中」丁仲反。

❷【疏】心遊萬物，厤覽辯之。

【釋文】「厤」古歷字。本亦作歷。「物之意」分別歷說之。

❸【疏】囊括無外，謂之大也；入於無間，謂之小也；雖復大小異名，理歸無二，故曰一也。

【釋文】「至大无外謂之大一至小无內謂之小一」司馬云：無外不可一，無內不可分，故謂之一也。天下所謂大小皆非形，所謂一二非至名也。至形無形，至名無名。

❹【疏】理既精微，搏之不得，妙絕形色，何厚之有！故不可積而累之也。非但不有，亦乃不無，有無相生，故大千里也。

【釋文】「无厚不可積也其大千里」司馬云：物言形為有，形之外為無，無形與有，相為表裏，故形物之厚，盡於無厚。無厚與有，同一體也，其有厚大者，其無厚亦大。高因廣立，有因無積，則其可積，因不可積者，苟其可積，何但千里乎！

❺【疏】夫物情見者，則天高而地卑，山崇而澤下。今以道觀之，則山澤均平，天地一致矣。《齊物》云，莫大於秋豪而泰山爲小，即其義也。

【釋文】「天與地卑」如字，又音婢。「山與澤平」李云：以地比天，則地卑於天，若宇宙之高，則天地皆卑，天地皆卑，則山與澤平矣。

❻【疏】睨，側視也。居西者呼爲中，處東者呼爲側，則無中側也。猶生死也，生者以死爲死，死者以生爲死。日既中側不殊，物亦死生無異也。

【釋文】「日方中方睨」音詣。「物方生方死」李云：睨，側視也。謂日方中而景已復昃，謂景方昃而光已復沒，謂光方沒而明已復升。凡中昃之與升沒，若轉樞循環，自相與為前後，始終無別，則存亡死生與之何殊也！

❼【疏】物情分別，見有同異，此小同異也。

❽【疏】死生交謝，寒暑遞遷，形性不同，體理無異，此大同異也。

【釋文】「大同而與小同異此之謂小同異萬物畢同畢異此之謂大同異」同體異分，故曰小同異。死生禍福，寒暑晝夜，動靜變化，衆辨莫同，異之至也，衆異同於一物，同之至也，則萬物之同異一矣。若堅白，無不合，無不離也。若火含陰，水含陽，火中之陰異於水，水中之陽異於火，然則水異於水，火異於火。至異異所同，至同同所異，故曰大同異。

❾【疏】知四方無窮，會有物也。形不盡形，色不盡色，形與色相盡也；知不窮知，物不窮物，

窮與物相盡也；只爲無厚，故不可積也。獨言南方，舉一隅，三可知也。

【釋文】「南方无窮而有窮」司馬云：四方無窮也。李云：四方無窮，故無四方，上下皆不能處其窮，會有窮耳。一云：知四方之無窮，是以無無窮無窮也。形不盡形，色不盡色，形與色相盡也；知不窮知，物不窮物，知與物相盡也。獨言南方，舉一隅也。

⑩【疏】夫以今望昔，所以有今；以昔望今，所以有昔。而今自非今，何能有昔！昔自非昔，豈有今哉！既其無昔無今，故曰今日適越而昔來可也。

【釋文】「今日適越而昔來」智之適物，物之適智，形有所止，智有所行，智有所守，形有所從，故形智往來，相為逆旅也。鑒以鑒影而鑒亦有影，兩鑒相鑒，則重影無窮。萬物入於一智而智無間，萬物入於一物而物無眹，天在心中則身在天外，心在天內則天在心外也。遠而思親者往也，病而思親者來也。智在物為物，物在智為智。司馬云：彼日猶此日，則見此猶見彼也。彼猶此見，則吳與越人交相見矣。◎盧文弨曰：今書眹作朕。案眹與瞬同，朕訓目精，義皆不合。似當作朕兆之朕。

⑪【疏】夫環之相貫，貫於空處，不貫於環也。是以兩環貫空，不相涉入，各自通轉，故可解者也。

【釋文】「連環可解也」司馬云：夫物盡於形，形盡之外，則非物也。連環所貫，貫於無環，非貫於環也，若兩環不相貫，則雖連環，故可解也。

⑫【疏】夫燕越二邦，相去迢遞，人情封執，各是其方。故燕北越南，可爲天中者也。

【釋文】「我知天之中央燕之北越之南是也」司馬云：燕之去越有數，而南北之遠無窮，由無窮觀有數，則燕越之間未始有分也。天下無方，故所在為中，循環無端，故所在為始也。

⑬【疏】萬物與我爲一，故汜愛之；二儀與我並生，故同體也。

【釋文】「汜」芳劍反。「愛萬物天地一體也」李云：日月可觀而目不可見，愛出於身而所愛在物。天地為首足，萬物為五藏，故肝膽之別，合於一人，一人之別，合於一體也。

【校】①高山寺本無也字。②趙諫議本厤作歷。③世德堂本無下字。

惠施以此為大，觀於天下而曉辯者❶，天下之辯者相與樂之❷。卵有毛❸，雞三足❹，郢有天下❺，犬可以為羊❻，馬有卵❼，丁子有尾❽，火不熱❾，山出口❿，輪不蹍也⓫，目不見⓬，指不至，至不絕⓭，龜長於蛇⓮，矩不方，規不可以為圓⓯，鑿不圍枘⓰，飛鳥之景未嘗動也⓱，鏃矢之疾而有不行不止之時⓲，狗非犬⓳，黃馬驪牛三⓴，白狗黑㉑，孤駒未嘗有母，一尺之捶①，日取其半，萬世不竭㉒。辯者以此與惠施相應，終身无窮。

❶【疏】惠施用斯道理，自以爲最，觀照天下，曉示辯人也。

【釋文】「為大觀」古亂反。「於天下」所謂自以為最也。「曉辯」《字林》云：辯，慧也。

❷【疏】愛好既同，情性相感，故域中辯士樂而學之也。

【釋文】「樂之」音洛。

❸【疏】有無二名，咸歸虛寂，俗情執見，謂卵無毛，名謂既空，有毛可也。

【釋文】「卵有毛」司馬云：胎卵之生，必有毛羽。雞伏鵠卵，卵不為雞，則生類於鵠也。毛氣成毛，羽氣成羽，雖胎卵未生，而毛羽之性已著矣。故鳶肩蜂目，寄感之分也，龍顏虎喙，威靈之氣也。神以引明，氣以成質，質之所剋如戶牖，明暗之懸之晝夜。性相近，習相遠，則性之明遠，有習於生。◎盧文弨曰：遠，舊作逮，今書作遠，從之。◎慶藩案《荀子·不苟篇》楊注引司馬云：胎卵之生，必有毛羽。雞伏鵠卵，卵不為雞，則生類於鵠也。毛氣成毛，羽氣成羽，雖胎卵未生，而毛羽之性已著矣，故曰卵有毛也。視《釋文》為略。

❹**【疏】**數之所起，自虛從無，從無適有，三名斯立。是知二三，竟無實體，故雞之二足可名爲三。雞足既然，在物可見者也。

【釋文】「雞三足」司馬云：雞兩足，所以行而非動也，故行由足發，動由神御。今雞雖兩足，須神而行，故曰三足也。

❺**【疏】**郢，楚都也，在江陵北七十里。夫物之所居，皆有四方，是以燕北越南，可謂天中，故楚都於郢，地方千里，何妨即天下者耶！

【釋文】「郢有天下」郢，楚都也，在江陵北七十里。李云：九州之內，於宇宙之中未萬中之一分也。故舉天下者，以喻盡而名大夫非大。若各指其所有而言其未足，雖郢方千里，亦可有天下也。

❻**【疏】**名無得物之功，物無應名之實，名實不定，可呼犬爲羊。鄭人謂玉未理者爲璞，周人謂鼠未腊者亦曰璞，故形在於物，名在於人也。

【釋文】「犬可以為羊」司馬云：名以名物，而非物也，犬羊之名，非犬羊也。非羊可以名為羊，則犬可以名羊。鄭人謂玉未理者曰璞，周人謂鼠〔未〕腊者亦曰璞，故形在於物，名在於人。

❼【疏】夫胎卵濕化，人情分別，以道觀者，未始不同。鳥卵既有毛，獸胎何妨名卵也！

【釋文】「馬有卵」李云：形之所託，名之所寄，皆假耳，非真也。故犬羊無定名，胎卵無定形，故鳥可以有胎，馬可以有卵也。一云：小異者大同，犬羊之與胎卵，無分於鳥馬也。

❽【疏】楚人呼蝦蟆爲丁子也。夫蝦蟆無尾，天下共知，此蓋物情，非關至理。以道觀之者，無體非無，非無尙得稱無，何妨非有，可名尾也。

【釋文】「丁子有尾」李云：夫萬物無定形，形無定稱，在上為首，在下為尾。世人（為）〔謂〕右行曲波為尾，今丁子二字，雖左行曲波，亦是尾也。

❾【疏】火熱水冷，起自物情，據理觀之，非冷非熱。何者？南方有食火之獸，聖人則入水不濡，以此而言，固非冷熱也。又譬杖加於體而痛發於人，人痛杖不痛，亦猶火加體而熱發於人，人熱火不熱也。

【釋文】「火不熱」司馬云：木生於水，火生於木，木以水潤，火以木光。金寒於水而熱於火，而寒熱相兼無窮，水火之性有盡，謂火熱水寒，是偏舉也，偏舉則水熱火寒可也。一云：猶金木加於人有楚痛，楚痛發於人，而金木非楚痛也。如處火之鳥，火生之蟲，則火不熱也。◎盧文弨曰：舊處火作處水，譌，今改正。

❿【疏】山本無名，山名山自人口。在山既爾，萬法皆然也。

【釋文】「山出口」司馬云：形聲氣色，合而成物。律呂以聲兼形，玄黃以色兼質。呼於一山，一山皆應，一山之聲入於耳，形與聲並行，是山猶有口也。

⑪【疏】夫車之運動，輪轉不停，前迹已過，後塗未至，（徐）〔除〕卻前後，更無蹍時。是以輪雖運行，竟不蹍於地也。猶《肇論》云，旋風偃嶽而常靜，江河競注而不流，野馬飄鼓而不動，日月歷天而不周。復何怪哉！復何怪哉！

【釋文】「輪不蹍」本又作跈，女展反。「地」司馬云：地平輪圓，則輪之所行者跡也。

⑫【疏】夫目之見物，必待於緣。緣既體空，故知目不能見之者也。

【釋文】「目不見」司馬云：水中視魚，必先見水；光中視物，必先見光。魚之濡鱗非曝鱗，異於曝鱗，則視濡也。光之曜形異於不曜，則視見於曜形，非見形也。目不夜見非暗，晝見非明，有假也，所以見者明也。目不假光而後明，無以見光，故目之於物，未嘗有見也。

⑬【疏】夫以指指物而非指，故指不至也。而自指得物，故至不絕者也。

【釋文】「指不至至不絕」司馬云：夫指之取物，不能自至，要假物故至也，然假物由指不絕也。一云：指之取火以鉗，刺鼠以錐，故假於物，指是不至也。

⑭【疏】夫長短相形，則無長無短。謂蛇長龜短，乃是物之滯情，今欲遣此昏迷，故云龜長於蛇也。

【釋文】「龜長於蛇」司馬云：蛇形雖長而命不久，龜形雖短而命甚長。◎俞樾曰：此即莫大於秋豪之末而大山為小之意。司馬云：蛇形雖長而命不大，龜形雖短而命甚長，則不以形言而以壽言，真為龜長蛇短矣，殊非其旨。

⑮【疏】夫規圓矩方，其來久矣。而名謂不定，方圓無實，故不可也。

【釋文】「矩不方規不可以為圓」司馬云：矩雖為方而非方，規雖為圓而非圓，譬繩為直而非直也。

⑯【疏】鑿者，孔也。枘者，內孔中之木也。然枘入鑿中，木穿空處不關涉，故不能圍。此猶連環可解義也。

【釋文】「鑿」曹報反。「不圍枘」如銳反。司馬云：鑿枘異質，合為一形。鑿積於枘，則鑿枘異圍，鑿枘異圍，是不相圍也。

⑰【疏】過去已滅，未來未至，過未之外，更無飛時，唯鳥與影，嶷然不動。是知世間即體皆寂，故〔《肇》〕《論》云，然則四象風馳，璇璣電卷，得意豪微，雖遷不轉。所謂物不遷者也。

【釋文】「飛鳥之景」音影。「未嘗動也」司馬云：鳥之蔽光，猶魚之蔽水，魚動蔽水而水不動，鳥動影生，影生光亡。亡非往，生非來。墨子曰，影不徙也。

⑱【疏】鏃，矢耑也。夫機發雖速，不離三時，無異輪行，何殊鳥影。〔輪〕既不蹍不動，鏃矢豈有止有行！亦如利刀割三條絲，其中亦有過去未來見在（之）者也。

【釋文】「鏃」子木反，郭音族，徐朱角反。《三蒼》云：矢鏑也。◎慶藩案鏃，郭音族，非也。鏃為鍭字之誤。侯，隸書作侯，字形相似，故鍭矢之字，多誤為鏃。（亦多誤為錐。隹字隸書作隹，亦因形似而誤。見《淮南・兵略篇》疾如錐矢。《齊策》亦誤作錐矢。高注以錐矢為小矢，非。）《爾雅》金鏃翦羽謂之鍭。《說文》同。《方言》曰：箭，江淮之間謂之鍭。《大雅》四鍭既均，《周官》司弓矢曰殺矢鏃矢，《攷工記》矢人曰：鍭矢三分。（鍭字亦作猴。《士喪禮》曰：猴矢一乘。）故知鏃為鍭之誤也。（《鶡冠子・世兵篇》發如鏃矢。鏃本或作鍭，亦當以從鍭為是。）「矢之疾而有不行不止之時」司馬云：形分止，勢分行；形分明者行遲，勢分明者行疾。目明無形，分無所止，則其疾無間。矢疾而有間者，中有止也，質薄而可離，中有無及者也。

⑲【疏】狗之與犬，一物兩名。名字既空，故狗非犬也。狗犬同實異名，名實合，則彼謂狗，此謂犬也；名實離，則彼謂狗，異於犬也。《墨子》曰：狗，犬也，然狗非犬也。

【釋文】「狗非犬」司馬云：狗犬同實異名。名實合，則彼所謂狗，此所謂犬也；名實離，則彼所謂狗，異於犬也。

⑳【疏】夫形非色，色乃非形。故一馬一牛，以之爲二，添馬之色而可成三。曰黃馬，曰驪牛，曰黃驪，形爲三也。亦猶一與言爲二，二與一爲三者也。

【釋文】「黃馬驪」力智反，又音梨。「牛三」司馬云：牛馬以二為三。曰牛，曰馬，曰牛馬，形之三也。曰黃，曰驪，曰黃驪，色之三也。曰黃馬，曰驪牛，曰黃馬驪牛，形與色為三也。故曰一與言為二，二與一為三也。◎慶藩案《文選》劉孝標《廣絕交論》注引司馬云：牛馬以二為三，兼與別也。曰馬，曰牛，形之三也。曰黃，曰驪，色之三也。曰黃馬，曰驪牛，形與色之三也。與《釋文》小異。

㉑【疏】夫名謂不實，形色皆空，欲反執情，故指白爲黑也。

【釋文】「白狗黑」司馬云：狗之目眇，謂之眇狗；狗之目大，不曰大狗；此乃一是一非。然則白狗黑目，亦可為黑狗。

㉒【疏】捶，杖也。取，折也。問曰：一尺之杖，今朝折半，逮乎後夕，五寸存焉，兩日之間，捶當窮盡。此事顯著，豈不竭之義乎？答曰：夫名以應體，體以應名，故以名求物，物不能隱也。是以執名責實，名曰尺捶，每於尺取，何有窮時？若於五寸折之，便虧名理。乃曰半尺，豈是一尺之義耶？

【釋文】「孤駒未嘗有母」李云：駒生有母，言孤則無母，孤稱立則母名去也。母嘗為駒之母，故孤駒未嘗有母也。本亦無此句。「一尺」一本無一字。「之捶」章蘂反。「日取其半萬世不竭」司馬云：捶，杖也。若其可析，則常有兩，若其不可析，其一常存，故曰萬世不竭。

【校】①世德堂本捶作棰。

桓團公孫龍辯者之徒❶，飾人之心，易人之意❷，能勝人之口，不能服人之心，辯者之囿也❸。惠施日以其知與人之①辯，特與天下之辯者為怪，此其柢也❹。

❶【疏】姓桓，名團；姓公孫，名龍；並趙人，皆辯士也，客游平原君之家。而公孫龍著《守白論》，見行於世。用此上來尺捶言，更相應和，以斯卒歲，無復窮已。

【釋文】「桓團」李云：人姓名。徐徒丸反。

❷【疏】縱茲玄辯，彫飾人心，用此雅辭，改易人意。

❸【疏】辯過於物，故能勝人之口；言未當理，故不服人之心。而辯者之徒，用爲苑囿。又解：

囿，域也。惠施之言，未冥於理，所詮限域，莫出於斯者也。

【釋文】「之囿」音又。

❹【疏】特，獨也，字亦有作將者。怪，異也。柢，體也。惠子日用分別之知，共人評之，獨將一己與天地殊異，雖復姦狡萬端，而本體莫過於此。◎俞樾曰：與人之辯，義不可通，蓋涉下句天下之辯者而衍之字。柢與氐通。《史記・秦始皇紀》大氐盡畔秦吏，《正義》曰：氐，猶略也。此其柢也，猶云此其略也。上文卵有毛，雞三足以下皆是。

【釋文】「其柢」丁計反。

【校】①支偉成本無之字，與俞說合。

然惠施之口談，自以為最賢❶，曰天地其壯乎！施存雄而无術❷。南方有倚人焉曰黃繚，問天地所以不墜不陷，風雨雷霆之故❸。惠施不辭而應，不慮而對❹，偏為萬物說，說而不休，多而无已，猶以為寡，益之以怪❺。以反人為實而欲以勝人為名，是以與眾不適也❻。弱於德，強於物，其塗隩矣❼。由天地之道觀惠施之能，其猶一蚉一虻之勞者也。其於物也何庸❽！夫充一尚可，曰愈貴道，幾矣❾！惠施不能以此自寧，散於萬物而不厭，卒以善辯為名❿。惜乎！惠施之才，駘蕩而不得，逐萬物而不反，是窮響以聲，形與影競走也。悲夫⓫！

❶【疏】然，猶如此也。言惠施解理，亞乎莊生，加之口談最賢於眾，豈似諸人直辯而已！

❷【疏】壯，大也。術，道也。言天地與我並生，不足稱大。意在雄俊，超世過人，既不謙柔，故無真道。而言其壯者，猶獨壯也。

【釋文】「天地其壯乎」司馬云：惠施唯以天地為壯於己也。「施存雄而无術」司馬云：意在勝人，而無道理之術。

❸【疏】住在南方，姓黃，名繚，不偶於俗，羈異於人，游方之外，賢士者也。聞惠施聰辯，故來致問，問二儀長久，風雨雷霆，動靜所發，起何端緒。

【釋文】「倚人」本或作畸，同。紀宜反。李云：異也。◎慶藩案倚當為奇，倚人，異人也。王逸注《九章》云：奇異也。倚從奇聲，故古字倚與奇通也。《易・說卦傳》參天兩地而倚數，蜀才本倚作奇。《春官》大祝奇𣝏，杜子春曰：奇讀為倚。僖三十三年《穀梁傳》匹馬倚輪無反者，《釋文》：倚，居宜反。即奇輪也。字或作畸。《荀子・天論篇》墨子有見於齊，無見於畸，楊注：畸，謂不齊也。不齊即異之義也。《大宗師篇》敢問畸人，李頤曰：畸，奇異也。）「黃繚」音了，李而小反，云：賢人也。「不墜」直類反。「霆」音廷，又音挺。

❹【疏】意氣雄俊，言辯縱橫，是以未辭謝而應機，不思慮而對答者也。

❺【疏】偏為陳說萬物根由，並辯二儀雷霆之故，不知休止，猶嫌簡約，故加奇怪以聘其能者也。

【釋文】「徧為」音遍，下于偽反。

❻【疏】以反人情曰為實道，每欲超勝羣物，出眾為心，意在聲名，故不能和適於世者也。

⑦【疏】塗，道也。德術甚弱，化物極強，自言道理異常深隩也。

【釋文】「隩」烏報反。李云：深也，謂其道深。

⑧【疏】由，從也。庸，用也。從二儀生成之道，觀惠施化物之能，無異乎蚉䖟飛空，鼓翅喧擾，徒自勞倦，曾何足云！（益）〔歷〕物之言，便成無用者也。

【釋文】「一蚉」音文。「一䖟」孟庚反。

⑨【疏】幾，近也。夫惠施之辯，詮理不弘，於萬物之中，尚可充一數而已。而欲銳情貴道，飾意近真，（愨）權而論之，良未可也。

【釋文】「愈貴」羊主反。李云：自謂所慕愈貴近於道也。

⑩【疏】卒，終也。不能用此玄道以自安寧，而乃散亂精神，高談萬物，竟無道存目擊，卒有辯者之名耳。

⑪【注】昔吾未覽《莊子》，嘗聞論者爭夫尺棰連環之意，而皆云莊生之言，遂以莊生爲辯者之流。案此篇較評諸子，至於此章，則曰其道舛駁，其言不中，乃知道聽塗說之傷實也。吾意亦謂無經國體致，真所謂無用之談也。然膏（梁）〔粱〕之子，均之戲豫，或倦於典言，而能辯名析理，以宣其氣，以係其思，流於後世，使性不邪淫，不猶賢於博奕者乎！故存而不論，以貽好事也。

【疏】駘，放也。痛惜惠施有才無道，放蕩辭辯，不得真原，馳逐萬物之末，不能反歸於妙本。夫得理莫若忘知，反本無過息辯。今惠子役心術〔以〕①求道，縱河瀉以索真，亦何異乎欲逃響以振聲，將避影而疾走者也！洪才若此，深可悲傷也。

【釋文】「駘」李音殆。「蕩」駘者，放也，放蕩不得也。◎慶藩案：《文選》謝元暉《直中書省詩注》引司馬云：駘蕩，猶放散也。《釋文》闕。「悲天」音符。「論者」力困反。「較」音角。「評」音病。「不中」丁仲反。「或倦」本亦作勧，同。「其思」息嗣反。「不邪」似嗟反。「好事」呼報反。「子玄之注，論其大體，真可謂得莊生之旨矣。郭生前歎膏粱之塗說，余亦晚覩貴遊之妄談。斯所謂異代同風，何可復言也！或曰：莊惠標濠梁之契，發郢匠之模，而云其書五車，其言不中，何也？豈契若郢匠，褒同寢斤，而相非之言如此之甚者也？答曰：夫不失欲極有教之肆，神明其言者，豈得不善其辭而盡其喻乎！莊生振徽音於七篇，列斯文於後②世，重言盡涉玄之路，從事發③有辭之敍，雖談無貴辯，而教無虛唱。然其文易覽，其趣難窺，造懷而未達者，有過理之嫌。祛斯之弊，故大舉惠子之云辯也。◎盧文弨曰：案不失二字，疑衍文。神，宋本作伸。又下列斯文於後世，舊脫後字，今補。又從事發有辭之敍，今書發作展。

【校】①以字依下句補。②世德堂本無後字。③世德堂本發作展。

點校後記

《莊子》一書，漢以前很少有人稱引，也沒有人作注釋。魏晉之際，玄學盛行，才有晉人司馬彪、崔譔、向秀、郭象諸家的《注》和李頤的《集解》。現在除郭《注》完全保存以外，其餘諸人的《注》、《解》，都僅僅殘存於陸德明《經典釋文》的《莊子音義》和他書注文以及類書之中。《音義》所收還有晉人孟氏的《注》、李軌的《注音》、徐邈的《音》以及梁簡文帝的《講疏》等等。隨唐兩代，關於《莊子》的著作，可以考知的有二十多種，但流傳下來的只有陸德明的《音義》和成玄英的《注疏》。宋明人注解《莊子》，一般著重研究它的哲學思想，而且多半用佛理來解釋，重要的有林希逸的《莊子口義》、褚伯秀的《南華真經義海纂微》、焦竑的《莊子翼》等。至於方以智的《藥地炮莊》，主要是藉《莊子》來發揮他自己的現實主義思想。清代關於《莊子》的著作更多，有的著重研究《莊子》的哲學思想，其中王夫之的《莊子通》最爲重要；更多的著重於校勘訓詁考證。清代末年，替《莊子》注解作總結的有郭慶藩的《集釋》和王先謙的《集解》。《集解》後出，卻很簡略。

郭慶藩的《集釋》收錄了郭象《注》、成玄英《疏》和陸德明《音義》三書的全文，摘引了清代漢學家如王念孫、俞樾等人的訓詁考證，盧文弨的校勘，並附有郭嵩燾和他自己的意見。本書雖然沒有廣泛地採集宋明以來闡釋《莊子》思想的各家見解，在目前仍不失爲研究《莊子》的重要資料，所以根據長沙思賢講舍刊本給整理出來。

本書的《莊子》本文，原根據黎庶昌《古逸叢書》覆宋本，但校刻不精，錯誤很多。現在根據《古逸叢書》覆宋本、《續古逸叢書》影宋本、明世德堂本、《道藏》成玄英《疏》本以及《四部叢刊》所附孫毓修宋趙諫議本《校記》、近人王叔岷《莊子校釋》、劉文典《莊子補正》等書加以校正。凡原刻顯著錯誤衍奪的字，外加圓括弧，校改校補的字，外加方括弧，以資識別，校記附於每節之後，闕疑之處，不逕改原文，只注明文字異同。此外，又把陸德明的《莊子序錄》和焦竑《莊子翼》所附《闕誤》一併列入。校勘以外，還標點分段。小段另行起排，大段並留空一行，注解和正文分開，用數字標出，排在各段之後。整理工作中的缺點錯誤在所難免，希望讀者指正。

國家圖書館出版品預行編目資料

莊子集釋／(清)郭慶藩編；王孝魚整理. – 再版 -- 臺北市：萬卷樓，2007.08

冊；　公分

ISBN 978 - 957 - 739 - 596 - 2 (全套：平裝)

1. 莊子　2. 注釋

121.331　　96012450

莊子集釋（上）（下）

著　　者：清・郭慶藩 編　王孝魚 整理
發 行 人：陳滿銘
出 版 者：萬卷樓圖書股份有限公司
臺北市羅斯福路二段 41 號 6 樓之 3
電話(02)23216565・23952992
傳真(02)23944113
劃撥帳號 15624015
出版登記證：新聞局局版臺業字第 5655 號
網　　址：http://www.wanjuan.com.tw
E－mail：wanjuan@tpts5.seed.net.tw
承印廠商：晟齊實業有限公司
定　　價：500 元
出版日期：2007 年 7 月再版

ISBN 978 - 957 - 739 - 596 - 2